utb 5874

Eine Arbeitsgemeinschaft der Verlage

Brill | Schöningh – Fink · Paderborn
Brill | Vandenhoeck & Ruprecht · Göttingen – Böhlau · Wien · Köln
Verlag Barbara Budrich · Opladen · Toronto
facultas · Wien
Haupt Verlag · Bern
Verlag Julius Klinkhardt · Bad Heilbrunn
Mohr Siebeck · Tübingen
Narr Francke Attempto Verlag – expert verlag · Tübingen
Psychiatrie Verlag · Köln
Ernst Reinhardt Verlag · München
transcript Verlag · Bielefeld
Verlag Eugen Ulmer · Stuttgart
UVK Verlag · München
Waxmann · Münster · New York
wbv Publikation · Bielefeld
Wochenschau Verlag · Frankfurt am Main

Nicole Berner

Kernfragen der Kunstdidaktik

Mit Beiträgen von Nadia Bader, Edith Glaser-Henzer,
Michaela Götsch, Annette Rhiner, Christine Rieder,
Rebekka Schmidt und Stefan Wilsmann

Haupt Verlag

Nicole Berner, Prof. Dr. phil., studierte an der Universität Augsburg Kunstpädagogik, Psychologie und Pädagogik. Sie war von 2014 bis 2016 Juniorprofessorin für Kunstdidaktik an der Alanus Hochschule für Kunst und Gesellschaft. Seit August 2016 arbeitet sie am Institut Sekundarstufe I und II als Professorin an der Pädagogischen Hochschule der Fachhochschule Nordwestschweiz (PH FHNW) und leitet dort die Professur für Didaktik in Kunst und Design. Neben der wissenschaftlichen Laufbahn verfolgte sie verschiedene Unterrichts- und Lehrtätigkeiten an Primarschulen und Gymnasien, in der außerschulischen Jugend- und Erwachsenenbildung sowie in der Lehrerweiterbildung.

1. Auflage 2022

Umschlagsgestaltung: Atelier Reichert, D-Stuttgart
Gestaltung und Satz: Die Werkstatt Medien-Produktion GmbH, D-Göttingen

Gedruckt in Deutschland

UTB-Band-Nr.: 5874
ISBN: 978-3-8252-5874-0

Inhaltsverzeichnis

Einführung

Bitte machen Sie sich bereit. Wir starten in Kürze. Ich darf Sie auf einen Spaziergang einladen. Wir flanieren durch die 57. Kunstbiennale in Venedig. Wir sitzen zusammen mit Kindern, Jugendlichen, Erwachsenen, bauen, formen, gestalten. Grünes Licht umgibt uns. Wir erfahren uns als Teil von Kunst. Olafur Eliasson lädt uns ein, gemeinsam modular das Begonnene weiterzuverfolgen. Kunst wird erlebbar, anfassbar. Nur schwer können wir uns lösen.

Szenenwechsel.

In den Arsenalen treffen wir auf eine überdimensional gestaltete Pferdeskulptur. Davor ein Mädchen, mit der einen Hand die Augen verdeckend, dem Pferd zugewandt. Die andere Hand liegt ruhig auf den Nüstern des Tieres. Wir sind beeindruckt, können unter der Skulptur hindurchlaufen, erkennen einen Jungen weiter hinten. Wir machen Fotos von der Installation, beginnen auch uns selbst ins Bild zu setzen, fotografieren uns gegenseitig. Da erkennen wir zersprengte Felsbrocken mitten im Raum. Wir sind irritiert, irgendwas stimmt mit der Szene nicht. Entrückt und unreal, doch wirklich und wahrhaftig vor uns. Wir schauen genauer, keine Materialität.

Szenenwechsel.

Wir sitzen an einer Schulbank im Klassenzimmer, nun selbst Schüler:innen, und betrachten ein Gemälde mit einem Pferd. «Wie sind wir nur hier gelandet?», fragen wir uns. Obwohl es Winter ist, sind die Fenster geöffnet, ach ja, da war ja was. Wir schieben unsere Maske zurecht und versuchen uns nun weiter zu konzentrieren. Auf dieses Pferd. Was wollte die Lehrperson da gleich von uns? Wir fragen am Nachbartisch. Gut, wir sollen unseren ersten Eindruck aufschreiben und unsere Erfahrungen und Erlebnisse mit Pferden beschreiben. Da fällt uns von gerade eben das Kunstwerk «The Horse Problem» von Claudia Fontes ein. Da haben wir doch auch noch Fotos auf dem Handy. In der Besprechung teilen wir unsere Erfahrung, die Erlebnisse und die Bilder. Die Lehrperson ist begeistert, bittet uns, ein wenig mehr über das Kunstwerk zu erzählen. Zurück zum Bild, können wir nun erkennen, dass die Dimensionen im dargestellten Bild auch nicht stimmen und die Figur proportional größer gemalt wurde. Aha, das konnten wir eben auch erleben, was Dimensionalität ist und wie sie auf uns wirkt, nur andersrum. Wir melden uns …

Szenenwechsel.

«Hallooo?» hören wir und versuchen uns kurz zu orientieren. Wir diskutieren gerade in Kleingruppen, wie wir die Kugel zu Fall bringen können. Die Lehrperson spricht mit uns und fragt gerade nach, was wohl passieren wird, wenn der Schwamm im Regen so nass wird, dass er durch sein Gewicht die Konstruktion ins Wanken bringt. Wir sollen es doch mal ausprobieren, und den Dingen ihren Lauf lassen – schönes Wortspiel, denken wir noch, und wie passend zum besprochenen Künstlerduo …

Szenenwechsel.

Wir stehen in einem unendlichen Raum und können nur mit unseren Händen Farben und Formen in der Luft schweben lassen. Irgendwie sind wir vollkommen allein. Hört uns jemand? Wir haben jegliches Gefühl im Raum verloren. Was nun? Jemand ruft: «Mensch, jetzt zieh aber bitte die VR-Brille ab, damit die anderen auch mal können». Dann eröffnet sich ein Bild von Kunstlehrpersonen, die sich über Augmented Reality austauschen und als Inhalt für den Kunstunterricht erproben. Mittels einfacher Apps für Tablet und Handy können reale Räume in der Virtualität und Digitalität erweitert und andere Realitäten eröffnet werden. Wir setzen unsere VR-Brille wieder auf und …

Szenenwechsel.

Sie sitzen zuhause am Schreibtisch, auf Ihrem bequemen Stuhl, vielleicht mit einer Tasse Tee und lesen im Hier und Jetzt dieses Buch. Mit jedem Wort kommen Sie mehr in die Welt des Buches. Sie lesen dieses Buch wahrscheinlich mit dem Ziel, mehr über Kunstdidaktik zu erfahren oder vielleicht der Kunstdidaktik neu zu begegnen. Die ausgewählten Reiseabschnitte unseres Spaziergangs sind schon erste Begegnungen mit kunstdidaktischen Inhalten, geht es doch um den Einbezug von zeitgenössischer sowie historischer Kunst, um künstlerisch-forschende und bildnerische Prozesse, um außerschulische Lernorte und Erfahrung vor Originalen, um das Erleben und Erfahren als kunstdidaktische Qualität, um analoge wie digitale Herausforderungen, die im Kunstunterricht neue Gestaltungsmöglichkeiten und neue Bildwelten eröffnen, sowie um die Relevanz eigener Wahrnehmungs- und

Erfahrungswelten der Schüler:innen für Erkenntnis- und Lernprozesse im Kunstunterricht.

Kunstdidaktik als besondere Fachdidaktik

Klären wir zunächst, was Fachdidaktik ist. Fachdidaktik fragt danach, wie in einem Fach bzw. einer Fachdisziplin gelehrt und unterrichtet, aber auch, wie eine fachliche Auseinandersetzung und Aneignung von Wissen und Können anhand fachlicher Inhalte ermöglicht, oder kurz: wie gelernt werden kann (Kasten 1).

Didaktik stellt die Wissenschaft vom Lehren und Lernen dar. Neben der Allgemeindidaktik lassen sich Fach- sowie Bereichsdidaktiken unterscheiden, die das Lehren und Lernen in einem bestimmten Inhaltsbereich sowie auf institutionalisiertes, unterrichtliches Lernen fokussieren. Von fachdidaktischem Handeln wird gesprochen, wenn Planungs- und Handlungsentscheidungen gleichermaßen fachlich und didaktisch-methodisch begründet getroffen werden.
Ein Teilbereich (fach-)didaktischen Handelns stellt die Methodik dar. Methode setzt sich aus den beiden altgriechischen Wörtern *hodós*, Weg, und *metá*, zu etwas hin, zusammen und bedeutet so viel wie «der Weg zu etwas hin». Während es bei der Didaktik um das *Was* des Lehrens und Lernens geht, bezieht sich die Methodik darauf, *Wie* das *Was* erreicht werden kann. Es geht also darum, geeignete Methoden zu finden, um die gesetzten Ziele zu erreichen. Wolfgang Klafki (u. a. 1991/2007) unterscheidet zwischen der Didaktik als theoretische Wissenschaft über das Lehren und Lernen und der Methodik als praktische Herangehensweise. Dabei ist es zentral, dass das methodische Vorgehen immer didaktisch begründet und verantwortungsvoll das fachliche Lernen unterstützt. Ohne didaktisches Verständnis kann keine passende und am Lernen der Schüler:innen orientierte Methodik gewählt und umgesetzt werden. Kunstdidaktisches sowie methodisches Handeln stellen daher in der Gestaltung von Unterricht in Kunst/Gestalten eine Einheit dar.

Kasten 1: Begriffsklärung «Kunstdidaktik»

Kunstdidaktik bietet also wissenschaftlich fundierte Informationen zum Lehren und Lernen im Kontext von Kunst und Gestalten, führt in den jeweiligen Fachdiskurs und damit verbunden in eine Fachkultur ein und trägt in Verbindung mit der Aneignung fachlicher sowie pädagogischer Kompetenzen zur Professionalisierung, d. h. zum Aufbau professioneller Handlungskompetenzen im Kunstunterricht bei.

Im fachdidaktischen Diskurs wird zwischen drei Perspektiven unterschieden, um eine differenzierte Auseinandersetzung mit dem *Wie* und *Was* des Lehrens und Lernens im Fach sowie eine gegenseitige Verständigung darüber zu ermöglichen (swissuniversities 2015). Unterschieden wird zwischen:

- der Perspektive auf den Fachgegenstand bzw. die Gegenstandsbereiche,

- der Perspektive auf die Lernenden und ihr Lernhandeln sowie
- der Perspektive auf die Lehrenden und ihr Lehr- respektive Unterrichtshandeln.

Die Frage nach dem **Fachgegenstand** von Kunstdidaktik und möglicher Fachinhalte mag im ersten Augenblick den Eindruck erwecken, leicht zu beantworten zu sein. Aber was ist Kunst? Was soll vermittelt werden? Diese Fragen sind schwer klar zu beantworten, da es keine eindeutige Antwort geben kann. Denn die Kunst ist vielfältig, mehrsinnlich und in ständigem Wandel, bildet sie doch gesellschaftlich-politische, sozio-ökologische und epochale Entwicklungen ab und reagiert hierauf, bezieht sich auf den Menschen als Individuum in seiner lebensweltlichen Bestimmtheit und versucht gleichermaßen Antworten zu finden sowie Gegebenes infrage zu stellen. Es ist daher sinnvoll, den Begriff näher zu definieren und im Begriffspaar Kunstdidaktik auf seinen Bildungsgehalt zu beziehen.

Der **Lernbegriff** ist gemeinhin stark kognitiv geprägt, was augenscheinlich nicht unbedingt zu einem Fach wie Kunst zu passen scheint. Schüler:innen und so manche Eltern verbinden mit Lernen vielleicht eher Mathematik oder Englisch, wenn es um das Auswendiglernen von Vokabeln oder das Verstehen und Anwenden von Matheformeln geht. Aber ist das wirklich so? In der Kunst ist bestimmt ein anderes Lernhandeln anzunehmen als im Mathematikunterricht. Wie in der Kunst sind Schüler:innen im optimalen Fall im Kunstunterricht in ihrem Denken und Handeln angeregt, aktiv und setzen sich künstlerisch, visuell und ästhetisch, bildnerisch sowie gestalterisch mehrsinnlich und im Material – analog wie digital – mit den Inhalten des Fachs auseinander. Dadurch sind mit der kognitiven Tätigkeit immer auch emotionale und motivationale sowie volitionale Faktoren verbunden. Es gilt daher den Lernbegriff näher für ein Lernen im Bereich der Kunst zu definieren.

Wie kann solch ein Lernhandeln nun in der Kunst initiiert werden? Wie können die Schüler:innen für das Lernen in der Kunst motiviert werden? Wie können Lernprozesse begleitet und unterstützt werden? Welche Rolle spielt die Bewertung und Benotung? Diese Fragen können wir mit der Perspektive auf die Vermittlung und das didaktisch-methodische **Unterrichtshandeln** stellen. Neben dem didaktisch-methodischen Handeln gilt es dabei auch Lehr-Lernhandeln differenziert zu betrachten und nicht nur in der Sichtstruktur – also u. a. welche Aufgaben und Methoden eingesetzt werden – sondern in seiner Tiefenstruktur zu betrachten – also wie genau und mit welcher Lernwirksamkeit dies erfolgt (Berner 2016, Kunter/Trautwein 2008).

Auf alle drei Ebenen wird in dem hier vorliegenden Buch für den Fachbereich Kunst/Gestalten eingegangen, wodurch ein Spielfeld eröffnet wird, in dem kunstdidaktisches Handeln verortet und wissenschaftlich fundiert wird. Bezüge werden vorrangig aus der umfassenden Theoriebildung der Kunstdidaktik selbst sowie ihrer eng verbundenen Nachbardisziplinen, der Bild- und Kunstwissenschaft sowie der Pädagogik und Psychologie sowie ferner der Philosophie hergestellt. Damit verbunden wird Kunstdidaktik im Rahmen empirischer Bildungsforschung vorgestellt und Konzepte und Theorien empirisch fundiert dargestellt.

Kernfragen

In fachdidaktischen Seminaren an verschiedenen Hochschulen in Deutschland und der Schweiz sind mir zahlreiche Fragen von Studierenden der Kunstdidaktik begegnet. Oftmals verschieden, im Kern jedoch immer auch wiederkehrende und ähnliche Themen. Beispielsweise, wie Kinder und Jugendliche für *Kunst* zu begeistern sind – ein Klassiker in fast jedem Jahrgang. Sind die Fragen oftmals aus fachlichen Anliegen gestellt, sind damit meist konkrete didaktisch-methodische Fragen der Vermittlung, Aneignung und Förderung verbunden. Dies hat über die Jahre dazu geführt, dass Kernfragen der Kunstdidaktik immer stärker meine kunstdidaktische Lehre an den Hochschulen geleitet und letztlich auch getragen haben.

Im Rahmen meiner Tätigkeit in der Lehrerbildung habe ich meine Studierenden in mehreren Jahrgängen dazu befragt und die Fragen ausgewertet. Der Großteil der Fragen konnte den drei zentralen Kompetenzbereichen heutiger Lehrerbildung Planung, Durchführung und Evaluation zugeordnet werden. Mit Blick auf Handlungskompetenzen können drei zentrale Bereiche kunstdidaktischen Handelns herauskristallisiert werden. Für die drei Handlungsbereiche werden Kernfragen formuliert:

- **Planen und Initiieren:** Wie können Lernprozesse bei den Schüler:innen initiiert werden? Wie können die Schüler:innen in ihrem Lernhandeln aktiviert werden? Ist der Lernbegriff in Kunst/Gestalten angemessen? Wie müssen Aufgaben formuliert werden, um die Schüler:innen zum selbstständigen Arbeiten anzuregen? Wie können Schüler:innen in Kunst/Gestalten motiviert werden? Wie können fachliche Lehr-Lernprozesse im Kunstunterricht geplant und strukturiert werden? Wie kann Lernen in der Kunst und im Gestalten initiiert werden?
- **Begleiten und Unterstützen:** Wie können Schüler:innen in ihren Lernprozessen in Produktion und Rezeption begleitet werden? Wie kann das Gestalten angemessen rückgemeldet werden? Welche Rolle nimmt die Lehrperson in Gestaltungsprozessen ein? Wie können Schüler:innen in ihren Arbeits- und Lernprozessen individuell gefördert werden? Welche Möglichkeiten differenzierter Lernunterstützung stehen mir als Lehrperson zur Verfügung?

- **Bewerten und Evaluieren:** Wie kann das Lernen, wie können Lernprozesse der Schüler:innen beurteilt und bewertet werden? Wie können Lernergebnisse beurteilt werden? Wann kann Kunstunterricht als erfolgreich bewertet werden? Ist ein Benoten und Bewerten im Kunstunterricht sinnvoll? Was sagen die Arbeitsergebnisse der Schüler:innen über die Qualität des Kunstunterrichts aus? Wann kann ich mit meinem Kunstunterricht zufrieden sein? Was ist guter Kunstunterricht?

Die Kernfragen ermöglichen eine Fokussierung auf wesentliche Inhalte, die mit Blick auf eine anschlussfähige Strukturierung im kunstdidaktischen Diskurs sowie in der Unterrichtsforschung verortet werden können und den Aufbau des Buches gliedern.

Aufbau und Einsatz dieses Buches

Das vorliegende Buch kann linear von vorne nach hinten gelesen werden. Es ist aber auch möglich, bestimmte Handlungsbereiche herauszunehmen oder horizontal zu lesen. Querverweise erleichtern dabei das Herstellen von Bezügen und die Einordnung.

Am Beginn steht im ersten Teil des Buches das Ankommen in der Kunstdidaktik als Fachkultur und Fachbereich sowie die Begegnung mit zentralen Gegenstandsbereichen. Die drei anschließenden Hauptteile fokussieren auf die drei Bereiche kunstdidaktischen Handelns: planen und initiieren, begleiten und unterstützen sowie bewerten und evaluieren. Die Kernfragen eröffnen dabei Diskursfelder, die sich in der aktuellen Kunstpädagogik und Kunstdidaktik sowie in den zentralen Bezugswissenschaften der Pädagogik und Psychologie, Soziologie und Philosophie verorten und Antworten liefern. Zentrale Zitate werden hervorgehoben und dienen als Gelenkstellen zu unterschiedlichsten Fachdiskursen, um verschiedene Positionen für das Fach möglichst breit abbilden zu können. Exkursbeiträge unterstützen dies zusätzlich und eröffnen weitere Perspektiven. Anhand von Kästen werden Konzepte und Theorien der Bezugswissenschaften vorgestellt sowie Einblicke in empirische kunstdidaktische Studien gegeben, die für die Theoriebildung wichtige Erkenntnisse liefern. Methoden und Beispiele aus der Praxis veranschaulichen die Konzepte und geben praktische Antworten.[1] Ein ausführliches Literaturverzeichnis

1 Die Fallbeispiele stammen aus Modulen der berufspraktischen Studien, Hospitationen sowie Gesprächen mit Lehrenden und Studierenden. Immer aber sind die Fallbeschreibungen auf ihren exemplarischen Charakter hin überarbeitet und entsprechend anonymisiert.

der verwendeten Quellen ist am Ende des Buches gesammelt über alle Kapitel zu finden. Ebenso ein Stichwortverzeichnis zur Orientierung.

Adressaten des Buches sind Bachelor- und Masterstudierende, Studierende im Praxissemester, Studierende in Quer- und Seiteneinsteigerprogrammen, Doktorierende sowie Referendar:innen. Die Kapitel bieten, am kunstdidaktischen Handeln orientiert, einen breiten Einblick in den kunstdidaktischen Diskurs und berücksichtigen dabei trinationale Diskurse im deutschsprachigen Bildungsraum.

Das Buch entstand über mehrere Jahre, was zu Beginn des Vorhabens noch nicht absehbar war. Dies zeigte sich für das Gesamtprojekt letztlich als Mehrwert, konnten so doch vielfältige Kontakte geknüpft und gefestigt werden, Gespräche mit Kolleg:innen verschiedener Schulen und Hochschulen geführt werden und neue Perspektiven einbezogen werden. Hieraus entstanden mitunter auch die Exkursbeiträge. All den zahlreichen Weggefährten der letzten Jahre, die mich unterstützt und begleitet haben, sei an dieser Stelle ein großer Dank ausgesprochen.

1 Ankommen und Verorten

Inhalt

Zusammenfassung

Im ersten Teil dieses Buches steht die Verortung im kunstdidaktischen Feld im Zentrum. Das Kapitel bildet das theoretische Fundament, auf dem die weiteren Ausführungen zu den drei Handlungsbereichen – Planen und Initiieren, Begleiten und Unterstützen, Beurteilen und Bewerten – aufbauen.
Kapitel 1.1 widmet sich der eigenen Lernbiografie und deren Reflexion als Grundlage für einen strukturierten Kompetenzaufbau im Studium der Kunstdidaktik. Kapitel 1.2 fokussiert auf den Gegenstandsbereich von Kunstdidaktik und fragt nach den Vermittlungszielen, für die Kunstdidaktik ein entsprechendes Instrumentarium bietet. Zentral geht es dabei um das bildnerische und künstlerische Denken und Handeln sowie um die Entwicklung von Bildkompetenzen als Kernanliegen kunstdidaktischen Handelns. Der Exkurs in Kapitel 1.3 geht auf die historische Entwicklung fachlicher Anliegen und Verständnisse bis ins 21. Jahrhundert ein und zeigt Entwicklungslinien auf, die bis heute den kunstdidaktischen Diskurs prägen. Historisch determiniert ist auch der Lernbegriff, der in Kapitel 1.4 behandelt wird. Dabei wird einerseits der fachliche Fokus auf Kunst/Gestalten eingenommen, andererseits werden aktuelle Lerntheorien in die Überlegungen einbezogen. Kapitel 1.5 bildet ein Kondensat und stellt kunstdidaktische Prinzipien vor, die das heutige Verständnis von Unterricht aufnehmen und für Kunst/Gestalten fachlich weiterführen. Damit wird ein erster Orientierungsrahmen für kunstdidaktisches Handeln angeboten, der die weiteren Ausführungen in den drei Handlungsbereichen grundiert und leitet.

1.1 Ein paar Worte zu Beginn

Es gibt viele Wege ins Kunstdidaktik-Studium. Viele werden direkt nach dem Erwerb einer Hochschulzugangsberechtigung ein Studium im Anschluss an die Schullaufbahn beginnen. Manche werden vielleicht dazwischen noch etwas anderes machen, vielleicht die Welt und sich selbst erkunden. Einige haben vielleicht in einem Erststudium einen Bachelor of Arts erlangt, vielleicht in Kunstgeschichte, Kunsttherapie, Design oder freier Kunst und erweitern nun auf den Lehrberuf. Oder Quer- und Seiteneinsteigerprogramme ermöglichen Ihnen als freischaffende Künstler:in den Einstieg in den Lehrberuf. Aber vielleicht streben Sie auch eine außerschulische Tätigkeit in der kulturellen Bildung an. Die einen von Ihnen unterrichten vielleicht bereits, andere sammeln erste Erfahrungen in Praktika und Praxissemestern.[2]

Die Zugänge in die Kunstvermittlung und damit in die Kunstdidaktik sind sehr unterschiedlich und prägen die eigene Berufsbiografie. Allen gemeinsam ist, dass Sie alle Erfahrungen und Erlebnisse aus dem schulischen Kunstunterricht mitbringen, sei es aus früheren Jahrgängen aus der Kindheit, sei es aus der Mittel- oder der Oberstufe. Bei den einen liegt diese Erfahrung nicht so lange zurück, bei den anderen vielleicht mehr als ein Jahrzehnt. Die Erfahrungen liegen in uns und sind in unserem Lebensgedächtnis abgespeichert. Bewusst oder unbewusst – diese haben mitunter Ihre Berufswahlentscheidung geprägt und werden Sie auch zukünftig in Ihrem Unterrichtshandeln mitprägen. Denn gerade in unsicheren, komplexen Situationen – wie dies Unterricht darstellen kann – greifen wir gerne als Gewohnheitstiere auf Bekanntes, Gewohntes, uns schon Vertrautes zurück.

Die eigene Lernbiografie ...

In der Forschung zum Lehrberuf ist bekannt, dass sich durch die eigene Lernbiografie geprägte subjektive, noch vorwissenschaftliche Vorstellungen sowie Haltungen zum Lehren und Lernen bilden, die unbewusst das Unterrichtshandeln leiten und begleiten können, sofern diese unbearbeitet und ohne Bezug zu wissenschaftlichen Konzepten bleiben (Grunder 2016, Neuß 2009, Seydel 2005).

---

2 Es wird eine trinationale Perspektive auf Lehrerbildung im Gestaltungsbereich in der DACH-Region und ihre verschiedenen Studienformen eingenommen. Neben zweiphasigen Studienmodellen mit erstem und zweitem Staatsexamen stehen einphasige Modelle der Lehrerbildung, wie z. B. in der Schweiz.

> *«Fragwürdige und in der aktuellen Diskussion über Unterricht längst als überholt geltende Lehrerinnenbilder werden zur Vorlage – zum Muster – in komplexen Situationen des Lehrerinnenhandelns. Wenn die in der Ausbildung erworbenen Kenntnisse zur Lehrerinnenarbeit nicht zur Lehrerinnenbiografie in Beziehung gesetzt werden, bleiben sie – vor allem in den komplexen Momenten des Lehrerinnenalltags – leicht außen vor.» (Seydel 2005, S. 361)*[3]

In einem ersten Schritt bietet es sich also an, sich der eigenen Lernbiografie bewusst zu werden, um daran ausgerichtet theoretische Konzepte zum Lehren und Lernen in Kunst/Gestalten aufeinander beziehen zu können. Die Lernbiografie im Studium führt damit gleichzeitig in eine Berufsbiografie. Professionalisierung ist ein berufsbiografischer Prozess, d. h., wie auch im Leben, man lernt nie aus, und das ist auch gut so.

Unser Bild vom Lehren und Lernen wird also von den eigenen Erinnerungen an (gute oder weniger gute) Lehrpersonen unserer Schulzeit, dem Verhältnis der eigenen Eltern zur Schule und zum Lehrpersonal sowie uns in Erinnerung gebliebenen Situationen geprägt. Lehrerbilder sind zudem gesellschaftlich-kulturell geprägt und können sich so auch auf unsere individuellen Sichtweisen auf den Lehrberuf auswirken.

… erkunden

Daher ist die eigene Lernbiografie immer wieder zu reflektieren, sich über prägende Erlebnisse und Erfahrungen bewusst zu werden und diese im Kontext aktueller kunstdidaktischer Theorien zu diskutieren und einzuordnen. Vielleicht beantworten Sie die im Kasten 2 formulierten Fragen oder schreiben sich selbst einen Brief, indem Sie auf die Fragen eingehen. Von Zeit zu Zeit während Ihres Studiums oder vielleicht schon während der Lektüre dieses Buches nehmen Sie sich diesen an Ihr zukünftiges Ich adressierten Brief hervor und fragen sich, was sich verändert hat – verändert an Ihrem Verständnis, Ihrer Einstellung, Ihrer Haltung gegenüber dem Lehren und Lernen in Kunst/Gestalten.

---

3 Selbstverständlich gilt Fritz Seydels Aussage nicht nur für die weiblichen Lehrpersonen, sondern ist ein schönes Beispiel für eine gendersensible Sprache, die schon Anfang des 21. Jahrhunderts in den Anfängen deutliche Veränderungen des generischen Maskulinums geordert hat.

Beschreiben Sie positive und/oder negative Erfahrungen aus dem Kunstunterricht Ihrer Schulzeit.

- Wie hatten Sie den Kunstunterricht damals als Schüler:in erlebt? Wie ordnen Sie dies heute ein?
- Gibt es spezifische Erfahrungen aus Ihrer Schulzeit, aus denen sich Ihre Berufs-/Studienwahl ableitet?
- Haben Sie Vor- oder Leitbilder (u. a. aus Ihrer Schulzeit oder aber auch fiktional aus Film und Fernsehen), an denen Sie sich gerne orientieren möchten? Wenn ja, weshalb genau?

Kasten 2: Reflexionsfragen zur eigenen Lernbiografie

1.2 Worum geht's?

Ist Kunst/Gestalten ein Teil des schulischen Fächerkanons, so sind Lern- und Bildungsziele stets nicht nur fachlich, sondern auch mit Blick auf allgemeinbildende Ziele zu begründen. Daher steht zunächst die zentrale Frage im Raum, worauf kunstdidaktisches Handeln in Schule und Unterricht abzielt. Weshalb sollten sich Schüler:innen in der Schule mit Kunst/Gestalten auseinandersetzen? Wie legitimiert sich Kunst/Gestalten als Schulfach? Wir schauen genau hin und entdecken in verschiedenen Positionen einen Minimalkonsens, mit dem wir das Fach begründen und das Lehren und Lernen gestalten können.

1.2.1 Vom bildnerischen und künstlerischen Denken zum kompetenten Bildhandeln

Ein gemeinsamer Minimalkonsens, woran sich die Kunstdidaktik ausrichten mag, lässt sich auf die drei grundlegenden Handlungsfelder Wahrnehmen, Denken und Handeln mit und durch Bilder reduzieren. Dies ist gewagt und muss sicherlich weiter präzisiert werden, um im kunstdidaktischen Diskurs Bestand halten zu können. Jedoch gibt diese Hypothese eine Möglichkeit, mit den verschiedenen Begrifflichkeiten und Sichtweisen auf das Künstlerische und das Bildnerische vertraut zu werden. Wichtig ist: Das Bild ist heute immer im erweiterten Verständnis zu verstehen, denn schon lange wird mit dem Bild nicht nur das zweidimensionale (Ab)Bild verstanden. Im europäischen Referenzrahmen für visual literacy wird mit dem Begriff *Bild* Folgendes subsummiert:

> *«[gestaltete] Objekte des Alltags, Werke/Objekte der angewandten Künste (z. B. Design, Architektur, Umweltgestaltung, Film, Mode), Werke der Kunst (in allen Gattungen, wie z. B. Fotografie, Malerei, Installation, Medien, Skulptur), und darüber hinaus die Wahrnehmung von Phänomenen der sichtbaren Welt sowie bildliche Vorstellungen/innere Bilder.» (Schönau/Wagner 2016, S. 115)*

Bildwelten in Kindheit und Jugendalter
Kinder und Jugendliche malen, zeichnen, kritzeln, collagieren, bauen, sammeln, ordnen, konstruieren, modellieren, plastizieren, gestalten mit Tablet und Smartphone, illustrieren, fotografieren, filmen, drucken, nähen, häkeln, stricken und vieles mehr. Sie nehmen ihre Umwelt und darin enthaltene Bilder wahr, bilden Vorlieben und Interessen aus, lassen sich von Bildern leiten sowie begleiten und treffen Geschmacksurteile. Schon früh werden Kinder heutzutage anhand von Animati-

onsfilmen, -serien und -spielen bildsozialisiert. Jugendliche sind heutzutage fast andauernd mit Bildimpulsen konfrontiert, u. a. auf YouTube, Instagram und TikTok, beim eigenen Posten von Bildern aus ihrer Alltagswelt, dem «Lesen» fremder Posts, durch bildermächtige Werbe- und Informationskonzepte – längst nicht nur durch Plakate an der Wand oder in Zeitschriften, sondern im WWW im Smartphone in der Tasche allgegenwärtig und anhand von Algorithmen bestimmt für den einen User.

Gestaltete Bilder, in den verschiedensten Formen und mit den unterschiedlichsten Intentionen, haben heute einen großen Anteil an unserer Lebenswelt. Dem gestalterischen Ausdruck sind dabei viele Wege offen, die im Kunstunterricht als Fachinhalte Eingang finden können. Constanze Kirchner (2003) spricht daher mit Rekurs auf Adelheid Staudte (1977) allgemein vom ästhetischen Verhalten im Kunstunterricht und subsummiert damit ästhetische Denk- und Handlungsweisen, die ihren Ausgangspunkt in der ästhetischen Wahrnehmung haben und sich im rezeptiven wie produktiven Umgang mit Bildern manifestieren.

> *«Ästhetisches Verhalten beschreibt das ästhetische Wahrnehmen und Handeln sowie die ästhetische Erkenntnis mit allen emotionalen und kognitiven Anteilen im Umgang mit der gegenständlichen und personellen Umwelt.» (Kirchner 2003, S. 76)*

Dies können wir heute auch auf nicht-gegenständliche Umwelt(en) erweitern, denken wir an Ausdrucksformen wie digitale Kunst, Virtual und Augmented Reality oder Kunst aus Zahlen und Binärcodes, die nicht nur in der Kunst, sondern auch immer mehr in die Lebens- und damit Bildwelten der Kinder und Jugendlichen und selbstverständlich auch von Erwachsenen Eingang finden und unser Denken und Handeln beeinflussen.

Bildnerisches Denken und Handeln

Das bildnerische Denken geht als Konzept der Kunstdidaktik bis in die 1950er-Jahre zurück. Reinhard Pfennig verstand hierunter: «Bildnerisches Denken ist Sichtbarmachen. Es bezeichnet eine Art und Weise des Denkens, die am sinnlichen Stoff, am Material und mit den bildnerischen Ausdruckskräften geschieht. […]. Bildnerisches Denken als Machen ist bezogen auf Bilder als gemachte Realität» (Pfennig 1964, S. 132–133). Reinhard Pfennig prägte in den 1970er-Jahren ein kunstdidaktisches Verständnis, das heute auch als formaler Kunstunterricht bekannt und infrage gestellt ist. In seiner Theorie zum bildnerischen Denken zeigen sich Parallelen zur künstlerischen Lehre Paul Klees. Diese wurde 1956 unter dem Titel «Das bildnerische Denken» (Klee 1956) veröffentlicht. Klee beschreibt darin Grundannahmen seiner Form- und Gestaltungslehre und geht auf die künstlerische Tätigkeit als Erkenntnis- und Ausdrucksform ein. Der formale Kunstunterricht, insbesondere die damalige kunstdidaktische Theorie Pfennigs, aber auch formale Überlegungen Gunter Ottos zum Kunstunterricht, orientieren sich daran, greifen hierauf zurück und zielen auf das bildnerische Problem und deren formale Lösung, vernachlässigen jedoch Motiv und Inhalt gegenüber der Form und Formzusammenhängen (u. a. Legler 2011, Peez 2022, Kapitel 1.3.2). Hierzu entstanden in der Folge Gegenbewegungen in der Visuellen Kommunikation, die mehr den Inhalt, die subjektive Wahrnehmung und deren Emanzipation ins Zentrum des Faches Kunst setzen wollten. So schrieb Hermann K. Ehmer (1973, S. 8) in Bezug auf das bildnerische Denken bei Reinhard Pfennig:

> *«Statt den Schüler an kritisches Denken zu gewöhnen, hielt man ihn im bildnerischen Denken befangen. Bildnerisches Denken – was immer das sein mag – definiert sich wenigstens annäherungsweise dadurch, daß es sich der rationalen Ergründung und Ableitung seiner Konstituenten verschließt, Erziehung zum bildnerischen Denken bedeutet immer auch Vorenthaltung von Rationalität.»*

Dies war ein zentraler Kritikpunkt, der dazu führte, dass sich im weiteren Verlauf die Gegenstandsbereiche des Faches maßgeblich weiterentwickelten. Wie so oft in der Fachgeschichte, treffen Annahmen und damit verbundene Sichtweisen aufeinander und werden erst im Diskurs konstruktiv. Der weitere Gang durch die Fachgeschichte der Kunstpädagogik und ihrer Theorieentwicklung zeigt auf, dass sich der formale Gedanke letztlich tatsächlich nicht einlöste und die Verbindung der inhaltlichen mit der formalen Dimension zum unabdingbaren Vermittlungsgegenstand wurde – u. a. in der ästhetischen Erziehung, in der ästhetischen Bildung sowie im Rahmen aktueller Positionen (Kapitel 1.3.5 und Kapitel 1.3.6).

Bildnerisches Denken und Handeln wird heute im kunstdidaktischen Kontext an der einen oder anderen Stelle für ein ästhetisches Verhalten in Produktion und Rezeption von Bildern verwendet. Die Begrifflichkeit weicht aber immer mehr einem ästhetischen Handeln, Gestaltungshandeln oder gar künstlerischen Handeln. Dabei wird nicht immer zwischen Denk- und Handlungsprozessen unterschieden, z. T. wird nur vom bildnerischen oder künstlerischen Denken gesprochen, jedoch Gestaltungsprozesse hierunter subsummiert (Plaum 2010, 2011, Schirmer 2015, Wagner 2016). Dies mag daran liegen, dass im Gestalten Denk- und Handlungsprozesse ineinandergreifen und eine Einheit bilden.

Wahrnehmen – Denken – Handeln

Um das Zusammenspiel von Denken und Handeln besser verstehen und im kunstdidaktischen Diskurs anschlussfähig machen zu können, ist es sinnvoll, zunächst Denk- von Handlungsprozessen zu unterscheiden. Für das bildnerische Denken und Handeln ist das Wahrnehmen als Ausgangspunkt ästhetischen Verhaltens von Bedeutung. Im Folgenden unterscheiden wir also das Wahrnehmen, das Denken und das Handeln und betrachten dies im Fokus bildnerisch-ästhetischer Auseinandersetzung in Produktion und Rezeption.

Aus einer bildtheoretischen Perspektive wird mit bildnerischem Denken auf die Nicht-Begrifflichkeit und Nicht-Sprachlichkeit bestimmter Denkprozesse hingewiesen. Hierzu zählen das visuelle Denken nach Rudolf Arnheim (2001), das ikonische Denken nach Gottfried Boehm (1994) oder auch das ästhetische Denken nach Wolfgang Welsch (1990/2003). Zudem gibt es Ansätze, die allgemein von einem bildlich bedingten Denken ausgehen (u. a. Peirce 1998). Aus der Psychologie ist mittlerweile bekannt, dass Denkprozesse tatsächlich nicht nur sprachlich ablaufen, sodass visuelle Anteile des Denkens besonders für lerntheoretische Konzepte brauchbar erscheinen und dadurch für Schüler:innen unterschiedliche Verarbeitungsmodi angesprochen werden können (u. a. Funke 2008). Konkret ist mit bildnerischem Denken also die kognitive Verarbeitung mentaler Bilder zu verstehen. Was sind nun mentale Bilder? Gerade mit Bezug auf das ästhetische Denken (Welsch 1990/2003) ist das bildnerische Denken durch das sinnliche Wahrnehmen bedingt. Sinnliche Wahrnehmung bezieht sich auf unsere fünf Sinne: Sehen, Schmecken, Riechen, Tasten, Hören. Unser Gehirn speichert sinnliche Wahrnehmungen und Erfahrungen als mentale Repräsentationen ab.

Visuelle mentale Repräsentationen – worunter auch das gesehene Bild im Sinne des erweiterten Bildbegriffs verstanden werden soll – sind damit Gegenstand bildnerischen Denkens. Dabei kann es sich um direkte Sehwahrnehmungen handeln, beispielsweise, wenn wir ein Bild oder Kunstwerk betrachten, oder um mentale Repräsentationen sinnlichen Erlebens, wie beispielsweise Erinnerungen, die bildhaft vorliegen. Die Förderung der Vorstellungsbildung kann helfen, mentale Repräsentationen visuell abzuspeichern und bildnerisch zu verarbeiten (u. a. Glaser-Henzer 2010, Sowa 2012). Gegenstand des bildnerischen Denkens kann damit nicht auf den visuellen Sinn beschränkt bleiben, sondern bezieht auch andere Sinneserfahrungen und Gefühle mit ein. Zudem ist davon auszugehen, dass wir Gefühle, Wahrnehmungen und Erinnerungen bildlich abspeichern und diese als interne Repräsentationen einer äußeren Welt in uns vorliegen (u. a. Bering 2003, Gegenfurtner/Walter/Braun 2002):

> *«Die Wahrnehmung vollzieht sich […] nicht durch feste Bestimmungen der ‹Internen Repräsentation›, sondern durch Assoziationen, die ständig wechselnde Relationen eingehen. Das innere System legt demzufolge erst fest, was als Information gelten kann – die Konstitution von Wirklichkeit wird im Inneren des Hirns produziert.» (Bering 2003, S. 210)*

Der produktive oder rezeptive Umgang mit Bildern im Sinne des erweiterten Bildbegriffs steht demnach in einem engen Interaktionsgefüge mit der sinnlichen Wahrnehmung und dem bildnerischen Denken. Anders formuliert, manifestiert sich das bildnerische Denken im Handeln. Auch wenn es uns nicht immer bewusst ist, geht das Denken immer dem Handeln voraus und unterscheidet sich ganz grundlegend von diesem. Ist das Denken nach innen, so ist das Handeln immer nach außen gerichtet (Gerrig 2016), wobei auch unser Handeln wiederum Einfluss auf das Wahrnehmen und Denken nimmt. Abbildung 1 veranschaulicht diese Interaktion von sinnlicher Wahrnehmung, bildnerischem Denken und Handeln.

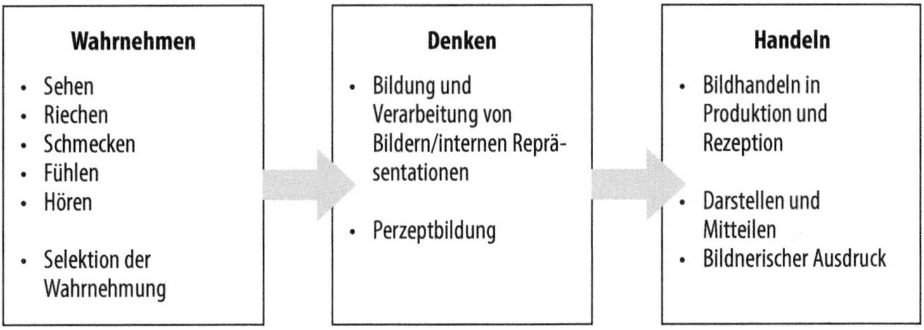

Abbildung 1: Zusammenspiel von Wahrnehmen, Denken und Handeln

Weiter finden wir das künstlerische Denken, das vor allem durch Vertreter:innen der künstlerischen Bildung in den Diskurs eingebracht wird (Kapitel 1.3.6). Auch dabei hat das sinnliche Wahrnehmen für das künstlerische Denken und Handeln eine zentrale Bedeutung.

Künstlerisches Denken und Handeln

Künstlerisches Denken basiert gleichermaßen auf rational-kognitiven Prozessen wie auf sinnlichen Wahrnehmungs- und Reflexionsprozessen und steht damit in der Nähe eines ästhetischen, bildnerischen Denkbegriffs. In der Abgrenzung zum ästhetischen Denken betont aber der Begriff des künstlerischen Denkens verstärkt einen schöpferischen und produktiven Denkakt (Buschkühle 2020). In der Theoriebildung zum künstlerischen Denken ist der Denkbegriff damit auch eng mit dem Handeln verbunden. Carl-Peter Buschkühle (2020) beschreibt fünf Faktoren künstlerischen Denkens: (1) die einfühlsame Wahrnehmung in Verbindung mit (2) der kritischen Reflexion, (3) die zu eigenständigen Vorstellungen resp. Imaginationen führt, sowie (4) der Entwicklung eines (Gestaltungs-)Willens und sich letztlich (5) in der Entwicklung von hierfür relevant erkannten Fertigkeiten manifestiert. Eine damit verbundene Integration von Wissensaufbau und Gestalten (Buschkühle 2014) erscheint das Konzept der Künstlerischen Bildung gerade auch für interdisziplinäres Arbeiten im künstlerischen Projekt tragfähig und lernwirksam zu machen.

> *«Künstlerische Arbeit transformiert nicht nur Wissen aus unterschiedlichen kognitiven und sinnlichen Herkünften ins Bild, sie übt, als Prozess in einer Lerngruppe, auch die sprachliche, die begriffliche Reflexion und Kommunikation.» (Buschkühle 2017, S. 272)*

Damit ist ein Blickwinkel eröffnet, der das künstlerische Denken und Handeln als Lebenskompetenz weit über den fachlichen Kompetenzerwerb stellt, vielmehr diesen unumgänglich mit der Ausbildung von Fähigkeiten zur Lebensgestaltung denkt, u. a. Fähigkeiten zum Umgang mit Unsicherheiten, Unbestimmbarkeiten, Unwägbarkeiten, Konfliktfähigkeit oder Problemlösefähigkeiten und damit kreativen Kompetenzen verbunden ist. Dies mit dem Ziel, eine selbstverantwortliche, selbstbewusste Positionierung in der (künstlerischen) Auseinandersetzung mit einer Sache zu ermöglichen (Wagner 2016).

Aus empirischer Perspektive widmet sich Anna-Maria Schirmer (2015) dem künstlerischen Denken und Handeln und zeigt auf, dass im Gestalten dem Handeln immer auch ein (begriffliches) Denken indiziert ist. Erst wenn im Handeln konventionelle und begrifflich gefestigte Denkstrukturen aufgelöst werden können, ergibt sich die Bereitschaft zum prozesshaften Arbeiten, zur Transformation und letztlich dadurch die Möglichkeit des Umdenkens und Weiterdenkens in der Gestaltungsfindung. Daraus kann dann die Einsicht in Ausdrucksqualitäten bildnerischer Mittel und deren Wirkung erwachsen. Erst dann kann es zu eigenständigen Handlungsentscheidungen im Gestalten kommen, u.a. in einem selbstständigen Spiel mit den Formen und bildnerischen Mitteln, die aussagekräftig und tragfähig im Gestalten eingesetzt werden können. Dies führt allmählich zu einer Ausweitung von Gestaltungsprinzipien und Darstellungstechniken, die die Grundlage für eigene Gestaltungsentscheidungen und ein freies, kompetentes Bildhandeln darstellen.

1.2.2 Bildkompetenzen entwickeln – kompetentes Bildhandeln anbahnen

Der Begriff Bildhandeln subsummiert mit Rekurs auf aktuelle Termini in der Bildphilosophie (u. a. Seja 2009, Wiesing 2004), visuellen Kommunikationsforschung (Reißmann 2014) und Bildwissenschaft (Sachs-Hombach 2021) das Herstellen von Bildern, Kommunikationsweisen sowie Rezeptionsweisen über Bilder. Das Bild ist auch hier im Sinne des erweiterten Bildbegriffs zu denken und schließt auch Kunstwerke sowie künstlerische Prozesse mit ein. Gerade da das bildnerische respektive künstlerische Handeln eng mit dem Denken und damit auch mit der kognitiven Entwicklung verbunden ist, ist das Bildhandeln entwicklungsspezifisch zu betrachten.

Mit Bezug auf die visuelle Kommunikationsforschung (Reißmann 2014) können wir festhalten, dass sich der Umgang mit Bildern – nicht nur in Kindheit und Jugendalter – mit zunehmender Digitalisierung deutlich verändert hat:

> *«Bildkommunikation über Instagram, aber auch über andere Plattformen und Messenger-Dienste, ist konstitutiv für den jugendkulturellen Austausch und die Identitätsarbeit der Altersgruppe. Bilder werden genutzt, um Begegnungen und Beziehungen zu dokumentieren, sich kulturell zu verorten und den eigenen Körper oder die eigene Kunstfertigkeit zu inszenieren […].» (Materna/Lauber/Brüggen 2021, S. 8)*

Seit dem iconic turn (Kasten 3) gelten Bildkompetenzen (Wagner/Schönau 2016, S. 111) – im Sinne des erweiterten Bildbegriffs – nicht nur als fachliche Kompetenzen, sondern auch als überfachliche, sogenannte Schlüsselkompetenzen. Mit zunehmender Digitalisierung werden Bildkompetenzen auch auf digitale Kompetenzen (digital literacy) erweitert, insbesondere im Cross-Over digitaler und analoger Projekte (Loffredo 2014). Kunst und Gestalten kann im Wahrnehmen und Sprechen über (analoge wie digitale) Bilder sowie in einer eigengestalterischen Auseinandersetzung Bildkompetenzen der Schüler:innen entwickeln und damit ein kompetentes Bildhandeln anbahnen.

Die Wende zum Bild fand analog zur linguistischen Wende (Bergmann 1964, Rorty 1967) statt. Vergleichbar mit sprachwissenschaftlichen Überlegungen, rückte das Bild in Kunst und medialer Alltagskultur als solches unter bildwissenschaftlichen Überlegungen in seiner Kommunikationsfunktion immer stärker in den Fokus. Zentrale Fragen sind: Wie wird durch Bilder kommuniziert? Welche Bedeutung haben Bilder in den Medien? Welche Kommunikationsweisen haben unterschiedliche Arten von Bildern? Welchen Einfluss haben sie auf die Rezipienten?

In der Theorie finden sich unterschiedliche Bezeichnungen, die unterschiedliche Gewichtungen aufzeigen. Mit dem *«pictorial turn»* verbindet Thomas Mitchell (2008) das Bild auch mit politischen und sozialen Fragestellungen und zeigt die Tragweite bildlicher Kommunikation am Ende des 20. und beginnenden 21. Jahrhunderts auf. Gottfried Boehm (1994) fokussiert mit dem *«iconic turn»* auf die mediale Bilderflut und stellt die Relevanz des Bildes als Kommunikationsträger in den Vordergrund seiner Überlegungen. Der «öffentlichen Bildeuphorie» (1994, S. 325) stellt er einen Bedarf nach einer visuellen Theorie des Bildes gegenüber, um dem Bild analytisch und reflexiv und damit der «Realität des Bildes» (S. 325) zu begegnen.
Die Präsenz des Bildes in den visuell geprägten Kulturen des Miteinanders (u. a. Bilder im Kontext des Zusammenlebens, der Kommunikation, der Information), des Arbeitens (u. a. Bilder im Kontext moderner Arbeitswelten, Kooperation und Kollaboration) oder auch des Lernens (u. a. Bilder im Kontext von Schule, Bildung, lebenslangen Lernens) erfordern daher grundlegende Kompetenzen im Umgang mit Bildern.

Kasten 3: Wende zum Bild

Kompetentes Bildhandeln in Rezeption und Produktion
Geht es um das Wahrnehmen und Verstehen von Bildern, so sprechen wir von Bildrezeption. Diese kann im Sprechen über Kunst, Interpretieren und Auslegen von Kunst, sowie in einer gestaltungspraktischen Auseinandersetzung mit Bildern erfolgen (u. a. Buschkühle 2014, Kirschenmann/Sowa 1999, Krautz 2005, Otto/Otto 1987, Schoppe 2013). Dies mit dem Ziel, die visuelle Wahrnehmung zu schulen, Verstehensprozesse zu initiieren und einen kompetenten Umgang mit dem Bild/dem Kunstwerk zu fördern. Damit Schüler:innen mit Bildern verbundene Botschaften und Aussagen deuten und erkennen können, ist es entscheidend, dass es sich hierbei um gestaltete Bilder handelt sowie die Schüler:innen im eigenen Gestalten Bildbotschaften formulieren können (Kirchner 2008).

Empirische Studien haben gezeigt, dass das Erkennen von einfachen Bildinhalten eine sich natürlich entwickelnde Kompetenz darstellt (zfs. Weidenmann 1990). Anders verhält es sich mit der differenzierten Erfahrung und Deutung eines Bildes und seiner Einzelteile. Das genaue Wahrnehmen sowie das tiefergehende Verstehen von Bildern stellt eine Fähigkeit dar, die entwickelt und gefördert werden muss. Hierzu kann der Kunstunterricht maßgeblich beitragen. Der Diskurs orientiert sich aber nicht nur an einem verstehensorientierten Bildhandeln in Kunst und im Gestalten, sondern es geht um das Erfinden eigenständiger Bildlösungen, um das Entwickeln eigener Ausdrucksmöglichkeiten, die Kindern und Jugendlichen ein Darstellen und Mitteilen ihrer eigenen Ideen und Vorstellungen ermöglichen. Künstlerisches Arbeiten mit Rekurs auf das künstlerische Denken und Handeln geht dann sogar noch weiter und sieht in der Bildkompetenz die Fähigkeit zur permanenten Formung des Selbst- und Weltbildes (Buschkühle 2020). Dieser Anspruch ist mit Blick auf die Relevanz heutiger Bildwelten epochal, das Künstlerische wird mit Joseph Beuys weitergedacht dann zu einer sinnvollen und lebensweltprägenden Eigenschaft. Künstlerisch-kreative Strategien können dann Lern- und Arbeitsstrategien darstellen, die sich auch für die Bewältigung von Lebensaufgaben anwenden lassen und zur Stärkung von Selbstkompetenz sowie Resilienzförderung beitragen können.

Es geht also um einen anwendungsorientierten Aufbau von Wissen und Können, der es Schüler:innen ermöglicht, eigenständig, mündig, kompetent im Kontext von Kunst und Gestaltung zu agieren. Mittlerweile wird die Anbahnung eines solchen kompetenten Bildhandelns – respektive die Entwicklung von Bildkompetenzen – als zentrales Ziel von Kunstunterricht angesehen (u. a. Bering/Niehoff 2009, Buschkühle 2014, Kirchner/Kirschenmann 2015, Lieber 2009, Schaper 2012, Schönau/Wagner 2016), was sich auch in verschiedenen Lehrplänen widerspiegelt. So verstanden, kann das Fach Kunst jenseits handwerklicher Ausbildung und fachlicher Verkürzung einen zentralen Beitrag leisten, um der heranwachsenden Generation vielfältige und transferierbare Gestaltungskompetenzen mit auf den Weg zu geben und sie zu eigenständig denkenden und mündigen Akteuren in einer bildgeprägten Welt bilden zu können.

Ästhetisches Urteilsvermögen

Tagtäglich fällen Schüler:innen zahlreiche ästhetische Urteile auf Social-Media-Plattformen wie Instagram oder TikTok. Zu einem kompetenten Umgang mit Bildern gehört es, Geschmacksurteile – ästhetische Urteile – angemessen reflektieren und begründen zu können. Der Kunstunterricht kann nicht nur in der Bildrezeption, sondern auch in der Interaktion von Lehrenden und Lernenden, in Gefallens- oder Missfallensäußerungen sowie in den Entscheidungen der Schülerinnen und Schüler im Gestalten beitragen, ein ästhetisches Urteilsvermögen zu entwickeln (Peez 2015).

Strukturmodell visual literacy

Im Rahmen des Europäischen Referenzrahmens für visual literacy (Schönau/Wagner 2016) wurde ein Strukturmodell erarbeitet, das auf verschiedenen europäischen Lehrplänen und dort beinhalteten Kompetenzbeschreibungen basiert (Kirchner/Haanstra 2016, Kirchner/Gotta-Legler/Nockmann 2016). Im Modell werden Bildkompetenzen in Produktion und Rezeption in Teilkompetenzen aufgeschlüsselt und in engem Zusammenhang mit meta-kognitiven Fähigkeiten sowie mit Methoden-, Sozial- und Selbstkompetenzen angenommen. Abbildung 2 stellt das dort entwickelte Modell dar.

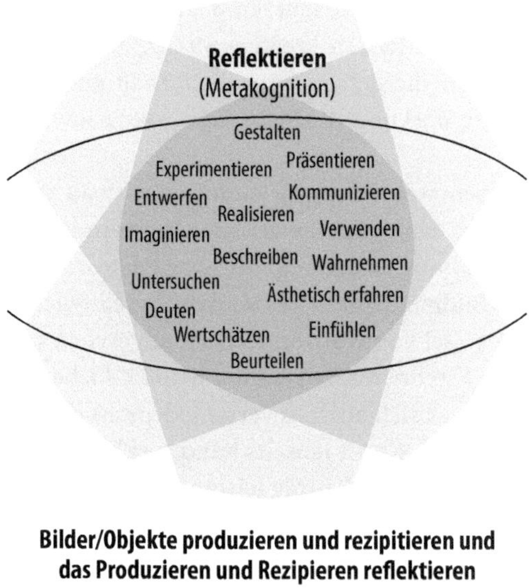

Abbildung 2: Kompetenzstrukturmodell visual literacy (Schönau/Wagner 2016, S. 113), © Waxmann

Damit zeigen sich unterschiedliche Fachgegenstände und Inhalte als wegweisend für das Lehren und Lernen in Kunst/Gestalten. Unter historischer Perspektive zeigt sich immer wieder ein Wechselspiel der jeweiligen Fachgegenstände (Kapitel 1.3).

1.2.3 Kunst/Gestalten

Dadurch, dass Bilder einen so wichtigen Stellenwert in der heutigen Gesellschaft einnehmen, erweitert sich auch der Gegenstandsbereich entsprechend. Der Fokus erweitert sich vom Bild als Kunstwerk auf visuell-ästhetische (Alltags-)Kultur(en) und kann relativ breit aufgefächert werden, u. a. in Bildende Kunst, Architektur, Illustration, Film, Design, Handwerk, Kommunikationsdesign. *Kunst* im Begriffspaar «Kunstdidaktik» wird in diesem Verständnis zu einem Containerbegriff, der als Minimalkonsens Phänomene gestalteter Umwelt aufnimmt und damit einem erweiterten Bild- sowie Kunstbegriff nahesteht.

Bildnerisches sowie künstlerisches Denken und Handeln sind dabei zwei zentrale Konzepte, auf die didaktisch-methodisch geleitete Bildungsintentionen abzielen. Gemeinsamer Konsens bildet das Ästhetische, d. h. die ästhetische, sinnlich vertiefte Wahrnehmung und letztlich Erfahrung, aus der bildnerisches respektive künstlerisches Denken und Handeln erwachsen kann (Peez 2018).

Damit rekurriert «Kunst» als Fachinhalt auf ästhetische Phänomene gestalteter Umwelt heutiger analoger und digitaler Lebensräume und damit gleichermaßen auf das in dieser Umwelt stehende Individuum, das die sie umgebende Welt mitgestaltet und sich selbst gestaltet. Bildende Kunst ist neben der angewandten Kunst ein zentraler, aber nicht ausschließlicher Fachgegenstand. Das *Gestalten* ergänzt daher die Kunst als Fachgegenstand und zielt auf das fachliche sowie überfachliche Denken und Handeln in einer tätigen Auseinandersetzung des Selbst mit der sie umgebenden Welt. Dadurch ergänzt «Gestalten» als Verb den zentralen Gegenstandsbereich auf der Handlungsebene der Schüler:innen und stellt deren Bildhandeln – im Sinne eines rezeptiven, produktiven und reflexiven Umgangs mit Bildern im erweiterten Verständnis – stärker ins Zentrum der Überlegungen. Damit wird ein Kontinuum eröffnet, das das kunstdidaktische Handeln leitet. Dies erscheint besonders aus der heterogen geprägten Fachtradition (Kapitel 1.3) angemessen, um der damit verbundenen Vielfalt fachlicher Positionen nur annähernd gerecht werden und diese in die Überlegungen einbeziehen zu können. Dabei geht es vorrangig um Phänomene, die den Menschen in seiner ästhetischen Dimension ansprechen und entsprechend anthropologisch zu begründen sind (Zirfas/Burghardt 2015). Besonders sinnlich-ästhetische Phänomene in der Kunst und visuellen Alltagskultur sind dann für den Unterricht in ihrer Bildungswirksamkeit zu diskutieren.

Aus den angestellten Überlegungen wird der Gegenstandsbereich Kunst/Gestalten aufgefächert und verschiedene Inhalte in einem Kontinuum vereinfacht und pragmatisch abgebildet. Dies mit dem Ziel, Unterrichtskonzepte im Kontext pluraler Gegenstandsbereiche zwischen Kunst und Gestalten respektive gestalteten Alltagsphänomenen verorten zu können und dem Selbst als Anteil gestalteter Umwelt in Lernprozessen eine zentrale und aktive Funktion beizumessen.

Um die fachlichen Entwicklungen entsprechend der Leitlinien der Kunst und des Bildes sowie der Didaktik und Pädagogik zu kennen und Bezüge herstellen zu können, ist ein Blick in historische Entwicklungen der Kunstdidaktik sinnvoll. Im Exkurs von Edith Glaser-Henzer und Nicole Berner werden Entwicklungslinien bis ins 21. Jahrhundert nachgezeichnet.

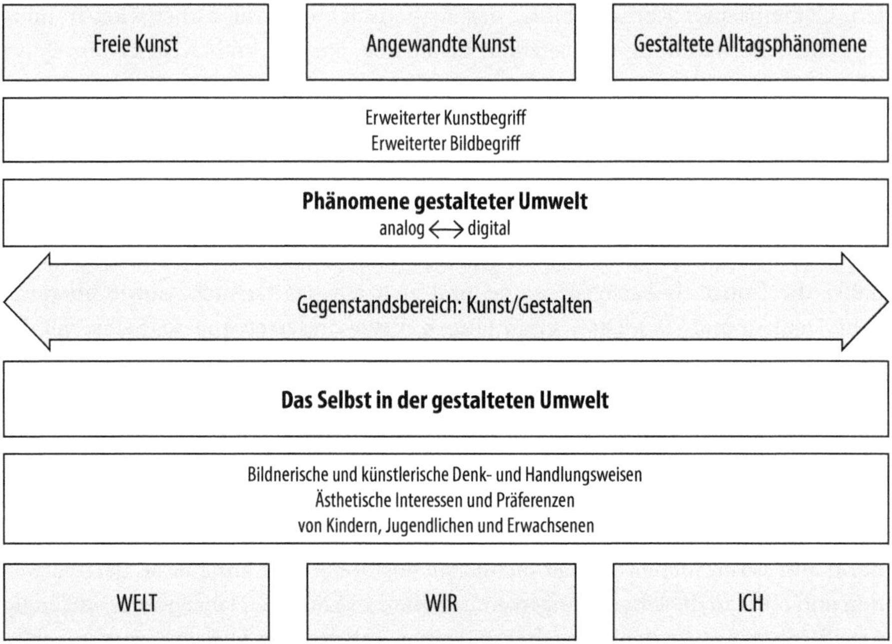

Abbildung 3: Gegenstandsbereiche in Kunst/Gestalten

1.3 Exkurs: Fachkonzepte und ihre Entwicklung ins 21. Jahrhundert

Edith Glaser-Henzer/Nicole Berner

Entwicklungen des kunstpädagogischen Denkens und der Kunst als Unterrichtsfach korrespondieren häufig mit epochalen Paradigmenwechseln, wie zum Beispiel in der bildenden Kunst der Übergang «von einer an der Nachahmung der Natur interessierten zu einer primär ihre eigenen Mittel thematisierenden autonomen Kunst der Moderne» (Legler 2011, S. 11) zu Beginn des 20. Jahrhunderts. Solche Übergänge spiegeln in der Regel Veränderungen des Weltbildes und Erweiterungen der menschlichen Denkmöglichkeiten wider (Legler 2011). Wie sich solche Veränderungen in fachdidaktischen Konzepten niederschlagen und ob bzw. wie sie in der Praxis wirksam werden, hängt jedoch auch davon ab, was die jeweiligen pädagogischen, gesellschaftlichen, politischen und ökonomischen Rahmenbedingungen zulassen.

1.3.1 «Richtiges Zeichnen» und reformpädagogische Strömungen zu Beginn des 20. Jahrhunderts

Zwei Entwicklungslinien bestimmen in der ersten Hälfte des 20. Jahrhunderts den Unterricht im Fach Kunst. Einerseits liegt der Fokus auf der Förderung richtigen Zeichnens, teilweise orientiert an den Elementartheorien der Nachfolger Pestalozzis. Ziel ist hier vornehmlich ein gewerblicher Nutzen und ein exaktes Arbeiten. Andererseits stehen reformpädagogische Ansätze. Die Entwicklung des Kindes und dessen Fähigkeiten und Fertigkeiten stehen hier immer mehr im Fokus pädagogischen Handelns, wie beispielsweise die schöpferische Kraft, das bewusste Sehen oder der eigenständige bildnerische Ausdruck (Glaser-Henzer 2013, Legler 2011). Parallele Tendenzen stellt Mary Ann Stankiewicz (2007) auch für England und weitere industrialisierte Länder fest. Die freie Handzeichnung des Kindes wird zunehmend wertgeschätzt, gefördert und auch systematisch erforscht. Die Wertschätzung der freien Kinderzeichnung prägt auch die Kunsterziehungsbewegung in Deutschland. Eine wegweisende Entwicklung ist u.a., dass der damalige Zeichen- und Werkunterricht vom vornehmlich geometrischen, exakten zum freien Zeichnen hin umstrukturiert wird (Legler 2011, Peez 2018).

Jedoch können nicht alle Reformer auch als Modernisierer verstanden werden und oft dient das Fach einer «betont nationalen und militärischen Erziehung»

(Legler 2011, S. 215). Das Phänomen der Gegenwartsfeindlichkeit deutet Legler als «Dilemma der Moderne», das sich zurückführen lasse auf «eine Ausdifferenzierung der Vernunft in unterschiedliche – im Wesentlichen kognitive, ethische und ästhetische – Rationalitätsaspekte» (Legler 2011, S. 201). Das Abgrenzen der verschiedenen Vernunftaspekte gegeneinander und ihre Abspaltung vom Alltag werden als Verlust von Harmonie erfahren und steigern die Bereitschaft der Menschen, sich von aktuellen Orientierungen wieder abzuwenden. Eine übereinstimmende Einschätzung findet sich bei Mary Ann Stankiewicz (2007). Zudem zeigen sich ähnliche gesellschaftliche Tendenzen aufgrund gegenwärtiger Herausforderungen, verbunden mit dem gesellschaftlichen und kulturellen Wandel.

1.3.2 Unterschiedliche Entwicklungen in der Nachkriegszeit

Die Fachentwicklung in Deutschland und Österreich erfährt durch den Zweiten Weltkrieg eine starke Zäsur, während sich das Fach in der Schweiz mit Bezug zur Gegenwartskunst weiterentwickelt. Auf Basis der Theorie und Praxis des Bauhauses (1919–1933) wird vielerorts in der Schweiz parallel zur Förderung des individuellen Ausdrucks das gegenständliche Zeichnen gepflegt, das keine Rückkehr zur Naturreproduktion ist. Vielmehr bildet das am Gegenstand sich orientierende und mit dem Verstand verbundene, wissenschaftlich-objektivierende Zeichnen die Basis, auf der sich die Ausbildung der Vorstellung und Fantasie sowie «das innere Sehen, das die Grundlage allen visuellen Planens und Handelns im Binnenraum der Vorstellung ist» (Müller 1982, S. 120), entwickeln.

Im Deutschland der Nachkriegszeit werden reformpädagogische Elemente der Kunsterziehungsbewegung – insbesondere im Konzept der Musischen Bildung, das Ausgleich in einer heil erscheinenden Welt des bildnerischen Gestaltens bringen soll – wiederaufgenommen und weiterentwickelt (Schwerdtfeger 1953). Für die internationalen Kontakte zeigt sich vorerst das Konzept einer Erziehung durch die Kunst (Read 1947) als verbindend. Kurt Schwerdtfeger (1953) bezieht Bildende Kunst und Schule aufeinander und schafft eine Didaktik, in der angebunden an die musische Erziehung ein Weiterdenken spürbar ist und weniger eine Erziehung zur als vielmehr durch die Kunst stattfindet (Legler 2011). In dieser Entwicklung, in der die Bildende Kunst zu einem Mittel der individuellen Entfaltung wird, zeigt sich der musische Gedanke in einer Ganzheitlichkeit verortet, die in der weiteren Fachentwicklung von einer Tendenz hin zum Rationalen, Objektivierbaren abgelöst wird.

Reinhard Pfennig (1964) entzieht sich ideologischer Tendenzen und macht – orientiert an der Autonomie der Ausdrucksmittel – anhand zentraler Gestaltungsprinzipien deutlich, dass über die Auseinandersetzung mit der Kunst der Gegenwart bildnerisches Denkvermögen gefördert werden kann, das über den Bereich der Bildenden Kunst hinaus bis in die ästhetische Gestaltung und Organisation unserer Umwelt hineinwirkt. Oftmals finden sich in den kunstdidaktischen Lehren Bezüge zum Bauhaus und einer damit verbundenen rationalen Vermittlung bildnerischer Mittel und Formensprache (u. a. Otto 1969, Pfennig 1959). Im sogenannten Formalen Kunstunterricht wird so die bildnerische Praxis «immer stärker zu messbaren und zugleich sinnlich verarmten Schulaufgaben didaktisiert, zu formal-bildnerischen Ordnungstätigkeiten, die oft aus abstrakten Übungsreihen» (Peez 2018, S. 50) bestehen.

1.3.3 Rationale Strukturen in der Kunstdidaktik

Fachliche Bedeutung gewinnt Gunter Otto (1969) über dessen systematische Analyse der Inhalte sowie der Unterrichtsprozesse. In allgemeindidaktischer Auseinandersetzung entwickelt er zusammen mit Wolfgang Schulz und Paul Heimann das «Berliner Modell der Didaktik» (Heimann/Otto/Schulz 1965) und modifiziert dieses für die Kunstpädagogik (Otto 1969). Gegenüber bisherigen, eher musisch ausgerichteten fachdidaktischen Konzepten bringt das Modell rationale Strukturen, d. h. Klarheit in Bezug auf die didaktischen Entscheidungen und einen begründeten schlüssigen Bezug zwischen Zielen, Inhalten, Methoden und Medien.

> *«[Daraus] resultiert zum ersten Mal in der Geschichte der Kunstpädagogik eine auch allgemeindidaktisch begründete und damit im weitesten Sinne erziehungswissenschaftlich orientierte Fachdidaktik.» (Legler 2011, S. 288)*

Allerdings ist kritisch zu betrachten, dass die fachdidaktische Reflexion dort an Grenzen stoßen kann, wo der Fachinhalt dem Interesse an einer Überprüfbarkeit nachgestellt wird (Legler 2011). Die stärkere Ausrichtung der Kunstdidaktik auf Rationalität und die damit verbundenen Neuerungen decken sich mit damaligen internationalen Perspektiven und Forderungen nach Planungssicherheit und überprüfbaren Leistungsnachweisen (Stankiewicz 2007). Dieses Bedürfnis mag auch veränderten gesellschaftlichen und ökonomischen Rahmenbedingungen – wie dem Mangel an Arbeitskräften, der Einführung teilautomatisierter Produktionsverfahren oder dem ersten erfolgreichen Weltraumprojekt der Sowjetunion von 1957 und dem damit verbundenen Sputnikschock – geschuldet sein. Ausgehend vom technischen und ökonomischen Wettbewerb der damaligen Großmächte, werden die Förderung kreativer Leistung sowie die Entwicklung komplexer Problemlösefähigkeiten in Wissenschaft und Bildung zentrale Themen. Zudem werden objektive, messbare Kriterien gesucht, die «schöpferische von weniger schöpferischen Menschen unterscheiden» (Lowenfeld 1960, S. 23). Die amerikanische Kreativitätsforschung entwickelt hierfür messbare Eigenschaften kreativer Personen sowie Phasenmodelle kreativer Prozesse, um Kreativität und damit das Schöpferische näher zu bestimmen und vielmehr objektiv-rational zu erfassen. In Form von kreativen Eigenschaften sowie kreativen Phasen finden sich diese in kunstdidaktischen Modellen wieder und steuern methodische Entscheidungen (u. a. Daucher/Seitz 1969, Otto 1969). Mit überprüfbaren, kreativen Fähigkeiten und Testentwicklungen wird so der Fokus vom Ganzheitlich-Musischen und dem damit verbundenen, unbestimmbaren Schöpferischen auf in allen Menschen grundlegend angelegte kreative Eigenschaften gerichtet, die der Förderung bedürfen. Kunst und Kultur werden zu einem immer relevanteren gesellschaftlichen Bereich.

1.3.4 Kunstdidaktische Paradigmenwechsel in der zweiten Hälfte des 20. Jahrhunderts

Die ausgeprägte Diskussion über die Beziehung zwischen Gesellschaft, Schule und Kunst ist für westliche Staaten in den 1960er- und 1970er-Jahren symptomatisch (Lemerise/Couture 1990, Stankiewicz 2007). Die öffentliche Diskussion dominiert allgemein eine Aufbruchstimmung, eine Kulturbegeisterung, die Gleichwertigkeit von Architektur, Film, Kunst, Musik, Theater und Sport (Glaser-Henzer 2013), was zu einer starken gesamtgesellschaftlichen Politisierung kultureller Bereiche führt. Die neuen Sichtweisen – zusammen mit der radikalen, non-figurativen amerikanischen Kunst und der darauffolgenden Pop Art mit ihrer Nähe zu Werbe- und Alltagsbildern – haben die Erweiterung des Kunstbegriffs auf «materialerkundende, experimentelle, oft environment- und raumbezogene Spielarten der Gegenwartskunst» (Peez 2018, S. 73) und damit verbunden einem Ausbau der traditionellen Kernbereiche und der Bezugswissenschaften des Kunstunterrichts zur Folge. Mit der Ästhetischen Erziehung wird der alleinige Bezug des Faches Kunst zur Bildenden Kunst aufgelöst zugunsten einer Erweiterung auf ästhetische Objekte, u. a. massenmediale Erzeugnisse, Film und Werbung. In der eigenen ästhetischen Praxis von Schüler:innen wird eine Möglichkeit gesehen, Kunst nachvollziehen zu können und Verständnis für ästhetische Produktion zu generieren (Otto 1974).

In der Euphorie der Reformen versuchen in Deutschland der frühen 1970er-Jahre Kunstdidaktiker unter der Bezeichnung Visuelle Kommunikation ein inhaltlich vollkommen neu orientiertes Unterrichtsfach zu setzen. In der Abkehr von der

Bildenden Kunst als zentralem Fachgegenstand werden «visuelle Medien und Informationen ohne Rücksicht auf deren künstlerische Relevanz zum Unterrichtsgegenstand» (Peez 2018, S. 60) und Analysen massenmedialer Produkte wie Werbung, Zeitung oder Film im Unterricht gerechtfertigt und auf den gesamten Bereich der visuellen Kommunikation erweitert (Ehmer 1971). Dabei sollen Schüler:innen im Umgang mit Video- und Fotokamera die Funktionen und Wirkungsmechanismen massenmedialer Erzeugnisse kennen und kritisch hinterfragen lernen. Die erhofften Konsequenzen im alltäglichen Handeln bleiben jedoch aus und der nächste Paradigmenwechsel bringt eine Rehabilitation der praktischen Arbeit im Kunstunterricht. Beeinflusst auch durch die erstarkten Umweltschutzbewegungen erfährt die Ästhetische Erziehung, verstanden im ursprünglichen Sinne als Sensibilisierung der Wahrnehmung, eine Wiederbelebung. Der Kunstunterricht soll u. a. Möglichkeiten zu authentischen sinnlichen und damit primären Erfahrungen eröffnen (Staudte 1984) und damit Alternativen bieten zu vermittelten Erfahrungen – Sekundärerfahrungen, beispielsweise über Medien und Schulbücher. Das ästhetische Erleben wird immer stärker in die kunstdidaktische Theorie einbezogen und versucht, sinnliche Bezüge und Zugänge zu den Lerninhalten zu schaffen. Mit der Erweiterung disziplinärer Bezugsfelder geht jedoch auch mit der Ästhetischen Erziehung eine gewisse Öffnung möglicher Inhalte einher: Sinnlichkeit, Alltags- und Lebensweltbezug sowie Subjektivität öffnen einer Vielzahl möglicher Inhalte fachdidaktisch begründeten Eingang in den Kunstunterricht. In den späten Schriften Gunter Ottos finden sich immer wieder pädagogische Auseinandersetzungen, die ästhetische Erfahrungen im schulischen Kontext in den Diskurs stellen und auf ein bildbezogenes Handeln fokussieren (Drews 2017). Der Gefahr inhaltlicher Beliebigkeit versuchen Gunter Otto und Maria Otto (1987) mit ihrem Konzept des Auslegens von Bildern entgegenzutreten und im Umgang mit Bildern den zentralen Fachgegenstand zu bestimmen. Deutung und Interpretation von Bildern als vermittelbare Tätigkeiten werden nicht nur im Sprechen über Kunst, sondern vielmehr in einem damit verbundenen handelnden Umgang fokussiert. In der praktischen Auseinandersetzung mit formal-ästhetischen sowie inhaltlichen Bezügen der Bildenden Kunst und der Alltagswelt sollen Schüler:innen in einer bildbezogenen Welt emanzipiert und zu einem eigenständigen Bildhandeln angeregt werden.

1.3.5 Ästhetik als sinnliche Erkenntnis – Ästhetische Bildung

In den 1990er-Jahren zeigt sich eine enge Verbindung zwischen philosophischem Diskurs und der Reflexion über Kunst. Wichtige Impulse für die Kunstpädagogik gehen u. a. von einer öffentlichen Diskussion zwischen Gunter Otto und Wolfgang Welsch über Wahrnehmung und ästhetisches Denken und ästhetische Rationalität aus (Otto 1991a, 1991b, Welsch 1991).

> *«Die Verwendung des Begriffs ästhetische Rationalität markiert sowohl die Bereitschaft zu als auch den Anspruch auf Begründbarkeit von ästhetischen Handlungen.» (Otto 1991a, S. 48)*

Wolfgang Welsch erachtet ein logozentrisches, sich an linearen Ursache-Wirkungszusammenhängen orientierendes Denken als überholt, wenn es darum geht, eine Wirklichkeit wahrzunehmen, die aus weichen Mäandern und ununterscheidbaren Übergängen von Schein und Realität oder Fiktion und Konstruktion besteht. In der damit notwendigen Beweglichkeit und Flexibilität sieht Wolfgang Welsch (2003) daher aus philosophischer Perspektive vorrangig das ästhetische Denken als relevant. Als Folge seiner Auseinandersetzung mit philosophischen und kunstdidaktischen Fragen erweitert Gunter Otto (1998a, 1998b) sein kunstdidaktisches Konzept hin zur Ästhetischen Bildung. Ästhetik versteht er nicht als das Schöne, sondern als Theorie der sinnlichen Erkenntnis bzw. ästhetischen Rationalität. Die Hauptaufgabe des Faches Kunst sieht er insofern nicht in der Vermittlung von Kunstverstehen, sondern kunstdidaktische Intentionen zielen auf das Ermöglichen ästhetischer Erfahrungen im Bildnerischen ab, die (Selbst-)Bildungsprozesse auslösen können (Kirchner/Otto 1998). Ästhetische Erfahrung verbindet so die Empfindung mit der Wahrnehmung und dem Denken. So wird gerade das Wechselspiel zwischen Einbildungskraft und Verstand ein wichtiges Kennzeichen von ästhetischer Erfahrung. Während in der Ästhetischen Erziehung ästhetische Erfahrungs- und Lernprozesse initiiert und arrangiert werden, zielt die Ästhetische Bildung damit stärker auf Selbstbildung und versucht anhand ästhetischer Erfahrungssituationen und damit im Ästhetischen selbstbildende und insbesondere selbstbestimmende Prozesse bei den Schüler:innen anzustoßen. Während Gunter Otto (1998a) die Kunst vielfältigen ästhetischen Zugängen unterordnet und Ästhetik als einen Lernbereich definiert, bezieht Gert Selle (1995) ästhetische Erfahrungsprozesse auf die Bildende Kunst und den künstlerischen Prozess und erachtet vorrangig in kunstanalogen Prozessen Momente ästhetischer (Selbst)Bildung. In starker Anlehnung an Joseph Beuys und dessen Kunstbegriff verortet sich Gert Selle (1988, 1990) mit seinem kunstdidaktischen Konzept nicht im Pädagogischen, sondern vielmehr im Künstlerischen, dies als Gegenposition zu Gunter Otto und dem damit verbundenen engen Bezug zum schulischen Feld.

> *«Doch als Beuys dem toten Hasen die Bilder erklärt, wäre er bei der Lehramtsprüfung sicher durchgefallen. Seine Variante der künstlerischen Transrationalität gerade in den ästhetischen Aktionen hat aber mit Sicherheit mehr Entgrenzungseffekt als irgendein Kunstunterricht gehabt. Das sollte zu denken geben.» (Selle 1996, S. 81)*

Gert Selle (1996) zielt auf eine Transrationalität und spricht sich klar gegen ästhetische Rationalität aus. Er plädiert für ein ästhetisches Lernen, das aus einer, durch intensive Kunsterfahrung angestossenen sinnlichen Leidenschaft, Intensität und affektiver Aufruhr in der Handlung erwachsen kann (Selle 1996).

Im Sinne der ästhetischen Rationalität erhebt Gunter Otto (1996) für den schulischen Kunstunterricht dagegen den Anspruch, dass es ein didaktisch-methodisches Vorgehen benötigt, das dem Ästhetischen ähnlich ist und, dass das Initiieren ästhetischer Erfahrungs- und Handlungsprozesse in einem kontemplativen, begründbaren Unterrichtshandeln zu verankern ist.

> *«Ästhetisches lässt sich nicht alleine auf rauschhafte Zustände reduzieren. Auch Handlungen, für die vorweg keine Gründe genannt werden können, sind begründbar.» (Otto 1996, S. 87)*

Die Frage nach der Orientierung des Faches – an der Kunst oder am Bild sowie am Ästhetischen – trägt sich weiter in das beginnende 21. Jahrhundert und führt zu einem gegenwärtigen Pluralismus kunstpädagogischer Positionen.

1.3.6 Kunstpädagogische Tendenzen zu Beginn des 21. Jahrhunderts

Zu Beginn des 21. Jahrhunderts verabschiedet sich die Fachdidaktik generell «vom Anspruch systematischer Vollständigkeit» (Legler 2011, S. 329) und es bilden sich mehrere Schwerpunkte der kunstpädagogischen Orientierung heraus. In Anlehnung an Georg Peez (2005a) können Bildorientierung, Kunstorientierung und Subjektorientierung benannt werden.

Auf die Bilderflut und sich schnell verbreitende Bildkommunikation seit Mitte der 1990er-Jahre sowie der damit verbundenen Omnipräsenz von Bildern verschiedenster Arten reagiert der Kunsthistoriker und Bildwissenschaftler Gottfried Boehm (1994), indem er mittels Analyse von Bildern wissenschaftliche Rationalität herstellt und den Begriff iconic turn prägt (Kasten 3). Dies greift der kunstdidaktische Diskurs auf: Lernende werden mit Bildern unterschiedlichster Qualitäten konfrontiert, zum Lernen animiert, informiert oder auch manipuliert. Das Bild als solches muss sich daher auf einen erweiterten Bildbegriff beziehen, da sich nur ein kleiner Anteil der Bilder, mit dem wir tagtäglich konfrontiert sind, auf die Kunst bezieht (Billmayer 2003). Dem kompetenten und mündigen Umgang mit Bildern kommt mit dem zentralen Ziel der Entwicklung von Bildkompetenzen damit eine tragende Rolle zu und stellt eine Grundlage für Bildung dar (u. a. Bering/Niehoff 2005, 2009, Billmayer 2008, Kirschenmann 2002). Die Kunst wird dabei zu einem Teil des erweiterten Bildbegriffs und dem Bild damit untergeordnet. Auffallende Parallelen zeigen sich im anglo-amerikanischen Diskurs, in dem u. a. Paul Duncum (2005) in seinen Ausführungen an die Traditionslinie anknüpft, in der visuelles und begriffliches Denken als gleichwertig, aber voneinander getrennt existierende Arten des Denkens und Kommunizierens verstanden werden. Dank der charakteristischen Mehrdeutigkeit des Visuellen beurteilt er die Bildsprache als besonders geeignet, unterschiedliche Sichtweisen auf die Welt zu ermöglichen sowie eine große Breite an kulturellen Konstruktionen und Bedürfnissen aufzufangen und damit einer heterogenen, pluralen Gesellschaft entgegenzukommen (Duncum 2005).

Vertreter:innen der Kunstorientierung verweisen, anknüpfend an Gert Selle, ebenso auf einen erweiterten Kunstbegriff und plädieren für eine Kunstdidaktik, in der kunstanaloge Prozesse zu denken und zu praktizieren sind (u. a. Brenne 2008, Buschkühle 2004, 2017, Kettel 2004, 2018, Urlaß 2014). Abgrenzend zur Bildorientierung wird die Kunst nicht dem Bild und dem Ästhetischen unterworfen, sondern eine Kunstdidaktik aus der Kunst heraus begründet und entwickelt. Kunst wird hier im Sinne des erweiterten Kunstbegriffes relativ breit angelegt und bildet eine Schnittmenge zur Lebenskunst. Die intensive Kunsterfahrung bildet dann den Impuls für das Initiieren ästhetischer Lernprozesse. In den letzten Jahren zeigen sich Anschlussmöglichkeiten zum (Bild)Kompetenzbegriff (Buschkühle 2014, 2017). Auch in Konzepten der Künstlerischen Bildung wird hierauf Bezug genommen und dies immer stärker als Kern künstlerischer Auseinandersetzung im schulischen Kontext gedacht.

Neben der Orientierung am Bild und an der Kunst unterscheidet Georg Peez (2005) weiter die Orientierung am Subjekt und fasst darunter kunstpädagogische Positionen, die an der Person der Schüler:innen ansetzen und biografische Fragen künstlerisch bearbeiten. Im Konzept der ästhetischen Forschung von Helga

Kämpf-Jansen (2002) werden individuelle Suchprozesse künstlerisch angestoßen, dokumentiert, kartografiert, aufgezeichnet und reflexiv behandelt. Gegenstand des Faches ist hier nicht nur die Kunst, sondern alles kann Gegenstand ästhetisch-forschender Auseinandersetzung werden. Das Subjekt mit seinen vielen biografischen Anknüpfungspunkten wird dabei in den Mittelpunkt bildnerisch-ästhetischer Praxis und Rezeption gestellt (u. a. Brenne 2008, Sabisch 2007, Sabisch/Seydel 2004). Im kompensatorischen Kunstunterricht wird durch sinnliche Erfahrungen im Material «ein Ausgleich und eine Entlastung für gesellschaftlich erzeugte Defizite» (Peez 2022, S. 83) fokussiert. Dabei wird auf Ganzheitlichkeit im Erleben gesetzt und eine mehrsinnliche Herangehensweise gesucht (Wichelhaus 2009). Zusammengefasst soll dies im Kunstunterricht zur Stärkung des Selbstkonzepts, zur Identitätsbildung und Persönlichkeitsentwicklung beitragen.

Der Pluralismus gegenwärtiger kunstpädagogischer Positionen zeigt die Komplexität des Faches Kunst auf. Die Gewichtung künstlerischer und pädagogischer Elemente wird im Fachdiskurs beständig und auch kontrovers diskutiert. In der schulischen Praxis erscheinen die Grenzen zwischen den drei Polen jedoch oftmals fließend und kaum trennbar, erfordern unterschiedliche unterrichtliche Situationen doch auch verschiedene Herangehensweisen.

Die Kunstdidaktik in all ihrer Pluralität ist insgesamt zunehmend gefordert, im Zuge des digitalen Wandels geeignete Konzepte zu erarbeiten, die digitale Entwicklungen und damit verbundene Tendenzen und Trends aufnehmen (Camuka/Peez 2017, Meyer/Kolb 2015, Peez 2020) und multimodale Kommunikationsformen berücksichtigen, wie sie in den sozialen Medien, in Film und Fernsehen und im Internet vorliegen. Auch die Erweiterung von Realität in virtuelle (Bild)Welten erfordern Konzepte, die sich kritisch und reflektiert mit Realität und Virtualität in der Kunst und visuellen Alltagskultur aus pädagogischer Perspektive auseinandersetzen und Potenziale für ästhetisches Lernen aufzeigen. Zudem wirft der Einsatz digitaler Apps und onlinebasierter Tools zur Unterstützung von Lehr-Lernsettings im Kunstunterricht vielfältige und sich stetig wandelnde Fragen auf. Aus systemischer Perspektive stellen Digitalisierung, Globalisierung sowie gesellschaftlicher Wandel sowohl die Institution Schule als auch das Fach Kunst vor veränderte und immer wieder neue Herausforderungen, denen es mit kontinuierlicher, vernetzter fachdidaktischer Forschung und Konzeptentwicklung offen zu begegnen gilt (u. a. D'Incau/Henke 2017, Lutz-Sterzenbach/Schnurr/Wagner 2013).

1.4 Lernen in Kunst/Gestalten

Um Kunst/Gestalten zu vermitteln und zu unterrichten, ist es von zentraler Bedeutung, wie sich Schüler:innen Inhalte, Techniken, Verfahren, Strategien, Handlungsweisen etc. in Kunst/Gestalten aneignen und fachliche Kompetenzen entwickeln. Kann man aber in Kunst/Gestalten von Lernen sprechen? Ist Lernen nicht eher eine kognitiv ausgerichtete Tätigkeit? Wie wird in Kunst/Gestalten gelernt? Was bedeutet Lernen in Kunst/Gestalten?

Wir betrachten im Folgenden den Lernbegriff für Kunst/Gestalten und schauen uns lerntheoretische Perspektiven auf das Bildhandeln von Schüler:innen an. Daraus wird am Ende ein Lernbegriff für Kunst/Gestalten abgeleitet, der sich am aktuellen fachlichen wie bildungswissenschaftlichen Diskurs orientiert.

1.4.1 Relevanz eines fachdidaktischen Lernbegriffs

Obwohl sich die Kunstdidaktik in ihrer Theoriebildung bereits früh mit dem Lernbegriff fach-, lern- und bildungstheoretisch auseinandergesetzt hat sowie aktuell auseinandersetzt (u. a. Barth 2000, Meyers 1968, Otto 1974, 1998a, 1998b, Sievert-Staudte 1999, Krautz 2015, Wirth 2009), kann mit Jochen Krautz (2015) zu Recht konstatiert werden, dass in der Fachwirklichkeit der Lernbegriff häufig *nicht* Kunst/Gestalten, sondern eher kognitiven Fächern zugeordnet wird.

> *«Lernen gilt manchem als ‹kunstwidrig› und damit gegen den Kern des Faches gerichtet, der je nach Akzentuierung in subjektiver Expressivität, ästhetischer Erfahrung oder einem experimentellen und kreativen Verhalten gesehen wird.» (Krautz 2015, S. 4)*

Dabei ist interessant, dass gerade die angesprochenen Akzentuierungen Bezüge zum konstruktivistisch geprägten, pädagogisch-psychologischen Lernbegriff aufweisen: Das Subjekt steht erstens im Zentrum von Aneignungs- und Auslegungsprozessen. Zweitens kann die ästhetische Erfahrung im Sinne einer ästhetischen Bildung als Erkenntnisprozess in der Nähe des Erfahrungslernens gedacht werden. Drittens kann dann das Umgestalten und (kognitive) Umstrukturieren subjektiver Wirklichkeit(en) als grundlegendes Prinzip einer konstruktivistisch orientierten Lehr-Lerntheorie weitergedacht werden. Nun könnte man leichtfertig schlussfolgern, dass jede Art von Gestalten immer auch ein Lernen impliziert. Dies ist aber nicht der Fall, betrachten wir uns Lehr-Lerntheorien etwas näher, was Gegenstand dieses Kapitels ist.

In der Kunstdidaktik hat bereits Gunter Otto (1974) früh darauf hingewiesen, dass Gestalten nicht ohne Weiteres mit Lernen gleichgesetzt werden kann.

> *«[…] ebenso wenig lassen sich Lernprozesse im ästhetischen Bereich mit Gestaltungsprozessen gleichsetzen. Ästhetische Praxis – sowohl der Vergangenheit wie auch ihre aktuellsten Formen – und ästhetisches Lernen können viel eher als Umgestaltungsleistungen interpretiert und organisiert werden.» (Otto 1974, S. 332)*

Was aus beiden Zitaten – die mit einem Abstand von etwas mehr als 40 Jahren ausgewählt wurden – deutlich wird, ist, dass sie auf einen fachdidaktisch zu definierenden Lernbegriff zielen und dessen Notwendigkeit aufzeigen. Dies jeweils aus ihrer Zeit heraus. So stellt Kurt Reusser (2001) zu Beginn des 21. Jahrhunderts – dem Zeitpunkt des Aufrüttelns des Bildungsbereichs durch PISA und deren Folgen – fest:

> *«Es genügt nicht mehr, selbstverständlich davon auszugehen, die Schule bilde durch Lernen. Die Schule muss auch das Lernen selbst prägen.» (Reusser 2001, S. 129)*

Und dies kann nur fachlich geleistet werden. In den 2000er-Jahren setzte sich die Kunstpädagogik vielfältig mit dem fachlich geprägten Lern- und Bildungsbegriff sowie dem aufkommenden Kompetenzbegriff auseinander. So wurde das Fach Kunst im Projekt der allgemeinen Bildung näher betrachtet (Kirschenmann/Schulz/Sowa 2006) und auch die mit PISA angestoßenen Veränderungen im Bildungssystem kritisch für das Fach diskutiert (u. a. Glas 2003, Kahrmann 2006, Kettel 2004, Littke 2009). Dies alles führte zu einem Pluralismus kunstpädagogischer Positionen, die die Komplexität heutiger Wirklichkeit und damit auch heutiger künstlerischer Positionen mit widerspiegelt (Kapitel 1.3.6). Dies ist ein unschätzbarer Gewinn für den Fachdiskurs, wenn vielfältige Perspektiven und Ansätze aufeinander bezogen werden und sich gegenseitig befruchten können. Denn heutige Komplexität verlangt einen lebendigen sowie wertschätzenden, referenziellen sowie anschlussfähigen Diskurs, damit Theorie-Praxis-Bezüge Wirklichkeit abbilden können.

So zeigt sich heute die Kunstdidaktik plural und in ihrem Lernbegriff nicht immer konsensfähig. Geht es den einen mehr um künstlerische Prozesse, fokussieren andere mehr auf das Bild/auf Bildkompetenzen, wieder andere thematisieren leibliche, performative Bezüge lernender Aktivität in der Kunst oder Identität und bildnerischer Ausdruck, ästhetische Praxis, Vorstellungsbildung, (post-)digitale oder transkulturelle Zugänge. In all dieser Unterschiedlichkeit und diese mittragend, beschäftigen wir uns in diesem Kapitel mit grundlegenden Funktionsweisen fachlichen Lernens im Kontext von Kunst/Gestalten. Unter Rekurs auf pädagogisch-psychologische Lerntheorien wird Lernen in Kunst/Gestalten im Kontext von Erfahrungslernen und Lerntheorien des gemäßigten Konstruktivismus behandelt und in bisherige Konzepte eingeordnet, über die in der kunstdidaktischen Theoriebildung weitestgehend Konsens besteht.

1.4.2 Lernen in Kunst/Gestalten als Erfahrungslernen

Aus dem Modell zu den Gegenstandsbereichen der Kunstdidaktik (Kapitel 1.2.3, Abbildung 3) wird deutlich, dass der Mensch als gestaltendes Individuum in einer gestalteten Um-Welt steht und in dieser sowie mit dieser interagiert. Neben Sachbezügen sind in der fachdidaktischen Diskussion soziale sowie selbstreferenzielle Bezüge für Lehrprozesse sowie für das Initiieren von Lernprozessen relevant. Denken wir also über gemachte Erfahrungen nach und tauschen uns dazu aus, können hieraus Lernprozesse erwachsen (u. a. Dewey 1988, Duncker 1999). Unter dem englischen Begriff «experience» versteht John Dewey die Verbindung von Erfahrung mit dem Denken im Sinne einer aktiven Auseinandersetzung. Dabei differenziert er unterschiedliche Qualitäten von Erfahrungen. Ästhetische Erfahrungen eröffnen dabei besondere Erkenntnismöglichkeiten und können ein ästhetisches Lernen anregen. Was sind aber ästhetische Erfahrungen? Und welche Rolle spielen sie für das Lernen in Kunst/Gestalten?

Ästhetisches Wahrnehmen und Erfahren

Der Begriff *ästhetisch* kommt vom griechischen *aisthesis*, was sinnliche Empfindung, Wahrnehmung, Gefühl bedeutet. Mit einer ästhetischen Wahrnehmung wird eine vertiefte, sinnliche Wahrnehmung verstanden. Der Begriff *ästhetisch* wird in der Theorie von John Dewey (1988) bezogen «auf Erfahrung in ihrer Eigenschaft als Wertschätzung, Wahrnehmung, Genuss» (Dewey 1988, S. 60). Damit steht fest: Voraussetzung für eine ästhetische Erfahrung ist immer ein Sich-Einlassen, eine vertiefte Wahrnehmung. Eine ästhetische Wahrnehmung vollzieht sich dabei immer leib-sinnlich (Dewey 1988, Duncker 1999). Das heißt, dass die Wahrnehmung an die Wahrnehmungssinne gebunden ist und körperlich erfahren und erlebt wird. Erst dies wird dann vom Individuum in den bestehenden Erfahrungs- und Wissenshorizont einzubinden versucht und mit vorhandenen Erlebnissen, Erinnerungen, Kenntnissen und Emotionen verknüpft. Dieser Verarbeitungsprozess kann als positiv oder negativ erlebt werden und bildet im ästhetischen Genuss – oder eben der Nicht-Genuss im Ekel oder Schrecken – die Grundlage für ästhetische Erfahrungsprozesse.

Der in der ästhetischen Erfahrung einbezogene Verarbeitungsprozess beinhaltet neben einer reflexiven Sicht auf den eigenen Wahrnehmungsprozess eine symbolische Repräsentationsleistung: Nicht-sprachliche ästhetische Bewusstseinsinhalte sind in das eigene Wissens- und Erfahrungsgefüge einzubinden und verändern damit gleichzeitig das Welt- und Selbstbild. Durch das Differenzerleben eröffnet sich ein Spielraum möglichen Handelns, wodurch ein spielerisches Sich-Einlassen in andere Weltzugänge möglich wird (Jauss 1991).

> *«Ästhetische Erfahrung [...] ist ein Modus, Welt und sich selbst im Verhältnis zur Welt und zur Weltsicht anderer zu erfahren.» (Otto 1994a, S. 56)*

Im rezeptiven, gestalterischen oder künstlerischen Ausdruck bzw. in der Verbindung rezeptiver und produktiver Zugänge findet so eine Manifestation ästhetischer Erfahrung statt, die den vorläufigen Abschluss eines «symbolischen Umformungsprozesses» (Duncker 1999, S. 14) darstellt. Lernprozesse finden damit erst in dem aktiven Erfahrungsprozess statt, der «vielfältige Formen des Erkundens und Probierens, des Suchens und Deutens» (Duncker 1999, S. 10) beinhaltet.

Strukturmomente ästhetischer Erfahrung

Georg Peez (2006b) benennt zusammengefasst und chronologisch geordnet vielfältige Strukturmomente ästhetischer Erfahrung. Von der ersten Aufmerksamkeit, dem vertieften Wahrnehmen, von Überraschung und Genuss, Versunkensein bis hin zur Manifestation und zum ästhetischen wie bildnerischen Ausdruck (Kasten 4). Ästhetische Erfahrung ist dabei aber nicht der Bildung gleichzusetzen, da diese nur über die Reflexion von Erfahrungsprozessen sowie bildnerischen Prozessen ermöglicht werden kann, was ästhetische Urteilsbildung einbezieht und zu einem zentralen Moment von ästhetischer Bildung respektive ästhetischen Lernens macht (Peez 2006b).

In seiner qualitativ-empirischen Einzelfallstudie konnte Georg Peez (2006b) anhand rekonstruktiver Fallforschung vier Strukturmerkmale ästhetischer Erfahrung im bildnerischen Prozess beschreiben: Überraschung, Genuss, Ausdruck im kulturellen Kontext und Bezüge zur Kunst. Als forschender Lehrer ging er folgendermaßen vor: Schüler:innen fotografierten mit einer Digitalkamera für sie interessante Strukturen im Schulhof, u.a. abblätternder Wandfarbe. Die Schüler:innen sollten diese Strukturen weiter zeichnen. Im Anschluss führte er mit zwei Schülerinnen ein Interview durch. In der Auswertung zeigten sich folgende Ergebnisse:

- **Überraschung** zeigte sich im Erkennen von etwas Neuem im bereits Bekannten. «Die spontane und überraschende Assoziation leitet das ästhetisch-produktive Verhalten [...]» (Peez 2006b, S. 30).
- **Genuss** zeigte sich in der direkten Wahrnehmung, der Überraschung und dem verbundenen Staunen bei den Schülerinnen ebenso wie in der damit verbundenen Tätigkeit sowie Begeisterung für diese, die intrinsisch motiviert war.
- **Ausdruck im kulturellen Kontext** zeigte sich im vielfältigen Bildhandeln, in der bildnerischen Assoziation und der Verarbeitungstiefe, die aufgrund der Wahrnehmungs- und Erfahrungsprozesse möglich waren. Wichtig ist, dass die Ausdrucksformen immer kulturell sowie sozial geprägt sind, d. h., die direkte Lernumgebung sowie das Miteinander spielen eine wichtige Rolle, damit ästhetische Erfahrungsprozesse im Mitteilen und Austauschen zu einem vorläufigen Abschluss und damit zum Lernhandeln führen können.
- **Bezüge zur Kunst** ergaben sich vor allem durch künstlerisch-ästhetische Strategien, im Fallbeispiel durch die Verwendung der Digitalkamera und der damit verbundenen Suche ungewohnter Perspektiven auf die gewohnte Umgebung des Schulhofs.

Kasten 4: Ästhetische Erfahrung empirisch betrachtet

Lernen wird also mehr durch innere Prozesse bestimmt und wird in der konstruktivistischen Lerntheorie daher auch als «strukturdeterminiert» (Siebert 2005, S. 31) verstanden. Damit ist zu verstehen, dass die kognitiv-emotionale Struktur des lernenden Subjekts (u. a. Erinnerungen, Empfindungen, Gefühle) maßgeblich mitbestimmt, wie Inhalte verarbeitet und konnotiert werden. Lernprozesse sind daher emotional und motivational eingebettet. Der sinnlichen Wahrnehmung kommt dabei eine zentrale Bedeutung für den Lernprozess zu: Denn Wissen wird nicht nur konstruiert, sondern ist immer auch subjektiv interpretiert (Siebert 2005). Lernen beinhaltet somit eine individuelle Wertung und Verarbeitung des Wahrgenommenen. Lernen kann daher auch als «prozeßhafte Sinngebungsarbeit des Subjekts» (Duncker/Maurer/Schäfer 1993, S. 11) bezeichnet werden.

1.4.3 Aktiver Aufbau von Wissen und Können

Der Erwerb von Wissen im Sinne von Lernen ist also kein passives Aufnehmen von bestehenden, objektiv gültigen Wissensinhalten, sondern eine aktive, lebendige Auseinandersetzung und ein aktiver Aufbau von Wissensstrukturen. Demnach können neue Inhalte entweder einer bestehenden Wissensstruktur eingebunden werden, oder neu zu lernende Sachverhalte führen dazu, dass bisher gebildete Systematiken aufbrechen und neu strukturiert werden (Siebert 2005). In der Psychologie werden hierfür die Begriffe der Assimilation und Akkommodation verwendet (Kasten 5).

Jean Piaget (1896–1980), der mitunter als früher Wegbereiter einer konstruktivistischen Sichtweise auf das Lernen bezeichnet wird, sowie Ernst von Glasersfeld (1917–2010), Begründer und Vertreter des radikalen Konstruktivismus, haben bereits früh auf die beiden Verarbeitungsprozesse der Assimilation und Akkommodation verwiesen. Während bei der Assimilation (lat. assimilare, gleich machen) neues Wissen in vorhandene kognitive Strukturen bzw. bestehende Wissensstrukturen eingebunden wird, müssen bei der Akkommodation (lat. accomodare, anpassen) bestehende Strukturen erweitert, reorganisiert, angepasst oder neue Strukturen erzeugt werden (Piaget 2003, von Glasersfeld 1997).

Kasten 5: Assimilation und Akkommodation

Lernen als aktiver Wissenserwerb führt damit immer dann zur Veränderung bestehender kognitiver Strukturen, wenn Neues eben nicht einfach eingebunden werden kann, sondern neue Strukturen gebildet werden müssen. Lernen beginnt mit der Störung kognitiver Verarbeitungsprozesse, dem kognitiven Konflikt, im pädagogischen Konstruktivismus auch als *Perturbation* bezeichnet. Ein kognitiver Konflikt entsteht immer dann, wenn Lernende Erfahrungen machen, die nicht zu ihren bisherigen Erfahrungen passen und sich davon unterscheiden (Siebert 2005). Kognitive Konflikte können im kunstdidaktischen Setting bewusst erzeugt werden, u. a. durch Überraschung, Irritation, Widersprüche, Mehrdeutigkeiten, Ungewissheit, Bedenken und Zweifel (Wirth 2009). Mit Bezug auf den Conceptual-Change-Ansatz (u. a. Posner/Strike/Hewson/Gertzog 1982, Schnotz/Preuß 1997, Stark 2003) können im Unterricht bestehendes Vorwissen, Vorstellungen und Erfahrungen – sogenannte Präkonzepte – der Schüler:innen aufgenommen und weiterentwickelt werden. Kognitive Konflikte erzeugen bei den Schüler:innen eigene Fragen, die von ihrem eigenen Vorwissen ausgehen und im Unterricht weiterbearbeitet werden können. Lernen ist damit kein Prozess, bei dem von außen an das Individuum Wissensinhalte herangetragen und von diesem aufgenommen werden, sondern erfordert ein eigentätiges Sich-Einlassen, um neue Inhalte zu entdecken, sich damit aktiv zu beschäftigen, sich selbst zu den Inhalten in Bezug zu setzen sowie über das Gelernte nachzudenken und sich mit anderen auszutauschen und das Gelernte anzuwenden (Koch 2011).

Wissen baut also immer auf «früher erworbenes Wissen auf und differenziert, erweitert und restrukturiert es. Wissen ist deshalb nie abgeschlossen, sondern befindet sich in einem ständigen dynamischen Fluss des kumulativen Aus- und Umbaus» (Reusser 2006, S. 154). Mit einem solch dynamischen Verständnis von

Wissen und Können im Kunstunterricht geht ein ebenso subjektivistisches Verständnis einher. Objektiv gültiges Wissen bzw. eine objektiv gültige Wirklichkeit bzw. Wahrheit gibt es damit nicht – und das kommt Kunst/Gestalten im Kontext von Vermittlung sehr entgegen. Der subjektive Wissensaufbau dient in erster Linie dazu, sich in der Welt zu orientieren und handlungsfähig zu sein und ein hierfür passendes – viables – Konzept aufzubauen (Siebert 2005).

> *«Nach konstruktivistischer Denkweise ersetzt der Begriff der Viabilität im Bereich der Erfahrung den traditionellen philosophischen Wahrheitsbegriff, der eine ‹korrekte› Abbildung der Realität bestimmt.» (von Glasersfeld 1997, S. 43)*

Lernen wird im konstruktivistischen Verständnis als eine Eigenkonstruktion von Wirklichkeit begriffen (Reinmann-Rothmeier/Mandl 2006). Wirklichkeitskonstruktion kann damit als selbsttätiger Prozess der Aneignung und des Erwerbs von Wissen und Können durch das Individuum betrachtet werden (Reich 2010).

In der poststrukturalistischen Lerntheorie wird Lernen als eine Aktivität der Strukturierung bezeichnet, die von gegebenen Strukturen ausgeht und diese neu arrangiert, umarbeitet und transformiert (Forneck/Gyger/Maier Reinhard 2006, Maier Reinhard/Wrana 2008). Ähnliche Überlegungen finden sich im Kontext der künstlerischen Bildung wieder:

> *«Dies veranlasst den Schüler, eine eigene Position zu formulieren, in der die Auseinandersetzung mit dem Gegenstand zugleich eine mit sich selbst ist, da Objektivität und Subjektivität, Kognition und Empfindung, Sachanforderung und Phantasie sich miteinander verbinden. Der Gegenstand der Auseinandersetzung wird auf diese Weise zu einem persönlich angeeigneten und verwandelten. Diese Aneignung und Verwandlung im Transformationsprozeß verlangt und übt Formen der Selbstorientierung, der Selbstorganisation und der Selbstverantwortung […].» (Buschkühle 2007, S. 186)*

Dabei ist davon auszugehen, dass dies nicht nur im Selbst, sondern auch im sozialen Miteinander und im Bezug zur Welt passiert.

Lernen als Ko-Konstruktion

Wir agieren nicht im luftleeren Raum, sondern wir sind immer eingebunden in soziale Beziehungen und agieren im Rahmen verschiedener Sach- und Weltbezüge. Damit wird Wirklichkeit zu einer *Ko-Konstruktion* und Lernen ist damit ebenfalls sozial und kontextual bestimmt. Erst im Austausch mit anderen und mit der Welt kann eine Konstruktion, vielmehr eine Ko-Konstruktion von Wirklichkeit erfolgen (Reusser 2006, Siebert 2005). Lernen gilt daher nicht nur als aktiver und selbstgesteuerter Prozess, sondern auch als situativer und sozialer Prozess (Reinmann-Rothmeier/Mandl 1998). Im Austausch mit anderen, im gemeinsamen Sprechen und Interagieren werden Erfahrungen mit anderen sowie mit neuen, fremden Sichtweisen und Inhalten gemacht und bedingen subjektive Wirklichkeitskonstruktion. Ingo Wirth (2009) bezieht die Ko-Konstruktion in seiner Kunst-Methodik als Leitsatz einer wertschätzenden Kunstdidaktik ein, indem der Perspektivwechsel vom Ich zum Du zum Wir für Lernen entscheidend ist. Jochen Krautz (2015) bezieht sich ebenfalls auf die eigentätige Auseinandersetzung im Verhältnis von Ich, Wir und Welt und bereitet eine anthropologisch ausgerichtete Didaktik als relationale Kunstpädagogik auf.

1.4.4 Ein konsensualer Lernbegriff: Ästhetisches Lernen

In den aktuellen kunstpädagogischen Erklärungsansätzen eines fachlichen Lernens in Produktion und Rezeption zeigt sich eine Nähe zur pädagogisch-konstruktivistischen Lerntheorie sowie zum Erfahrungslernen. Mit Rückgriff auf bestehende Theorien zum Lernen aus konstruktivistischer Sicht bzw. Erfahrungslernen sowie im Fach Kunst bzw. Kultureller Bildung (u. a. Fauser 2015, Krautz 2015, Lieber 2008, Otto 1998a, Pfennig 1970, Schäfer 2008, Wienecke 1975) wird im Folgenden ein Modell ästhetischen Lernens im Fach Kunst skizziert (Berner 2018, Abbildung 4).

Wahrnehmen und Erfahren

Lernprozesse sind in der gestalterischen und rezeptiven Auseinandersetzung mit Unterrichtsinhalten leib-sinnlich, d. h., körperbasierte und ästhetische Vollzüge bestimmen neben kognitiv-affektiven Prozessen das Lernhandeln. Ein paar Beispiele hierfür:

- Das Zeichnen erfordert eine differenzierte Auge-Hand-Koordination. So muss das Motiv visuell erfasst und in Relation zur Zeichenfläche gesetzt, in seinem Aufbau begriffen und zeichnerisch dargestellt werden. Das Vorstellungsbild als interne Repräsentation kann dabei zu Verzerrungen in der Darstellung führen, woraus ein andauernder Abgleich zwischen Vorstellung, Darstellung und Abbild folgt (Krautz 2015, Sucker 2012).
- Großformatiges Malen bezieht den ganzen Körper in den Zeichenprozess mit ein. Die Bewegungskoordination beschränkt sich nicht nur auf die Hände und

Arme, sondern auf den ganzen Körper. Dieser wird zum Bild in Beziehung gesetzt. Farbwirkung und Farbmaterialität bieten sinnliche Erfahrungen.
- Beim Zeichnen vor dem Objekt beeinflusst der eigene Standpunkt zum Motiv die Perspektive der Darstellung und setzt die Lernenden in Bezug zum Motiv und Darstellungsgegenstand.
- Beim plastischen Gestalten mit Ton oder Modelliermasse sind sinnliche Erfahrungen möglich, die haptisch und olfaktorisch auf das Gestalten und auf die Person wirken.
- Das Fotografieren erfordert einen Perspektivwechsel durch die Kamera und eine räumliche Positionierung zum Motiv.
- Das Betrachten eines Gemäldes bezieht die ganze Person in ihrer Körperlichkeit, Sinnlichkeit und ihrem Verstand mit ein: Bilder berühren (oder eben nicht), lösen in uns Erinnerungen, Gefühle, Assoziationen aus, und können uns zum Nachdenken bringen.

Dies sind nur einige wenige Beispiele für die Bedeutung leib-sinnlicher Wahrnehmung für das Lernen in Kunst/Gestalten. Da insbesondere eine vertiefte sinnliche Wahrnehmung ästhetische Erfahrungs- und in der Folge damit auch Lernprozesse auslösen kann, kann kunstunterrichtliches Lernen auch als ästhetisches Lernen bezeichnet werden. Hier ist der Bezug zum Erfahrungslernen gegeben. Die Nähe von Erfahren und Lernen sah auch Gunter Otto (1998a) in den gestalterischen Erfahrungsprozessen. Für ihn zeigt sich insbesondere in Erfahrungsprozessen, die Widerstände und Reibungen erzeugen – sogenannte Differenzerfahrungen – Momente zur kreativen Auseinandersetzung, die Lernanlässe bieten. Ästhetische Erfahrungen können dann ästhetische Lernprozesse auslösen, wenn diese aus dem Genuss und/oder Differenzerleben heraus zu einer vertieften, tätigen Auseinandersetzung anregen. Damit ist gemeint, dass individuelle Bezüge geschaffen werden und sich Lernende in Gestaltungs- und Rezeptionsprozessen mit dem eigenen Selbst, den eigenen Wahrnehmungen und Erfahrungen, Haltungen, Einstellungen, Interessen etc. auseinandersetzen. Das In-Bezug-Setzen ist ein ko-konstruktiver Prozess und erfordert einen reflexiven Austausch der Lernenden untereinander sowie mit den Lehrenden über ihre eigenen Wahrnehmungen und Erfahrungen. *Wahrnehmen und Erfahren* stellen also zentrale Komponenten ästhetischen Lernens dar (Abbildung 4).

Erfinden und Vorstellen

Das Bildhandeln (rezeptiv wie produktiv) ist im *Erfinden und Vorstellen* von der Fantasie- und Vorstellungstätigkeit geprägt (Abbildung 4). Vorstellungen stellen dabei subjektiv geprägte Haltungen, Ansichten und Konzepte dar, die auf den bisherigen Erfahrungen eines Individuums beruhen. Im bildungswissenschaftlichen Kontext spricht man auch von Präkonzepten, die subjektive Vorstellungen darstellen und durch Lernen fachlichen Konzepten angenähert werden sollen (Berner 2015, Siebert 2005). Fantasie kann als eine bewusste Kombination subjektiver Vorstellungen in einer gewünschten Weise verstanden werden, ist meist emotional geprägt und geht von der individuellen Vorstellungs- und Erfahrungswelt aus (Berner 2013a, Kunz/Singer 2005, Otto 1980, Vygotsky 1990). Die Vorstellungsbildung wird daher in vielen didaktischen Konzeptionen – nicht nur in Kunst/Gestalten – für ein Lernen als relevant angesehen (u. a. Fauser 2015, Fauser/Irmert-Müller 1996, Glaser-Henzer 2006, Sowa 2015, Sowa/Glas/Miller 2014).

Fantasie- und Vorstellungstätigkeit münden dann in einen kreativen Akt, wenn interne Repräsentationen im Sinne von Vorstellungen, Erfahrungen, Wahrnehmungen respektive Fantasie in neuer Weise umgesetzt und dargestellt werden. Wir können zwei Anteile bei der kreativen Produktion in Kunst/Gestalten als konstitutiv ansehen (Combe/Gebhart 2009, Oerter 1980): das Vorstellungs-/Fantasievermögen (interne Repräsentationen) und die Darstellung der Inhalte im Umsetzungsprozess. Je reichhaltiger dabei die Vorstellungbildung, und damit verbunden die Erlebnistiefe der damit verbundenen Erfahrungen, desto stärker ist die Darstellungs- und Ausdrucksqualität und damit auch der Mitteilungsgehalt der Umsetzung (Berner 2013a).

Darstellen und Mitteilen

Gestaltungsprozesse sowie der produktive wie rezeptive Umgang mit Bild- und Kunstwerken sind immer auf ein subjektgebundenes, vertieftes Verstehen ausgerichtet. So geht es darum, beispielsweise nachzuvollziehen, was Bilder und Kunstwerke darstellen und wie und aus welchen Gründen diese so formuliert werden. Zudem gilt es den eigenen Bezug zum Werk zu klären. Ziel ist es aber auch, eigene Aussagen bildnerisch formulieren zu können und in den Medien der Künste eine eigene Sprache zu entwickeln. Hier ist das individuelle Ausdrucksrepertoire angesprochen, das es insbesondere in Auseinandersetzung mit ästhetischen Symbolbeständen einer Kultur (z. B. Stilmerkmale verschiedener Kunstepochen oder zeitgenössischer Künstler) zu entwickeln gilt (Dietrich/Krinninger/Schubert 2013, Kirchner/Kirschenmann 2015). *Darstellen und Mitteilen* sind damit weitere Komponenten ästhetischen Lernens (Abbildung 4) mit dem Ziel der ästhetischen Alphabetisierung (Duncker/Lieber 2013) auf dem Weg zu einem kompetenten Bildhandeln (Kapitel 1.2.2)

Reflexive Auseinandersetzung

In Interaktion dieser drei Komponenten vollzieht sich ästhetisches Lernen als eigentätiger, konstruktiver Erkenntnisprozess anhand einer meta-kognitiven und (selbst)reflexiven Auseinandersetzung. Kritisches Denken und ästhetisches Urteilsvermögen (Peez 2015) sind wichtige Bezugspunkte, an denen sich ästhetisches Lernen ausrichtet und vollzieht. Im Sinne eines ko-konstruktiven Verständnisses von Lernen verlaufen ästhetische Lernprozesse immer auch im sozialen Miteinander und im gegenseitigen Austausch von Erfahrungen: gemeinsam in der Klasse, mit Mitschüler:innen und mit der Lehrperson.

Im Kunstunterricht ist ästhetisches Lernen immer ein situiertes Lernen, u. a. in direkter Auseinandersetzung mit einem bildnerischen Problem, dem Material, der Lernumgebung oder einer konkreten Aufgabenstellung und damit verbundener Reflexion über das eigene Wahrnehmen, Denken und Handeln (Abbildung 4).

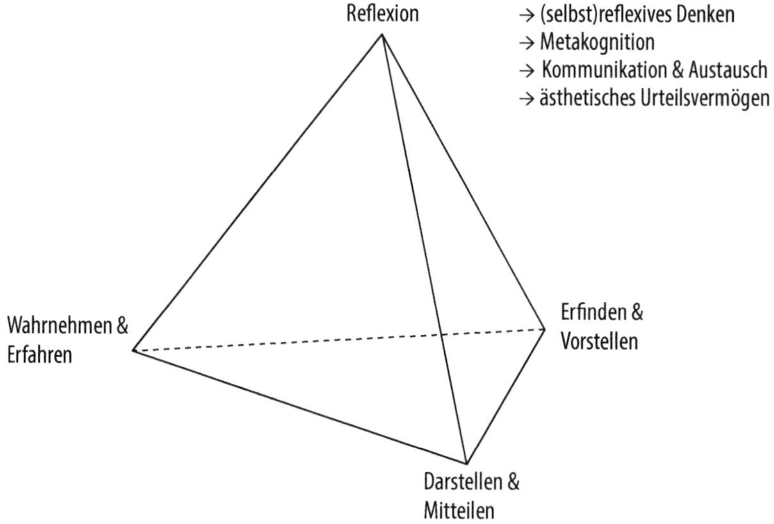

Abbildung 4: Vereinfachtes Modell ästhetischen Lernens im Fach Kunst (adaptiert nach Fauser 2015, Krautz 2015, vgl. Berner 2018, S. 113)

Konsequenz: Lernen als kreativer Akt

Wie bisher aufgezeigt steht ästhetisches Lernen aus konstruktivistischer Perspektive dem entdeckenden, forschenden und problemorientierten Lernen nah. Ein so verstandenes Lernen zeigt sich in einem kreativen, selbsttätigen Prozess, in dem neue Einsichten und Kenntnisse erworben werden, die auf Wissen und Können gerichtet sind. Im ästhetischen Lernprozess geschieht dies in reflexiver Interaktion von Wahrnehmen und Erfahren, Darstellen und Mitteilen sowie Erfinden und Vorstellen (Abbildung 4). Kreativität wird also nicht als gesellschaftliche oder künstlerische Innovation verstanden, als gar perfektes, originelles fertiges Produkt, sondern wird verstanden als individueller Erkenntnisprozess, der sich in Kunst/Gestalten manifestiert (Berner 2018, Ebert 1973, Kirchner/Peez 2009a, 2009b, Kasten 6).

Kreativität in Unterricht und Schule kann als Problemlösekompetenz aufgefasst werden, um ausgehend von einem Problem oder einer individuellen Frage etwas Neues zu schaffen, das einem zuvor selbst noch unbekannt war. Dabei kann auf bereits Bekanntes zurückgegriffen werden, um im Kombinieren, Assoziieren, Umgestalten und Re-Arrangieren etwas Neues zu schaffen (Drevdahl 1956, Runco 2004). In der Kreativitätsforschung wird Kreativität durch (1) personale Faktoren, (2) prozessbezogene Faktoren, (3) produktbezogene Faktoren und (4) umweltbezogene Faktoren bestimmt (Urban 2004, Preiser 2006).

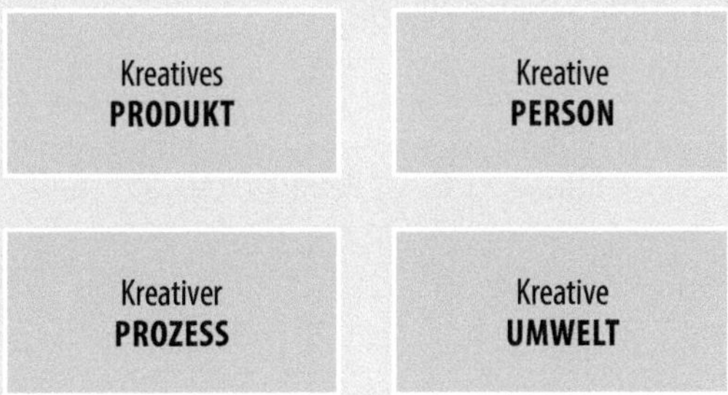

Heute gilt Kreativität als zentrale Schlüsselkompetenz und wird im Konzept der 21st Century Skills neben Kommunikation, Kollaboration und kritischem Denken als Grundkompetenz für zukünftiges Leben und Arbeiten angesehen (Trilling/Fadel 2012).

Kasten 6: Kreativität

In Verbindung mit dem Erfahrungslernen und dem reflektierten Denkakt (Dewey 1988) sowie dem problemorientierten Lernen (Reusser 2006) bezieht sich ästhetisches Lernen als kreativer Akt auf eine für die Lernenden bedeutsame Frage bzw. bedeutsame Problemstellung – im Kunstunterricht wird dies mittels Lernaufgaben initiiert (Kapitel 2.3). Den Erkenntnisprozess leiten die eigenen subjektiven Vorstellungen, Erfahrungen, Haltungen und Präferenzen der Lernenden und steuern so den Wissenserwerb. In der Kombination und der Umgestaltung im Konkreten und Abstrakten kann der kreative Moment ästhetischen Lernens angenommen werden (Marshall 2005, Thorntone 2002). In der pädagogisch empirischen Forschung wird dies auch mit Konzeptwandel umschrieben.

Ästhetische Prozesse in Kunst/Gestalten können als erfahrungsoffen und divergent bezeichnet werden, d. h. sie bieten vielfältige Lösungsmöglichkeiten und individuelle Zugangsweisen. Im Gestalten sowie insbesondere in künstlerischen Prozessen werden Erfahrungen und Vorstellungen angesprochen, die Person tritt mit ihren je eigenen Interessen und Präferenzen ins Zentrum des Prozesses und steuert aktiv den Erkenntnisprozess. Ästhetisches Lernen ist demnach bestenfalls auch ein selbstgesteuertes Lernen und steht dem kreativen Problemlöseprozess nahe, was entsprechend im schulischen Kontext anzubahnen und zu unterstützen ist (Kapitel 3.3.3). Selbstgesteuerte Lernprozesse können in Kunst/Gestalten insbesondere in offenen und halboffenen Lehr-Lernformen umgesetzt werden, die sich am kreativen Prozess ausrichten. Ein kreatives Lehr-Lernarrangement zu gestalten ist damit für ein Lernen in Kunst/Gestalten eine wichtige Voraussetzung (u. a. Berner 20216, Cropley 2006, Schäfer 2006).

1.5 Kunstdidaktische Prinzipien

Ging es im vorherigen Kapitel um Konzepte des Lernens in Kunst/Gestalten, so steht nun die Frage nach Konzepten des Lehrens und Unterrichtens im Zentrum. Gibt es wesentliche Konzepte zur Gestaltung von Kunstunterricht? Gibt es allgemeine Prinzipien, die eine erste Orientierung für die Unterrichtsgestaltung bieten? Dies sind zentrale Fragen, die gerade zu Beginn des Studiums der Kunstdidaktik stehen. Einführend werden kunstdidaktische Prinzipien vorgestellt, die sich als Konsens im aktuellen kunstdidaktischen Diskurs zeigen und ein fachspezifisches Fundament für die praktische Gestaltung von Lehr-Lernprozessen in Kunst/Gestalten aufzeigen.

1.5.1 Kunstdidaktische Prinzipien als Orientierungshilfe

Didaktische Prinzipien kommen immer dann zum Einsatz, wenn der Fokus der Didaktik auf praktisches Handeln gelegt wird, also die Transformation didaktischer Theorie in die Unterrichtspraxis von zentralem Interesse ist (Luchte 2007). Hierzu geben didaktische Prinzipien Hilfestellungen, um die Komplexität unterrichtlichen Handelns zu reduzieren, indem sie es ermöglichen, Handlungsentscheidungen an grundlegende, wissenschaftlich gestützte Erwartungen an die Ausgestaltung von Unterricht auszurichten (Beyer 2011). Damit sind didaktische Prinzipien aber immer auch an bestimmte pädagogische Werte und Normen gebunden, die mit einer jeweiligen pädagogischen Auffassung einhergehen. Werden diese transparent gemacht, ist eine Verständigung darüber im Diskurs möglich.

In der schulpädagogischen Theorie werden eine Vielzahl didaktischer Prinzipien benannt (u. a. Beyer 2014, Wiater 2005), die allgemein für den Unterricht grundlegende Handlungshilfen darstellen und auch für den Kunstunterricht Orientierung bieten können. Zentrale didaktische Prinzipien sind:

- **Schülerorientierung:** Lerninhalte und Methoden werden an den Lernenden (individuelle Lernvoraussetzungen, Interessen, Fähigkeiten und Haltungen) ausgerichtet. Lernende werden als Subjekte in ihrer Individualität, Personalität und Selbstbestimmung ernst genommen und als Akteure ihrer Lernprozesse angesehen. Schülerorientierung geht einher mit einer individuellen Motivierung und Förderung (Umgang mit heterogenen Leistungsvoraussetzungen, Differenzierung) sowie einem selbstbestimmten Arbeiten und Lernen.
- **Lebensweltorientierung:** Lerninhalte und Methoden werden an der Lebenswelt bzw. an den Lebenswelten der Schüler:innen ausgerichtet. Zentral ist die

Gegenwarts- und Zukunftsbedeutung der Lerngegenstände (Klafki 1991/2007), um Schüler:innen ein sinnhaftes und für sie bedeutsames Lernen zu ermöglichen. Lebensweltorientierung geht auch einher mit einer Erfahrungsorientierung, da Unterricht an den individuellen – auch außerschulischen – Erfahrungskontexten der Lernenden anknüpft.

- **Kompetenzorientierung:** Im Zuge bildungspolitischer Setzungen im beginnenden 21. Jahrhundert hat die Kompetenzorientierung das Lehren und Lernen in Schule und Unterricht national wie international verändert. Kompetenzorientierung meint, dass der gesamte Unterricht am Kompetenzbegriff in der Planung und Gestaltung, Durchführung, Bewertung und Evaluation ausgerichtet wird. Unter Kompetenz werden allgemein Fähigkeiten und Fertigkeiten, Haltungen und Eigenschaften einer Person verstanden, um eine konkrete Problemstellung zu lösen. Kompetenzen sind grundlegende Handlungsanforderungen, denen Lernende in einem Fachbereich ausgesetzt sind. Mit dem Kompetenzbegriff steht die Anwendung von Wissen und Können stärker im Zentrum des Unterrichts und damit auch der Transfer. Dabei ist wichtig, dass Kompetenzentwicklung immer an vorhandene Kompetenzen anschließt (u. a. Glaser-Henzer 2016, Schoppe 2008, Weinert 2001, Zlatkin-Troitschanskaia/Seidel 2011). Kritiker der Kompetenzorientierung sehen eine Verkürzung der Bildungsinhalte sowie eine zu starke Ökonomisierung des Bildungsbereichs (u. a. Krautz 2014, Lederer 2014). Ihr Vorwurf ist, kompetenzorientierte Bildung fokussiere auf Anpassung und trainierbare Fertigkeiten. Sicherlich muss sich jedes (kunst-)pädagogische Konzept hierin gut prüfen.
- **Wissenschaftsorientierung:** Lerninhalte werden so thematisiert, dass Sach- und Handlungs-/Methodenwissen auf der Grundlage der jeweiligen Fachwissenschaften fachlich korrekt dargestellt werden. In Kunst/Gestalten sind dies zentral die Bildende und Angewandte Kunst sowie Kunst- und Bildwissenschaften.
- **Veranschaulichung:** Lerninhalte werden so aufbereitet, dass sie sinnlich erfahrbar sind und Sachkenntnisse anschaulich darstellen. Sinnliches Wahrnehmen unterstützt Lernende in ihren Aneignungsprozessen. Dies gilt für analoge wie digitale Lehr-Lerngelegenheiten.
- **Exemplarität:** Lerninhalte werden so ausgewählt und aufbereitet, dass an konkreten Beispielen verallgemeinerbare Erkenntnisse gewonnen werden können, die übertragbar sind und auf andere Bedeutungskontexte transferiert werden können. Dies erfolgt mit dem Ziel, dass sich die Lernenden durch Induktion, Deduktion und Analogiebildung Sachverhalte selbstständig erschließen können.

Kunstdidaktische Prinzipien stellen als Erweiterung einen Orientierungsrahmen für die Gestaltung von Kunstunterricht vor, der fachliche Ansprüche an ein Lehren und Lernen einbezieht und die allgemeinen didaktischen Prinzipien ergänzt. Die Basis bilden dabei wissenschaftlich fundierte Erwartungen an ein Lehren und Lernen im Kunstunterricht. Dies ist immer auch vom Zeitgeist abhängig, wie dies der Exkurs zur Fachgeschichte verdeutlicht hat (Kapitel 1.3). Grundlegend sind zudem Normen und Wertvorstellungen unterschiedlicher (kunst-)pädagogischer Auffassungen, da diese die fachliche Ausgestaltung und das Lehren und Lernen maßgeblich prägen (Abbildung 5). Im Folgenden werden drei zentrale kunstdidaktische Prinzipien vorgestellt: Subjektorientierung, Handlungsorientierung und Prozessorientierung.

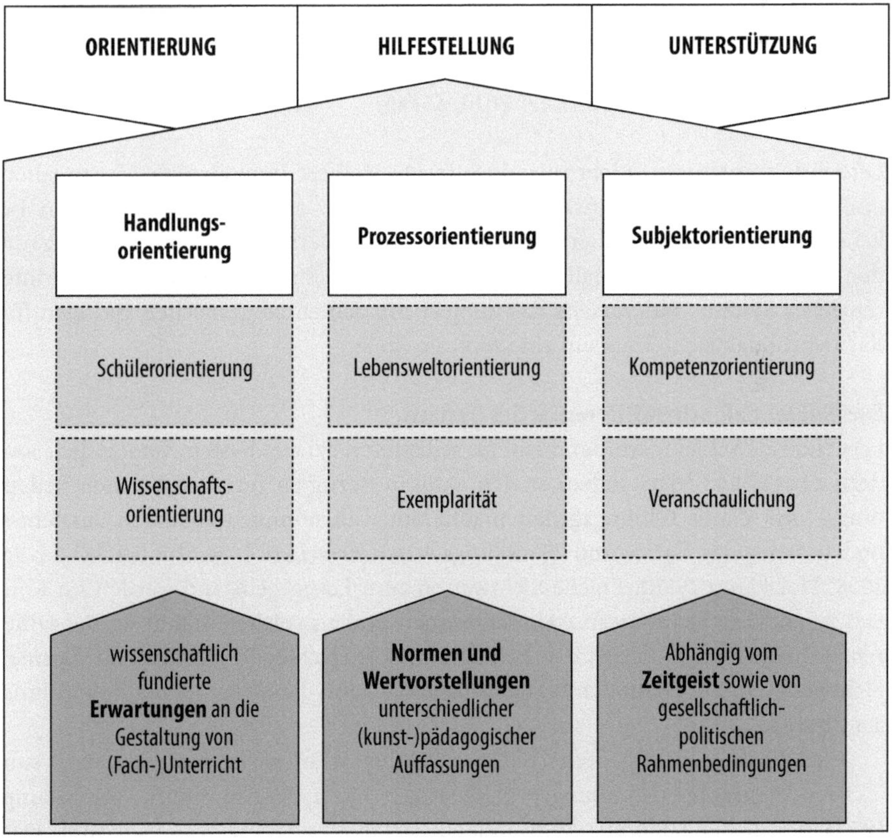

Abbildung 5: Kunstdidaktische Prinzipien als Orientierung, Hilfestellung und Unterstützung

1.5.2 Subjektorientierung

In ästhetischen Lernprozessen spielt das Individuum in seiner subjektiven Auseinandersetzung mit der Welt eine bedeutsame Rolle (Kapitel 1.4.4). Subjektorientierung kann demnach als ein zentrales kunstdidaktisches Prinzip bezeichnet werden und steht in enger Verbindung zur Schülerorientierung (Kirchner/Kirschenmann 2015). Wird unter Schülerorientierung verstanden, dass Lerninhalte und Methoden an den individuellen Lernvoraussetzungen, Interessen, Fähigkeiten und Haltungen der Lernenden ausgerichtet sind (Helmke 2015, Meyer 2004), so bezieht sich Subjektorientierung auf die zentrale Funktion des Subjekts in ästhetischen Lern- und Erfahrungsprozessen und ist daher für Kunst/Gestalten explizit:

> *«Tritt zur Erfahrung die Reflexion, das Einordnen, Strukturieren, Kategorisieren von Erfahrenem in subjektiv bedeutsame Kontexte, werden Prozesse ästhetischer Bildung angebahnt.» (Kirchner 2013, S. 145)*

Lernende werden also nicht nur als Subjekte in ihrer Individualität, Personalität und Selbstbestimmung ernst genommen, vielmehr sind in Kunst/Gestalten Erkenntnisprozesse erst in einer subjektiven Auseinandersetzung und Aneignung mit den Lerngegenständen möglich. Dabei spielt einerseits das Subjekt als selbstdifferenzielles System, andererseits das Subjekt mit seinen biografischen Bezügen für das kunstdidaktische Handeln eine zentrale Rolle.

Das Subjekt als selbstdifferenzielles System

Lernende als Subjekte werden nicht als selbstreferenzielles System verstanden, sondern das Subjekt lernt, indem es sich aktiv in Bezug zu gesellschaftlichen Bedeutungs- und damit Bildungsgehalten different wahrnimmt, sich daran ausrichtet und bestehendes Sach- und Handlungswissen erweitert (u. a. Faulstich/Ludwig 2008, Holzkamp 1995). Eigene Sichtweisen zum Lerngegenstand werden im Kontext zu anderen Sichtweisen wahrgenommen und als solche erkannt. In der Differenzwahrnehmung – also im Erkennen von Unterschieden eigener und fremder Sichtweisen in Bezug auf den Lerngegenstand – kann dann eine Weiterentwicklung stattfinden.

Aus dieser subjekttheoretischen Perspektive nehmen Lernhandlungen in subjektiv bedeutsamen Handlungsproblematiken ihren Ausgangspunkt (Holzkamp 1995), die in der Differenz zum anderen sowie zu anderen zu sehen sind. Das Subjekt wird damit zu einem selbstdifferenziellen System, also Subjektivierung im Sinne der Auseinandersetzung zum anderen (Welt) und zu anderen (Wir) (Krautz

2015). Dass Subjektivierung im Sinne eines «doing subjects» (Reckwitz 2017, S. 125) gesellschaftlich bestimmt ist, erscheint aus sozial- und kulturwissenschaftlicher Perspektive bedeutsam und sollte in einer didaktisch-methodischen Legitimation von Bildungsinhalten gerade auch im Miteinander in der Klasse immer auch mitberücksichtigt werden.

Wird der Subjektorientierung oftmals das Verbleiben der Lernenden in individuell bedeutsamen Zusammenhängen vorgeworfen – ein zentraler Kritikpunkt der Ästhetischen Bildung Gert Selles (Kapitel 1.3.5) –, so kann bzw. muss im Sinne des Subjekts als selbstdifferenzielles System Lernen in Opposition – also im Gegenüber: den Mitlernenden sowie der Lehrperson – stattfinden. Dies geschieht in der Reflexion des Erfahrenen in Bezug zum Lerngegenstand. Indem subjektive Sichtweisen (z. B.: Wie kann Räumlichkeit anhand von bildnerischen Mitteln erzeugt werden?) geteilt und ausgetauscht werden, kann intersubjektives Verstehen und Verorten in der Differenz generiert werden (Maier Reinhard 2006, Maset 1996). Individuelle Bezüge ergeben sich dann zu Kunstwerken sowie zu den individuellen Darstellungen der Lernenden. Auch in der Begleitung durch die Lehrpersonen können selbstdifferentielle Bezüge entstehen, wenn sich Lehrende in direktem Austausch mit den Lernenden an den Inhalten verständigen und diese aushandeln).

Das Subjekt und seine biografischen Bezüge

Subjektorientierter Kunstunterricht bezieht sich jedoch nicht nur auf das Subjekt in seinem Bezug zu anderen und zum anderen, sondern, da das fachliche Lernen im Kunstunterricht immer auch ästhetisch ist, ergeben sich mit dem Erfahrungslernen auch (auto)biografische Bezüge.

> *«Die Verschränkung von Selbst- und Weltbezug in ästhetischer Praxis macht die aussserordentliche Bedeutung aus, die ästhetisches Tun für die Stärkung und Entfaltung des Subjekts hat. In ästhetischer Praxis begegnet sich die gestaltende Person immer auch selbst. Diese, dem ästhetisch-praktischen Tun inhärente Selbstthematisierung, kann bewusst oder vorbewusst bleiben. Anteile davon werden im ästhetischen Objekt […] greifbar.» (Maier Reinhard 2006, S. 168)*

In ästhetischen Lernprozessen sind emotionale, sinnliche und reflexive Wahrnehmungs- und Erfahrungsqualitäten einbezogen. Dabei werden die Schüler:innen in ihren eigenen Vorstellungen, Sichtweisen, Interessen und Urteilen abgeholt. Damit verbunden liegen für die Schüler:innen «Gelegenheit[en] zur Selbsterkundung, -erprobung und -erweiterung» (Richter-Reichenbach 2004, S. 69). Manfred Blohm (2002) geht grundlegend davon aus, dass jedwede ästhetische Praxis und damit verbundene Erfahrungen biografisch verankert sind. Bereits in Kindheit und im Jugendalter können wir Biografiearbeit als wichtigen Anteil der Selbstbildung identifizieren, also die Arbeit an der eigenen Identität und am Selbst. «Wer bin ich?», «Wer bist du?», «Wer sind wir?» sind Fragen einer kontinuierlichen Arbeit an der eigenen Identität (Kasten 7).

Identität kann heute als Prozessgeschehen fortwährender «alltäglicher Identitätsarbeit» sowie als «permanente Passungsarbeit zwischen inneren und äußeren Welten» (Keupp 2012, S. 20) bezeichnet werden. Identität ist damit kein Endzustand, sondern ein lebenslanger Prozess, reflexiv auf subjektive Erfahrungen ausgerichtet und auf das Selbst in seiner Individualität (Persönlichkeitsentwicklung) sowie auf das Selbst in seiner sozialen Eingebundenheit bezogen. Identitätskonstruktion findet dabei nicht abgegrenzt von den realen Lebenswirklichkeiten statt, sondern setzt sich mit diesen aktiv auseinander. In postmodernen Gesellschaften zielt Identitätsarbeit darauf, verschiedene Identitätsentwürfe und Teilidentitäten zusammenzuführen und ein kohärentes Selbst zu entwickeln (vgl. Keupp 2012, Kirchner 2014).

Kasten 7: Identität

Kunstunterricht kann einen wichtigen Beitrag zur Identitätsarbeit und aktiven Identitätskonstruktion der Schülerinnen und Schüler leisten und sie hierin unterstützen. Die Nähe zeitgenössischer Positionen der Bildenden Kunst zur biografischen (Re-)Konstruktion und Selbstsuche zeigt einige Beispiele auf, die Andrea Sabisch und Fritz Seydel (2004) aufgreifen und im schulischen Kontext im Biografieren als ästhetische Praxis aufzeigen. Dabei wird klar: Das Selbst im Zentrum des unterrichtlichen Geschehens hat seine Grenzen, und zwar immer dann, wenn das Private überschritten wird.

> *«Biografische Konstruktion ist mit vielen persönlichen Geheimnissen verbunden. In der Schule sind ihr im unterrichtlichen Zusammenhang deshalb Grenzen gesetzt. Daher ist der Prozess so zu initiieren, dass er den Beteiligten Distanzierung erlaubt. Gerade ästhetische Herangehensweisen in der biografischen Arbeit bieten dafür gute Möglichkeiten.» (Sabisch/Seydel 2004, S. 10)*

1.5.3 Handlungsorientierung

Im handlungsorientierten Unterricht liegt der Fokus auf einer handelnden Auseinandersetzung mit dem Lerngegenstand, um ein vertieftes und nachhaltiges Lernen zu ermöglichen. In Kunst/Gestalten wird das didaktische Prinzip der Handlungsorientierung in ästhetischen Lernprozessen eingelöst, anhand denen sich Lernende Sach- und Methodenwissen aktiv – also handelnd und gestaltend – aneignen. Klaus-Peter Busse (2004) umschreibt dies mit ästhetisch-künstlerischen Lernprozessen, die das Handeln ermöglichen.

> *«Die Handlungsorientierung von Unterricht ist in ästhetisch-künstlerische Lernprozesse eingeschrieben.» (Busse 2004, S. 148)*

Lernen im Kunstunterricht wurde in Kapitel 1.4.3 aus konstruktivistischer Perspektive als eine selbsttätige, aktive Auseinandersetzung mit einem Lerngegenstand definiert. Kunstunterricht ist aber nicht per se handlungsorientiert und löst im Gestalten eine aktive und intensive Auseinandersetzung aus, sondern dies muss initiiert, strukturiert und ausgelöst werden. Um Handlungsorientierung nochmals stärker im Fach als didaktisches Prinzip zu verankern, schauen wir uns erneut die Verbindung von Wahrnehmen, Denken und Handeln (Kapitel 1.2.1) an und beziehen dies auf das didaktische Setting.

Verbindung von Wahrnehmen, Denken und Handeln

Handeln grenzt sich grundlegend von anderen Verhaltensweisen dadurch ab, als dass es immer auf eine Zielerreichung gerichtet ist, also intentionalen Charakter hat (u. a. Aebli 1983/2019, Gudjons 2015). Wir handeln, um etwas zu erreichen. In der Intention zur Zielerreichung liegt ein motivationales Moment, um die Handlung zu planen und auszuführen. Dies erfordert zunächst eine aktive Auseinandersetzung mit einer Situation, aus der eine Handlung erfolgt. Diese aktive Auseinandersetzung ist sowohl physisch als auch psychisch bestimmt – die Person in ihrer Ganzheit ist darin involviert. Wir nehmen die Umwelt sinnlich wahr und das Wahrgenommene wird kognitiv verarbeitet. Bereits der Wahrnehmungsakt beinhaltet kognitive Verarbeitungsmuster, indem mit den Wahrnehmungen individuelle Assoziationen, Erinnerungen und Erfahrungen verbunden werden. Dies hat besonders für das Gestalten als intentionale Handlung bzw. Handlungsabfolge besondere Bedeutsamkeit, sind doch subjektive Wahrnehmungsprozesse grundlegend an den Fantasie- und Vorstellungstätigkeiten einer Person beteiligt (Otto 1980, Sowa 2012). Aber auch in der Rezeption ist die Wahrnehmung Ausgangspunkt und bestimmt das weitere Handeln. Damit können wir festhalten, dass das Handeln nicht nur auf praktisches Tun begrenzt ist, sondern immer auch mit dem Wahrnehmen und Denken verbunden ist (Gudjons 2015). Und weil das Handeln mit unserem Wahrnehmen und Denken eng verbunden ist, wirkt das Handeln nicht nur auf die Um-/Mitwelt, sondern auch auf uns selbst zurück.

«Der Mensch wird also prinzipiell als ein Wesen gedacht, das gestaltend auf die Umwelt einwirkt und dabei Prägungen von seiner Umwelt erhält.» (Gudjons 2015, S. 47)

Vollständige Handlungsabfolge als notwendige Voraussetzung für ästhetische Lernprozesse

Um die Verbindung von Wahrnehmen, Denken und Handeln zu gewährleisten, sind im handlungsorientierten Unterricht vollständige Handlungen bei den Schüler:innen zu initiieren (Gudjons 2015). Das handlungsregulationstheoretische Konzept der vollständigen Handlung (Hacker 1986) zeichnet sich grundlegend durch die drei Komponenten Planen, Durchführen und Kontrollieren aus, die nicht linear, sondern ineinander verwoben zu denken sind und allgemein auf das Bildhandeln – in Rezeption und Produktion – übertragen werden können:

- **Planen:** Ein Handlungsziel wird formuliert und ein Plan erstellt, wie dieses Ziel zu erreichen ist. Dabei ist entscheidend, das Lernende das Ziel für sich erkennen und sich mit dem Ziel des eigenen Handelns identifizieren können. Planungsentscheidungen werden auf ihre Durchführbarkeit hin kontrolliert und adaptiert. In Produktion wie Rezeption steht zu Beginn die Wahrnehmung und Analyse des bildnerischen Problems bzw. der Aufgabe oder die eigene Fragestellung. Eine Handlungsintention wird formuliert, die das weitere Vorgehen bestimmt.
- **Durchführen:** Die geplanten Handlungen werden umgesetzt. Dabei kommt es zu einer fortwährenden Prüfung der Handlungsziele sowie der Planungsschritte. Wahrnehmen, beobachtbares Tun und Denken ergänzen sich und ermöglichen ein komplexes Handeln, das fortwährend im Prozess geprüft und auf die Handlungsziele hin kontrolliert wird. Die Gestaltungsintention wird im Material umgesetzt. Im Dialog mit dem Material verändern sich die ursprünglichen Gestaltungsintentionen, sie werden verändert, adaptiert oder erweitert. In der Rezeption wird ein erster Eindruck geschildert und durch die Eindrücke der Mitschüler:innen (oder der Lehrperson) ergänzt oder verglichen.
- **Kontrollieren:** Ob das Handeln zum Ziel führt, wird bereits bei der Planung sowie bei der Durchführung geprüft. Durch dieses explorierende Moment resultieren Erfahrungen, beispielsweise, dass etwas nicht so funktioniert, wie ursprünglich angenommen. Diese Erfahrungen sind zentral, ergeben sich hieraus doch neue Organisations- und Lernprozesse (Gudjons 2015). Bisherige Gestaltungsprozesse werden bezogen auf die Gestaltungsintentionen bewertet und reflektiert und auf folgende Handlungsschritte übertragen. Begründungen

und erste Interpretationen werden in der Rezeption miteinander geteilt und diskutiert.

Erscheinen besonders projektorientiertes sowie entdeckendes Lernen (Kapitel 2.4.1) geeignet, vollständige Handlungen zu ermöglichen, so können im Kunstunterricht grundlegend sämtliche Lehr-Lernprozesse alle drei Komponenten einer vollständigen Handlung beinhalten, sofern sie im Sinne handlungsoffener Prozesse gedacht werden und Selbstbestimmung und Eigenverantwortung der Lernenden ermöglichen. Damit sind Lehr-Lernprozesse zu verstehen, die nicht ein bloßes Ausführen mit wenigen Freiheitsgraden des individuellen Handelns (z. B. An- und Ausmalen, Gestalten nach Vorlage, Richtig-Falsch) meinen – was keinen ästhetischen Lernprozess darstellt (!) –, sondern die Lernenden in allen drei Komponenten aktiv mit einbeziehen.

Im Zusammenspiel der Handlungsschritte ergeben sich also Erfahrungs- und Lernprozesse, die aus einem Miteinander von Wahrnehmen, Denken und Handeln entstehen. In Kapitel 1.4 haben wir bereits den reflexiven Anteil ästhetischer Lernprozesse kennengelernt. In einem handlungsorientierten Kunstunterricht ist das Reflektieren in allen drei Handlungsschritten eine Voraussetzung für individuelle Lern- und Erkenntnisprozesse. Wir können also weiter festhalten: Reflexive Prozesse sichtbar zu machen und sich hierüber gemeinsam auszutauschen und zu verständigen, ist für einen handlungsorientierten Kunstunterricht grundlegend. Individuelle Begleitung, kooperative Lernformen (u. a. Gruppenarbeit oder Tandem) und Lehrer- sowie Peer-Feedback oder Portfolioarbeit stellen hier wichtige methodische Bausteine dar.

Sprache im handlungsorientierten Kunstunterricht

Der Sprache als Mitteilungs- und Kommunikations- sowie als Reflexionsmedium wird im handlungsorientierten Unterricht eine hohe Bedeutung zugemessen (Gudjons 2015). Für den handlungsorientierten Kunstunterricht ist das Sprechen über das Bild und die Kunst sowie über bildnerische Prozesse von zentraler Bedeutung, denn ästhetisches Lernen erfordert in der Reflexion sprachliche Kommunikation über visuelle Phänomene.

> *«Im Kunstunterricht geht es immer auch darum, visuelle Eindrücke zu versprachlichen, was eine intensive Wahrnehmung einerseits und andererseits einen differenzierten Umgang mit Sprache erfordert. Entscheidend ist hierbei, das Bild der Sprache nicht zu unterwerfen, sondern nach sprachlichen Mitteln zu suchen, die sich eignen, das Wesenhafte des Bildes zu vermitteln.» (Pauls 2017, S. 311)*

Die Versprachlichung visueller Inhalte ist im handlungsorientierten Kunstunterricht damit einerseits bezogen auf das Sprechen über Kunst (Kirschenmann 2011, Peters 2016), andererseits bezogen auf die Reflexion von Lernprozessen. Zudem bieten sprachliche Äußerungen für den Lernprozess wichtige Ergänzungen zu nonverbalen Ausdrucksweisen, z. B. das Anfertigen von Skizzen zur Veranschaulichung erster Ideen, die mit der Lehrperson besprochen werden. Sprach- und Bildhandeln ergänzen sich im handlungsorientierten Kunstunterricht.

1.5.4 Prozessorientierung

Liegt der didaktische Fokus des Kunstunterrichts auf den Handlungsprozessen – im Sinne vollständiger Handlungsabfolgen – in enger Verbindung zum Wahrnehmen und Denken, so geht mit der Handlungsorientierung auch eine Prozessorientierung einher. Prozessorientierung als kunstdidaktisches Prinzip meint hier die didaktisch-methodische Ausrichtung des Kunstunterrichts auf die Lern- und Erfahrungsprozesse der Schüler:innen. Nicht ausschließlich das Ergebnis – z. B. das fertige Produkt oder die fertige Bildinterpretation – steht im Fokus des Interesses, sondern vielmehr die individuellen Wege dorthin. In der Anlage von Kunstunterricht geht es damit um eine didaktisch-methodisch begründete Planung, Initiierung, Begleitung und letztlich Rückmeldung von Erfahrungs- und Lernprozessen. Neben dem klassischen Projektunterricht können Formen entdeckenden Lernens sowie kompetenzorientierte Lernumgebungen als Beispiele benannt werden.

Rekursivität ästhetischer Lernprozesse
Prozessorientierter Kunstunterricht ist weiter aus einer fachlichen Position heraus zu begründen: Gestaltungs- respektive künstlerische Prozesse sind analog zum kreativen Prozess rekursiv zu denken, d. h., dass nicht von einer linearen Handlungsabfolge auszugehen ist, sondern dass sich unterschiedliche Phasen abwechseln sowie aufeinander beziehen, wie u. a. Recherchieren, Planen, Ausprobieren, Verwerfen, von Neuem beginnen oder Wiederholen einzelner Handlungs- respektive Gestaltungsschritte. Die tätige – denkende und reflexive – Auseinandersetzung mit dem Wahrgenommenen bestimmt dabei das weitere Tun im Lernprozess. Hierauf hat bereits John Dewey hingewiesen:

> *«Durch die Beziehung zwischen dem, was getan, und dem, was erlebt wird, entsteht ein unmittelbares Empfinden dafür, ob wahrgenommene Dinge zusammengehören oder sich abstoßen, ob sie sich verstärken oder hemmen. Die Ergebnisse*

> *des Schaffensaktes, so wie sie die Sinneseindrücke wiedergeben, zeigen, ob das Gefertigte die zugrundeliegende Idee erfolgreich fortführt oder ob es von ihr abweicht oder gar abfällt. Insofern als die Entwicklung einer Erfahrung durch den Bezug zu diesem unmittelbar empfundenen Verhältnis von Ordnung und Vollendung gesteuert wird, nimmt diese Erfahrung einen vorwiegend ästhetischen Charakter an.» (Dewey 1988, S. 64)*

Erfahrungs- und Lernprozesse ergeben sich also aus einer engen Verbindung von Wahrnehmen, Handeln und Denken. Gerade weil ästhetische Lernprozesse nicht linear ablaufen und Handlungsentscheidungen im Material sichtbar und erfahrbar werden, können diese zu Erkenntnissen führen, sofern es gelingt, Wahrgenommenes aufeinander zu beziehen, bisherige Herangehensweisen zu überdenken, Alternativen zu entwickeln sowie unterschiedliche Handlungsmöglichkeiten gegeneinander abzuwägen. Prozessorientierter Kunstunterricht erfordert daher reflexive Methoden und unterstützende Lernformate, um ein solches Erfahrungslernen angemessen begleiten zu können.

> *«Die handelnde Erfahrung und Erkenntnis wird dann fruchtbar, wenn sie im Unterricht reflektiert und dabei strukturiert wird.» (Kirchner/Kirschenmann 2015, S. 84)*

Im Kunstunterricht sind Lernprozesse und die damit verbundenen Erfahrungsprozesse didaktisch-methodisch zu strukturieren, zu begleiten und zu unterstützen, damit Schüler:innen Lernerfahrungen als solche wahrnehmen und bestehendes Sach- und Handlungswissen erweitern können. Der Lernbegleitung kommt daher im prozessorientierten Kunstunterricht eine wichtige Funktion zu und kann als zentrale Aufgabe kunstdidaktischen Handelns angesehen werden.

(Um-)Strukturieren

Fachliches Lernen im Kunstunterricht haben wir bereits in Kapitel 1.4 aus konstruktivistischer Perspektive kennengelernt und als aktive, selbsttätige Auseinandersetzung sowie Ko-Konstruktion definiert. Entscheidend ist dabei, dass Erfahrungen und Erkenntnisse nicht für sich stehen, sondern aufeinander sowie mit bereits bestehendem Vorwissen und Können in Bezug gesetzt werden. Neue Erfahrungen müssen an bereits gebildetem Sach- und Handlungswissen ausgerichtet werden oder führen zu einer Um- sowie Neustrukturierung. Schüler:innen sind daher in ihren Strukturierungsprozessen zu unterstützen. Das Reflektieren gemachter Erfahrungen ist hier ebenso zentral wie Strukturierungshilfen im Prozessgeschehen. Ausgehend von der Spezifik künstlerisch-gestalterischer Prozesse können für einen prozessorientierten Kunstunterricht folgende künstlerischen Handlungsweisen Strukturierungshilfen bieten (u. a. Brügel 1987, 2018, Buschkühle 2010, Busse 2004, Kirchner 2009, Otto/Wienecke 1974, Pfab 2018, Wagner 2003):

- **Spielen und Explorieren** können freie Zugänge zur eigenen Gedanken- und Ideenwelt sowie ein freies Arbeiten zulassen. Sie können ein Ausprobieren ermöglichen, dabei aber gleichermaßen ernstgemeinte Handlungen in Gang setzen.
- Im **Assoziieren** können Ideen, Inhalte sowie Materialien aufeinander bezogen werden und Analogien gebildet werden.
- Das **Kontextualisieren** bietet Möglichkeiten zur Erweiterung bestehenden Sach- und Handlungswissens. Indem auf Vorheriges oder Bekanntes reagiert wird und Bezüge da geschaffen werden, wo vormals keine waren, können neue Aspekte berücksichtigt sowie neue Erkenntnisse gewonnen werden. Verschiedene Perspektiven dabei zu berücksichtigen und aufeinander zu beziehen, kann zu einer Komplexitätssteigerung und vertieften Auseinandersetzung führen.
- Im **Umgestalten** liegen zahlreiche Transformationsprozesse, die künstlerisches Arbeiten leiten und strukturieren können. Dabei sind die Akteure herausgefordert, zwischen Erhaltung (z. B. der Form oder des Inhalts) und Veränderung zu entscheiden, um im Umgestalten Bezüge zu erhalten oder aufzulösen.
- **Inspirieren** kann nicht nur motivierend, sondern auch im Sinne eines mimetischen Lernens (siehe Kapitel 3.3.3.1) verstanden werden.

2 Planen und Initiieren

Inhalt

Zusammenfassung

Im zweiten Teil dieses Buches wird danach gefragt, wie Lernprozesse bei den Schüler:innen in Kunst/Gestalten initiiert und wie Lehr-Lernprozesse im Kunstunterricht entsprechend gestaltet und geplant werden können.
Kapitel 2.1 stellt grundlegende Methoden des Aktivierens, Motivierens und Differenzierens vor, um Lernhandeln anzuregen und Lernprozesse auszulösen. Kognitiv-emotionale Aktivierung der Schüler:innen sowie der Umgang mit Vielfalt und Divergenz im Kunstunterricht kann Schüler:innen in ihrem Lernhandeln anregen und zur vertieften ästhetischen Auseinandersetzung motivieren. Daran schließt sich im Exkurs in Kapitel 2.2 die Perspektive der Inklusion im Kunstunterricht an. Der Exkurs geht gesondert auf ein inklusives Verständnis von Kunstdidaktik ein und zeigt für den Kunstunterricht Möglichkeiten inklusiven Lernens auf. Aufgaben sind bei der Gestaltung von Lernprozessen von zentraler Bedeutung und werden in Kapitel 2.3 behandelt. Aufgaben bieten Lernanlässe und regen Schüler:innen zu einer fachlichen Auseinandersetzung mit dem Lerngegenstand an. Das sich damit aufspannende Lehr-Lernsetting ist didaktisch-methodisch kohärent zu gestalten – wobei im Kunstunterricht immer auch das Spiel mit dem Zufall sowie Irritation und Divergenz als kunstdidaktische Modi der Aktivierung ästhetischen Lernens zu berücksichtigen sind. Hierauf geht Kapitel 2.4 ein. Im Exkurs in Kapitel 2.5 wird abschließend ein Planungsmodell aus der einphasigen Lehrerbildung der PH FHNW in der Schweiz vorgestellt und Hilfestellung zur Entwicklung von Planungskompetenzen gegeben.

2.1 Aktivieren, Motivieren, Differenzieren

Im Kunstunterricht sind die Schüler:innen in unterschiedlichste Gestaltungsprozesse eingebunden, es werden rezeptiv wie produktiv Bildwelten erarbeitet und in Bezug zur Lebenswelt der Schüler:innen gestellt. Wie können die Schüler:innen für die fachlichen Inhalte motiviert werden? Wie kann das Interesse der Schüler:innen geweckt werden? Was könnte Kinder und Jugendliche an der Kunst und am Gestalten interessieren? Wo sind Ansatzpunkte an individuelle Interessen der Lernenden für unterrichtliche Projekte in Kunst/Gestalten? Dies sind nur einige wenige Fragen, wenn es darum geht, wie im Kunstunterricht Lernprozesse initiiert und aktiviert werden können. Wird der Unterricht als Angebot für Lernen verstanden, so ist es von entscheidender Bedeutung, wie Lernanlässe gestaltet und damit Lernprozesse initiiert werden können.

2.1.1 Wahrnehmen, Denken und Handeln anregen

Möchten wir Lernen initiieren in Kunst/Gestalten, so ist es zentral, dass die Schüler:innen in ein aktives Handeln gelangen und sich selbstständig mit den Lerngegenständen auseinandersetzen. Für den Kunstunterricht können wir verschiedene Merkmale von Aktivierung benennen, die für das ästhetische Lernen von Bedeutung sind: Kognitive Aktivierung, emotionale Aktivierung und soziale Aktivierung (Berner/Schmidt 2016, Kirchner/Kirschenmann 2015).

Kognitive Aktivierung

Mit dem bildnerischen Denken und Handeln (Kapitel 1.2) ist die kognitive Dimension früh im Fach verankert worden (Pfennig 1970) und wird aktuell in verschiedenen Positionen aufgegriffen und zentral für kunstunterrichtliches Lernen angesehen (u. a. Kirchner/Kirschenmann 2015, Krautz 2015, Plaum 2011). Mit der Durchdringung reflexiver Anteile im Sinne der methodischen Grundfiguren von Kunstunterricht (Otto 1969, Schulz 1998) – die Verschränkung von Produktion, Rezeption und Reflexion (Abbildung 6) – spielt das Denken über ästhetische bzw. bildnerische und künstlerische Phänomene eine zentrale Rolle (Breunlin 2010, Dreyer 2006). Um dies entsprechend umzusetzen, hat Kunstunterricht immer verschiedene Anteile an Produktion, Rezeption und Reflexion, die kohärent inhaltlich wie methodisch zueinanderstehen und den Schüler:innen eine intensive Auseinandersetzung mit dem Lerngegenstand ermöglichen.

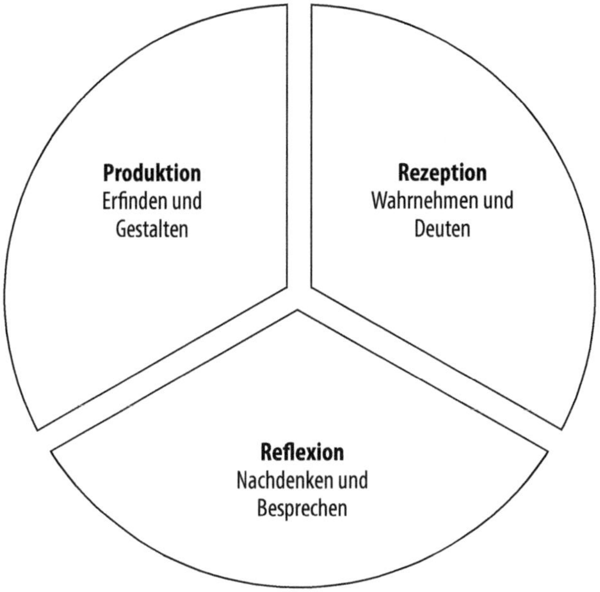

Abbildung 6: Methodische Grundfiguren des Kunstunterrichts

Kognitiv aktivieren bedeutet, dass Schüler:innen im Unterricht dazu angeregt werden, sich intensiv mit einem Lerninhalt auseinanderzusetzen (Lipowsky 2015). Hierzu zählt, den Unterrichtsgegenstand von verschiedenen Perspektiven aus gründlich zu durchdenken, selbstständig Zusammenhänge zu entdecken und eigene Antworten zu finden (Klieme/Schümer/Knoll 2001). Dies ist vor allem dann der Fall, wenn das zu Lernende noch nicht mit dem eigenen Vorwissen nachvollziehbar ist. Eine intensive Auseinandersetzung wird dann ermöglicht, wenn die Lernenden das Bedürfnis haben, über den Unterrichtsinhalt mehr wissen zu wollen (Limón 2001, Schmidt 2016, Kasten 8). Aktivierende Aufgaben und Lernumgebungen fordern die Schüler:innen in ihren Wahrnehmungs- und Gestaltungsprozessen heraus und motivieren zur intensiven Auseinandersetzung.

Inwiefern im Grundschulalter eine vertiefte Auseinandersetzung mit einem Kunstwerk im Unterricht umgesetzt werden kann, untersuchte Rebekka Schmidt (2016) in ihrer am Forschungsprojekt «Persönlichkeits- und Lernentwicklung von Grundschulkindern» (kurz: PERLE, Lipowsky/Faust/Kastens 2013) angebundenen Videostudie zur kognitiven Aktivierung in der Kunstrezeption. Anhand von Videoaufnahmen einer Doppellektion Kunstunterricht in 33 Schulklassen im zweiten Grundschuljahr wurde anhand systematischer Videoanalysen untersucht, inwiefern die Kunstrezeption die Schüler:innen zu einer vertieften kognitiv-emotionalen Auseinandersetzung mit dem Bild anregt. In der Studie zeigen sich verschiedene Unterrichtsmerkmale für eine kognitiv-emotionale Aktivierung der Schüler:innen entscheidend, die das kunstdidaktische Unterrichtshandeln vielfältig prägen (Schmidt 2016, S. 184):

Einbezug der Lernenden	Fachlichkeit	Didaktische Umsetzung
• Exploration der Denkweisen • Ermöglichung eines emotionalen Zugangs/ Verständnisses • Einbezug von Einstellungen und Meinungen • Soziale Wissenskonstruktion • Anregung der Schüler:innen zu eigenen Interpretationen • Disponibilität des Unterrichts • Einbezug von Vorwissen und Erfahrungen	• Fachliche Korrektheit • Umgang mit der (surrealen) Darstellungsweise • Fachsprache • Auswahl adäquater Inhalte • Inhaltliche Fokussierung	• Maßnahmen und Hilfen • Förderung der Imaginationsfähigkeit und Fantasie • Inhaltliche Kohärenz • Arbeitsaufträge • Differenzierung • Fragen und Impulse • Methodische Reflexion • Produktive Aneignung

Kasten 8: Merkmale kognitiver Aktivierung in der Bildrezeption empirisch betrachtet

Emotionale Aktivierung

Im Kunstunterricht ist eine intensive Auseinandersetzung nicht nur kognitiv ausgerichtet, sondern beinhaltet immer auch emotionale Anteile (Schmidt 2016). Kognition und Emotion sind miteinander verbunden (Ciompi 1997, Hänze 1998) und können in Kunst/Gestalten in enger Wechselwirkung miteinander stehen (Vetter 2010). Besonders die sinnliche, emotionale Qualität von Lerninhalten kann zur Anregung bildnerischen Denkens und Handelns genutzt werden und Lernprozesse initiieren. Dabei kommt der Vorstellungsbildung ein zentraler Stellenwert zu (Sowa 2012, 2015). Ideen, Fantasien und Vorstellungen werden als innere Bilder meist von den äußeren Bildern beeinflusst. Dabei sind sie nicht vorwiegend rein kognitiv bestimmt, sondern emotional, motivational und volitional mit der subjektiv wahrgenommenen Wirklichkeit verbunden (Sowa 2015). Vorstellungen können somit zum einen die Konstruktion von Wissen und Wirklichkeit unbewusst prägen und als mehr oder weniger klar umrissene Ansichten, Präkonzepte oder Gedanken vorliegen. Zum andern können sie aber auch bewusst ins Gedächtnis gerufen, erinnert und assoziiert werden. Vor allem in der *aktiven* Vorstellungsbildung liegt damit ein großes Lernpotenzial für den Kunstunterricht (Sowa 2012, 2015).

Soziale Aktivierung
Aus konstruktivistischer Perspektive ist Lernen eine soziale Interaktion und ein ko-konstruktiver Prozess (Reich 2010, Kapitel 1.4). Im Kunstunterricht sprechen Schüler:innen gemeinsam über ein Kunstwerk, tauschen sich hierzu aus, reflektieren über individuelle Arbeitsprozesse, gehen miteinander in Interaktion und unterstützen sich gegenseitig in ihren bildnerischen Prozessen. Kunstunterrichtliches Lernen stellt daher eine soziale Aktion dar, die Schüler:innen und Lehrende miteinander gestalten. Erst in der neueren kunstpädagogischen Forschung wird dies in die Betrachtung unterrichtlicher Interaktionen einbezogen (Schmidt-Wetzel 2017) und das soziale Gefüge für wirksamen Kunstunterricht theoretisch und empirisch erforscht. Diese Perspektive geht mit konstruktivistischen Sichtweisen auf das Unterrichtshandeln einher.

> *«Im Unterricht lernen Schüler:innen […] durch Aushandlungsprozesse, in denen die Gesprächspartner ausgehend von ihren persönlichen Vorerfahrungen in konstruktiver Auseinandersetzung mit anderen Sichtweisen gemeinsame Gedankengänge und Vorstellungen entwickeln.» (Fürstenau 2009, S. 65)*

Gerade da Lernen in Kunst/Gestalten ein erfahrungsbasiertes Lernen darstellt (Kapitel 1.4.2), sind Lernprozesse im sozialen Miteinander zu initiieren und Schüler:innen aktiv im sozialen Austausch mit anderen individuellen Herangehensweisen (z. B. der Mitschüler:innen, oder aber auch anderer Künstler:innen) zum Nach- und Weiterdenken anzuregen (Hasselhorn/Gold 2009). Zudem entsteht in einer «gemeinsamen Aufmerksamkeit» (Sowa 2015, S. 85) auf einen Sachgegenstand in der Vermittlungssituation ein Miteinander, indem nicht nur Sachinhalte, sondern auch der Austausch mit anderen ein In-Bezug-Setzen der Lernenden erfordern, was zu einer Positionierung und damit vertieften Auseinandersetzung mit dem bestehenden Lerninhalt führen kann.

2.1.2 Motivation

Aber nicht alles, was in Kunst/Gestalten gelernt werden soll, ist auch direkt lehr- und vermittelbar (Plaum 2011). Lernen in Kunst/Gestalten findet auch im Dazwischen statt, also zwischen dem Lernangebot – dem Unterricht – und dem, was die Lernenden daraus machen, wie sie dieses Angebot für sich selbst nutzen und sich darauf einlassen können.

> *«Was sich nicht mehr durch die Lehre [...] vermitteln lässt, das kann sich in der persönlichen Erfahrung des Einzelfalls und damit in der eigenen praktischen Arbeit zeigen.» (Plaum 2010, S. 25)*

Dies erfordert, dass Unterrichts- und damit Lehr-Lernprozesse so initiiert und als Angebot gestaltet werden, dass sie bestmöglich von den Lernenden genutzt werden können (Helmke 2015).

Unterricht als Angebot
Unterricht ist ein komplexes Gefüge, das von den Lehrenden wie von den Lernenden und ihren individuellen Voraussetzungen abhängig ist. Angebots-Nutzungsmodelle wie z. B. von Andreas Helmke (2015) oder Tina Seidel (2014) stellen diesen Sachverhalt komplex dar. So ist davon auszugehen, dass sich der familiäre Hintergrund sowie die Lernausgangslagen der Schüler:innen direkt auf die Nutzungsmöglichkeiten des Unterrichtsangebots auswirken. Unterricht als Angebot wird wiederum direkt von den Merkmalen der Lehrperson beeinflusst. So sind neben dem Professionswissen auch ganz entscheidend fachliche Haltungen und Einstellungen der Lehrperson entscheidend daran beteiligt, wie Kunstunterricht gestaltet und durchgeführt wird. Dies wirkt sich dann auch darauf aus, wie die Lernenden die Lernangebote wahrnehmen und letztlich für sich selbst nutzen können. Eine Besonderheit des Kunstunterrichts ist es, dass viele Lernaktivitäten direkt materialisiert und als bildnerische Schülerarbeiten respektive deren Zwischenergebnisse vorliegen, über die gesprochen und nachgedacht werden kann. Aus den Angebots-Nutzungs-Modellen wird zudem deutlich, dass Unterricht in seiner Komplexität immer zum einen von den einzelnen Akteuren – Lehrende und Lernende –, zum anderen aber auch von den Rahmenbedingungen, u.a. Schulform, Klassenzusammensetzung und Klassenklima, abhängig ist, in denen Unterricht stattfindet. Unterricht als Angebot, aber auch deren Nutzung, ist demnach von verschiedenen Faktoren abhängig.

> *«In diesem Sinne werden Unterricht und das Lehren bzw. Gestalten von Lernumgebungen als eine* Angebotsstruktur *aufgefasst, die von den Lernenden für sich* genutzt *werden will (soll).» (Seidel 2014, S. 857)*

Das bedeutet, wir müssen uns überlegen, wie Unterricht gestaltet werden kann, dass Schüler:innen dies als Angebot bestmöglich für sich selbst und ihre individuellen Lernprozesse nutzen können.

Motivation als Voraussetzung für Lernhandeln
Für das Lernen ist es wichtig, dass Schüler:innen motiviert sind, sich mit den Inhalten auseinanderzusetzen. Die Motivation entscheidet also mit über den Lernerfolg: Klaus-Peter Busse (2004) hat darauf hingewiesen, dass die Motivation damit zusammenhängt, wie Lerninhalte aufbereitet und im Kunstunterricht Schüler:innen dargeboten werden:

> *«Wie ein Lerninhalt für [Schülerinnen und] Schüler aufbereitet und zu ihnen in eine Beziehung gebracht wird, entscheidet über ihre Motivation, über den Lernerfolg und letztlich über die Qualität einer Unterrichtsstunde.» (Busse 2004, S. 80)*

Es kommt im Sinne eines schülerorientierten Unterrichts darauf an, wie die Lerninhalte von den Lernenden in Beziehung gebracht werden können. Oder anders formuliert: wie sich Lernende zum Lerninhalt in Beziehung setzen können. Denn Unterricht ist nicht nur ein Angebot, sondern richtet sich daran aus, wie Lernende diesen für sich selbst nutzen können. Lerninhalte sollten daher altersangemessen aufbereitet und so angeboten werden, dass sie von den Schüler:innen gut aufgenommen und genutzt werden können, damit motiviert und interessiert eine intensive Auseinandersetzung mit den Inhalten entstehen kann.

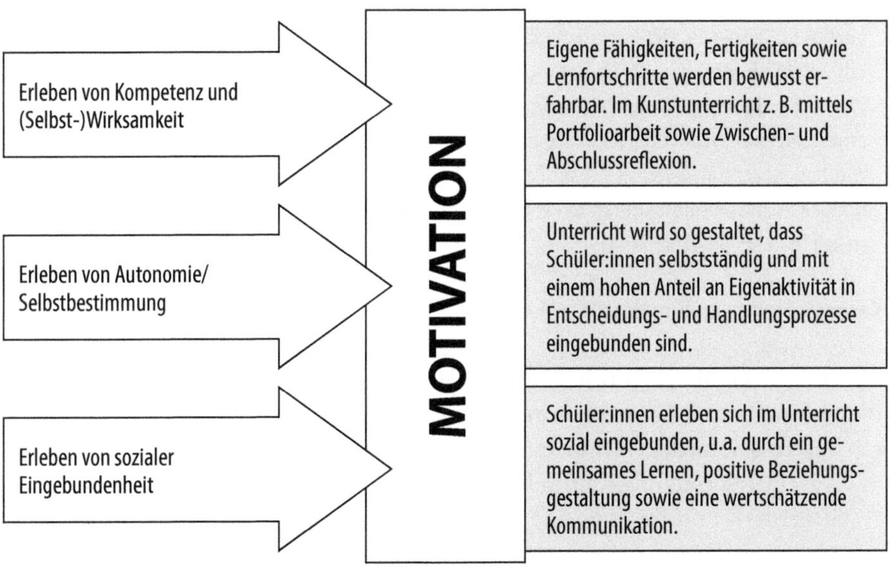

Abbildung 7: Nach der Selbstbestimmungstheorie von Edward Deci und Richard M. Ryan (1993) sind drei Faktoren für einen motivierenden Kunstunterricht relevant.

Für das Lernen ist intrinsische Motivation förderlicher als extrinsische Motivation. Extrinsisch motiviert ist eine Person dann, wenn sie eine Tätigkeit ausführt, um ein damit verbundenes Ziel zu erreichen. Der Fokus des Interesses liegt dabei auf der Zielerreichung, nicht auf der Ausübung der Tätigkeit an sich, was wiederum intrinsisch motiviert wäre. Intrinsische Motivation ist vor allem in dem Bedürfnis nach Selbstbestimmung und Kompetenzerwerb begründet (Deci/Ryan 1985, 1993). Wie kann der Kunstunterricht nun gestaltet werden, damit die Schüler:innen dazu (intrinsisch) motiviert sind, sich mit den Lerninhalten auseinanderzusetzen? Um einen entsprechend motivierenden Kunstunterricht zu gestalten, ist es interessant zu klären, wie genau Motivation entsteht. Die Psychologen Allan Wigfield und Jacquelynne Eccels (1992) gehen davon aus, dass je mehr Wert und Erfolgswahrscheinlichkeit einer Tätigkeit beigemessen werden, desto größer die Motivation ist, diese Tätigkeit auszuführen (Kasten 9).

Eine in der empirischen Bildungsforschung gängige Theorie, wie Motivation für ein bestimmtes Handeln entsteht, legen Allan Wigfield und Jacquelynne Eccels (1992) in Anlehnung an das Risiko-Wahl-Modell von John William Atkinson vor. Demnach wird der Grad der Motivation bestimmt durch den Wert, der (1) einer Tätigkeit individuell zugeschrieben wird, und (2) der Erwartung, diese Tätigkeit erfolgreich ausführen zu können. Welche individuelle Wertigkeit für die Lernenden Kunst/Gestalten hat, ist familiär, sozial und situativ beeinflusst sowie an individuelle Interessen und affektive Bedingungen (z. B. Vorfreude oder Traurigkeit) gekoppelt. Der Erwartung dürften dabei ein positives Selbstkonzept sowie Selbstwirksamkeit zuträglich sein. Hier ist die Unterscheidung von (Selbst-)Wirksamkeits- und Ergebniserwartung interessant, die Albert Bandura (1976) im Rahmen seiner Lerntheorie vorgelegt hat. So kann die Erfolgserwartung einer bestimmten Handlung bezogen auf ein zu erwartendes Ergebnis (Ziel) positiv ausfallen. Wichtiger ist aber, inwiefern es sich die Person zutraut, die Handlung auszuüben, die zum Ergebnis führt. Mangelt es also an Selbstwirksamkeit in einem bestimmten Bereich, so kann ein Motivationsdefizit entstehen (Rothermund/Eder 2011).

Kasten 9: Erwartung-Wert-Modell der Motivation

Übertragen auf den Kunstunterricht können einige Merkmale benannt werden, um die Motivation der Lernenden anzuregen und zu fördern:

- **Interessen wecken:** Ohne Interesse an einem Thema kann kaum eine intensive Auseinandersetzung stattfinden. Daher gilt es, Schüler:innen für das Thema zu begeistern und ihr Interesse zu wecken. Daher sollten vor allem Einstiege in ein neues Thema im Unterricht motivieren und das Schülerinteresse wecken (Kasten 10).

- Das Selbst steht im Zentrum der bildungsbezogenen Auseinandersetzung und ist Teil einer gestalteten Umwelt. Dies kann für einen **Bezug zur Lebenswelt** der Schüler:innen produktiv genutzt werden. Kunst/Gestalten ist damit nicht losgelöst von der Lebenswelt der Kinder und Jugendlichen, sondern kann an Themen der Kinder und Jugendlichen anknüpfen (Kirchner 1999) sowie im Sinne eines erweiterten Kunst- und Bildbegriffs sogar Teil alltäglicher Lebenswelt werden (Buschkühle 2007).
- **Realistische Ziele** lassen ein Kompetenzerleben zu, was identitätsstiftend und motivierend wirken kann (Kirchner 2003). Schüler:innen können gerade in offenen Unterrichtsformen – wie z. B. der Werkstattarbeit oder auch bei der ästhetischen Forschung (Kapitel 2.4.1) – eigene Stärken einbringen und eigene Wege gehen.
- Lernprozesse sind nicht nur zu initiieren, sondern stets zu **begleiten und zu unterstützen** (Kapitel 3), damit keine Unter-, aber auch keine Überforderung auftritt.

Inspirieren: Vielfältige und anregende Beispiele (u. a. Kunstwerke, mediale Inhalte, Objekte) zu einem Thema können die Schüler:innen dazu motivieren, sich mit den Inhalten auseinanderzusetzen und Ausgangspunkt für eigene Recherchen und Arbeitsprozesse sein. Verschiedene Perspektiven eröffnen eine Variation und motivieren ins Thema einzusteigen.
Ausprobieren: Ohne Druck sich einem Thema annähern zu können und in eigenen oder angeleiteten Erprobungen einen Bezug zu erarbeiten, kann motivierend wirken. Es bietet sich an, die verschiedenen Erfahrungen zu besprechen und mit den Schüler:innen als Experten ihrer eigenen Erfahrungsprozesse ins Thema einzusteigen.
Fokussieren: Aus einem größeren Themenkomplex wird ein Aspekt herausgenommen und an die Lebenswelt der Schüler:innen angebunden. Dies ist dann der Ausgangspunkt, von dem das Thema weiter erarbeitet wird. So könnte die Darstellung von Licht und Schatten und damit verbundener kompositorischer Möglichkeiten beispielsweise mit digitalen Fotografien von Licht-Schatten-Szenen auf dem Schulhof beginnen, um dann in Produktion und Rezeption weiter ausgeführt und kontextualisiert zu werden.
Provozieren: Gerade die bildende Kunst bietet immer wieder Künstler und Werke, die provozieren, reizen oder polarisieren. Dies regt zum Nach- und Weiterdenken an und kann für einen motivierenden Einstieg genutzt werden.
Irritieren: So manches Kunstwerk irritiert und regt zur Diskussion an. Nicht nur optische Täuschungen oder Bildmanipulationen sind damit angesprochen, sondern auch formale wie inhaltliche Aussagen, die sich zunächst irritierend auswirken. Sozio-kulturelle, gesellschaftliche, politische sowie zeitgeschichtliche Anbindungen sind mögliche Betrachtungsweisen und können Ausgangspunkt fachlicher sowie überfachlicher Themen werden.

Kasten 10: Motivierende Einstiege im Kunstunterricht

2.1.3 Vielfalt und Divergenz

Ein lernwirksamer Umgang mit Heterogenität und Vielfalt im Unterricht ist für den Fachunterricht in Kunst/Gestalten ein Kernanliegen. Einerseits, da im Kunstunterricht verschiedene Schüler:innen mit je individuellen Lernausgangslagen zusammenkommen und gemeinsam lernen. Andererseits, weil in der Kunst und Kultur der Umgang mit Vielfalt, Andersartigkeit, Fremdheit und damit einhergehender Divergenz immanent ist (Buschkühle 2012, Schnurr 2017).

> *«Das Verhältnis von Differenz und Gleichheit, von Fremdem und Vertrautem, von Besonderem und Allgemeinem berührt allgemeine Grundfragen und ist damit immer auch ein Thema von Bildung.» (Bohl/Budde/Rieger-Ladich 2017, S. 7)*

Vielfalt und Divergenz und der Umgang damit betrifft Bildungsfragen, ist aber auch jenseits der Schule grundlegend und Teil vielfältiger Lebensentwürfe. Daher ist die Betrachtungsebene zu erweitern: Einerseits geht es um das Verhältnis von Kunstunterricht zu Divergenz, Fremdheit und Vielfalt, andererseits um den Umgang mit Vielfalt im Unterricht, ist Lernen doch immer auch eine soziale Handlung.

Divergenz und Fremdheit als Teil von Kunst/Gestalten

Kunst/Gestalten beinhaltet Irritation und Divergenz dahingehend, als dass Kunst in seiner Systematik mit traditionellen Denk- und Handlungsweisen bricht, herausfordert, Neues provoziert und infrage stellt. Im Gestalten liegt weiterhin eine Offenheit begründet, die divergente und zum Teil auch fremde Wege ermöglicht, was im Prozess Ambiguitäts- und Konflikttoleranz erfordert (Kirchner 2006, Schnurr 2013). Bedeutet ästhetisches Lernen doch immer eigene Lernwege zu gehen und sich eigenaktiv sowie ko-konstruktiv mit den Lerninhalten auseinander zu setzen, so erscheint gerade im Kunstunterricht Divergenz einen besonderen Stellenwert zu haben. So zeigte Ansgar Schnurr auf, wie Jugendliche beispielsweise nicht alle die gleichen Rezeptionsvoraussetzungen im Kunstunterricht mitbringen und Kunstwerke subjektiv Irritationen und Fremdheitserfahrungen auslösen, die in der individuellen Begegnung mit Kunstwerken begründet liegen und daher im kunstdidaktischen Setting Berücksichtigung erfahren sollten (Schnurr 2013, 2021, Kasten 11).

In der qualitativ-empirischen Studie zur Milieuorientierung von Jugendlichen befragte Ansgar Schnurr (2013) 35 Jugendliche zwischen 14 und 18 Jahren. In der Methode der fotogeleiteten Hervorlockung legte er ihnen 15 verschiedene Bilder vor, um damit verbundene Präferenzen, Sichtweisen und Einstellungen durch die Methode des lauten Denkens zu erfassen. Hier zeigte sich, dass einige der Jugendlichen sehr stark ablehnend gegenüber bestimmten Werken der modernen sowie zeitgenössischen Kunst reagierten. In der Auswertung der Transkripte wird dies auf verschiedene Umgangsweisen der Jugendlichen mit Andersartigkeit und Fremdheit und damit verbundener Unsicherheiten zurückgeführt. Alteritäts- und Ambiguitätstoleranz werden daraus abgeleitet als wichtige Lernvoraussetzungen Jugendlicher beschrieben, um mit Schüler:innen in ein offenes Bildgespräch zu gelangen.

Kasten 11: Empirisch betrachtet: Bildpragmatik von Jugendlichen

Didaktisches Handeln der Lehrperson sowie ihre Haltungen und Vorstellungen gegenüber dem Lehren und Lernen haben ebenfalls Anteil an der Hervorbringung von Divergenz (Budde 2017). Lern- und damit auch Bildungsprozesse anzustoßen und zu initiieren, ist also nicht nur eine Frage aktivierender und motivierender Lehr-Lernarrangements, sondern auch eine Frage, wie Differenzerfahrungen Lernen auslösen können sowie heterogene Lernausgangslagen der Schüler:innen im Kunstunterricht für ein fachliches Lernen in Kunst/Gestalten einbezogen werden und Schüler:innen mit verschiedenen Lernausgangslagen am Kunstunterricht teilhaben können.

Mit Vielfalt rechnen

Zunächst gilt es zu klären, was mit Lernausgangslagen der Schüler:innen zu verstehen ist. Gestalterische Fertigkeiten, die Schüler:innen in formalen Bildungskontexten, z. B. im Kunstunterricht früherer Jahrgänge, oder auch informell, d. h. aufgrund individueller Freizeitaktivitäten, erworben haben, sind ebenso einzubeziehen, wie u. a. individuelle Erfahrungen, Begabungen, Vorlieben und Interessen der Schüler:innen (Kirchner/Kirschenmann 2015, Hilmes/Seydel 2018, Wilsmann 2019). Nicht zu vernachlässigen ist, dass sich Heterogenität nicht nur auf fähigkeitsbezogene Merkmale begrenzen lässt und sich zudem sozio-ethnografische Differenzkategorien auf das Lernen auswirken können, wie u. a. soziokultureller Hintergrund, Geschlecht, Ethnizität oder körperliche und geistige Behinderungen (Budde 2017).

Die Berücksichtigung individueller Lernausgangslagen und Lernvoraussetzungen ist für einen schülerorientierten Kunstunterricht von zentraler Bedeutung (Kirchner/Kirschenmann 2015, Wilsmann 2019). Bezogen auf das Kernanliegen kompetenten Bildhandelns können verschiedene fachliche Lernausgangslagen benannt werden:

- Für das bildnerische Handeln zentral sind die **bildnerischen Fertigkeiten** der Kinder und Jugendlichen und die damit jeweils verbundene altersgemäße Darstellungsfähigkeit in den verschiedenen Fachinhalten, u. a. Zeichnen, Malen, plastisches und skulpturales Gestalten, digitales Gestalten, Film und Fotografie, Performance. Mit der bildnerischen Entwicklung in der Kindheit und im Jugendalter gehen immer auch altersspezifische bildnerische Zugänge zum Selbst und zur Welt einher.

- «Im Zusammenspiel von Wahrnehmen, Handeln und Denken» (Glaser-Henzer 2006, S. 22) bilden sich Vorstellungen (u. a. Fauser/Irmert-Müller 1996, Glas 2012, Sowa 2012). **Präkonzepte** bezeichnen vorhandene Schülervorstellungen über bestimmte Phänomene, Sachverhalte und Vorgänge, an denen Lernen ansetzt und die durch Lernen umstrukturiert und weiterentwickelt werden (Duit 2008). Diese zu kennen, hilft, Lernprozesse an den Lernenden auszurichten und zu begleiten.
- Die Lernenden haben meist selbst eine Auffassung davon, wie gut sie im Zeichnen, Malen etc. respektive in Kunst/Gestalten sind, was sich auf deren Lernmotivation und Lernfreude und damit auf das Lernen auswirken kann. Das eigene **Kompetenzerleben**, das Fähigkeitsselbstkonzept der Schüler:innen kann das Lernen positiv wie negativ beeinflussen. Im Kunstunterricht gilt es daher, das Kompetenzerleben der Schüler:innen zu stärken (Kirchner 2013).
- **Problemlösefähigkeiten und Kreativität** stellen weitere wichtige Lernvoraussetzungen dar (Berner 2018). Diese beinhalten u. a. verschiedenste personale Merkmale, die im Bildhandeln von Relevanz sind. Einige sollen nur kurz genannt werden: Offenheit für neue Erfahrungen, mit Unsicherheiten umgehen können (Ambiguitätstoleranz), Konflikttoleranz, Selbstsicherheit, Originalität, Ausdauer oder Durchhaltevermögen.
- **Erfahrungen und Erlebnisse** der Schüler:innen, ihre spezifischen **Interessen** sowie ihre aktuelle **Motivation** für den Kunstunterricht, ihre ästhetischen **Präferenzen** und **Wertvorstellungen** für ästhetisches Lernen im Fach Kunst sind zudem von zentraler Bedeutung.

Mögliche Lernausgangslagen zu kennen ist die Grundlage dafür, diese bei den Lernenden zu erkennen und an diesen den Unterricht ausrichten zu können. Um für ein Unterrichtsprojekt relevante Lernausgangslagen zu eruieren, bieten sich verschiedene Methoden an, die einerseits im Gespräch, andererseits im Unterrichtseinstieg einbezogen werden können. Da es nicht möglich ist, sich von den Lernenden *kein* Bild über deren Lernausgangslagen zu machen, ist eine systematische Vorgehensweise ratsam, um nicht von unreflektierten Vorurteilen unbewusst beeinflusst zu werden (Berner 2016, Kirchner 2021, Schoppe 2009).

Um sich ein differenziertes Bild über die Lernausgangslagen der Schüler:innen zu einem Thema, einer Technik oder einem Material machen zu können, ist es ratsam, zu Beginn grundlegende Informationen einzuholen. So können die Lernenden gebeten werden, zu einem bestimmten Thema für sie interessante Objekte, Bücher oder Bilder mitzubringen, zu erzählen, was sie bereits im Kunstunterricht im letzten Schuljahr dazu erarbeitet hatten oder miteinander in ein kurzes Eingangsgespräch zu kommen. Es bietet sich an, dies schriftlich oder visuell festzuhalten, z. B. mittels **dialogischem Schreiben**, bei dem die Gespräche zwischen den Schüler:innen nicht mündlich, sondern schriftlich geführt werden, oder mittels kurzer Sketchnotes, die an der Tafel die wichtigsten Punkte eines Gesprächs im Plenum für alle sichtbar festhalten. Hier können die Schüler:innen auch aktiv einbezogen werden. Ausgangspunkt für so ein Gespräch kann ein Bild, eine Frage oder eine (provozierende oder irritierende) These sein, zu der im Gespräch Stellung bezogen werden soll. Als alternative Methode bietet sich das Mind-Map oder der Placemat an. Beim **Mindmap** oder auch Conceptmap werden die Themen stichpunktartig in einer zusammenhängenden Struktur notiert und/oder skizziert. Beim **Placemat** schreiben die Schüler:innen ihren Text in jeweils vorbereitete Felder. Diese schriftlichen Dialoge können von der Lehrperson dann ausgewertet und in die weitere Planung einbezogen werden. Eine **gestaltungspraktische Diagnoseaufgabe** kann zudem helfen, sich direkt über den Stand bildnerischer Fertigkeiten der Schüler:innen zu informieren. Hier ist es wichtig, dass diese im Verhältnis zur Unterrichtseinheit zeitlich begrenzt ist und einen ersten inhaltlichen, einführenden Impuls bietet.

Binnendifferenzierung

Ein konstruktiver Umgang mit heterogenen Lernausgangslagen im Kunstunterricht erfordert eine ressourcen- und stärkenorientierte Ausrichtung kunstdidaktischen Handelns (Kirchner/Kirschenmann 2015, Wilsmann 2019). Damit verbunden sind binnendifferenzierte Unterrichtskonzepte, die die Lernenden in ihren jeweiligen Lernausgangslagen adaptiv aufnehmen und Kompetenzen aufbauen (Bohl 2017, Schirmer/Pongratz 2021, Trautmann/Wischer 2008). Ziel ist es dann, den Schüler:innen individuelle Lernwege zu ermöglichen.

> *«Ziel der Differenzierung ist […] nicht, die Heterogenität in einer Lerngruppe aufzulösen. Die Differenzierung ist das Unterrichtsprinzip, das es erlaubt, mit dieser Heterogenität so umzugehen, dass am Ende möglichst jeder seinen Möglichkeiten entsprechend lernen kann.» (Hilmes/Seydel 2018, S. 6)*

Gerade weil Lernen in Kunst/Gestalten auch als ein Erfahrungslernen bezeichnet werden kann (Kapitel 1.4.2), ist ein Miteinander, ein Austausch unterschiedlicher

Erfahrungen und ein gegenseitiges Unterstützen sowie Kooperation von großer Bedeutung (Krautz 2015, Schmidt-Wetzel 2017).

Welche Differenzierungsmodelle liegen nun vor, um mit der Heterogenität im Kunstunterricht lernwirksam umgehen zu können? Differenzierter Kunstunterricht kann in Anlehnung an die Entscheidungsfelder für Differenzierungsangebote von Timo Leuders und Susanne Prediger (2017) auf verschiedenen Ebenen erfolgen und fachdidaktisch ausgestaltet werden. Diese Ebenen sind bereits bei der Planung von Unterricht mitzudenken (Abbildung 8).

Zunächst ist das Ziel zu entscheiden, mit dem Differenzierungsmaßnahmen eingeleitet werden. Im Kunstunterricht ist Vielfalt oftmals für ein Lernen im Miteinander von zentraler Bedeutung, weshalb sich eine äußere Differenzierung per se und in obsoleter Weise ausschließen lässt. Hier greifen eher Strategien der individuellen Förderung (Hilmes/Seydel 2018, Wilsmann 2019, Kapitel 3.3.1 und Kapitel 3.3.2). Es gilt daher gut zu prüfen, inwiefern in spezifischen Unterrichtsphasen oder mit Bezug auf spezifische Anforderungen eine Differenzierung greifen soll, um (a) Unterschiede auszugleichen und ein gleichberechtigtes Miteinander zu ermöglichen oder um (b) gegebenen Unterschieden gerecht werden zu können und schwächeren sowie stärkeren Schüler:innen ein individuelles, selbstständiges Lernen ermöglichen zu können.

Weiter gilt es zu klären, von wem die Differenzierung initiiert und gesteuert wird. Teilt die Lehrperson Niveaugruppen ein, so steuert sie die Differenzierung. Ordnen sich die Schüler:innen ihren Stärken entsprechend spezifischen Aufgabenbereichen und -anforderungen zu, so steuert stärker die Lerngruppe die Differenzierung. Weiter können die Schüler:innen selbst Differenzierungsangebote wahrnehmen, z. B. bei der Auswahl eines individuellen Themas, sowie die Institution, beispielsweise, wenn Kunstunterricht nur in Halbklassen durchgeführt wird.

Darüber hinaus ist festzulegen, auf welcher Unterrichtsebene differenziert wird. Werden Schüler:innen verschiedene Aufgabenformulierungen gegeben? Gibt es Grundaufgaben für alle Schüler:innen, für schnelle Schüler:innen weiterführende Aufgaben? Gibt es eine Möglichkeit der Differenzierung über Arbeits- und Sozialformen, über Unterrichts- sowie Fachmethoden? Differenzierungsmaßnahmen können auch erst bei Lernbegleitung und Lernunterstützung sinnvoll werden, wenn beispielsweise im Gestaltungsprozess zusätzliche Hilfestellungen, Rückmeldungen gegeben werden oder einige Schüler:innen enger begleitet werden als andere. Daran angebunden sind Differenzierungsmaßnahmen auch im Beurteilen und Bewerten anzusetzen. Differenzierungsmaßnahmen werden auf Handlungsebene des Unterrichtens immer durch spezifische Aspekte verankert, wie z. B. verschiedene Hilfestellungen, die Berücksichtigung unterschiedlichen Lerntempos oder verschiedener Interessen oder Präferenzen der Schüler:innen.

Welche Ziele werden verfolgt?	**Von wem wird Differenzierung gesteuert?**
• Vielfalt aufnehmen und für ein Lernen im Miteinander nutzen (→ keine Differenzierung) • Unterschiede ausgleichen • Unterschieden gerecht werden	• Durch die Lehrperson • Durch die Lerngruppe • Durch die Schüler:innen • Durch die Institution (z.B. geteilte Lerngruppen in Kunst/Gestalten)
Auf welcher Ebene wird differenziert?	**Wo wird Differenzierung im Unterricht verankert?**
• Ebene der Aufgaben • Ebene der Unterrichtsmethoden • Ebene der Unterrichtsphasen • Ebene der Rückmeldung • Ebene der Lernunterstützung • Ebene der Bewertung • …	• Interessen, ästhetische Präferenzen • Lern- und Arbeitsstrategien • Lerninhalte und Lernziele • Kompetenzniveau • Lerntempo • Umfang, Komplexitätsreduktion • Bild-/Sprachliche Anforderungen • Thema/Technik/Material/Medien • Zusätzliche Ressourcen, Hilfen etc. • …

Abbildung 8: Entscheidungsfelder für Differenzierung im Kunstunterricht (in Anlehnung an Leuders/Prediger 2017)

Sprechen wir von Vielfalt und Divergenz, so ist Inklusion auf Konzeptebene von Unterricht mitzudenken. Gerade aus praktischen Überlegungen heraus ist eine inklusionssensible Fachdidaktik für Kunst/Gestalten in der Nähe bisheriger Konzepte der Schüler- sowie Kompetenzorientierung zu denken. Rebekka Schmidt geht im folgenden Exkurs näher auf die Inklusion im Kunstunterricht ein.

2.2 Exkurs: Inklusion im Kunstunterricht

Rebekka Schmidt

Spätestens seit der Ratifizierung der UN-Behindertenrechtskonvention (Vereinte Nationen 2009) in den deutschsprachigen Ländern[4] ist Inklusion Bestandteil schul- und bildungspolitischer Diskussionen. Dabei wird der Begriff unterschiedlich aufgefasst, weshalb zunächst das diesem Exkurs zugrunde liegende Verständnis und die sich daraus ergebenden Ziele erläutert werden. Sie bilden den Rahmen, um die inklusionsbezogenen kunstpädagogischen Ansätze einzuordnen und Aspekte für eine kompetenzorientierte Planung von Kunstunterricht zu entwickeln.

2.2.1 Inklusion und Prinzipien inklusiven Unterrichts allgemein

Häufig beziehen sich politische Überlegungen zu Inklusion[5] auf Menschen mit Behinderung oder sonderpädagogischem Förderbedarf. Dieser Fokus auf eine spezifische Besonderheit kennzeichnet den **engen Inklusionsbegriff**, der jedoch implizit zwei Gruppen schafft (eine mit und eine ohne diese Besonderheit). Meist ist damit die Absicht verbunden, die kleinere der beiden in die größere zu integrieren. Auch wenn statt der Anpassung der Minderheit an die Mehrheit ein Aufeinanderzugehen beider Gruppen erreicht werden soll (Textor 2018), stehen dabei durch die Frage *Was fehlt auf beiden Seiten, damit die Integration gelingt?* die jeweiligen Defizite im Fokus. Eine solche Sichtweise lässt zudem außer Acht, dass auch andere Aspekte, wie z. B. Herkunft, Geschlecht, Einkommen etc., Einfluss nehmen können. Der **weite Inklusionsbegriff** berücksichtigt deshalb unterschiedlichste Heterogenitätsdimensionen und hebt so den dichotomen Ansatz der Zwei-Gruppen-Theorie auf. In einer stärker systemorientierten Perspektive wird von einer einzigen, in sich heterogenen Gruppe ausgegangen, zu der alle Personen gleichberechtigt Zugang haben (Textor 2015). Dadurch verändert sich der defizitorientierte Fokus von dem was fehlt, um Mitglied der Gruppe zu sein, hin zu den Ressourcen, die eine Person spezifisch einbringt.

---

4 Österreich: 2008, Deutschland: 2009, Schweiz: 2014

5 Z. B. auch die UN-Behindertenrechtskonvention

Die Folge eines engen Inklusionsbegriffs ist häufig, dass Inklusion im Unterricht als zusätzliche Anforderung an Lehrkräfte wahrgenommen wird, da die Schule in dieser Sichtweise Lernende mit spezifischem Förderbedarf in den Unterricht integrieren muss. Der weite Inklusionsbegriff, der diesem Text zugrunde liegt, geht stattdessen von einer generell heterogenen Gruppe aus. Für den Umgang mit diesem längst bekannten Phänomen wurden bereits Qualitätsmerkmale entwickelt. Da sich in inklusivem Unterricht die Heterogenität der Klasse sowie die Aufmerksamkeit der Lehrkraft hierfür erhöht, lässt sich dieser als konsequente Weiterentwicklung von Unterrichtsqualität verstehen. Dies kommt allen Lernenden zugute und ist daher unabhängig von Inklusion sinnvoll.

Auch der internationale Diskurs greift die Merkmale guten Unterrichts auf, da v. a. die Verknüpfung von individuell abgestimmten hohen Leistungsanforderungen mit Teilhabe und Mitbestimmung als grundlegend für die Gestaltung von inklusivem Lehren und Lernen angesehen werden (Ainscow et al. 2006, Seitz 2012). Beides ist auch wesentlich für den Kunstunterricht.

Aus der Forderung nach individuell abgestimmten hohen Leistungsanforderungen ergeben sich folgende Ziele:

- **Bestmögliche, individuelle Förderung:** Inklusiver Unterricht bedeutet, allen Lernenden in gemeinsamen Einrichtungen die Gelegenheit zu geben, ihr Potenzial voll zu entfalten (Häberlein-Klumpner 2009). Dies beinhaltet sowohl Unterstützung bei Schwierigkeiten als auch Herausforderung durch anspruchsvolle Aufgaben, deren Niveau innerhalb der individuellen Spanne des erreichbaren Leistungsniveaus (Vygotskij 1986) liegen sollte. Inklusion kann damit als «erweiterte und besonders konsequent gehandhabte individuelle Förderung im Rahmen Gemeinsamen Lernens» (Heymann 2015, S. 8) angesehen werden. Dies bezieht sowohl leistungsstarke Lernende als auch solche mit besonderem Förderbedarf mit ein.
- **Heterogenität als Ausgangs- und Endpunkt:** Eine konsequente individuelle Förderung beinhaltet, dass nicht alle Lernenden zur selben Zeit das gleiche Ergebnis erzielen. Vielmehr führt ein erfolgreicher Unterricht, der von einer heterogenen Zusammensetzung ausgeht und jede Person individuell fördert, dazu, dass die Leistungsunterschiede nicht kleiner, sondern größer werden (Baumert 2006).

Inklusion bedeutet zusätzlich zu Individualisierung auch den gemeinsamen Unterricht aller Lernenden. Daher gilt es, sowohl einen gemeinsamen Gegenstand so aufzubereiten, dass individuelles Potenzial entfaltet werden kann als auch *Teilhabe und Mitbestimmung* aller am Unterricht zu ermöglichen. Daraus ergeben sich weitere Ziele:

- **Ermöglichen von allgemeiner und fachlicher Partizipation:** Inklusiver Unterricht zielt auf gleichberechtigte Teilhabe und Mitbestimmung. Partizipation umfasst daher die Aktivierung der Lernenden, Möglichkeiten der Ko-Konstruktion und Beteiligung an Entscheidungen (Flieger 2017). Weiter setzt eine fachliche Partizipation Zugangsmöglichkeiten zum Gegenstand für alle Lernenden auf unterschiedlichen Ebenen voraus. Hierzu müssen sowohl die Fähigkeiten bekannt sein, die notwendig sind, um den Unterrichtsgegenstand erfassen zu können, als auch mögliche Grenzen (Simon/Pech 2019).
- **Abbau von Barrieren statt medizinischem Faktenwissen:** Erst die Reflexion von Grenzen ermöglicht gleichberechtigte Teilhabe. Das bedeutet jedoch nicht Faktenwissen über einzelne Formen von Behinderung (Dannenbeck 2017). Vielmehr geht es darum, vorhandene Teilhabebarrieren wahrzunehmen und zu reflektieren, um entsprechende Handlungsoptionen für eine heterogene Klasse zu entwickeln (Budde/Hummrich 2017) und Diskriminierungen zu vermeiden (Dannenbeck 2017).

Den Ausgangspunkt inklusiven Unterrichts stellt somit ein gemeinsamer Gegenstand oder spezifisches Fachproblem dar, durch den Lernen auf jeweils individuellem Niveau initiiert und fachliche sowie kindliche Perspektiven in Ko-Konstruktionsprozessen verbunden werden. Heterogene Zugänge und Umgangsweisen ermöglichen einen pluralistischen Prozess der Auseinandersetzung, Wissensaneignung und Problemlösung, an dem alle Lernenden partizipieren (Penzel 2020).

2.2.2 Inklusion in der Kunstpädagogik

Die kunstpädagogische Beschäftigung mit Inklusion erfolgte zunächst eher zurückhaltend und mit Fokus auf kunsttherapeutische und heilpädagogische Integration (z. B. Wichelhaus 2004, Theunissen 2013). Erst seit ca. 2016 ist eine zunehmende und stärker fachdidaktisch ausgerichtete Diskussion zu verzeichnen. Dabei sind aktuell verschiedene Ebenen zu erkennen (Penzel 2020):

- **Kunst als Ausgangspunkt**: Einige Ansätze stellen das Potenzial der Kunst für Inklusion heraus. Dies geschieht auf der Produktebene u. a. durch Outsider Art, was jedoch eher am engen Inklusionsbegriff orientiert ist. Methodisch wird das besondere Potenzial begründet mit der medialen Offenheit, heterogenen Gestaltungspraktiken und künstlerischer Freiheit sowie Kunst als «Weltsprache»

(Brenne 2016, S. 52), die auch marginalisierte Perspektiven fokussiert (Brenne 2016). Solch pauschalisierende Aussagen müssen jedoch kritisch hinterfragt werden, da z. B. auch die Bildsprache kulturspezifisch geprägt ist und erlernt werden muss (Krautz 2015). Andererseits ist ein reflektierter Blick auf die charakteristischen Möglichkeiten des Faches sinnvoll.

- **Praktische Beispiele:** Wie dieses Potenzial genutzt werden kann, verdeutlichen verschiedene beispielhafte Berichte gelingenden inklusiven Kunstunterrichts (z. B. Hornäk/Henning/Gernand 2019). Allerdings fehlen oft Schlussfolgerungen für die Weiterentwicklung einer theoriegeleiteten Praxis.
- **Überlegungen zu fachmethodischen Ansprüchen:** Die dritte Form der Auseinandersetzung besteht darin, die innere Logik fachmethodischer Ansprüche mit Inklusionsaspekten zu verbinden (z. B. Engels 2017, Loffredo 2017).

Besonders die jüngeren Beiträge zu Inklusion im Kunstunterricht sind häufig an künstlerischer Bildung oder verwandten Konzepten orientiert, in denen die Bedeutung individueller Wahrnehmungs- und Erlebensweisen sowie die Vielfalt künstlerischer Zugänge hervorgehoben wird (Buschkühle 2003). Sie betonen das besondere Potenzial künstlerischer Arbeits- und Denkweisen für Inklusion, das entweder in Praxisbeispielen oder fachmethodisch theoriebasiert seine Umsetzung erfährt. Ausgehend von einem gewählten Phänomen entsteht ein Projekt, dessen Gang und Ende offen sind und individuell entfaltet werden können. Damit wird zum einen *Heterogenität als Ausgangs- und Endpunkt* umgesetzt, v. a. aber stehen *Teilhabe und Mitbestimmung* im Fokus. Die Lernenden bearbeiten einen gemeinsamen Gegenstand, auf dessen Ausgestaltung sie Einfluss nehmen und sich «auf ihre Weise einbringen können» (Engels 2022, S. 111). Als besonders inklusionsaffine Aspekte werden dann hauptsächlich Lernen durch Differenzerfahrungen (Kathke/Ehring 2022) und Prozessorientierung herausgestellt[6].

2.2.3 Kompetenzorientierte Planung inklusiven Kunstunterrichts

Diese Ansätze verwirklichen somit viele der genannten Kennzeichen zur Gestaltung inklusiven Unterrichts. Allerdings bleiben häufig u. a. die *hohen Leistungsanforderungen* und die *Reflexion von möglichen Grenzen* unbeachtet. Hierzu wird

6 Ein Unterrichtsbeispiel für dieses Konzept findet sich bei Bauernschmitt/Sansour (2022).

aktuell an der Universität Paderborn[7] ein Modell entwickelt, dessen Herzstück die Unterscheidung von grundlegenden und unterstützenden Kompetenzen bildet.

Dabei wird berücksichtigt, dass Kunstunterricht – allerdings nicht ausschließlich – auf den bestmöglichen Kompetenzerwerb der Lernenden hin geplant werden sollte (z. B. BDK 2008, Sowa 2009)[8]. Im Mittelpunkt steht deshalb die Frage, wie Lernenden mit unterschiedlichsten Voraussetzungen Zugänge zum gemeinsamen Gegenstand eröffnet werden können, ohne dabei den Anspruch an Fachlichkeit zu verlieren (Simon/Pech 2019). Hierzu ist es notwendig, «sich mit der Frage nach dem fachdidaktischen Kern, nach essenziellen Inhalten, Zielen und Kompetenzen des jeweiligen Unterrichtsfachs auseinanderzusetzen» (Musenberg/Riegert 2015, S. 25). Das Ergebnis dieser Konzentration auf das Wesentliche stellen die grundlegenden Kompetenzen dar. Sie bezeichnen Inhalte und Ziele, die notwendig sind, um eine fachliche Partizipation zu gewährleisten. Die unterstützenden Kompetenzen beinhalten dann Fähigkeiten, die notwendig sind, um die grundlegende Kompetenz im jeweiligen Setting erreichen zu können (Kasten 12).

Wird im Bereich Collage von der traditionellen didaktischen Umsetzung ausgegangen, so erscheint der Umgang mit Schere und Kleber unabdingbar, was jedoch eine Teilhabebarriere darstellen kann. Die Definition der grundlegenden Kompetenzen verlagert den Blick auf die essenziellen Prinzipien. Diese bestehen für die Collage zunächst lediglich darin, etwas aus seinem angestammten Zusammenhang zu lösen und in einen neuen sinnvollen Kontext zu bringen (Eid/Ruprecht 1989). Diese grundlegende Kompetenz kann jedoch beispielsweise auch durch digitale Medien oder eine Installation realer Gegenstände erreicht werden. Die Fähigkeit genau auszuschneiden, wird nach wie vor für die meisten Lernenden ein wichtiges Ziel darstellen, sie ist aber nicht notwendig zum Erreichen der grundlegenden Kompetenz und stellt damit eine unterstützende Kompetenz dar.

Kasten 12: Beispiel für grundlegende und unterstützende Kompetenzen

Die Analyse des fachdidaktischen Kerns ermöglicht so allen Lernenden einen Zugang zu einem gemeinsamen Gegenstand sowie die Definition von hohen, individuellen Leistungsanforderungen. Dabei wird von einer heterogenen Gruppe ausgegangen, ohne das Ziel, diese zu homogenisieren. Hierzu wird das fachimmanente Potenzial vielfältiger Ausdrucksweisen genutzt.

7 An der Professur für Kunstdidaktik mit besonderer Berücksichtigung von Inklusion.

8 In Bezug auf die zuvor genannten, an der künstlerischen Bildung orientierten Ansätze kann dieser zwar angenommen, aber weniger vorbereitet oder nachgewiesen werden.

2.3 Aufgaben im Kunstunterricht

Anhand von Aufgaben können Lernprozesse initiiert werden und strukturieren gleichermaßen das Lernen im Unterricht. Wie können Aufgaben im Kunstunterricht gestellt werden? Was gilt es zu beachten, damit Lernende die Aufgaben auch bearbeiten können? Wie können im Kunstunterricht Aufgaben Lernprozesse auslösen und das Lernhandeln der Schüler:innen aktivieren?

Allgemein können wir zwischen zwei Phasen unterscheiden: (1) Phasen, in denen Aufgaben gestellt werden und (2) Phasen, in denen diese durch die Lernenden bearbeitet werden. Beim Stellen von Aufgaben sind im Kunstunterricht unterschiedliche Merkmale zu berücksichtigen, um die Schüler:innen bestmöglich in ein selbstständiges und ästhetisches Lernen zu führen. Ziel von Aufgaben ist es, die Schüler:innen in ihrem Lernhandeln bestmöglich zu aktivieren und zu unterstützen.

2.3.1 Lern- und Leistungsaufgaben im Kunstunterricht

Zunächst können Lern- von Leistungsaufgaben unterschieden werden. Beide haben im Kunstunterricht unterschiedliche Funktionen und moderieren das Lernen der Schüler:innen (u. a. Kirchner/Kirschenmann 2015, Schoppe/Rompel 2017). Bieten Lernaufgaben Schüler:innen Möglichkeiten, den Unterrichtsgegenstand zu erarbeiten, zu üben, eigene Erfahrungen zu machen und Kompetenzen zu entwickeln, so dienen Leistungsaufgaben dem Abschluss der Lernprozesse und damit der Beurteilung des im Unterricht erfolgten Kompetenzerwerbs sowie der Sicherung und summativen Rückmeldung.

Lern- und Gestaltungsprozesse im Kunstunterricht brauchen Freiräume, damit Schüler:innen Fertigkeiten, Fähigkeiten, Vorstellungen und Kompetenzen individuell entwickeln können. Lernaufgaben, die nicht Gegenstand einer Benotung sind, sind daher von hoher Relevanz für kompetenzorientierten Kunstunterricht. Entsprechend müssen Lernaufgaben im Unterricht eingebettet sein und Rückmeldungen, Zwischen- und Abschlussreflexionen sich hierauf beziehen.

Leistungsaufgaben bieten Schüler:innen dagegen die Möglichkeit, ihr erarbeitetes Können und Wissen zu zeigen und selbst auch eigene Fortschritte zu sehen, was für die Einschätzung der eigenen Fähigkeit und Selbstwirksamkeit von hoher Relevanz ist. Bei der Konzeption von Leistungsaufgaben sind Beurteilungskriterien mitzuformulieren, die sich an den vorherigen Lernaufgaben ausrichten. Dabei steht immer im Vordergrund, wie die Schüler:innen unterstützt und gefördert werden können, um die jeweiligen Lernziele zu erreichen.

Andreas Schoppe und Judith Rompel (2017) schlagen im Verlauf einer Unterrichtseinheitsplanung mit mehreren Lektionen vor, Lern- und Leistungssituationen zu trennen und Lehr-Lernprozesse auf zwei Ebenen zu moderieren: der Lernebene und der Diagnoseebene. Lernaufgaben stehen am Beginn und in der zentralen Lernphase der Unterrichtseinheit, Leistungsaufgaben dienen (a) der Feststellung von Lernvoraussetzungen und Schülerinteressen am Beginn im Sinne von Diagnoseaufgaben sowie (b) der Feststellung von Lernfortschritten und des Kompetenzaufbaus am Ende einer Unterrichtseinheit.

Wie unterscheiden sich nun Lern- von Leistungsaufgaben? Zunächst sollten beide Arten an Aufgaben für Schüler:innen anregend sein, damit sie motiviert und mit Interesse bearbeitet werden können. Hier spielt sicher das Lernmaterial, welche Bilder und Materialien verwendet werden sowie der Ort des Lernens eine wichtige Rolle. Lernaufgaben bieten Erfahrungsmöglichkeiten, dienen dem Kompetenzerwerb und der Entwicklung von Fertigkeiten und Fähigkeiten, geben Raum zum Üben und/oder ermöglichen einen Transfer bisheriger Kenntnisse und Fähigkeiten auf andere Bereiche. Lernaufgaben können in der Aufgabenbearbeitung stark variieren und individuell differenziert werden. Leistungsaufgaben dagegen sollen Kompetenzen überprüfbar machen, sind in ihren Anforderungen transparent und sollten für alle Schüler:innen gleich formuliert sein. Zudem sind sie in ein Aufgabenset eingebunden und am vorherigen Lernen ausgerichtet (Abbildung 9).

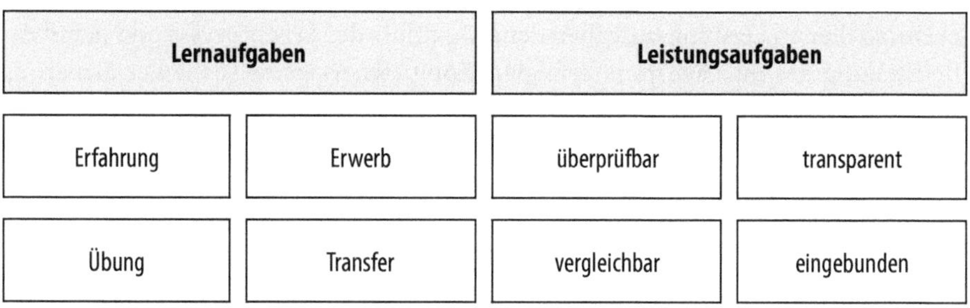

Abbildung 9: Anforderungen an Lern- und Leistungsaufgaben im Kunstunterricht

In einer Unterrichtseinheit können Lern- wie Leistungsaufgaben miteinander unterschiedlich kombiniert werden. So kann eine Rahmenaufgabe mehrere Teilaufgaben enthalten, Aufgaben können aufeinander aufbauend den Schüler:innen die Lerninhalte darbieten oder als Zusatzangebote im Rahmen von Differenzierungsmaßnahmen individuelle Arbeitsprozesse ermöglichen. Ob es sich um eine Lern- oder Leistungsaufgabe handelt, sollte immer transparent und im Vorfeld des Unterrichtsabschnitts geklärt sein. Dies gilt auch dann, wenn beispielsweise in der Portfolioarbeit bestimmte Aspekte und Lernfortschritte mit in die Beurteilung einfließen sollen. Dies ist gut zu kommunizieren und mit den Schüler:innen zu besprechen.

2.3.2 Qualitätsmerkmale von Aufgaben im Kunstunterricht

Beim Stellen von Aufgaben sind unterschiedliche Aspekte zu berücksichtigen, um die Schüler:innen bestmöglich in die Aufgabenbearbeitung und damit in einen selbstständigen Lern- und Gestaltungsprozess zu führen. Was sind gute Aufgaben im Kunstunterricht? Diese Frage ist besonders wichtig, denn woran bemisst man, ob eine Aufgabe gut ist? Wenn sie besonders originell gestellt ist? Sie zu überraschenden Schülerergebnissen führt? Wenn die Schüler:innen wissen, was von ihnen verlangt wird? Wenn die Schüler:innen motiviert und mit Spaß dabei sind? Fragen wir anders, um zu Antworten zu gelangen: Wie können im Kunstunterricht Aufgaben gestellt werden, damit sie die Lernprozesse der Schüler:innen bestmöglich unterstützen? Ernst Wagner und Uli Schuster (2010) formulieren drei Merkmale, die sich auf rezeptive und produktive Anteile im Unterrichtsprozess beziehen und im Sinne «kombinierter Aufgabenstellungen» (Wagner/Schuster 2010, S. 2) miteinander verbunden werden:

(1) Aufgaben stellen für die Bearbeitung der Aufgabe die notwendigen inhaltlichen und methodischen Kenntnisse zur Verfügung.
(2) Aufgaben ermöglichen den Schüler:innen das Erkennen bildnerischer Probleme (Kasten 13) und individueller Fragestellungen und tragen zu einem selbstständigen Erfassen und Bearbeiten bei.
(3) Aufgaben unterstützen ein Beurteilen und Reflektieren bildnerischer Probleme und regen die Lernenden zu neuen Lösungsansätzen an.

Aufgabenstellungen beinhalten also Informationen für die Schüler:innen zu Thema, Technik und Materialien sowie zu Strategien und Methoden für die Bearbeitung der Aufgabe (Berner/Lotz 2015). Aufgaben stellen eine Thematik so vor, dass sie eine Dissonanz erzeugen und/oder zu Fragen anregen und Schüler:innen motivieren, diese zu bearbeiten und individuell lösen zu wollen. Darüber hinaus unterstützen sie ein reflektiertes Vorgehen, indem Schüler:innen herausgefordert sind, sich zu einen Thema/zu einem Problem in Bezug zu setzen und dieses zu beurteilen (Schoppe/Rompel 2017).

Das bildnerische Problem ist oftmals verkannt und auf formale Merkmale reduziert, wenn die Entwicklungen jenseits des formalen Kunstunterrichts nicht im Diskurs berücksichtigt werden. Dem kreativen Prozess ähnlich ist immer eine Frage, ein wahrgenommener Konflikt, eine Irritation oder eine Inkongruenz Ausgangspunkt für eine intensive gestalterische Auseinandersetzung (Ebert 1973, Wirth 2009). Im Gegensatz zur formalen Auslegungen des Problems sollte im Sinne eines problemorientierten Lernens die Problematik authentisch sein und formale als auch inhaltliche Ebenen erfassen (Reusser 2005). Dies gilt es zu initiieren und in der Gestaltung von Lernumgebungen zu berücksichtigen. Das bildnerische Problem (in Produktion und Rezeption) kann dabei von den Schüler:innen selbst entdeckt werden – in Form eines künstlerischen, experimentellen, forschenden Kunstunterrichts –, was hohe Anforderungen an ein selbstständiges Lernen der Schüler:innen voraussetzt, oder wird didaktisch-methodisch so aufbereitet, z. B. im Rahmen einer Aufgabenstellung, dass die Schüler:innen davon ausgehend in Gestaltungs- und Arbeitsprozessen daran arbeiten können (Csikszentmihalyi/Sawyer 1995, Kirchner 2018). Dabei wird es auf den Grad an Selbstständigkeit und individueller Auslegung ankommen, damit tatsächlich ästhetische Lernprozesse ausgelöst werden können. Ein bildnerisches Problem wahrzunehmen, eigene Ideen zu entwickeln, diese in ästhetischen Prozessen zu etwas Neuem zu kombinieren sowie Lösungsstrategien für bildnerische Probleme zu finden, sind Merkmale kreativen Verhaltens in Produktion und Rezeption.

Kasten 13: Das bildnerische Problem

Weiter können wir festhalten: Aufgaben sind logisch sinnvoll in das Curriculum und den Unterrichtsverlauf kohärent einbezogen und formulieren für die Schüler:innen transparent ersichtliche Anforderungen, die für eine gerechte und objektive Beurteilung der Schülerleistungen notwendig sind. Gestalterisch-handwerkliche Techniken sollten darüber hinaus der inhaltlichen Aussage entsprechend passend, verständlich ausgewählt und am Entwicklungsniveau der Schüler:innen orientiert sein.

Weiter können Aufgaben in ihrem Grad an Offenheit unterschieden werden. Offene Aufgabenformate zeichnen sich dadurch aus, dass sie relativ wenige bis keine Vorgaben zur Bearbeitung der Aufgabe beinhalten und ein möglichst selbstbestimmtes Lernen ermöglichen. Oft werden offen formulierte Aufgaben in Kunst/Gestalten als geeignet angesehen, um eine individuelle und kreative Auseinandersetzung zu begünstigen. Damit sind Aufgaben zu verstehen, die eine hohe Auslegung und Freiheit für das Bildhandeln der Schüler:innen eröffnen und daher den Schüler:innen einen größeren Spielraum für eigenständige Bildlösungen bieten (Busse 2003, Marr 2014, Sowa 2010). Dabei schließen sich Offenheit und Strukturierung nicht aus. Aus der Forschung ist bekannt, dass offene Aufgabenformate eher positiv auf das Lernen der Schüler wirken, wenn diese gleichzeitig kognitiv stimulierend sind (u. a. Stefanou et al. 2004) bzw. mit einer gewissen Strukturierung durch die Lehrperson einhergehen (u. a. Alfieri et al. 2011). Freiräume können aber auch Unsicherheiten hervorrufen, die das eigene Autonomieerleben einschränken und sich dadurch auf das selbstgesteuerte Lernhandeln hemmend auswirken dürften (zfs. Berner/Hess/Lipowsky 2018). Eine gewisse Strukturierung ist daher auch bei offenen Aufgabenstellungen notwendig, um ästhetische Lernprozesse einleiten und begleiten zu können (Schoppe 2016).

> *«Bis es aber zu Ansätzen eines selbstorganisierten künstlerischen Agierens im Unterricht kommen kann, sind vielfältige Lernschritte im Kontext geschlossener oder halboffener Aufgabenstellungen [...] vonnöten.» (Schoppe 2016, S. 7)*

Um eine vertiefte Auseinandersetzung der Schüler:innen mit den Lerninhalten anzuregen, sind Aufgaben immer kognitiv-emotional sowie sozial aktivierend zu stellen (Kapitel 2.1.1). Dabei geht es darum, die Schüler:innen in ihren Wahrnehmungs-, Denk- und Handlungsprozessen herauszufordern, davon ausgehend ästhetische Erfahrungen zu initiieren und daraus gewonnene Erkenntnisse zu reflektieren. Kognitiv-emotional aktivierende Aufgaben zielen auf ein selbstorganisiertes Lernen, knüpfen dafür an den Lernausgangslagen der Schüler:innen an, beinhalten authentische Problemstellungen in Kunst/Gestalten, lösen kognitive Konflikte, individuelle Fragen oder Irritation aus und fordern die Schüler:innen zu eigenständigen Bildfindungs- und Auslegungsprozessen heraus (u. a. Busse 2004, Wirth 2009). Die Reflexion über Lernprozesse sowie Lernergebnisse ist dabei in den Aufgabenkontext miteinzubeziehen und ist entsprechend der methodischen Grundfiguren des Kunstunterrichts Produktion, Rezeption und Reflexion ein fester Bestandteil der Aufgabenkultur im Kunstunterricht (Orth 2017).

Neben dem Anregungspotenzial sind Aufgaben verständlich und präzise zu formulieren. Damit die Schüler:innen die Aufgabenstellung verstehen können, sollte sie sprachlich verständlich formuliert sein (Meyer 2010, Sowa 2010). Dabei ist zudem wichtig, dass die Schüler:innen die Aufgabe sachlich und ihrem Erfahrungs- und Wissenshorizont entsprechend verstehen können sowie, dass die Aufgabe (fach-)sprachlich altersangemessen formuliert sowie an den Lernausgangslagen der Schüler:innen ausgerichtet ist. Zudem sichert eine präzise formulierte Aufgabenstellung, dass die Schüler:innen wissen, was von ihnen gefordert wird und dient damit auch der Klarheit der Unterrichtsgestaltung (Meyer 2010).

Folgende Fragen können Impulse für die Aufgabenformulierung bieten (Berner/Lotz 2015, Schoppe 2016):

- Was soll bearbeitet werden?
- Welche Dimensionen hat die Aufgabe? Wie komplex ist die Aufgabe? Benötigt sie Teilaufgaben? Benötigt sie einen Wechsel offener und geschlossener Teilaufgaben?
- Worauf zielt die Aufgabe? Welche Lehr-Lernziele werden mit der Aufgabe verfolgt?
- Wie kann die Aufgabe die Schüler:innen motivieren? Inwiefern steht sie mit der Lebenswelt der Schüler:innen in Verbindung? Welche Anknüpfungspunkte gibt es für die Lernenden?
- Womit soll gearbeitet werden? Welche Materialien, Medien, Techniken? Welche Bilder?
- Welche Lernmaterialien und Lernhilfen stehen als Unterstützung zur Verfügung? (z. B. ein Arbeitsblatt, Lernkarten, schriftliche Formulierung der Aufgabe, Bildbände, Lehrmittel)?
- Wie lange haben die Schüler:innen Zeit, um die Aufgabe zu bearbeiten?
- Wie werden die Lernprozesse reflektiert und das Lernen gesichert? Sind Zeitfenster zur Zwischenbesprechung und -reflexion eingeplant?
- Wie wird die Aufgabe beurteilt? Was wird von den Schüler:innen in der Aufgabenbearbeitung erwartet? Welche Beurteilungskriterien sind für die Aufgabe zu formulieren?

2.3.3 Aufgaben kompetenzorientiert gestalten

Gemäß der aktuellen Bildungsdebatte wird Lernen und Lehren im Unterricht kompetenzorientiert gestaltet (Kapitel 1.5.1). Dies wirkt sich auch auf die Gestaltung von Aufgaben aus. Die Orientierung an fachlich differenzierten Kompetenzformulierungen kann dabei helfen, Lernprozesse der Schüler:innen zu orchestrieren und die damit verbundene Heterogenität im Klassenzimmer lernwirksam aufzunehmen. Nicht mehr die zu lernenden Inhalte, sondern die zu entwickelnden Kompetenzen moderieren die Aufgabengestaltung und damit das Lernen der Schüler:innen. Das bedeutet, dass die Lehrperson Inhalte auswählt, die ihr geeignet erscheinen, damit sich die Schüler:innen motiviert, aktiv und selbstbestimmt mit diesen auseinandersetzen und Fähigkeiten, Fertigkeiten und Wissen aufbauen und weiterentwickeln können. Merkmale kompetenzorientierter Aufgaben sind:

- Aufgaben orientieren sich an den **Lern- und Kompetenzzielen** und bieten fachliche Frage- und Problemstellungen an als Ausgangspunkte für die Aneignung, die Erarbeitung und den Transfer von Lerninhalten. Entsprechend der Handlungsorientierung (Kapitel 1.5.3) bieten Aufgaben zudem Anreize für Schüler:innen, eigene **Fragen zu stellen und Problemstellungen** selbstständig zu entdecken. Das Aufgabensetting ist anregend gestaltet und motiviert die Schüler:innen zur Mitarbeit.
- **Wahrnehmungs- und Erfahrungsprozesse** unterstützen im Sinne eines ästhetischen Lernens individuelle Erkenntnisprozesse und das fachliche Lernen der Schüler:innen. Dabei zielen kompetenzorientierte Aufgaben auf den Austausch gemachter Erfahrungen und auf die Reflexion derselben, bezogen auf den Lerngegenstand. Arbeitsformen wie u. a. Partner- und Gruppenarbeit, aber auch Plenumsgespräche dienen einem kooperativen Lernen.
- Aufgaben sind **lebensweltorientiert** gestellt, d. h., Lerninhalte werden so aufbereitet, dass sie für die Schüler:innen aktuell und zukünftig bedeutsam sind.
- Aufgaben werden so gestaltet, dass Schüler:innen an ihren eigenen **Lernvoraussetzungen** anknüpfen können und ihr individuelles Vorwissen, eigene Erfahrungen und Vorstellungen einbringen und diese weiterentwickeln können. Erst so kann ein individuelles Lernen stattfinden.
- Aufgaben machen das Lernen **sicht- und beobachtbar**, d. h., Lernprozesse können begleitet und rückgemeldet sowie Lernfortschritte erkannt werden. Hier geht es darum, vergleichbare Kriterien zu erarbeiten, über die fachliche Lernprozesse beschrieben werden können. Diese richten sich oft an den Lern- und Kompetenzzielen aus und sind auf die jeweilige Teilaufgabe zugeschnitten. Sie können wichtige Anhaltspunkte in der Zwischen- und Abschlussreflexion sowie in Rückmeldegesprächen werden.

2.4 Lehr-Lernprozesse gestalten

Die Gestaltung von Lehr-Lernprozessen und damit die Schaffung einer für ästhetisches Lernen förderlichen Lernumgebung sind im Kern kunstdidaktischen Handelns verortet. Damit sind grundlegende Fragen der Unterrichtsorganisation, der Lernumgebung, der Phasierung und kohärenten Gestaltung von Lehr-Lernprozessen verbunden. Wie können Lehr-Lernprozesse im Kunstunterricht strukturiert und gestaltet werden? Was ist eine geeignete Lernumgebung für das Lehren und Lernen in Kunst/Gestalten? Mit Blick auf das ästhetische Lernen (Kapitel 1.4) und den kunstdidaktischen Prinzipien (Kapitel 1.5) können wir einige Parameter ausmachen, die hilfreich sind, Lehr-Lernprozesse lernwirksam zu gestalten.

2.4.1 Die Lernumgebung

Kunstunterricht hat spezifische Ansprüche an eine kreative, anregungsreiche, vielfältige und motivierende Lernumgebung, die aus fachlichen Anliegen an ein Lernen in Kunst/Gestalten entstehen. Die Lernumgebung beschreibt den didaktisch-methodischen Aufbau, Techniken, Medien und Materialien sowie weitere Kontextbedingungen (z. B. Raum, Zeit, Kultur, Klassenzusammensetzung).

Unterricht allgemein ist Beziehungsgestaltung, und zwar zwischen den Lehrenden und den Lernenden, aber auch zwischen den Lernenden und den Lerngegenständen, die von der Lehrperson so auf- und vorbereitet werden, dass ein Lernhandeln entstehen kann. Umschrieben ist das bekannte didaktische Dreieck (Heimann/Otto/Schulz 1965, Meyer 2016), dass im Zuge allgemeindidaktischer Aktualisierungen erweitert sowie in dieser Form auch für das kunstdidaktische Handeln zu finden ist. In diesem Kontext findet Lehren und Lernen statt, welches entsprechend auch gemäß fachlichen Anforderungen gestaltet werden kann. Gerade weil ästhetisches Lernen eine sinnliche, intensive, kreative, reflexive und individuelle Auseinandersetzung im Bildhandeln und ein Erfahrungslernen im Miteinander ist (Kapitel 1.4.2), sind Unterrichtsformen gefordert, die das Ästhetische als Potenzial aufnehmen, ein individuelles Suchen und Finden ermöglichen, sich nicht am Richtig und Falsch oder einer anderen Norm orientieren, ein Infragestellen ermöglichen, gleichzeitig allen Schüler:innen ausreichend Sicherheit und Halt geben, (eigene) Grenzen infrage zu stellen, sich zu erproben sowie eigenen Ideen und Fantasien nachzugehen.

2.4.1.1 Das Spiel von Instruktion und Konstruktion

Ästhetisches Lernen ist ein aktiver, konstruktiver, situativer und sozialer Prozess (Kapitel 1.4). Gerade im Kunstunterricht wird daher ein zu stark instruktives Vorgehen als schwierig und einschränkend empfunden, da Lernwege durch kleinschrittige und zu stark vorgegebene Lehrformen kanalisiert werden (u. a. Busse 2003, Wirth 2009). Bei der Orchestrierung von Lerngelegenheiten, Aufgaben und Lernräumen ist daher gut zu überlegen, wie viel Instruktion und wie viel Konstruktion enthalten sind.

Das Instruieren ist im Unterricht eine grundlegende Tätigkeit, so werden Arbeitsaufträge erteilt, Aufgaben gegeben und differenziert, Impulse gesetzt, Schüler:innen angeleitet, Sachverhalte erklärt, vorgezeigt oder auch besprochen. Im gemäßigt konstruktivistischen Lehr-Lernverständnis dienen Instruktionen nicht einer hierarchisch verstandenen Ausführungsanweisung in einem etwaigen Lehrer-Schüler-Gefälle – also nicht: «Arbeite das noch weiter aus und zeige es mir dann nochmals» – sondern vielmehr wird eine Begegnung und ein Miteinander mit den Schüler:innen gesucht und anhand von Impulsen, Hilfestellungen und Aufträgen Lernprozesse strukturiert und begleitet (u. a. Reinmann/Mandel 2006).

«Da bist du ja richtig vorangekommen Sara.» Die Lehrperson geht am Arbeitstisch vorbei und betrachtet das entstandene Selbstporträt der Schülerin. Die beiden unterhalten sich und Sara teilt mit, dass sie noch nicht so zufrieden ist. «Kannst du denn sagen, weshalb?» «Ich wollte eher so einen Comic-Stil umsetzen, aber das ist mir nicht so gelungen.» Die beiden versuchen zu eruieren, weshalb das Sara aus ihrer Perspektive nicht gelungen ist. «Schau mal, du könntest ja auch noch hier stärker ausarbeiten und das dann mit der Linie verstärken, um das besser voneinander abzuheben», schlägt die Lehrperson vor. «Oder ich stufe dort die Farbigkeit noch etwas ab.» «Ja, versuche aber, dich zum Hintergrund noch etwas abzusetzen, damit Vorder- und Hintergrund sich stimmig aufeinander beziehen.»

Auch in ihrer Funktion der Lernbegleitung hat die Lehrperson instruktive Aufgaben, um Lernhandeln zu initiieren (Truniger 2019). In ihrer Fachlichkeit gibt die Lehrperson wichtige Hinweise und begleitet so das Lernen der Schüler:innen. Ein ausgeglichenes Maß an Instruktion und Konstruktion bietet das problemorientierte Lernen, das sich an authentischen Lernsituationen orientiert und Schüler:innen ermöglicht, anwendungsorientiert Wissen und Können aufzubauen.

Lernumgebungen beinhalten dann eine konkrete, authentische Rahmenaufgabe, gehen von einem komplexen Ausgangsproblem aus und beinhalten insbesondere einen regelmäßigen sozialen Austausch innerhalb der Lerngruppe, aber auch mit der Lehrperson (Bonsen/Hübner 2012, Gerstenmaier/Mandl 2001). Für ein selbstständiges Lernen sind eine eigenaktive Auseinandersetzung sowie die Anwendbarkeit der erlernten Erkenntnisse, Fähigkeiten und Einstellungen notwendig. Hieraus ergeben sich Unterrichtsformen, wie das entdeckende oder problemorientierte Lehren und Lernen. Komplexität ist dann entscheidend, wenn in ihr das Exemplarische erst erfahrbar wird. Damit ist ein situierter Lernbegriff angesprochen. Im Kunstunterricht unterstützen dies u. a. werkstatt- und projektorientierte Unterrichtsformen sowie das forschende und entdeckende Lernen.

2.4.1.2 Werkstatt- und projektorientiertes Lernen

Zunächst sind zwei Konzepte zu unterscheiden, die im Kunstunterricht relativ unterschiedlich umgesetzt werden. Das Konzept des **werkstattorientierten Lernens** nimmt die Erfahrungspotenziale von Werkstattsituationen auf und bietet erfahrungsreiche Lernsituationen an, die im Experimentieren, Explorieren und Spielhandeln Schüler:innen Gelegenheiten zum selbstständigen Handeln und Erproben von Materialien, Techniken, Ideen, Strategien etc. bieten (Kirchner/Kirschenmann 2015, Kirchner/Peez 2001). Vielfältige Materialangebote, individuelle Erfahrungs- und Erkenntnismöglichkeiten sowie ein vorbereitetes Setting, in dem sich die Schüler:innen frei bewegen können, sind zentrale Merkmale werkstattorientierten Unterrichts. Hierfür benötigt es selbstverständlich Werkstattregeln für ein gutes Miteinander in den zeitgleich verlaufenden, unterschiedlichen Arbeitsprozessen. Die Arbeitsprozesse der Schüler:innen können dabei themengleich sowie themenungebunden umgesetzt werden, d. h. alle arbeiten dann zu unterschiedlichen Themen. Einzel- und Gruppenarbeiten ergänzen Plenumsphasen. Neben dem Kunstunterricht als reinem Werkstattunterricht kann dieser integriert in andere Unterrichtsformen sein, aber auch Schüler:innen als zusätzliches Angebot zur Verfügung gestellt werden. Eine Gefahr des werkstattorientierten Unterrichts ist ein Überangebot und ein Zuviel an Stationen, Aufträgen, Arbeitsblättern, was letztlich kaum zu einer vertieften ästhetischen Auseinandersetzung beitragen kann (Hagstedt 2001).

Je nach Lehrintention bieten sich unterschiedliche Umsetzungen an: Ateliersituationen, Stationenlernen, Workshops, interdisziplinäre Lernwerkstätten, die Werkstatt als besonderer Erfahrungsraum jenseits des Klassenraums, digitale Werkstätten mit Tablets, Computer und VR-Brillen, aber auch Making-Spaces, die Schüler:innen bis zum 3D-Druck vielfältige Erfahrungsräume eröffnen und an der Schnittstelle analoger und digitaler Gestaltungsmöglichkeiten verortet werden können.

Projektorientierte Unterrichtsformen ermöglichen Schüler:innen ein weitestgehend selbstständiges Arbeiten, erheben damit aber auch einen hohen Anspruch an selbstorganisiertes Lernen der Schüler:innen. Anders als ein Projektunterricht, der vorrangig in Projektwochen oder im Epochenunterricht umgesetzt werden kann, ist ein projektorientierter Unterricht im regulären Rhythmus des Schulalltags umsetzbar. Dabei werden Merkmale des Projekts für Unterricht transferiert und didaktisch-methodisch strukturiert. Gunter Otto (1994b) definiert projektorientierten Kunstunterricht anhand von sechs Strukturmerkmalen, die zu gegenwärtigen Unterrichtskonzepten auschlussfähig sind:

(1) Schüler:innen werden bei der Planung des Unterrichts einbezogen, u. a. was die Thematik, die notwendige Zeit, verwendetes Material sowie Überlegungen zur Weiterarbeit einschließt.
(2) Projekte zeichnen sich durch einen interdisziplinären Charakter aus, d. h., sie gehen nicht ausschließlich in der Kunst auf, sondern tangieren auch andere Fächer.
(3) Es werden Fragen und Themen bearbeitet, die an den Interessen und ermittelten Lernbedarfen der Schüler:innen orientiert sind. Projektorientierter Unterricht ist also immer an den Lernenden ausgerichtet und lebensweltorientiert.
(4) Am Ende sollte ein Arbeitsergebnis stehen, das präsentiert werden kann. Das kann ein Projektbericht, eine fertige Arbeit oder aber auch eine Prozessdokumentation eines Suchens und Findens sein.
(5) Das Arbeiten und Lernen der Schüler:innen haben einen klaren Bezug zu ihrem aktuellen sowie zukünftigen Leben und stehen in Bezug zu kulturellen sowie gesellschaftlichen Ereignissen außerhalb der Schule.
(6) Zusammenarbeit, Kooperation und ein Miteinander zeichnet das Lernen im projektorientierten Kunstunterricht aus.

Ingo Wirth (2009) zeigt im Sinne einer gemäßigt-konstruktivistischen Theorie eine klassische Strukturierung projektorientierten Unterrichts auf. Ein thematischer Rahmen ermöglicht eine individuelle Ideenfindung im Kontext der Lern- und Kompetenzziele. Dies führt zu individuellen Zielsetzungen für die eigenen Projektarbeiten und zu Überlegungen zur Zusammenarbeit, Kooperation und zu möglichen Gemeinschaftsarbeiten. Davon ausgehend werden mit dem geplanten Projektziel notwendige Aufgaben und Arbeitsschritte, Arbeitsverteilung und das damit verbundene Zeitmanagement besprochen. Zentral ist hier, dass die Projektvorhaben realistisch umzusetzen sind, was oftmals die Beratung der Lehrperson erfordert. Prozessdokumentation und Portfolioarbeit können die Projektarbeit unterstützen und die Begleitung und Beratung transparent machen. Im Arbeitsprozess findet eine andauernde Prüfung der Zielsetzungen statt, was zu Richtungsänderungen führen kann. Dies ist im projektorientierten Kunstunterricht entscheidend.

Meilensteine begleiten einen kontinuierlichen Fortgang der Arbeitsprozesse und stellen wichtige Momente für die Rückmeldung und Begleitung dar. Peer-Feedback und Zwischenreflexionen können den Prozess begleiten (Kapitel 3.2.2 und Kapitel 3.2.3). Am Ende werden die Ergebnisse präsentiert und besprochen sowie die Lern- und Erfahrungsprozesse reflektiert.

2.4.1.3 Entdeckendes und forschendes Lernen

Entdeckendes oder auch forschendes Lernen zählen beide zu den offenen Handlungs- und Unterrichtsformen und sollen Schüler:innen dazu anregen, eigene Fragen zu entwickeln und sich selbstständig und explorierend ein Thema, einen Sachverhalt, einen Lerninhalt zu erarbeiten. Forschendes Lernen ist dabei charakterisiert durch das Suchen und Finden von Erkenntnissen und nicht im Aneignen bestehender, bereits vorhandener Erkenntnisse (Messner 2009). Dem selbsttätigen Erkenntnisprozess kommt dabei ein hoher Stellenwert zu. Dabei werden Methoden angewandt, die sich jeweils systematisch an der jeweiligen Fachdisziplin orientieren. An der Kunst orientierte experimentelle, explorierende und forschende Methoden (Kasten 14) bieten vielfältige Möglichkeiten, forschendes, entdeckendes Lernen im Kunstunterricht zu integrieren und im Kontinuum von Konstruktion und Instruktion ästhetische Erfahrungs- und Erkenntnismöglichkeiten und damit ästhetisches Lernen anzubahnen. Dies kann im Unterricht vielfältig eingesetzt werden und ist je nach Lehrintention entsprechend im Lehr-Lernsetting anteilig aufeinander zu beziehen.

Als Unterrichtskonzepte können u. a. das ästhetische Forschen sowie das künstlerische Projekt benannt werden. Davon ausgehend lassen sich unterschiedliche Ausdifferenzierungen sowie Weiterführungen im kunstdidaktischen Diskurs ausmachen, die ein forschendes Lernen vielfältig im Kunstunterricht integrieren.

Das **Konzept der ästhetischen Forschung** wurde von Helga Kämpf-Jansen (2002) entwickelt und ist mittlerweile auch jenseits des Kunstunterrichts ein bekanntes Konzept, interdisziplinär und an den Schüler:innen orientiert, Wissen und Können auf kreative, künstlerische Weise anzubahnen und selbstständig anzueignen (Leuschner/Knoke 2012). Bei der ästhetischen Forschung erarbeiten sich Schüler:innen eigene Zugänge zur Welt in der Vernetzung von vorwissenschaftlichen, an Alltagserfahrungen orientierten Verfahren (u. a. individuelle Erfahrungen und Erlebnisse, Biografisches, Sammlungen von z. B. Alltagsgegenständen), künstlerischen Strategien (u. a. Arbeits- und Herangehensweisen in der historischen und zeitgenössischen Kunst) und wissenschaftlichen Methoden (u. a. Recherchieren, Kartografieren, Sammeln und Ordnen, Strukturieren, Systematisieren). Die Lernenden entwickeln im Kontext eines gemeinsamen Themen- und Bezugsfeldes eigene Fragen, Interessen und Ideen, die dann ästhetisch forschend bearbeitet werden (Heil 2016).

> *«Lehrende in Ästhetischen Forschungsprozessen eröffnen neue Felder und interessante Orte für die Lernenden und Forschenden. Sie schaffen Situationen und Rahmungen, die individuelle Prozesse anstoßen und Zwischenergebnisse einfordern.» (Heil 2016, S. 21)*

Explorieren stellt ein Erkunden von Materialien und Werkzeugen dar. Es ist nicht vorrangig mit einer Gestaltungsabsicht verbunden, sondern dient einzig dem Erfahrungsprozess. Oftmals ist das Explorieren Teil am Beginn der Arbeit mit neuen Materialen und Werkzeugen, bei dem es um eigene Entdeckungen von Potenzialen sowie Grenzen dieser geht.
Experimentieren ist ein absichtsvolles Tun, das gestalterische Erkundungen sowie Erprobungen fokussiert und im Kunstunterricht dem entdeckenden Lernen entgegenkommt. Das Experiment dient dem Erkenntnisgewinn über gestalterisch-künstlerische Wege und fördert ein prozessorientiertes und ergebnisoffenes Arbeiten. Es grenzt sich damit deutlich von Verfahren ab, die *nur* optisch gefällige Produkte erzielen sollen (Reuter 2007), deren Einsatz im Kunstunterricht gut zu abzuwägen ist[9]. Beim Experimentieren wird Unvorhersehbares wie Zufälliges einbezogen und kann das Gestalten sehr unterschiedlich leiten.
Forschen ist ein untersuchendes, erkundendes (Bild-)Handeln, das Tätigkeiten wie u. a. sammeln, ordnen, recherchieren, analysieren, systematisieren beinhaltet. Es ist absichtsvoll und zielgerichtet. Ausgangspunkt ist eine individuelle Frage, die sich im Umgang der Schüler:innen mit dem Lerngegenstand zeigt und erforschend bearbeitet wird. Im Konzept der ästhetischen Forschung ist das Forschen und Erkunden ein leitendes Handlungsprinzip, lässt sich aber auch im Rahmen eines stärker geleiteten Unterrichts integrieren.

Kasten 14: Explorieren – Experimentieren – Forschen

9 Ein Beispiel hierfür wäre das Verfahren des Pouring, dass in der Praxis-Literatur zu den experimentellen Verfahren gezählt wird. Aus dem Zufall heraus entstehen über Kippen und Kreisen farbige Schlieren. Bleibt es beim Ausprobieren und Erzielen schöner Bilder, so ist hier kein ästhetisches Lernen möglich. Wird aber beispielsweise der Prozess und das Vorgehen reflektiert, Farbigkeit und Bildwirkungen besprochen, gestalterisch experimentiert und ist dies u. U. noch eingebettet in z. B. Buchbinden, so dient dies wiederum einem ästhetischen Erkenntnisgewinn und kann so didaktisch-methodisch begründet im Kunstunterricht Eingang finden. Es kommt also nicht darauf an, welche Verfahren es «wert» sind, im Kunstunterricht eingesetzt zu werden, sondern es geht vielmehr darum, wie die Verfahren didaktisch-methodisch im Kunstunterricht eingebettet werden.

Der Begleitung kommt damit auch in ästhetischen Forschungsprozessen eine bedeutsame Rolle zu, insbesondere, da Konzepte des ästhetischen Forschens einen hohen Anspruch an das selbstständige Lernen der Schüler:innen stellt. Dies ist entsprechend zu begleiten und zu unterstützen (Kapitel 3.1 bis Kapitel 3.3).

Weiter wird das **Konzept des künstlerischen Projekts** im Kontext der künstlerischen Bildung vorgestellt. Das künstlerische Projekt im Rahmen der künstlerischen Bildung wird im Folgenden als entdeckendes und forschendes Lernen gefasst, da es in die theoretischen Überlegungen projektorientierter Ansätze bezüglich der Komplexität, Offenheit und Selbstständigkeit des Lernens weiterführt. In seinen Grundannahmen geht das künstlerische Projekt auf die Überlegungen Gert Selles zurück. Carl-Peter Buschkühle (2007) beschreibt unter Rückgriff auf den kreativen Prozess insgesamt drei Strukturmerkmale künstlerischer Projekte: die Induktion, das Experiment und die Kontextualität.

Die Induktion bietet den Einstieg ins künstlerische Projekt und soll Interesse und Motivation für die Auseinandersetzung mit einem Thema wecken. Für die Induktion ist ein offener Einstieg ins Thema relevant, um eine individuelle Auseinandersetzung, das Finden individueller Zugänge und Fragen zu ermöglichen. Dabei wird das Ziel der Projektphase klar benannt. Zu Beginn des Projektes ist es daher wichtig, «auf gestalterische, formal-technische und inhaltliche Aspekte eines Themas einzugehen, um von diesem Punkt ausgehend ein ganzes Feld an Möglichkeiten zu eröffnen» (Wagner 2016, S. 59).

Das Experiment trägt das künstlerische Projekt als Arbeitsweise der Schüler:innen und ermöglicht ein künstlerisches Denken. Die Gestaltungsprozesse der Schüler:innen werden dabei durch Imagination und Realisation getragen: Im Arbeitsprozess werden die Vorstellungen von der entstehenden Arbeit immer wieder durch deren gestalterische Umsetzung im Material infrage gestellt, was eine andauernde Modifikation erforderlich macht, und zwar in beide Richtungen. Die Vorstellung vom Werk muss entsprechend angepasst werden, aber auch die Gestalt des Werkes hinsichtlich der angestrebten Gestaltungsintention. Lehrende stehen diesem Prozess als Lernbegleiter zur Seite und unterstützen diesen, wo möglich (Buschkühle 2007).

Das künstlerische Projekt steht in den jeweiligen Projektphasen unter einem thematischen Überbau, der sich auch auf Inhalte und verschiedene Medien bezieht.

> *«Die Kontextualität stiftet Zusammenhänge zwischen den einzelnen Phasen eines Projekts, zwischen unterschiedlichen inhaltlichen Aspekten sowie auch gegebenenfalls zwischen verschiedenen Medien, die zum Einsatz kommen.» (Buschkühle 2007, S. 222)*

Auf der Handlungsebene tritt neben den Strukturmerkmalen die Trias der Recherche, Konstruktion und Transformation (Buschkühle 2007), die das Lernhandeln auf Seiten der Schüler:innen beschreibt sowie damit verbundene didaktisch-methodische Handlungsentscheidungen anspricht, u. a. Recherche im Sinne von Brainstorming, Mind-Map, Materialexperimente, experimentelle Lehrgänge zur Aneignung handwerklicher und technischer Fertigkeiten, Kooperationsformen sowie die Reflexion und der Transfer aus den entstandenen Schülerarbeiten. Insgesamt können wir verschiedene Formen künstlerischer Projekte unterscheiden, u. a. das offene Projekt, das strukturierte Projekt sowie darin einbezogene Lehrgänge, die sich ins Gesamte einfügen und sich an einzelne Schüler:innen, an Gruppen oder an die gesamte Klasse richten können (Buschkühle 2007).

2.4.1.4 Lern-Räume und Unterrichtsorganisation

Letztlich eröffnet die Lernumgebung auch Räume, in denen das Lernen stattfindet. Hier benennt Ingo Wirth (2009, S. 192) fünf Entfaltungsdimensionen für ein anregendes Lernen im Kunstunterricht, die im Folgenden weitergedacht werden:

- Im Kunstunterricht sollten umfangreiche Rechercheoptionen möglich sein, u. a. anhand von Büchersammlungen, Zeitschriften, Internet mit Zugang zu Recherche- und Bildplattformen. Darüber hinaus bieten sich Materialsammlungen an, die ein Inspirieren, Assoziieren und Kombinieren sowie Materialexplorationen, ein Experimentieren und sinnliche Erfahrungen ermöglichen.
- Vielfältige Angebote bieten Schüler:innen individuelle Zugangsweisen zu Kunst/Gestalten, bieten mehrsinnliche Ein- und Ausdrucksweisen und (inter-) mediale Formen der Auseinandersetzung an. Ganz im Sinne eines erweiterten Bild- und Kunstbegriffs erschöpft sich Kunstunterricht nicht nur im Zeichnen und Malen, sondern bezieht vielfältige Ausdrucksformen mit ein. Kunstunterricht wird zum Erlebnis.
- Damit eröffnen sich auch individuelle, kreative Spiel- und Erprobungsräume. Spontaneität, Originalität, Prozessualität und Komplexität zeichnen Lernumgebungen gerade im Kontext von Kunst/Gestalten aus.
- Kunstunterricht bietet Raum, eigene Arbeitsergebnisse zu präsentieren. Das Eigene wird erst im Gemeinsamen anschaulich, daher sind es nicht nur Endprodukte, sondern vielmehr Zwischenergebnisse, Prozessabschnitte und Erfahrungswerte, die präsentiert und geteilt werden.
- Dies bietet Gelegenheiten zum gemeinsamen Austausch der gemachten Erfahrungen, ein Miteinander und ein Zueinanderstellen von Positionen, Haltungen und Erfahrungen.

Daher ist es wichtig, das Lernen im Unterricht entsprechend den situativen Erfordernissen und räumlichen Begebenheiten zu organisieren. Maschinen, Werkzeuge, Geräte, Utensilien, Verbrauchsmaterialien und weitere Hilfsmittel gilt es in eine verständliche Systematik zu bringen. Durch Rituale sind bestimmte Handlungsweisen geklärt und z.B. die Vorbereitung der Arbeitsplätze durch die Schüler:innen eigenständig durchgeführt. Um kooperatives Lernen zu ermöglichen, bieten sich Gruppentische an, aber auch andere Sitzordnungen können den Austausch ermöglichen. Dabei ist immer auch zu überlegen, wie die Lehrer-Schüler-Interaktion räumlich ermöglicht werden kann. So ist ein gegenseitiges Zuwenden in der Stellung von Tischreihen im Klassenzimmer weniger gut möglich als an im Unterrichtsraum verteilten Gruppentischen. Auch Unterrichtsphasen im Plenum, z.B. bei einer gemeinsamen Bildrezeption eines groß an die Wand projizierten Kunstwerkes, sind räumlich-organisatorische Belange mitzudenken, z.B. mittels Sitzkreis, Sichtbarkeit für alle Schüler:innen sowie Abdunkelung des Raumes. Sind Umbauphasen notwendig, z.B. zur Vorbereitung des Arbeitsplatzes oder Ortswechsel in den Sitzkreis, ist hierfür Zeit einzuplanen. Kunstfachräume sollten immer auch Wand- und Ablageflächen für die Präsentation der Schülerarbeiten im Rahmen von Zwischen- und Abschlussreflexionen vorweisen und Werkstatt- und Ateliergespräche ermöglichen.

2.4.2 Lernprozesse strukturieren

Die Organisation des Unterrichtsablaufs (u. a. Meyer 2004, Wienecke 1975) ist für jede Unterrichtsform didaktisch-methodisch zu durchdenken, bezieht die Interaktionen der Lehrperson mit den Lernenden sowie der Lernenden untereinander ein und ist an deren Lernprozessen ausgerichtet. Damit ist die Strukturierung sozial- sowie (lern)prozessbezogen zu betrachten.

- **Soziale Strukturierung** kann in Kunst/Gestalten einerseits in den Sozial- und Arbeitsformen umgesetzt werden, mit denen Lern- und Arbeitsprozesse organisiert werden (u. a. Einzelarbeit, Partnerarbeit, Gruppenarbeit, öffentliches Unterrichtsgespräch/Plenum, Werkstattarbeit, Projektarbeit), andererseits sind Lernprozesse so zu strukturieren, dass sich die Schüler:innen miteinander austauschen können und ein Lernen im Miteinander stattfinden kann. Auch wenn Einzelarbeiten fokussiert werden, sollte es einen Austausch untereinander geben, damit sich ein Lernhandeln auch im Miteinander ergeben kann.
- **(Lern)Prozessbezogene Strukturierung** bedeutet, die Lernprozesse der Schüler:innen durch eine bestimmte Abfolge von Unterrichtsphasen zu strukturieren (u. a. Kirchner/Kirschenmann 2015, Otto 1969, Wirth 2009). Bei der

Phasierung von Lernprozessen ist es wichtig, dass die Unterrichtsphasen folgerichtig und inhaltlich schlüssig ineinandergreifen (Helmke 2015). Dabei stellt die klassische Reihenfolge des Einstiegs, der Erarbeitung, der Vertiefung und des Transfers (Kirchner/Kirschenmann 2015) eine grundlegende Phasenfolge von Kunstunterricht dar, die je nach Unterrichtsintention weiter differenziert oder aufgebrochen werden kann (Wirth 2009). Darüber hinaus ist eine Orientierung auch am kreativen Prozess möglich, wie dies beispielsweise im Rahmen künstlerisch orientierter Unterrichtskonzepte angedacht wird (Brühlhart 2012). Dabei werden durch die Betonung spielerischer Momente im Wechsel mit dem entstehenden Werk offene Handlungsprozesse angestrebt, die unter Berücksichtigung basaler Unterrichtsphasen (Einführung, Erarbeitung und Präsentation/Transformation) parallele, individuelle Arbeits- und Lernprozesse auslösen. Diese gilt es zu betreuen, wodurch eine Komplexitätssteigerung der Begleitprozesse im Unterricht entsteht (Kapitel 3.1).

Soziale und (lern)prozessbezogene Strukturierung greifen ineinander und dienen der Kohärenz im didaktisch-methodischen Gang einer Unterrichtseinheit.

2.4.2.1 Herstellen kohärenter Sinnstrukturen

Kunstunterrichtliches Lernen ereignet sich in der intensiven Auseinandersetzung in Produktion und Rezeption. Die methodische Grundfigur des Kunstunterrichts in der engen inhaltlichen Verbindung von Produktion, Rezeption und Reflexion beinhaltet das Sprechen über Bilder, Kunstwerke und Objekte und deren Bedeutung, gestaltungspraktische Auseinandersetzungen der Schüler:innen mit den Lerninhalten und letztlich die Reflexion über das Lernen in Produktion und Rezeption (Kirchner/Kirschenmann 2015, Otto 1969, Schulz 1998). Rezeption, Produktion und Reflexion als methodische Grundfiguren in ihrem Zusammenspiel einzubeziehen bedeutet, diese nicht nur im Fortgang der Unterrichtsstunde, sondern vor allem *inhaltlich* aufeinander zu beziehen. Die Intention, mit der eine Unterrichtseinheit geplant und gestaltet wird, ist dabei entscheidend und wirkt sich zentral auf die Ausgestaltung des Unterrichts aus, z.B. in der Auswahl der Gestaltungsaufgabe, geeigneter Künstler:innen und entsprechender Werke, angemessener Techniken, dem Thema oder der benötigten Zeit.

Rezeption, Produktion und Reflexion als methodische Grundfiguren können im Kunstunterricht unterschiedlich eingebunden werden und sind je nach Unterrichtsintention einzuplanen. So mag es einmal eher sinnvoll sein, den Schüler:innen zunächst ein Werkbeispiel zu zeigen, um mit den gewonnenen Erkenntnissen eine gestaltungspraktische Auseinandersetzung zu initiieren, das andere Mal ist dies vielleicht eher einschränkend, da es die Schüler:innen auch in ihrer Ideenfindung kanalisieren und damit einschränken kann. Je nach Unterrichtsintention ist also gut zu überlegen, wie sich Produktion und Rezeption ergänzen und die gemachten Lernerfahrungen reflektiert werden können. Die Lernenden sind in ihrem Lernhandeln grundsätzlich immer mitzudenken und mitzunehmen, damit sie die jeweiligen Arbeitsschritte miteinander verknüpfen und das Gelernte kontextualisieren können (Berner 2016).

Wie letztlich die Organisation und Strukturierung erfolgt, ist sowohl an den Voraussetzungen der Lernenden als auch an den Lerninhalten didaktisch-methodisch zu orientieren. Didaktische Entscheidungen sollten dabei nicht starr an der Planung orientiert bleiben, sondern flexibel auf das Unterrichtsgeschehen reagieren. So hat Gunter Otto bereits in den 1990er-Jahren treffend festgestellt:

> *«Unterricht kann nur gut sein, wenn er offen ist – für Intuitionen der Lehrenden und Lernenden. Die Offenheit aber verweist nicht auf ein beliebiges Spielfeld – sondern auf ein vorbedachtes, auf ein antizipiertes Potential.» (Otto 1992, S. 53)*

Eine angedachte Unterrichtsstruktur ist nicht als starre Planung zu sehen, sondern muss auch verworfen und aufgebrochen werden können, wenn sich dies aus der Interaktion mit den Lernenden, aus Gesprächen und mit Blick auf deren individuelle Lernwege als notwendig erweist (u. a. Kirchner/Kirschenmann 2015, Schirmer/Pongratz 2021, Wilsmann 2019). Unvorhersehbare Ereignisse erfordern im Sinne eines adaptiven Unterrichtens (Beck/Baer/Guldimann/Bischof/Brühwiler/Müller 2007) ein flexibles Agieren und Reagieren der Lehrperson, was im Unterrichtshandeln unmittelbare, aber methodisch begründete Entscheidungen erfordert.

Kunstunterricht ist auch dann folgerichtig, wenn sich didaktisch-methodisch erzeugte Irritationen und Differenzen der Logik zunächst entziehen und so ästhetische Lernprozesse initiieren. Am Ende sollten sich mit Blick auf die intendierten Lernziele die Dissonanzen und Differenzen im Lernhandeln der Schüler:innen klären.

2.4.2.2 Zieltransparenz als Referenz individueller Lernwege

Die Relevanz fachlich angemessener und kompetent formulierter Lernziele ist für eine hohe Lernwirksamkeit unbestritten. Nicht nur in der Planung, sondern insbesondere auch in der Durchführung ist die «Zielorientierung didaktischen Handelns» (Meyer 2004, S. 27) von besonderer Relevanz und zeigt sich in der Stimmigkeit von Zielen, Inhalten und Methoden. Was, warum und wie etwas vermittelt wird, bestimmt das Unterrichthandeln (Berner 2016, Meyer 2004).

> *«Guter Unterricht orientiert sich sowohl an konkret definierten Lernzielen für die einzelne Unterrichtsstunde als auch an übergeordneten Zielzusammenhängen.» (Helmke/Schrader 2008, S. 21)*

Grundsätzlich können wir festhalten: An übergeordneten Zielzusammenhängen können sich Schüler:innen in ihrem individuellen Lernhandeln ausrichten. So ist die Verbindung von Rezeption, Produktion und Reflexion immer auch auf ein gemeinsames übergeordnetes Ziel zu fokussieren und kohärent aufeinander zu beziehen. Es gilt, Schüler:innen im didaktisch-methodischen Verlauf in ihren je individuellen Auslegungs- und Verstehensprozessen mitzunehmen und diese bezogen auf die Lerninhalte und im gegenseitigen Erfahrungsaustausch weiterzuentwickeln.

Gerade im Kunstunterricht erfordert selbstgesteuertes Lernen im Gestalten selbst gesetzte Lernziele und Fragestellungen, die von den Schüler:innen individuell am eigenen Wissens- und Erfahrungshorizont formuliert und im Unterricht bearbeitet werden können (Wilsmann 2019). Im Kunstunterricht können sich diese individuellen Lernziele prozessbezogen verändern, andere Richtungen einnehmen, verworfen und neu formuliert werden. Dennoch findet Lehren und Lernen im Kunstunterricht nicht im freien Fall, sondern kompetenzorientiert respektive lehrplanbezogen statt. Daher ist eine grundlegende Ausrichtung im Sinne übergeordneter Zielzusammenhänge (Helmke/Schrader 2008) erforderlich, sodass curricular abgeleitete Lern- respektive Kompetenzziele die individuellen Lernwege strukturieren (Schoppe 2019). Die Formulierung von Teil- oder Feinzielen kann hilfreich sein, selbstgesteuertes Lernen im Kunstunterricht zu ermöglichen und Lernprozesse zu differenzieren (Hilmes/Seydel 2018). Eine Zieltransparenz im Klassenzimmer ist daher entscheidend und kann als Referenz selbstgesteuerten Lernens individuelle Lernwege ermöglichen. Die gemeinsame Verständigung im Klassenraum über Ziele wirkt sich dann auf die didaktisch-methodische Gestaltung des Kunstunterrichts aus.

Besteht für die Schüler:innen Klarheit über die dem Unterricht zugrunde liegenden Ziele und sind diese für die Schüler:innen sinnvoll und anschlussfähig eingebracht, kann davon ausgehend eine individuelle Auseinandersetzung erfolgen. Lernziele sollten mehr als Referenz und weniger als starre Verbindlichkeit gelten und so formuliert werden, dass Schüler:innen im Sinne eines selbstgesteuerten Lernens diese individuell ausgestalten können. So verstanden können Lernziele als Referenzpunkte auch Auswege aus zu stark kanalisierten Herangehensweisen aufzeigen, was gerade im Kunstunterricht und dem damit verbundenen kreativen Prozess ermöglicht werden kann. Der mit kreativen Prozessen einhergehende Anspruch an Divergenz kann so zu vielfältigen Herangehensweisen, Prozessen und

Umsetzungen führen, wie eine Aufgabe und damit verbundene Lernziele bearbeitet werden können. Um dies zu ermöglichen ist es wichtig, dass Lehrpersonen – im Sinne einer kritisch-konstruktiven Didaktik Klafkis (1991/2007) – sich auch über latente, nicht-offizielle Lernziele bewusstwerden und sich entsprechend Gedanken machen, welche Erwartungen, Zielvorstellungen und auch Wertvorstellungen mit einer Aufgabe, einem Thema oder einer Technik jenseits curricularer Vorgaben verbunden sind. Angesprochen sind latente Ziele und Werte, die mit den Lerninhalten einhergehen (Berner/Loffredo 2021, Sowa 2004). Als ein praktischer Vorschlag bietet es sich an, für den Kunstunterricht in der Vorbereitung sowie im Verlauf curriculare, latente und auch subjektive Lernziele aufeinander zu beziehen und bei Bedarf mit den Schüler:innen zu ergänzen. Curriculare Lernziele orientieren sich an den Kompetenzformulierungen des Lehrplans. Abbildung 10 zeigt exemplarisch am Schweizer Lehrplan 21 ausgerichtet curriculare Ziele ergänzt um subjektive Zielvorstellungen sowie latente Ziel- und Wertvorstellungen. Für das konkrete Unterrichtsvorhaben sind diese auf allen drei Ebenen auszuformulieren.

Lernziele als Referenzpunkte für individuelle Lernwege

curricular	**latent**	**subjektiv**
Wahrnehmung & Kommunikation	Werte und Wertvorstellungen	Eigene Interessen, Ziele, Fragen, Anliegen, …
		• Was ist mir bereits bekannt?
Prozesse & Produkte	Allgemeinwissen	• Was interessiert mich am Thema besonders? • Was interessiert mich nicht?
Kontexte & Orientierung	Regeln & Rituale	• Worauf möchte ich stärker eingehen? • Was möchte ich einbringen? Was möchte ich näher recherchieren?
Überfachliche Kompetenzen	…	• …

Abbildung 10: Lernziele als Referenzpunkte für individuelle Lernwege

Neben einer transparenten Verständigung über die Lernziele ist es entscheidend, diese als Arbeitsinstrumente zu sehen und immer wieder anzuwenden, zu prüfen sowie zu überdenken. Lediglich auf die Lernziele zu Beginn einer Unterrichtseinheit zu verweisen, erscheint insbesondere mit Blick auf mögliche Nachjustierungen und Umformulierungen im Sinne adaptiven und partizipativen Unterrichtens kaum ausreichend. Im Kunstunterricht bietet es sich an, dass Schüler:innen individuelle Lernziele in Prozessportfolios festhalten oder auf Lernkarten notieren (Berner/Rieder 2017). Dies kann skizzen- und notizenhaft erfolgen, damit sie verändert und auch verworfen werden können. Besonders für offene Unterrichtsformen bietet sich dies an, um auch über längere Prozesse Entwicklungen dokumentieren, reflektieren und besprechen zu können. So haben Lehrende und Schüler:innen eine Grundlage für Beratungs- und Feedbackgespräche (Kapitel 3.2).

2.4.3 Unterricht zwischen Planbarkeit und Improvisation

Sich allenfalls von einer durchdachten Unterrichtsplanung lösen zu können, braucht Mut. Sie benötigt aber auch die Planung als Grundlage, um in der Handlungssituation Lern- und Kompetenzziele, inhaltliche Kohärenz und methodische Schritte schnell überdenken und den Unterricht neu ausrichten zu können, ohne dass dabei das Ziel aus den Augen verloren wird. Die Nichtplanbarkeit von Unterricht führt Niklas Luhmann (1985) auf komplexe Interaktionsstrukturen im Unterricht zurück, in der Lehrende und Lernende sich verständigen und handeln.

> *«Alles, was der Lehrer im Unterricht aufgrund seiner Planung tut, wird von anderen Teilnehmern beobachtet, diese Beobachtung löst Reaktionen aus, die im Voraus nicht geplant werden können.» (Luhmann 1985, S. 87)*

Nicht alles Unvorhergesehene wird aber zum produktiven Moment. Auch hier gilt es, die jeweilige Unterrichtssituation auf ihre Potenziale für das Lernen der Schüler:innen zu prüfen und abzuwägen. Planung versteht sich dann nicht als vor dem Unterricht abgeschlossen, sondern die Unterrichtsplanung ist im Verlauf einer Unterrichtseinheit anzupassen, um produktive Situationen im Prozess des Unterrichts aufnehmen und weiterentwickeln zu können (Abbildung 11).

Intendiertes Handeln im Unterricht bedeutet eben auch, von der Planung abweichen zu können, um in den individuellen Arbeitsprozessen auf die Stärken der Schüler:innen eingehen zu können sowie die Lernenden in ihren Interessen und individuellen Bedürfnissen ernst zu nehmen und sie darin zu unterstützen. Damit ist die adaptive Gestaltung von Unterricht angesprochen (Beck et al. 2007, Helmke 2015). Offenheit und Komplexität sind daher wichtige Bestandteile von Kunstunterricht und müssen in der Planung sowie Durchführung von Unterricht berücksichtigt werden (Berner 2016).

Unterricht zu planen und mögliche Alternativen und Handlungsschritte mitzudenken, ermöglicht immer auch ein vorausschauendes Handeln. Dies erscheint in einem Fach, dessen Fachgegenstände in der Kunst und im Gestalten liegen und damit Unbestimmtheiten sowie unterschiedlich auszudeutende Leerstellen begründet liegen, besonders sinnvoll. Ein Teil der Unterrichtsplanung ist damit beschrieben: Mögliche Interessen, Handlungsverläufe, Reaktionen und Schwierigkeiten der Schüler:innen mitbedenken und mögliche Umgangsweisen überlegen. Auch hier zeigt sich die Planung dynamisch, da aktuelle Unterrichtsereignisse den weiteren methodischen Gang beeinflussen und verändern können.

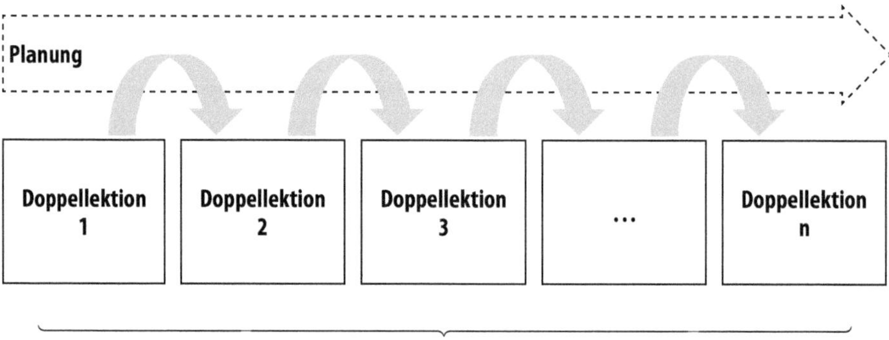

Abbildung 11: Planung als dynamischer Prozess

Gerade da Unterrichtsplanung im Rahmen des Studiums der Kunstdidaktik, insbesondere aber mit Blick der berufspraktischen Umsetzung relevant ist, wird im folgenden Exkurs hierauf näher eingegangen und ein Planungsmodell vorgestellt, das an der Pädagogischen Hochschule der Fachhochschule Nordwestschweiz im Rahmen der fachdidaktischen Betreuung der Berufspraktischen Studien auf Sekundarstufe I und II eingesetzt wird[10].

10 An Schweizer Hochschulen findet die unterrichtspraktische Ausbildung im Rahmen der einphasigen Lehrerbildung in den Berufspraktischen Studien statt, die an pädagogischen Hochschulen eng mit der Fachdidaktik vernetzt sind. Das beschriebene Modell ist im Rahmen der fachdidaktischen und berufspraktischen Ausbildung von Lehrpersonen in den Studienfächern *Kunst und Bild* sowie *Design und Technik* erarbeitet und erprobt worden. Die folgende Darstellung basiert auf der Handreichung (Autorengruppe PH FHNW 2021), führt sie an einigen Stellen aber stärker fachdidaktisch aus, verweist auf Kapitel in diesem Buch und schafft so einen Rahmen, sich praxisbezogen relevante Theorie anzueignen.

2.5 Exkurs: Unterricht in Kunst/Gestalten fachdidaktisch planen

Nicole Berner, Nadia Bader, Christine Rieder, Michaela Götsch und Annette Rhiner

Eines steht fest: Fachunterricht sinnvoll und lernwirksam zu planen ohne fachdidaktisches sowie fachpraktisches/-wissenschaftliches Wissen ist kaum möglich (u. a. Grünewald 1998, Kirchner/Kirschenmann 2015, Schoppe 2019, Uhlig/Fortuna/Gonser/Graham/Leibbrand 2017, Waffner/Schmidt 2021). Indem wir Fachunterricht planen, strukturieren wir fachliches Lernen der Schüler:innen. Unterricht gilt es gleichermaßen didaktisch-methodisch wie auch fachlich begründet zu konzipieren, um Lernprozesse zu initiieren, zu begleiten und zu beurteilen. Auch wenn die Planungselemente im Folgenden linear dargestellt werden, ist im Planungshandeln ein zirkuläres Vorgehen mitzudenken. Die Planungsschritte sind modular zu verstehen und können in selbst gewählter Reihenfolge genauer ausgearbeitet werden. Hier ist zwischen dem Planungshandeln und der im Studium notwendigen schriftlichen Form zu unterscheiden, mit der Planungsergebnisse in einer logischen Reihenfolge beschrieben werden.

2.5.1 Planungselemente

Unter Berücksichtigung vielfältiger fachlicher und überfachlicher Grundlagenliteratur zur Unterrichtsplanung (u. a. Kirchner/Kirschenmann 2015, Meyer 2020, Schoppe 2019, Standop/Jürgens 2015, Tulodziecki/Herzig/Blömeke 2017, Uhlig/Fortuna/Gonser/Graham/Leibbrand 2017) wird im Folgenden auf das Planungsmodell von Barbara Zumsteg, Urban Fraefel, Hans Berner, Elisabeth Holinger, Catherine Lieger, Christoph Schmid und Katharina Zellweger (2018) fokussiert und fachspezifische Merkmale der Unterrichtsplanung in Kunst/Gestalten herausgearbeitet. Hierzu werden vier Planungselemente fokussiert: *Klären*, *Entscheiden*, *Gestalten* und *Evaluieren* (Abbildung 12).

Klären	**Entscheiden**	**Gestalten**	**Evaluieren**
… des Fach-/Sachgegenstands … der (fachlichen) Bedingungen … der Kompetenzen … fachdidaktischer Anliegen	… über die konkreten Kompetenz- und Lernziele … über die Unterrichtsform(en) und (Teil-) Aufgaben … über formative und summative Beurteilungsformen	… der Dramaturgie der Unterrichtseinheit … der einzelnen Lehr-Lernprozesse und damit verbundene Aktivitäten auf Seite der Schüler:innen und Lehrer:innen	… und Unterricht reflektieren … und das eigene Unterrichtshandeln weiterentwickeln … und Lernwirksamkeit ermitteln

Abbildung 12: Planungselemente (nach Zumsteg et al. 2018)

Gerade im Studium ist eine schriftliche und gestaltungspraktische Ausarbeitung des Unterrichtsvorhabens eine wichtige Voraussetzung. Einerseits erscheint dies für einen adaptiven, wirksamen Unterricht notwendig, andererseits für die Verständigung über und Weiterentwicklung von Unterricht – respektive des eigenen Unterrichtshandelns. Sind Überlegungen und Entscheidungen der Planungsarbeit schriftlich ausgearbeitet, können sie kommuniziert und besprochen, diskutiert und reflektiert werden.

Gerade aus fachdidaktischer Perspektive ist eine differenzierte Darlegung des Sachgegenstands des Unterrichtsvorhabens sowie der didaktisch-methodischen Überlegungen von hoher Relevanz (Planungselemente *Klären* und *Entscheiden*), um einerseits fachwissenschaftliche, fachpraktische und fachdidaktische Bereiche aufeinander beziehen zu können, andererseits um das fachliche Lernen in Kunst/Gestalten nicht nur auf das Handeln – eine häufige Fehlinterpretation der sogenannten praktischen Fächer –, sondern auch auf ein Wissen, Verstehen und Können zu beziehen (Krautz/Sowa 2013). Denn in Kunst/Gestalten geht es vielmehr um ein handelndes Begreifen, Verstehen sowie Verorten in der Welt und den jeweiligen individuellen Weltbezügen (Krautz 2015, Kasten 15) und damit um Erkenntnisprozesse (u. a. Kirchner/Kirschenmann 2015, Schirmer 2015, Wirth 2009).

In der Kunstpädagogik hat es sich etabliert, von Selbst-, Mit- und Weltverhältnissen zu sprechen, da Sachverhalte im Kunstunterricht zum einen selbst in der eigenen Erfahrung, zum anderen im Erfahrungsaustausch und zur Welt als Verortung in einem größeren Ganzen im Lehr-Lern-Arrangement zu setzen sind (Krautz 2015, Otto 1994a). Dieser Bezug des Ich zum Wir und zur Welt findet sich insbesondere mit Blick auf die ästhetische Erfahrung als Konsens im Fach (Rakoczy/Wagner/Fuchs 2021). Ingo Wirth (2009, S. 18–19) hat im Rahmen seiner Kunst-Methodik den komplexen Sachverhalt vom *Ich* zum *Wir* unterrichtspraktisch so formuliert:

«Vom Ich...
Nach Vorstellungsbildung und Ideenfindung zum Bau einer Stabpuppe erstellen Schüler je für sich Entwurfsskizzen für die geplanten Modelle.

Zum Du...
Diese werden jeweils mit einem Mitschüler ausgetauscht. Beide notieren Ratschläge, wie sie den Entwurf des jeweils anderen verändern oder verbessern würden, dann sprechen sie über die gegenseitigen Tipps und Ratschläge.

Zum Wir...
In einer Plenumsrunde berichten die Gesprächspartner über die Ergebnisse ihrer Erörterungen. Peter lernt zu berücksichtigen, dass es für Miriam verletzend sein kann, wenn er Kritik zu scharf formuliert. Er begreift, dass eine wirklich konstruktive Kritik nicht nur die eigene Einschätzung verdeutlicht, sondern für das Gegenüber zugleich die Chance birgt, sich weiterzuentwickeln.» (Wirth 2009, S. 18)

Ingo Wirth (2009) zeigt ganz unterrichtspraktisch auf, wie die Verortung vom Ich zum Du zum Wir im Unterricht schrittweise erfolgen kann und so die Lern- und Erkenntnisprozesse der Schüler:innen strukturiert und aufbaut.

Kasten 15: Selbst-, Mit- und Weltverhältnisse im Kunstunterricht

Eine angemessene Grob- und Feinplanung (Planungselement *Gestalten*) ist für eine gemeinsame Arbeit, Teamteaching sowie Beratung von hoher Relevanz, um sich einerseits darüber austauschen zu können, andererseits daran weiterarbeiten zu können. Zudem sind in der Planungsphase Lernaufgaben und entsprechend didaktisches Material mitzuentwickeln, wie u. a. Aufgabenblätter, Zusammenfassungen, Anschauungsobjekte, Bildbeispiele.

2.5.2 Klären

Zunächst sind die Ausgangsbedingungen der Lernenden und des unterrichtlichen Settings zu klären, auf denen fachdidaktische Überlegungen basieren und Planungsschritte (weiter)entwickelt werden können. Es geht um Voraussetzungen für die konkrete didaktisch-methodische Gestaltung des Unterrichts (Zumsteg et al. 2018). Im Unterricht in Kunst/Gestalten steht oftmals ein bestimmtes Themenfeld oder eine Rahmenaufgabe als Ausgangspunkt des Planungshandelns (Graser/Rieder/Weber 2015, Uhlig et al. 2017).

Klären des Unterrichtsgegenstands: Sachanalyse
«Die fachliche Kompetenz der Lehrperson ist eine Grundlage für guten Unterricht» (Zumsteg et al. 2018, S. 12). Für jeden Unterrichtsinhalt ist ausgehend vom eigenen, bereits vorhandenen Wissen und Können der Unterrichtsgegenstand zu erarbeiten und aufzubereiten. Im Rahmen einer Sachanalyse geschieht dies systematisch mit Bezug auf zentrale fachliche Grundlagen des Unterrichtsinhalts. Ziel ist es, sich Sachkenntnis über das Thema zu erarbeiten, einen Überblick über relevante Teilbereiche zu erhalten und relevante Aspekte für den Unterricht zu identifizieren. Zur Planung von Fachunterricht in Kunst/Gestalten ist es notwendig, den Lerngegenstand fachlich fundiert zu beschreiben sowie gestaltungspraktisch zu durchdringen. Beide Herangehensweisen an den Inhalt einer Unterrichtseinheit stellen die Grundlage für die didaktische Analyse dar, in der der Inhalt für den Unterricht weiter reduziert, fokussiert und didaktisch-methodisch aufbereitet wird.

- Anhand einer Mind- oder Contentmap kann ein Thema differenziert sowie mehrperspektivisch erarbeitet werden (Uhlig et al. 2017, Zumsteg et al. 2018), um das Thema einerseits in seiner Breite zu erfassen, andererseits, um es für die weiteren Planungsüberlegungen eingrenzen zu können.
- Durch die weitere Eingrenzung des Themas kann auf ausgewählte Inhalte fokussiert werden, die für das Lernen der Schüler:innen und mit Blick auf den Lehrplan zentral erscheinen (siehe Lehrplan- und Bedingungsanalyse).
- In der Sachanalyse werden die ausgewählten Inhalte umfassend recherchiert. Erarbeitetes Wissen sollte schriftlich festgehalten und Aufgaben selbst durchgeführt und erprobt werden. Die schriftliche Sachanalyse wird durch praktische Erprobungen ergänzt.
- Beispiele aus Kunst, Design, Architektur, Handwerk etc. veranschaulichen den Sachgegenstand und tragen zu einer Verzahnung von Kunst- und Werkanschauung und eigenen Gestaltungsaktivitäten der Schüler:innen bei.

Kompetenzziele klären: Lehrplananalyse

Eine wichtige Richtlinie für die Unterrichtsplanung sind die Kompetenz- und Lernzielbeschreibungen in den Fachlehrplänen. Inhalte der Unterrichtseinheit werden mit Blick darauf ausgewählt und werden curricular lernrelevant.

- Es bietet sich an, auf einige wenige Kompetenzbereiche und -formulierungen zu fokussieren, um hierauf in der didaktischen Analyse weiter eingehen und diese in ihrer konkreten Umsetzung im Unterricht didaktisch-methodisch beschreiben zu können.
- Kunst/Gestalten bietet vielfältige Möglichkeiten, Schlüsselkompetenzen zu fördern. Horizontale Kompetenzen sind im Lehrplan oft überfachlich beschrieben (personale, soziale und methodische Kompetenzen) sowie anhand von fächerübergreifenden Themenfeldern (u. a. Bildung für nachhaltige Entwicklung, Medien und Informatik, berufliche Orientierung und politische Bildung).
- Schnittstellen zu anderen Fächern können fruchtbar für interdisziplinäres Lernen sein. Hier kann im weiteren Verlauf der Planungsarbeit eine fächerübergreifende Ausgestaltung des Unterrichts angedacht werden und kollegiale Impulse sowie Zusammenarbeit ermöglicht werden.

Bedingungen und Voraussetzungen für das Lernen klären: Bedingungsanalyse

Die Bedingungen und Voraussetzungen für das Lernen sind zu klären, um in der Unterrichtsplanung angemessen darauf eingehen zu können. Hierzu gehören «strukturelle, personal-soziale und fachliche Voraussetzungen» (Zumsteg et al. 2018, S. 14). Aus fachdidaktischer Perspektive ist für das Planen von Fachunterricht in Kunst/Gestalten besonders die Analyse infrastruktureller Bedingungen notwendig. Materialien und organisatorische Aspekte des Unterrichtsvorhabens sind mitzudenken, da mit der Organisation ein größerer räumlicher sowie zeitlicher Aufwand verbunden sein kann, u. a. Gestaltungs- und Verbrauchsmaterialien, Werkstoffe oder infrastrukturelle Voraussetzungen wie Maschinen und Werkzeuge.

Mit Blick auf die didaktischen Prinzipien der Schülerorientierung ist der Unterricht an dem jeweiligen Alter der Schüler:innen auszurichten (Interessen, Motivation, Vorwissen etc.) und geeignete Inhalte auszuwählen, die sich für das Lernen der Schüler:innen eignen. Hier könnten auch partizipative Formen umgesetzt werden, um die Lernenden bereits in die Unterrichtsplanung einzubeziehen. Einerseits können Informationen zum Vorwissen und zu Vorerfahrungen im Gespräch mit den Schüler:innen eingeholt werden. Andererseits können durch kurze praktische Aufgaben Schüler:innen ihr bestehendes Wissen und Können zeigen (Schoppe 2019, Zumsteg et al. 2018). Lernvoraussetzungen sind auch dahingehend abzuklären, um mögliche Differenzierungsmaßnahmen in die weiteren Überlegungen einbeziehen zu können (Kapitel 2.1.3).

- Fachliche Lernausgangslagen der Schüler:innen sind zu klären, u.a. Vorwissen und Vorerfahrungen mit Materialien, Techniken, Verfahrensweisen, Themen.
- Weiter spielen für die Unterrichtsplanung auch sprachliche Voraussetzungen, Motivation und Interessen der Schüler:innen eine wichtige Rolle.
- Darüber hinaus sind räumliche, infrastrukturelle, materialbezogene, zeitliche und finanzielle Bedingungen zu klären, um das Unterrichtsgeschehen angemessen und am jeweiligen schulischen Kontext orientiert zu gestalten.

Von der Sache zum Unterricht: Didaktische Analyse

Die didaktische Analyse im Sinne einer «didaktische[n] Reflexion und Aufbereitung der Sache» (Lehner 2012, S. 66) ist ein weiterer Schritt auf dem Weg vom Sachgegenstand zum Unterrichtsgegenstand. Hier werden fachdidaktische Anliegen geklärt, die für die Vermittlung im Unterricht zentral erscheinen.

Um eine reduzierte Sachstruktur zu erarbeiten, die von den Schüler:innen erfasst werden kann, wird dabei «Fragen nach der Bedeutung der ‹Sache› für die Lernenden, den Lern- und Erfahrungsmöglichkeiten und der Zugänglichkeit nachgegangen» (Lehner 2012, S. 66). Zu Beginn steht also die zentrale Frage, welche Sachinhalte für die Lernenden aus welchen Gründen relevant sind. Um dies zu klären, sind einerseits der Lehrplan, andererseits die jeweiligen individuellen Lernausgangslagen der Schüler:innen einzubeziehen, deren bisherige, aktuelle sowie zukünftige Bezüge zum Lerninhalt sowie die Frage, welche Lern- und Erfahrungsmöglichkeiten der Sachgegenstand für die Schüler:innen bietet. Daher gilt es, mögliche Lern- und Erfahrungspotenziale des Sachgegenstands für die Lernenden zu klären und damit verbundene Anforderungen der Lernumgebung differenziert zu beschreiben (u. a. kreatives Lernklima, ästhetische Erfahrungsmöglichkeiten, zeitliche und/oder örtliche Faktoren).

- **Didaktische Reduktion:** Folgende Fragen gilt es zu klären: Wie kann der Lerninhalt/das Thema in eine für das Verständnis der Schüler:innen geeignete Form gebracht werden? Wie kann an bestehendes Wissen und Können angeknüpft werden? Was sollten die Schüler:innen am Ende der Unterrichtseinheit gelernt haben?
- Davon ausgehend sind geeignete **Lerninhalte** festzulegen, an denen die Kompetenzen entwickelt werden können. Dabei ist zu überlegen, inwiefern der gewählte Lerninhalt exemplarisch zur Kompetenzentwicklung beitragen kann und welche Bedeutung dieser Lerninhalt für die Schüler:innen und ihr fachliches (sowie überfachliches) Lernen hat. Hier geht es um die aktuelle sowie

zukünftige Bedeutung des Lerngegenstands für die Schüler:innen (Klafki 1991/2007, Zumsteg et al. 2018).

- Weiter ist zu klären, wie die Lernumgebung gestaltet sein muss, um fachliche **Lern- und Erfahrungsqualitäten** zu ermöglichen.

2.5.3 Entscheiden

Um die konkrete Gestaltung der Unterrichtseinheit und Lektionen zu planen, sind Merkmale der didaktisch-methodischen Ausrichtung des Unterrichts zu entscheiden. Diese sind auf der Grundlage der Analysen auf der Ebene «Klären» zu treffen und didaktisch-methodisch zu begründen.

Lernziele für das Unterrichtsvorhaben formulieren
Aus den Kompetenzformulierungen werden Lernziele beschrieben, die das fachliche und überfachliche Lernen der Schüler:innen konkretisieren und an denen Lernfortschritte bestimmt sowie Fördermaßnahmen ausgerichtet werden können (Zumsteg et al. 2018). Lerninhalte und Lernziele sind dabei eng miteinander verschränkt und dienen einem intendierten und kohärenten Unterrichtshandeln (Berner 2016, Kapitel 2.4.2).

Kompetenzziele sind in den Fachlehrplänen für unterschiedliche Lernniveaus und Altersstufen beschrieben und geben einen verbindlichen Rahmen, in dem unterrichtliches Lernen stattfindet. Ausgehend von den Kompetenzzielen – oder treffender formuliert: Kompetenzerwartungen – legen Lernziele die Zielerwartung für ein konkretes Unterrichtsvorhaben fest, d. h., Lernziele können für eine einzelne Lektion sowie für eine ganze Unterrichtseinheit formuliert werden. Je nach Komplexitätsgrad können die Lernziele unterschiedliche Anforderungen an das Lernen stellen.

- Lernziele sind präzise Zielformulierungen, die von den Schüler:innen im Verlauf der Unterrichtseinheit erreicht werden können. Zur Formulierung von Lernzielen kann die Bloom'sche Taxonomie hilfreich sein (Müller-Oppliger 2015, Abbildung 13), was ein erster Schritt in Richtung einer Aufgabenformulierung ist (Kapitel 2.3).
- Antworten sollten in diesem Planungsschritt auch auf folgende Fragen gefunden und Entscheidungen für das didaktisch-methodische Setting getroffen werden: Was können die Lernenden an Erkenntnissen und Erfahrungen mitnehmen? Welche Lernfortschritte sollten gemacht werden? Was sollten die

Lernenden aus einer jeweiligen Unterrichtstätigkeit transferieren? An welchen Stellen macht es Sinn, dass die Lernenden eigene Ziele einbringen können?

Der Fokus auf einige wenige Lernziele ist sinnvoll, um diese bezogen auf den Lerngegenstand weiter zu differenzieren und in Aufgaben operationalisieren zu können.

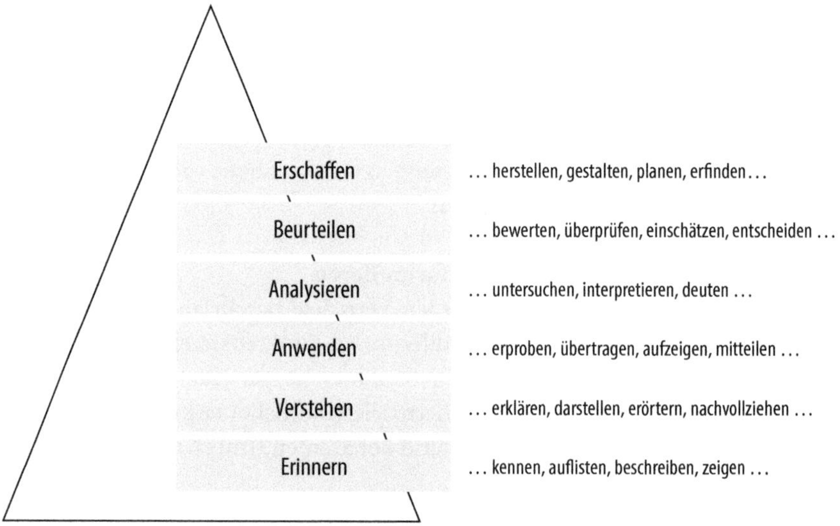

Abbildung 13: Lernziele mit der Bloom'schen Taxonomie für den Kunstunterricht formulieren (in Anlehnung an Müller-Opplinger 2015, S. 5)

Festlegen der Unterrichtsform und der Aufgaben

«Unter Lehr-Lern-Arrangements werden ausgestaltete und theoriegestützte Unterrichts-Settings verstanden, die die Formen von Lehren und Lernen maßgeblich prägen» (Zumsteg et al. 2018, S. 22). Hier gilt es, die für das jeweilige Unterrichtsvorhaben geeignete Unterrichtsform zu bestimmen, nach dem sich das weitere didaktisch-methodische Handeln in der konkreten Ausgestaltung des Unterrichts ausrichtet (Kapitel 2.4). So erfordert ein projektorientierter Unterricht eine andere methodische Herangehensweise als beispielsweise ein Werkstattunterricht (Zumsteg et al. 2018, Kapitel 2.4.1). Mit der Festlegung eines bestimmten Lehr-Lern-Arrangements sind meist auch die Rahmenaufgabe sowie Teilaufgaben festgelegt, die auf die Lerninhalte und Lernziele bezogen sind und das Lernen maßgeblich steuern. Folgende Entscheidungen sind zu treffen:

- Entscheidung über Unterrichtsformen, Unterrichtsmethoden und damit verbundene Arbeits- und Sozialformen.
- Entscheidung über die Aufgabenkultur im Unterricht, die Rahmenaufgabe und mögliche Teilaufgaben (Kapitel 2.3). Lern- und Leistungsaufgaben sind zu differenzieren und der Unterricht ist entsprechend zu gliedern: Welche Aufgaben dienen der Aneignung von Fertigkeiten und Erfahrungen, dem Lernen, dem Üben? Welche Aufgaben dienen der Lern- und Leistungskontrolle? Können Aufgaben aus Lehrmitteln oder anderen Unterrichtsplanungen verwendet werden? Gibt es bereits Vorarbeiten, auf die zurückgegriffen werden kann? Welche Änderungen und Nachjustierungen bei bereits bestehendem Material müssen bezogen auf die Analysen im Bereich «Klären» getroffen werden?
- Entscheidung über mögliche **Differenzierungsmaßnahmen** (Kapitel 2.1.3)

Formative und summative Beurteilung
Im Planungsprozess sollten auch mögliche Formen der Rückmeldung, Beurteilung und Lernunterstützung sowie der Bewertung und Benotung mitgedacht werden. Dies dient der «Steuerung und Optimierung von Lernprozessen» (Zumsteg et al. 2018, S. 24). Das Begleiten und Auswerten individueller Lernprozesse ist von fachdidaktischer Relevanz. Formative Beurteilungsprozesse sind notwendig, um individuelle Lernprozesse zu begleiten, zu beraten und zu unterstützen (Kapitel 3.1 bis Kapitel 3.3). Wie dies erfolgen kann, gilt es bereits bei der Planung zu überlegen. Summative Beurteilung wird dann notwendig, wenn es um das Feststellen der Lernergebnisse sowie um eine Benotung geht.

- Wie können die Arbeits- und Gestaltungsprozesse dokumentiert und Lernprozesse sichtbar gemacht werden? Hier bietet sich das Lehren und Lernen mit Portfolios an, die als Prozess- oder Präsentationsportfolios vielfältige Möglichkeiten bieten, um die Lernenden in ihrem individuellen Kompetenzerwerb zu begleiten und zu unterstützen (Berner/Rieder 2017, Kapitel 3.1.2).
- Formatives Beurteilen: Wann und wie kann den Schüler:innen Rückmeldung zu ihren Arbeitsprozessen gegeben werden? Welche Methoden können das Reflektieren über die eigenen Lernprozesse unterstützen? Wie können sich die Lernenden gegenseitig Feedback geben? (Kapitel 3.2.3)
- Summatives Beurteilen: Anhand der Lernziele und Kompetenzbeschreibungen der Unterrichtseinheit ist ein fachlich fokussiertes, dem Unterrichtsgegenstand angemessen differenziertes und kommunizierbares Bewertungsraster zu erarbeiten, an dem sich summatives und formatives Beurteilen orientieren kann (Kapitel 4.1.1).

2.5.4 Gestalten

Die konkrete Ausgestaltung der jeweiligen fachlichen Lehr-Lernprozesse basiert auf den Erkenntnissen der beiden Planungselemente «Klären» und «Entscheiden» und schließt die Planung der gesamten Unterrichtseinheit (Grobplanung) sowie der einzelnen Lektionen (Feinplanung) mit ein (Abbildung 14). Bezogen auf einen spiralcurricularen Kompetenzaufbau kann es sinnvoll sein, auch die Perspektivplanung (im Sinne der Halbjahres-/Jahresplanung) in die Überlegungen einzubeziehen, die u. a. den zeitlichen Rahmen – wie viel Zeit steht mir zur Verfügung, um dieses Thema zu bearbeiten? – sowie die Anbindung an Vorkenntnissen – welche Inhalte kennen meine Schüler:innen bereits? – für das jeweilige Unterrichtsvorhaben stellt. Sinnvoll ist es, Exkursionen und Ausstellungsbesuche, Materialbeschaffung und Raumreservierung bei der Perspektivplanung mit zu berücksichtigen.

Perspektivplanung	Grobplanung	Feinplanung
☐ Jahres-/Halbjahresplanung ☐ Spiralcurricularer Kompetenzaufbau ☐ Verfügbare Zeit für ein Thema ☐ Vorwissen abklären, Redundanzen vermeiden, kumulatives Lernen ermöglichen	☐ Choreografie des Unterrichtsverlaufs für die gesamte Unterrichtseinheit ☐ Kohärenz über alle Lektionen ☐ Dramaturgie und Spannungsbogen erzeugen	☐ Didaktisch-methodischer Verlauf der Lektion bzw. Doppellektion ☐ Gelenkstellen bedenken ☐ Adaptivität und Aktualität ☐ Schüleraktivitäten planen ☐ Lehreraktivitäten planen ☐ Medien und Materialien vorbereiten

Abbildung 14: Checkliste für die Perspektiv-, Grob- und Feinplanung

In Kunst/Gestalten sind neben der Phasierung des Lerngeschehens strukturelle Erfordernisse der Fachdisziplin zu berücksichtigen, die fachliches Lernen ermöglichen. So ist im Kunstunterricht die Verbindung von Wahrnehmen, Denken und Handeln zentral für das kunstdidaktische Handeln, was sich in einer engen Verzahnung von Produktion und Rezeption verbunden mit der Reflexion widerspiegelt (Otto 1969, Schulz 1998, Kapitel 2.4).

Dramaturgie der Unterrichtseinheit als Grobplanung

Ein erster Überblick über die Unterrichtseinheit bietet die Grobplanung. Diese kann auch als Dramaturgie der Unterrichtseinheit verstanden werden, denn es gilt den Verlauf der Lehr-Lernprozesse und ihren Spannungsbogen zu skizzieren. Gerade weil im Unterricht in Kunst/Gestalten Lern- und Erfahrungsprozesse individuell, kumulativ und (selbst-)reflexiv ausgelegt sind und Gestaltungsprozesse begleiten, ist es erforderlich, bei der Grobplanung auf einen in sich stimmigen, kohärenten methodischen Verlauf zu achten (Kapitel 2.4.2). Dies schließt selbstverständlich methodische Zugänge wie die Irritation und/oder das Differenzerleben als Resonanz nicht aus – wie dies z. B. erforderlich ist, um ästhetische Erfahrungen zu ermöglichen (Kapitel 1.4.2). Es geht aber darum, diese stimmig in den methodischen Gang der Unterrichtseinheit einzubauen.

- Die Dramaturgie der Unterrichtseinheit kann als Grobplanung tabellarisch den Inhalt beschreiben oder als Verlaufsgrafik angeordnet sein (Abbildung 15). Ziel ist dabei, einen Überblick über die Unterrichtseinheit zu erlangen und zu skizzieren, wie die einzelnen Lektionen inhaltlich und methodisch aufeinander aufbauen.
- Einstieg in das Thema der Unterrichtseinheit, Erarbeitung, Reflexion und Ergebnissicherung (Zwischen- und Abschlussreflexion) sowie Abschluss der Unterrichtseinheit sollten gut überlegt und in sich kohärent gestaltet werden.
- Rahmenaufgabe und Teilaufgaben sollten sachlogisch im Unterrichtsverlauf das Lernhandeln der Schüler:innen unterstützen und an den Kompetenz-/Lernzielen ausgerichtet sein.
- Der Unterrichtsverlauf sollte einen Spannungsbogen aufweisen, die Schüler:innen inspirieren und motivieren und Lehr-Lernprozesse kohärent aufeinander beziehen.

Feinplanung der Einzel-/Doppellektionen

Mit der Feinplanung – auch als Verlaufsplanung bekannt (Zumsteg et al. 2018) – wird jede einzelne Lektion bzw. Doppellektion auf der Handlungsebene ausgestaltet. «Die Verlaufsplanung stellt alle vorgesehenen Aktivitäten in zeitlicher Folge und in ihrem Zusammenspiel dar. In der Verlaufsplanung konkretisiert sich, was vorher geklärt und entschieden wurde» (Zumsteg et al. 2018, S. 26).

Auf der Ebene der konkreten Ausgestaltung des Unterrichtsvorhabens werden das didaktisch-methodische Handeln konkretisiert und sowohl Lehr- als auch Lernaktivitäten in zeitlicher Abfolge sowie in ihrer jeweiligen Wechselwirkung beschrieben (Zumsteg et al. 2018), die für einen kohärenten, in sich stimmigen methodischen Gang des Unterrichtsgeschehens entscheidend sind.

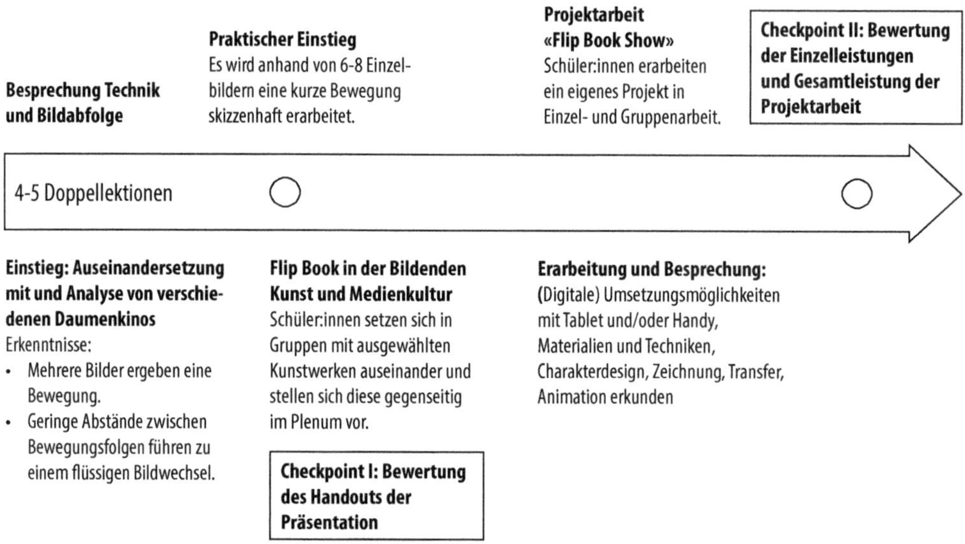

Abbildung 15: Visualisierte Dramaturgie eines Unterrichts zum Thema Flip-Book

Während die Grobplanung einem Überblick über die gesamte Unterrichtseinheit dient, versteht sich die Feinplanung als dynamisch und ist auf die jeweiligen Lernprozesse der Schüler:innen im zeitlichen Verlauf der Unterrichtseinheit anzupassen bzw. auszugestalten. Während die Grobplanung eher die Zielrichtung vorgibt, ist die Feinplanung stetig anzupassen, nachzujustieren und so auf die jeweiligen Lern- und Entwicklungsprozesse abzustimmen. Eine differenzierte Feinplanung ist damit der Dreh- und Angelpunkt für adaptiven Unterricht.

Ein zentraler Teil der Feinplanung gilt es, benötigte Bilder und/oder Objekte, Gestaltungsmaterialien, Werkzeuge, Maschinen, Arbeitsblätter, Lehrmittel, Lernmedien, Lehrfilme etc. auszuwählen und entsprechend vorzubereiten, anzupassen bzw. zu entwickeln. Dabei ist auch zu berücksichtigen, wenn Materialien und/oder Werkzeuge von den Schüler:innen mitgebracht werden sollen und dass dies frühzeitig den Lernenden kommuniziert wird (z. B. Collagematerial oder Stoffreste). Zudem sind Organisationsphasen mit zu berücksichtigen, die möglichst reibungslose Übergänge sicherstellen sollen und oftmals ritualisiert stattfinden, z. B. das Austeilen der Materialien, das Aufräumen am Ende der Doppellektion.

Mittels eines Planungsrasters (Abbildung 16) können die Phasen und Teilschritte mit den Lernzielen geplant werden. Es können auch jeweils Überlegungen bezüglich des (organisierenden, informierenden, aktivierenden und begleitenden)

Unterrichtshandelns der Lehrperson sowie des Lernhandelns der Schüler:innen angestellt werden. Zudem sind notwendige Materialien und Medien mit einzuplanen und entsprechend zu organisieren. Die letzte Spalte des Planungsrasters beinhaltet Platz für einen didaktischen Kommentar sowie Reflexionen und Notizen während oder nach dem Unterricht und dient im Anschluss an den durchgeführten Unterricht der Evaluation des Unterrichts als abschließenden Planungsschritt (Zumsteg et al. 2018).

Phase/Teil-schritte/Dauer	Lernziel	Aktivitäten Lehrperson	Aktivitäten Schüler:innen	Materialien/ Medien	Reflexion des Unterrichts

Abbildung 16: Vorschlag eines Planungsrasters zur Feinplanung

2.5.5 Evaluieren

Getreu dem Motto «Nach dem Unterricht ist vor dem Unterricht» geht es in diesem Planungselement um die Weiterentwicklung und Reflexion des eigenen Unterrichts respektive Unterrichtshandelns. Denn: «Eine reflektierte differenzierte Unterrichtsevaluation bildet die Basis für eine erfolgreiche Entwicklung des Unterrichts» (Zumsteg et al. 2018, S. 28). Auch John Hattie (2015) misst der reflexiven Betrachtung des eigenen Unterrichts eine hohe Bedeutung bei, um Lernprozesse effektiv gestalten und den Unterricht weiterentwickeln zu können. Hierfür erscheint es sinnvoll, die Planung und die tatsächliche Durchführung abzugleichen, didaktische Entscheidungen zu reflektieren sowie nach der Wirkung des eigenen Unterrichtshandelns auf das Lernen der Schüler:innen zu fragen (Zumsteg et al. 2018).

Aus kunstdidaktischer Perspektive misst Georg Peez (2009a) dem Evaluieren des eigenen Unterrichts für dessen Weiterentwicklung ebenfalls einen bedeutenden Stellenwert zu (Kapitel 4.2.1). Im Fachbereich Kunst/Gestalten könnte man meinen, dass eine Unterrichtseinheit dann gut – und damit zufriedenstellend – zu sein scheint, wenn «tolle», ansprechende Schülerarbeiten erzielt werden. Dies ist jedoch ein Trugschluss, da dies einerseits zu einer zu starken Produktorientierung führt, wodurch man leicht das Lernen als (individuellen) Prozess aus den Augen verliert, andererseits sich Lernprozesse besonders in der individuellen Erfahrung, im Austausch und in der Reflexion auch über vielleicht nicht Geglücktes ereignen. Denn –

und das gilt stufenübergreifend – gerade kreative Prozesse leiten die gestalterische Auseinandersetzung und damit auch das Lernhandeln der Schüler:innen. Fragen wir also nach der Wirkung des eigenen Unterrichtshandelns, so sind vorrangig die Lernprozesse zu betrachten – und damit selbstverständlich auch die Lehrprozesse –, die Lernergebnisse hingegen sind nachgestellt einzubeziehen.

Unterricht betrachten und reflektieren

Ein differenzierter Blick ist notwendig, um das eigene Unterrichtshandeln objektiv und mit einer gewissen Distanz betrachten zu können. Hierfür bietet sich ein systematisches Vorgehen an, welches empirische und unterrichtspraktische Methoden verbindet und gut in den Unterrichtverlauf miteinbezogen werden kann, z. B. im Rahmen einer abschließenden Lektion, um gemeinsam mit den Lernenden über den Unterricht ins Gespräch zu kommen oder um ein bestimmtes Unterrichtshandeln stärker in den Blick zu nehmen. Eine ausführliche Beschreibung der Methoden für eine systematische Betrachtung und Reflexion findet sich in Kapitel 4.2.6 und Kapitel 4.2.7. Eine kurze Methodendarstellung ermöglicht an dieser Stelle bereits einen Einblick:

- **Portfolioarbeit:** Prozessdokumentationen (z. B. im Rahmen von Portfolioarbeit geführte Prozessportfolios) von Schüler:innen können als Indikatoren für Lernprozesse wichtige Hinweise auf mögliche unterrichtliche Wirkungen aufzeigen. Hier lohnt sich also ein näherer analytischer Blick bezogen auf Interessen, Fertigkeiten, Fortschritte und Ausdrucksmöglichkeiten der Lernenden, um mehr über mögliche Wirkweisen des Unterrichts zu erfahren.
- **Feedback zum Unterricht:** Zudem bietet es sich an, von den Lernenden ein differenziertes Feedback zum eigenen Unterricht zu erfragen, um die Schülerperspektiven auf den Unterricht zu erhalten und aus Sicht der Lernenden den Unterricht weiterzuentwickeln. Geben Schüler:innen den Lehrenden Rückmeldungen zum Unterrichtsgeschehen, so dient dies zudem einem partizipativen Verständnis von Unterricht. Dies bietet sich dann an, wenn die Unterrichtseinheit und Beurteilung der Lernergebnisse der Schüler:innen abgeschlossen sind. Zudem können direkte Statements der Schüler:innen zu bestimmten Unterrichtsphasen schriftlich mittels offenem Antwortformat eingeholt werden. Hier können sich die Lernenden zum Unterricht frei äußern. Auch Befragungen mittels geschlossenem Antwortformat zum Ankreuzen oder Einschätzen sind denkbar. Weiter eignen sich auch Formen der Gruppendiskussion, die im Plenum mit der Klasse oder mit einem Teil der Klasse abschließend durchgeführt werden können.

- **Videoanalysen** einzelner Sequenzen erlauben einen wiederholten Blick auf das eigene Unterrichtshandeln und eine differenzierte sowie fokussierte Analyse. Gedankennotizen, Protokolle sowie Fremdbeobachtung von Dritten (z. B. kollegiale Hospitation) können zudem hilfreiche Erhebungsinstrumente darstellen, um fallanalytisch das eigene Unterrichtshandeln zu reflektieren. Videomaterial zu erstellen ist aufwendig und entsprechend immer gut zu überlegen. Zudem sind damit datenschutzbezogene Fragen verbunden, die vor der Aufnahme geklärt werden müssen.
- **Gespräche** mit einzelnen Schüler:innen können nochmals stärkere Einblicke in individuelle Lernprozesse liefern und so die Reflexion stützen. Methodisch hilfreich für eine systematische Gestaltung der Gespräche kann die Erarbeitung eines Interviewleitfadens sein.
- **Lernergebnisse betrachten und analysieren:** Lernprodukte sowie Zwischenergebnisse sind bezogen auf die intendierten Lern- und Kompetenzziele auszuwerten und mit dem Unterrichtshandeln in Bezug zu setzen. Dabei kann es sinnvoll sein, die Lernenden hierzu nochmals näher zu befragen, z. B. im Rahmen einer abschließenden Reflexion.

Unterricht nachbereiten und weiterentwickeln

Am Ende gilt es, den Unterricht zu reflektieren, die Ergebnisse der Evaluation auf das eigene Unterrichtshandeln sowie auf den unterrichtlichen Kontext zu beziehen. In Gesprächen mit Kolleg:innen, Kommiliton:innen, Dozierenden und Seminarleiter:innen können die gemachten Erfahrungen und Ergebnisse besprochen und diskutiert werden. Hinweise aus der Fachliteratur können hilfreich sein, um Kontexte besser nachvollziehen und die eigenen Sicht- und Verhaltensweisen weiterzuentwickeln (Kapitel 4.2.8).

3 Begleiten und Unterstützen

Inhalt

Zusammenfassung

Die Lernunterstützung, die sich im Kunstunterricht oftmals individuell und personenorientiert zeigt, kann als in sich gestaffelter Prozess des Begleitens und Reflektierens, des Beratens und Rückmeldens sowie des Förderns und Unterstützens differenziert betrachtet werden.
Kapitel 3.1 versammelt zentrale Konzepte und Methoden der Lernbegleitung im Kunstunterricht. Es werden zentrale Konzepte individueller Lernbegleitung, kooperativen Lernens sowie fachliche Kommunikationsmodelle vorgestellt, die in konkreten Unterrichtssituationen Begleitprozesse ermöglichen. Kapitel 3.2 beschreibt das Rückmelden und Beraten von Lernprozessen im Kunstunterricht. Neben Beratungsmodellen für den Kunstunterricht wird eine gelebte Feedbackkultur vorgestellt, die einen reflexiven, kompetenz- und aufgabenorientierten Kunstunterricht ermöglicht. Auf das Fördern und Unterstützen im Kunstunterricht geht Kapitel 3.3 ein und fokussiert zum einen auf individuelle Förderung, zum anderen auf Unterstützungsangebote selbstständigen Lernens im Kunstunterricht.

3.1 Lernen im Kunstunterricht begleiten und reflektieren

Im Kunstunterricht setzen sich Schüler:innen selbstbestimmt und vielseitig mit ästhetischen Inhalten auseinander und können eigene Ideen entwickeln. Im Gestalten geht es oft um individuelle Wege, Vorstellungstätigkeit, das Lösen authentischer, bildnerischer Problemstellungen sowie um ganz eigene Zugangsweisen zu fachlichen Inhalten in Kunst/Gestalten. Dies erfordert ein Lehr-Lern-Setting, in dem eine individuelle, prozessbasierte und reflexive Lernbegleitung ermöglicht werden kann. Daher stellt sich zentral die Frage, wie Lernprozesse der Schüler:innen im Kunstunterricht begleitet und reflektiert werden können: Wie können Arbeits- und Gestaltungsprozesse im Kunstunterricht begleitet werden? Wie können Lernprozesse individuell begleitet und reflektiert werden?

3.1.1 Begleiten als aktiver und reflexiver Prozess

Das Lernen der Schüler:innen zu begleiten bedeutet nicht nur ein stilles Dasein, sondern vielmehr werden damit Aktivitäten und Handlungsweisen im Unterricht verstanden, welche die Lernprozesse der Schüler:innen aktivieren, steuern und bezogen auf die jeweiligen Lehr-Lernziele auch immer wieder nachjustieren und anpassen (Seidel 2011).

Die Schüler:innen beginnen zu arbeiten. Die Gestaltungsaufgabe ist: Zeichne ein Motiv deiner Wahl als Daumenkino. Suche dafür ein einfaches Motiv aus und halte eine Bewegungsabfolge in 8–10 Einzelzeichnungen fest. Die Schüler:innen haben dafür zwei Doppellektionen Zeit. Zuvor hat die Lehrperson kurz das Daumenkino und Grundlagen des Bewegtbildes eingeführt und nun machen sich die Schüler:innen auch schon daran, ihre eigenen Daumenkinos zu gestalten. Gerade zu Beginn merkt die Lehrperson aber, dass einige Schüler:innen aus ihrer Sicht zu aufwendige Zeichnungen für das Daumenkino anlegen. Daher bittet sie alle Schüler:innen nochmals um Aufmerksamkeit und erläutert für alle, wie wichtig es für diese erste Aufgabe ist, ein einfaches Motiv zu verwenden. Der Fokus liegt klar auf der Bewegungsdarstellung, nicht darauf, ein aufwendiges Motiv darzustellen. Sie gibt einfache Beispiele, wie ein auf und ab springender Ball. Dann lässt sie die Schüler:innen in Gruppen kurz erarbeiten, was sie jeweils zeichnen möchten und ob dies aus ihrer Sicht umsetzbar erscheint. Hier zeigt sich, dass die Schüler:innen schnell selbst erkennen, wann sie ein Motiv zu komplex anlegen. Bei einigen ausgewählten Gruppen geht die Lehrperson nochmals ins Gespräch mit den Schüler:innen. Alle Schüler:innen sollen ihr Ausgangsmotiv für ihre Bewegungsabfolge in dieser Stunde noch festhalten. Nun wird für den Rest der Lektion wieder zu zeichnen begonnen, der Rest des Daumenkinos wird dann in der nächsten Woche weitergezeichnet.

Die Lehrerin im Fallbeispiel hat entsprechend reagiert, als sie wahrgenommen hat, dass einige Schüler:innen sehr komplexe Motive für ihre Zeichnung auswählten. Um bei über dreißig Schüler:innen den Überblick zu behalten, hat sie für die ganze Schulklasse ihr Anliegen nochmals wiederholt und die Motive in Gruppen besprechen lassen. So konnten die Schüler:innen in Austausch miteinander kommen und über die Rückmeldungen der anderen Mitschüler:innen ihre Motive anpassen. Einerseits sind die Lernenden also in ihren individuellen Interessen, Absichten und Ideen abzuholen. Andererseits sind Lerninhalte, Lernziele und Kompetenzerwartungen nicht zu vernachlässigen.

3.1.1.1 Lernprozesse steuern und moderieren

Steuerungsprozesse, die individuelle Lernprozesse im Kunstunterricht moderieren und strukturieren, können daher sehr subtil sein, sind jedoch für ein kompetenz- und schülerorientiertes Lehren und Lernen unerlässlich. Diese sind dabei nicht hierarchisch zu verstehen, die Lehrperson hat nicht die Funktion, allein die Richtung der Lern- und Arbeitsprozesse der Schüler:innen zu bestimmen. Vielmehr benötigt es gemeinsame Entscheidungen und eine verständliche Kommunikation von Lernzielen. Manchmal ist dann nur ein kleiner Hinweis notwendig, das andere Mal ein Umdenken und gemeinsames Aushandeln mit den Schüler:innen. In einer prozessorientierten Lernbegleitung sind daher Lernwege immer von den Schüler:innen und der Lehrperson gemeinsam zu beschreiben (Berner 2021a).

Das Lernen der Schüler:innen aktiv zu begleiten und zu steuern bedeutet, Lernwege zu moderieren und im Unterrichtsverlauf Gelegenheiten zu schaffen, die ein aktives Lernhandeln der Schüler:innen ermöglichen. Dabei zeigt die Unterrichtsforschung, dass Lerngelegenheiten gerade dann entstehen, «wenn sich Schülerinnen und Schüler aktiv äußern, beispielsweise, indem sie durch Fragen und Erklärungen zum Unterricht beitragen und so den Unterrichtsverlauf mitbestimmen» (Kobarg/Seidel 2007, S. 150). Dies ist auch für den Kunstunterricht von zentraler Bedeutung, möchten wir doch, dass die Schüler:innen nicht nur ausführen, sondern aktive und nachhaltige Lernerfahrungen haben. Denn erst wenn die Schüler:innen sich selbst mit den Lerninhalten aktiv auseinandersetzen, Lernhandlungen aus eigenen Anliegen und Fragestellungen heraus entstehen, können sich die individuellen Vorstellungen, Präkonzepte und Ansichten verändern und weiterentwickeln. Es ist also an der Lehrperson, die Schüler:innen in diese Eigentätigkeit zu bringen. Die eigene Haltung, mit dem wir dem Lernen der Schüler:innen begegnen, ist dabei von zentraler Bedeutung:

> *«Die Schüler:innen tiefer ein- und fester anzubinden an curriculare Inhalte erfordert überdies, die Urteilskraft der Einzelnen ernstzunehmen.» (Wilsmann 2019, S. 126)*

Die Schüler:innen ernst nehmen bedeutet vor allem auch, ihre Anliegen, Interessen und ihre jeweiligen Sichtweisen und Einschätzungen zu hören, aufzunehmen und im Unterricht einzubeziehen. Dies kann in den verschiedensten Unterrichtssituationen geschehen, u. a. in einem Unterrichtsgespräch zu einer Gestaltungsaufgabe, in der Bildrezeption mit der Schulklasse, der Analyse eines Designobjekts, im bilateralen Austausch zu einer konkreten bildnerischen Problemstellung, in der Einführung neuer Materialien oder in der Zwischen- sowie Abschlussreflexion. Immer geht es darum, die Schüler:innen mit ihren Sichtweisen in den Unterricht einzubeziehen, um eine aktive Auseinandersetzung und damit Verständigungs- und Verstehensprozesse zu ermöglichen. Bereits Walter Barth (2000) hat im Titel seines Buches von dem Schüler als (lernender) Autor im Kunstunterricht gesprochen. Schüler:innen als lernende Autor:innen im Kunstunterricht zu begreifen, erscheint gerade im Verständnis eines schüler- und handlungsorientierten Kunstunterrichts (Kapitel 1.5.3) aktueller denn je und nimmt Konzepte des selbstorganisierten und selbstregulierten Lernens (Köllner-Kolb 2016, Sembill/Seifried 2014) ebenso vorweg, wie Konzepte der künstlerischen Bildung (Buschkühle 2012, Wagner 2016) oder ästhetischen Forschung (Kämpf-Jansen 2002). Fragen der Lernenden haben hier einen zentralen Stellenwert, was in der Kunstdidaktik besonders von Konzepten des forschenden Lernens betont wird. Jedoch ist ein frageentwickelnder Unterricht vielmehr als eine Grundfunktion schülerorientierten, kunstdidaktischen Handelns zu begreifen. Denn individuelle Fragen der Schüler:innen geben nicht nur einen Einblick auf ihr Vorwissen, ihre Vorstellungen und Präkonzepte, sondern eröffnen einen wertvollen Zugang zu subjektiven Erwartungen, Sichtweisen, Interessen sowie emotionale und volitionale Befindlichkeiten (Sembill/Gut-Sembill 2004, S. 324).

3.1.1.2 Fragen wagen

Das ist herausfordernd und nicht immer so leicht im Unterricht umzusetzen. Werden bezogen auf den Lerngegenstand Fragen aufgeworfen, sind die damit verbundenen Such- und Findungsprozesse, die eine individuelle Auseinandersetzung erst ermöglichen, gewollt. Diese können aber im Unterricht auch krisenbegleitet sein (Hinzke 2020). Damit haben aufgeworfene Schülerfragen grundlegend das Potenzial, den regulären, geplanten Unterricht zu stören. Und hier liegt nun die Chance. Strukturtheoretisch können die beiden zueinander ambivalent stehenden Anforderungen der Störung und der Routine benannt werden: In der Störung liegt die Chance, etwas Neues zu initiieren. Die Routine ist dagegen notwendig, um sich gegenseitig an geregelten und geplanten Prozessabläufen im Unterricht zu orientieren. Aus der Unterrichtsforschung ist bekannt, dass Lehrpersonen eher dazu tendieren, bestehende Routinen zu erhalten und dem Wagnis krisenbehafteter Lernwege eher aus dem Weg gehen (zsf. Hinzke 2020). Dann besteht jedoch die Gefahr, sinnvolle Anschlüsse und Auseinandersetzungen zu verpassen und durch Vereinfachungen Lernhandeln abzubrechen oder sogar zu verhindern. Wie dies im Kunstunterricht geschehen kann, zeigt ein Fallbeispiel aus der qualitativen Interviewstudie von Jan-Hendrik Hinzke (2020, S. 13–14) auf, welches als Negativbeispiel angeführt wird, um daran zu besprechen, wie stattdessen agiert werden könnte. Hinz interviewte in seiner Studie 26 Lehrpersonen zu ihrem jeweiligen Fachunterricht.

Im Interview mit einer Kunstlehrperson berichtet diese von einer Situation aus der Produktionsphase des Kunstunterrichts in einer Gesamtschule. Sie erzählt davon, dass im Rahmen einer Gestaltungsaufgabe eine Schülerin «alle fünf Minuten» zu ihr kam und meinte, dass sie fertig sei und ob sie nun in die Freiarbeit gehen könne. Die Lehrperson berichtet von einem andauernden «Schieben» der Schülerin und Hinweisen, was noch zu erarbeiten ist, um die Schülerin zur Weiterarbeit zu bewegen. Am Ende konstatiert die Lehrperson aber im Ergebnis, dass das entstandene Bild gut geworden ist, aber eben nur durch ihr «Nachschieben» möglich war.

Eine zentrale Problematik liegt nun in dem beschriebenen Fallbeispiel darin, dass der Schülerin zwar gesagt wird, wie sie weiter vorgeht, dabei aber kaum oder gar nicht die Schülerin mitgenommen wird, selbst wahrzunehmen, was an ihrer Arbeit noch nicht stimmig ist und woran noch gearbeitet werden könnte. Denn erst wenn die Schülerin dies selbst eruiert und durch Nachfragen der Lehrperson eigene Fragen entwickeln kann, kann ein Gestaltungs- auch zu einem Lernprozess werden. In diesem Schieben der Schülerin sieht Jan-Hendrik Hinzke (2020, S. 14) eine «Objektivierung der Schülerin», also diese von a nach b zu bringen – jedoch ohne die Schülerin selbst dazu zu bewegen, diesen Schritt zu gehen. Vielmehr bietet es sich an, durch das Entwickeln von Fragen der Schülerin Möglichkeiten aufzuzeigen und so den Gestaltungsprozess weiterzubringen, um eine damit verbundene Fremdsteuerung zu vermeiden. Hier sei an die Strukturmomente künstlerischen Denkens von Anna-Maria Schirmer (2015) erinnert (Kapitel 1.2.1).

Gerade im Kunstunterricht kommt es immer wieder vor, dass Schüler:innen schneller als andere mit ihren Aufgaben fertig sind (Seydel 2012a). Natürlich haben die Schüler:innen ein unterschiedliches Arbeitstempo, aber es ist wichtig zu besprechen, wann eine Aufgabe tatsächlich fertig oder nur scheinbar fertig ist. Zudem ist immer auch der Abgleich mit den Lernzielen notwendig. Und falls die Problematik des zu schnellen Fertigwerdens in einer fehlenden Motivation begründet liegt, so wäre auch hier zunächst abzuklären, weshalb kaum oder keine Motivation vorliegt. Im Fallbeispiel könnte die Möglichkeit zur Freiarbeit verlockender sein als die Auseinandersetzung mit der tatsächlichen Lernaufgabe. Dem wäre bereits in der Planung entgegenzuarbeiten und mögliche Differenzierungen für schnelles Arbeiten als weiterführende Aufgaben zu konzipieren, jedoch nicht als alternative Handlungsmöglichkeiten, die den Schüler:innen einen vorschnellen Ausgang aus der Lernsituation offerieren (Seydel 2012a).

Es gilt also, die Schüler:innen in ihren individuellen Fragen bezogen auf den Lerngegenstand zu motivieren und anzusprechen. Damit gilt es auch, Erwartungen an die Arbeitsprozesse zu formulieren und so die Schüler:innen entsprechend herauszufordern. Gerade in Kunst/Gestalten gibt es so viele individuelle Fragen, auf die es eben keine eindeutigen Antworten gibt. Denn in der Kunst und im Gestalten ist das Suchen und Finden individueller Fragen und Antworten ein fachimmanenter Prozess und damit für das fachliche Lernen von zentraler Bedeutung. Dies gilt für die Besprechung und Interpretation eines Kunstwerkes oder Designobjekts ebenso wie in der Gestaltung, der Beschäftigung mit Farbkontrasten oder dem perspektivischen Zeichnen: Was sehe ich? Welche Motive im Bild sprechen mich an und weshalb? Wie kann ich die Raumsituation in ihrer Tiefenräumlichkeit erfassen? Wie kann ich mit dem Bleistift unterschiedliche Grautöne durch Schraffur erzeugen, um mein Bild lebendiger werden zu lassen? Mit welchen Mitteln der Fotografie kann ich eine Szene melancholisch darstellen? Immer sind individuelle Fragen der Ausgangspunkt einer eigenen Auseinandersetzung mit dem Lerngegenstand und damit auch den eigenen Sichtweisen, mit denen die Fragen formuliert und somit individuelle Antworten gefunden werden müssen. Diese Fragen gilt es bei den Schüler:innen zu entwickeln und hervorzurufen.

3.1.1.3 Portfolioarbeit

Kunstlehrpersonen erfüllen damit in ihrer Fachlichkeit das sogenannte erweiterte Rollenspektrum des Begleitens, Beratens und Coachens neben der Wissensvermittlung und dem Lehren als Grundtätigkeiten (u. a. Perkhofer-Czapek/Potzmann 2016, Truniger 2019). Tätigkeiten wie das Moderieren und Strukturieren von Lernprozessen, das Geben von Hinweisen, Impulsen und Hilfestellungen werden damit zu einem wichtigen Teil kunstdidaktischen Handelns und begleiten die Schüler:innen in selbstorganisierten Lernprozessen. Dabei ist es zentral, Lernprozesse aufzuzeigen und sichtbar zu machen. Neben den Arbeitsprozessen geht es besonders auch um die Wahrnehmungs- und Erfahrungsprozesse der Schüler:innen sowie darum, diese gemeinsam zu reflektieren. Ein zu starker Fokus auf fertige Schülerarbeiten ist dabei hinderlich, werden so doch Lernfortschritte kaum sichtbar. Besonders Portfolioarbeit ermöglicht ein individuelles Begleiten von Arbeits- und Gestaltungsprozessen im Kunstunterricht und kann dazu beitragen, Lernprozesse sichtbar und damit auch erfahrbar und für Lehrende wie Lernende kommunizierbar zu machen (Berner/Rieder 20217, Berner 2017, 2021a, Burkhardt 2014a). Strategien, Entscheidungen, individuelle Erfahrungen und Ideenfindungen können im Portfolio festgehalten und reflektiert werden, denn erst die beobachteten und dokumentierten Prozesse erlauben Aussagen über individuelle Lernfortschritte.

In Kunst/Gestalten bieten sich zudem Skizzenbücher an, die die Lernenden in ihren Recherche- und Erfindungsprozessen begleiten und die für Besprechungen mit der Lehrperson herangezogen werden können. Wichtig erscheint es dabei, dass diese wertfrei im Unterricht integriert werden. Als Übungsbücher bieten sie Räume für individuelle Erprobungen, bildnerische Gedankenexperimente, schnelle Skizzen sowie ausgearbeitete Zeichnungen. Weiter können digitale Fotografien sowie Ausdrucke integriert oder digitale Portfolioformate im Unterricht einbezogen werden. Hier bieten Schulen zum Teil spezifische Formate von ePortfolios an, die den Kunstunterricht auch in den digitalen Raum erweitern. Aber auch individuelle Lösungen sind denkbar, wie u. a. privat eingestellte Instagram-Profile, Klassen-Padlets oder ein Klassenblog via WordPress.

Aufzeichnungen, Dokumentationen und Sammlungen von Arbeits- und Gestaltungsprozessen dienen einem kommunikativen Austausch über gemachte Erfahrungen und können für Lernberatungsgespräche im Kunstunterricht eine gute Gesprächsgrundlage bieten (Berner 2017, Truniger 2019).

Im folgenden Exkurs zeigt Christine Rieder am Beispiel des Schweizer Fachs *Textiles und Technisches Gestalten* Potenziale des Lehrens und Lernens mit Portfolios für eine individuelle Lernbegleitung von Designprozessen auf.

3.1.2 Exkurs: Mit Portfolioprozessen individuelles Lernen begleiten

Christine Rieder

Lehren und Lernen mit Portfolios nimmt im Fachunterricht Textiles und Technisches Gestalten unterschiedliche Funktionen ein. Handlungsorientierte, visuelle und sprachlich-kommunikative Zugänge stehen im Vordergrund und ermöglichen weitreichende Reflexionsmöglichkeiten. Schüler:innen, Lehrpersonen und Eltern erhalten anhand eines Portfoliobeitrags einen umfassenden Einblick in das Vorgehen, die Strategie und die Resultate individueller Designprozesse. Besondere Bedeutung kommt dabei auch der diagnostischen Analyse im Lernprozess zu.

3.1.2.1 Der Begriff Portfolio – Situierung im didaktischen Kontext

Mit dem Begriff «Portfolio» wurden ursprünglich in der Domäne der Künste Sammelmappen bezeichnet, die ausgewählte Artefakte enthielten. Später übernahmen Bereiche der Wirtschaft und des Finanzwesens den Begriff und verstanden darunter Vermögenswerte oder wirtschaftliche Geschäftsfelder. Seit den 1990er-Jahren wird der Begriff vermehrt in der Bildung verwendet. Im Gestaltungsunterricht erstellen die Lernenden häufig Arbeitsmappen, die ihre bisherigen Leistungen dokumentieren und zu Präsentations- oder Empfehlungszwecken eingesetzt werden. Im Rahmen des Lernens mit offenen Unterrichtsarrangements kann mit Portfolioarbeit der Designprozess begünstigt werden, indem die entstandenen Artefakte aufzeigen, was Lernende können, wie sie arbeiten, lernen und sich entwickeln. Auch werden nebst den analogen Portfolios zunehmend digitale Sammelmappen bzw. Portfolioformate eingesetzt.

In den letzten beiden Jahrzehnten fand im schulischen Kontext ein Paradigmenwechsel statt: Von der Defizitorientierung in herkömmlichen Beurteilungspraktiken fand eine Wende hin zur Kompetenzorientierung statt. Das Lernen mit Portfolios erscheint als eine didaktische Umsetzung dieses Wechsels, weil beim Lernen mit Portfolios der Fokus auf die bereits aufgebauten Kompetenzen gelegt wird. Das Wissen und Können, die Arbeitsweise und die Entwicklung der Lernenden wird mit Portfolios offensichtlich, eine Reflexion und Evaluation der eigenen Person, der Lerninhalte sowie der Lernerfahrungen eröffnen Informationen, die als Grundlage eines nachfolgenden Gesprächs dienen können und sich mit der Frage nach der Weiterentwicklung dieser Kompetenzen verbinden lassen. Diese Informationen, die ein Portfolio enthalten kann, bedingen einen Rollenwechsel der Beteiligten und können damit zu einem Mehrwert für die Lernenden führen: Die

Lernenden erleben sich in einer aktiven Rolle, in der sie Kompetenzen sichtbar machen und benennen, weil sie den Inhalt des Portfolios mitverantworten und gestalten. Sie nehmen diejenigen Leistungen im Portfolio auf, die sie als relevant erachten, auch können sie einzelne Schritte wiederholen oder nachbessern, um den eigenen oder den von den Lehrpersonen gestellten Anforderungen zu genügen. Alle Akteure verschaffen sich mittels Portfolioarbeit mehr Klarheit über den individuellen Lernweg, über Stärken und Schwächen einer Person. Auch ist das Lernen mit Portfolios mit Zuwendung seitens der Bezugspersonen und der Gruppe verbunden, was zu einem gestärkten Selbstvertrauen führen kann.

3.1.2.2 Lernen mit Portfolios begleiten

Problemlösefähigkeit gilt als überfachliche Kompetenz (D-EDK 2016) und kann insbesondere im Schulfach *Textiles und Technisches Gestalten* gefördert werden. Portfolioarbeit kann dies unterstützen und entsprechend in die Lernumgebung integriert werden. Dabei steht meist eine offene oder halboffene Rahmenaufgabe am Anfang. Die Lernenden werden in mehreren, nachgeordneten Schritten mit unterschiedlichen Lern- und Instruktionsaufgaben in ihrem Designprozess herausgefordert, was allmählich zu individuellen und eigenständigen Ergebnissen führt. Komplexe Lehr-Lernarrangements mit Portfolios ermöglichen das Lernen in mehrperspektivischer Art. Sie enthalten funktionelle, technisch-konstruktive, ökologische, ökonomische und formal-ästhetische Aspekte.

- **Struktur und Orientierung im Lernprozess:** Mithilfe des Portfolios kann die Problemstellung und die Struktur des Problemlöseprozesses mit den einzelnen Lernaufgaben verstanden, das geplante Vorhaben imaginiert und antizipiert, der persönliche Zugang ins Thema entwickelt, die Art der angebotenen Hilfestellungen erkannt, ein sachlogischer Ablauf im Designprozess hergestellt und die Umsetzung geplant werden. Die Schüler:innen können sich mittels des Portfolios im Designprozess orientieren und sich einen Überblick über die Art und den Zeitpunkt der gestellten Aufgaben verschaffen. Je nach Alter und Leistungsniveau der Schüler:innen kann das Lernen mit Portfolios enger oder offener strukturiert sein. Die Lehrpersonen entwickeln zur Prozessbegleitung der Schüler:innen häufig ein Lernheft, das binnendifferenziertes Lernen ermöglicht und Auswertungsfragen enthält, um die Ergebnisse und die Erkenntnisse zu dokumentieren und zu reflektieren.
- **Dokumentation:** Das Portfolio dient als Orientierungshilfe. Im Sinne eines Skizzenbuchs oder eines Logbuchs werden die materiellen Ergebnisse (kreative Lösungsansätze, Zeichnungen, Modelle, Pläne, Erprobungen, Produkte etc.) eingebracht. Damit veranschaulichen die Schüler:innen ihre Gestaltungspro-

zesse und ihre Leistungen auf den verschiedenen Ebenen, auch spiegeln sich deren Engagement und Fleiß. Das gewählte Format hängt von der Zielsetzung, vom Alter und den sprachlichen und kognitiven Voraussetzungen der Lernenden ab. Im Fachunterricht wird im analogen Bereich u. a. mit dem visuellen Tagebuch, dem Werkstattbuch, dem Projekt-Tagebuch, Forscherbuch, Lernjournal und dem Logbuch gearbeitet. Im digitalen, webbasierten Bereich gibt es u. a. e-Portfolios, Blogs als Lerntagebuch und Präsentationsmedien (Burkhardt 2014b).

- **Präsentation:** Der Lernprozess mündet in eine abschließende Präsentation der Produkte sowie des damit verbundenen Portfolios, das den individuellen Lernweg aufzeigt. Performative Formen wie Ausstellungen dienen dazu, dass Portfolios von anderen Personen wahrgenommen werden können. Präsentationsportfolios spielen zudem eine wichtige Rolle, etwa bei einer prognostischen Beurteilung in Zusammenhang mit der Laufbahnberatung oder bei der Vorbereitung für weiterführende Schulen.
- **Kompetenzen sichtbar machen und benennen** hat die Funktion eines Scharniers in der Portfolioarbeit. Lernende verfügen über implizites Wissen und Alltagskompetenzen, die sie in ihrer Lebenswelt als selbstverständlich und natürlich ansehen, aber im Unterricht kaum bewusst einbringen. Deshalb kann der Auftrag, die sie auszeichnenden Leistungen im Portfolio aufzunehmen, zu einer Stärkung des Selbstwertgefühls führen und sich positiv auf die Motivation auswirken. Bestimmt werden dabei einzelne Lern- und Arbeitsschritte wiederholt oder nachgebessert. Wenn Lernende den Rollenwechsel vollziehen, indem sie in eine aktive, ihre Kompetenzen darstellende Rolle wechseln, dann kann dies auch bei den weiteren Akteuren (Lehrpersonen, Peers) zum Rollenwechsel führen: hin zu Kompetenzen-Wahrnehmenden und -Wertschätzenden. Die meisten der Kompetenzen der Lernenden (u. a. fachliches Wissen und Können, analytisches Denken, Selbstorganisation, Kooperationsfähigkeit) sind durch die Lehrpersonen beobachtbar, andere (u. a. Informationen verarbeiten, strategisches Denken, Selbstwertgefühl, konstruktives Kritisieren) lassen sich erfragen. Die Lernenden erleben dabei, dass die weiteren Akteure an ihrer Person interessiert sind, und dass ihre Kompetenzen und Aspekte des Lernens thematisiert werden.

Dem Designunterricht eigen ist das Lernen mit mehrphasigen Unterrichtseinheiten, was die Orientierung, die Motivation und den Durchhaltewillen besonders für schwächere Schüler:innen erschweren kann. Wenn die Lehrpersonen dennoch regulär einen kompetenzorientierten Unterricht mit Lernumgebungen und Portfolios durchführen, könnte die Komplexität der gestellten Aufgaben für die Schüler:innen überfordernd wirken. Den Lehrpersonen stellt sich deshalb die didaktische Herausforderung, das Lernen mit Portfolios so zu gestalten, dass der Mehrwert für die Lernenden erlebbar und die Motivation hochgehalten wird. Wie kann deshalb das didaktische Setting «Lernen mit Portfolios» differenziert werden?

- Als Hilfestellung zur Organisation können die Lernenden die Ergebnisse und Erkenntnisse (z. B. Materialerprobungen, Experimente, Skizzen) am Ende einer Lernsequenz pragmatisch in Schachteln, Boxen, Ordner oder in Sichtmäppchen ablegen. Diese werden mit Nummer und Datum versehen, damit der Ordner nicht zum Un-Ordner wird. Hier empfiehlt sich ein Inhaltsverzeichnis.
- Die Lehrperson klebt einen Sticker oder ein Post-it mit einfachen Fragen auf die Lernaufgaben: Was habe ich gemacht? Was ist mir gelungen? Was habe ich gelernt? Was kann ich gut? Was möchte ich gerne tun? Was möchte ich besser können? … Die Frage: «Was kann ich gut?» führt zu mehr Klarheit im Erkennen der eigenen Kompetenzen. Fragen wie: «Was möchte ich gerne tun?», «Was möchte ich besser können?» sind eine wichtige Rückmeldung an die Lehrpersonen und zeigen, welche Entwicklungsschritte die Lernenden anstreben.

3.1.2.3 Portfoliogespräche als Lernbegleitung

In Designprozessen erleichtert das prozessbegleitende Portfolio eine individuelle Beratung und eine dem jeweiligen Lernstand entsprechende Unterstützung. Die Lehrperson kann sich anhand des Portfolios binnen kurzer Zeit ein Bild des Lernstandes der einzelnen Schüler:innen verschaffen, weil sie sich auf die Dokumentation und die Ergebnisse der einzelnen Lernaufgaben stützen kann. Entsprechend einfacher diagnostiziert sie etwa, in welcher Phase des kreativen Prozesses sich die Lernenden befinden, und wie diese mit der gestellten Aufgabe umgehen. So erleichtert das Portfolio ein unmittelbares und gezieltes Intervenieren der Lehrenden. In Portfoliogesprächen zwischen Lernenden und der Lehrperson sowie in einzelnen Lerngruppen werden individuelle Erfahrungen und Zwischenergebnisse verbalisiert und diskutiert, unterschiedliche Lösungsansätze verglichen und begutachtet. Durch das gemeinsame Nachdenken über die Qualität der Ergebnisse treten Schüler:innen in Distanz zum Lerngegenstand und die eigene Entwicklung, die Erfolge und Umwege werden beobachtbar und diskutierbar. In Portfoliogesprächen können auch Lernbedingungen, Werthaltungen oder Überzeugungen hinterfragt und Qualitätskriterien neu verhandelt werden.

Zur Lernbegleitung und -unterstützung mittels Portfolioarbeit stellt das Modell der kognitiven Berufslehre, dem cognitive apprenticeship (Collins/Brown/Newmann 1989) mit seinen fünf Interventionsmöglichkeiten eine geeignete Methodik dar (Kapitel 3.3.3). Das Modell beschreibt die punktuelle und situationsbezogene, individuelle Unterstützung in Unterrichtssituationen, bei der die Lernenden so viel Unterstützung erhalten, wie sie benötigen, um eine konkrete Lernanforderung zu meistern. Das übergeordnete Ziel dieses Dialogs zwischen Lehrenden und Lernenden ist aus der Sicht der Lehrperson der schrittweise Übergang von der Fremd- zur Selbststeuerung beim Aufbau fachlicher und überfachlicher Kompetenzen. Die Lehrperson reduziert allmählich ihre Unterstützungsleistung und nimmt je nach Lernphase der Lernenden eine andere Rolle ein, von der stark lenkenden Expertenrolle bis hin zu einer reflexionsanregenden Begleitperson.

- **Modeling** (kognitives Modellieren): Diese ursprüngliche Unterrichtsform ist bekannt als «Lernen am Vorbild», Vorzeigen-Nachmachen, Nachahmungslernen, Imitationslernen, Beobachtungslernen (Aebli 1983/2019). In Phasen des Modeling setzen die Lernenden Portfolios ein, um sich die geplante Vorgehensweise zu notieren, Handlungsabläufe und vorgegebene Inhalte zu skizzieren, Abläufe zu fotografieren, Videos aufzunehmen und zu dokumentieren.
- **Coaching** (dialogische Beratung): Hierunter wird die dialogische Beratung der Schüler:innen im Unterricht verstanden, wobei die Lehrperson nicht direkte Lösungsvorschläge einbringt, sondern die Schüler:innen bei der Entwicklung eigener Lösungen begleitet. Dazu werden sie aufgefordert, inhaltliche und methodische Fragen im Rahmen des Lernprozesses zu entwickeln, also in eine «Fragehaltung» zu gelangen. In dieser Art werden sie darin unterstützt, individuelle Zielsetzungen zu formulieren und so ihr Lernen zu optimieren. Das Portfolio dient dazu, diese lerntechnischen und prozessbezogenen Fragen zu formulieren und die Lösungsmöglichkeiten aufzuzeichnen (Truniger 2019).
- **Scaffolding** (Gerüst anbieten): Bei diesem Schritt interveniert die Lehrperson in der Art eines «didaktischen Gerüsts», d. h., sie gibt für bestimmte Lernphasen nur so viel Anleitung und Strukturierungshilfe, wie die Schülerin oder der Schüler benötigt, um die nächste Lernanforderungen erfolgreich zu bewältigen.
- **Fading** (didaktische Hilfestellungen allmählich ausblenden): Darunter versteht man das allmähliche Zurücknehmen der Unterstützungsangebote. Je selbstständiger die Schüler:innen ihre Lernprozesse durchlaufen, desto intensiver werden sie das Portfolio als Mittel zur eigenen Organisation und zur Orientierung nutzen, als einen Ort der Dokumentation und der Reflexion.
- **Reflection** (Selbstreflexion): Die Lernenden führen ein Lernjournal, um die fachlichen Inhalte, die Ergebnisse und die durchlaufenen Lernprozesse zu beschreiben, zu visualisieren und zu reflektieren.

Das Portfolio wird nicht nur im Rahmen der Lernbegleitung und Lernunterstützung, sondern auch im Rahmen der Beurteilung einbezogen und kann wichtige Informationen über den Lernprozess bieten (Kapitel 4.1.5). Bereits hier stellen Beurteilungskriterien wichtige Instrumente dar, um Portfolios in Kunst/Gestalten angemessen und kompetenzorientiert begleiten und abschließend prozessorientiert bewerten zu können.

3.1.3 Im Dialog – Gemeinsames Lernen begleiten

Im Dialog über Arbeits- und Gestaltungsprozesse ist die Versprachlichung von Prozesserfahrungen, visuellen Begebenheiten, bildnerischen Denkweisen sowie emotionaler Anteile sowohl auf Lehrenden- als auch auf Lernendenseite von hoher Bedeutung für eine gemeinsame Verständigung über die Lernprozesse. Dabei geht es darum, ausgehend von einem Lerngegenstand sich im Austausch mit dem Gegenüber – die Lehrperson oder Mitschüler:innen – über das Ziel und den Weg dorthin gemeinsam zu verständigen (Sowa 2015). Davon ausgehend können folgende Handlungslinien skizziert werden:

- Die Auseinandersetzung findet immer am Lerngegenstand orientiert statt und ist daher hierauf zu fokussieren. Ziel im Unterricht ist eine intensive Auseinandersetzung mit dem Lerngegenstand – wie im Fallbeispiel ein Motiv in seiner Bewegungsabfolge in acht Zeichnungen darzustellen (Kapitel 3.1.1). Hierzu können im Portfolio beispielsweise erste Entwurfsskizzen hilfreich sein, die die Schüler:innen zunächst anlegen und die gemeinsam oder in Gruppen besprochen werden können. Die Konzentration und Bereitschaft seitens der Lernenden, am Lern- und Sachgegenstand zu bleiben, sind u. U. nicht immer gegeben, hier gilt es zu moderieren und zu motivieren (Kapitel 2.1.2).
- Es ist wichtig, dass die Lernprozesse fachlich fundiert begleitet werden. Die Lehrperson bringt sich daher in ihrer fachlichen Expertise ebenso im Gespräch ein, wie sie die individuellen Lern- und Sichtweisen ihrer Schüler:innen wahrnimmt und adäquat berücksichtigt. Lerntutoren können ebenso eingesetzt werden, wie Peer-Learning fokussiert und initiiert werden kann.
- Schülervorstellungen und individuelle Sichtweisen – in der Unterrichtsforschung auch als Alltagstheorien, Präkonzepte oder auch Vorkonzepte bezeichnet – werden im Unterricht am Lerngegenstand orientiert fachlich weiterentwickelt und ausdifferenziert, um handlungsorientiert Wissen und Können aufzubauen. Daher ist es wichtig, dass der Lerngegenstand so aufbereitet ist und im Unterricht angeboten wird, dass die Schüler:innen diese möglichst aus-

gehend von ihren Präkonzepten bearbeiten können. Das Angebot gestaltet dabei einerseits die Aufgabenstellung (Kapitel 2.3), andererseits sind Beratungsgespräche, Rückmeldungen, Erklärungen und Hinweise durch die Lehrperson möglichst so zu gestalten, dass die Schüler:innen von ihren individuellen Sichtweisen ausgehen und diese entsprechend weiterentwickeln können (Kapitel 3.2).

Max beginnt erneut mit seiner Zeichnung für sein Daumenkino. Er möchte seinen Comic-Held Naruto zeichnen. Am Handy hat er ein Bild, das er dafür verwenden möchte. Die erste Zeichnung gelingt ihm, wie er findet, sehr gut. Nun ist er sich aber unsicher, wie er weiterzeichnen soll. Im Gespräch mit der Lehrperson stellt sich heraus, dass das Motiv immer noch zu kompliziert ist, aber sie einigen sich darauf, dass Max ein Augenblinzeln als Bewegungsabfolge und Naruto als Porträt darstellt. Das traut sich Max zu. In seinem Skizzenbuch legt er nun ein paar Studien dazu an, dafür recherchiert er im Internet und bittet auch einen Mitschüler, für ihn als Anschauungsmodell zur Verfügung zu stehen. Immer wieder versucht er nun, das Motiv zu erfassen und bespricht seine Ergebnisse mit der Lehrerin. Mit seinen 15 Jahren ist Max ein guter Zeichner, jedoch ist er sehr fokussiert auf Manga und Anime. Die Lehrperson versucht mit ihm gemeinsam während der Aufgabe, den anatomischen Aufbau des Auges zu besprechen und Unterschiede zum typischen Manga-Auge zu identifizieren, um das Blinzeln darstellen zu können. Am Ende gelingt es Max, das Auge als Bewegungsfolge von acht Einzelbildern zu zeichnen.

Solche individuellen Lernprozesserfahrungen, wie sie beispielsweise Max gemacht hat, können gerade auch im Austausch mit anderen Mitschüler:innen lernwirksam werden. Daher gilt es, einerseits Arbeits- und Gestaltungsprozesse individuell zu besprechen, andererseits auch unter den Mitschüler:innen einen Erfahrungsaustausch und Reflexion gemachter Erfahrungen zu ermöglichen (Breunlin 2010, Dreyer 2006). Begleitprozesse können im Unterricht demnach nicht nur von der Lehrperson, sondern auch von den Lernenden übernommen werden. So bieten beispielsweise Gruppenarbeiten oder Lernpartnerschaften Möglichkeiten, dass Schüler:innen ihre individuellen Arbeits- und Gestaltungsprozesse gegenseitig beobachten und miteinander besprechen.

Aus didaktisch-methodischer Perspektive ist daher zu fragen, wie im Kunstunterricht ko-konstruktive Lernprozesse (Kapitel 1.4.4) nicht nur ermöglicht, sondern auch begleitet werden können. Gerade da Schüler:innen immer mit unterschiedlichen Lernausgangslagen – Erfahrungen, Interessen, Präferenzen, Fertigkeiten und Fähigkeiten – in die Schule und in den Unterricht kommen, ist jede Lerngruppe heterogen und bietet damit vielfältige Potenziale des Austauschs und der Mehrperspektivität (Fürstenau 2009). Damit dies für die Lernprozesse der Schüler:innen im Kunstunterricht fruchtbar werden kann, sollte es nicht bei bloßen Geschmacksurteilen bleiben, wenn Schüler:innen gemeinsam in Austausch über ihre Arbeitsprozesse und -ergebnisse gehen. Angesprochen ist das ästhetische Urteilsvermögen (Peez 2015, Kapitel 1.2.2). Dies zu entwickeln und den Schüler:innen zu einer differenzierten Ausdrucksfähigkeit ihrer eigenen ästhetischen Empfindungen zu verhelfen, ist eine zentrale Aufgabe des Kunstunterrichts (Peez 2015).

Didaktisch-methodisch initiierte Partner- und Gruppenarbeiten, gemeinsames Reflektieren im Prozess sowie der gezielte Austausch unter Mitschüler:innen stellen nur einige wenige Möglichkeiten dar, Begleitprozesse unter Mitschüler:innen im Unterricht einzubauen.

Die Schüler:innen sind mit ihren Daumenkinos mittlerweile schon etwas weiter vorangeschritten. Dabei fällt der Lehrperson auf, dass einige Schüler:innen die Motive von einer Bewegung auf die darauffolgende Bewegung nicht ganz sauber übertragen und es so zu Verzerrungen in der Bewegungsfolge kommt. Sie wendet sich daher an die ganze Klasse: «Versucht bitte, die Positionen eurer Motive auf das nächste Blatt genau zu übertragen, sonst wird sich das nicht schön bewegen. Prüft bitte gegenseitig mit eurem Banknachbar, während ihr noch am Zeichnen seid, ob eure Bewegungen flüssig aussehen. Besprecht, woran es liegen könnte, falls das nicht so ist und verbessert eure Bewegungsabläufe gegenseitig. Zusätzliches Papier findet ihr vorn am Pult.»

Aber nicht nur didaktisch-methodisch initiiertes gemeinsames Lernen, sondern besonders die im Unterricht verlaufenden Schüler-Schüler-Interaktionen sind für das Lernen aus didaktischer Perspektive von Interesse und nicht zu unterschätzen (Baurmann/Cherubim/Rehbock 1981). Im Kunstunterricht erhalten Schüler:innen auch in informellen Gesprächen und im Austausch mit Mitschüler:innen Ideen, Impulse und werden auch durch parallel entstehende Arbeiten in ihrem eigenen Gestalten beeinflusst (Schmidt-Wetzel 2017, Kapitel 2.1.1). Daher bietet es sich an, mit Impulsfragen den informellen Austausch zu begleiten und die jeweiligen Interaktionsprozesse zu moderieren (Truniger 2019). Der Fokus liegt dabei nicht auf der fertigen Arbeit, sondern auf den Arbeits- und Gestaltungsprozessen und dem damit verbundenen Austausch und der Reflexion individueller Erfahrungswerte.

Das **Arbeiten an Gruppentischen** ist hilfreich, um gruppendynamische Prozesse einzubinden und kooperatives Lernen zu ermöglichen. So kommen die Schüler:innen in Arbeitsprozessen miteinander ins Gespräch, teilen Ideen und Überlegungen, helfen und unterstützen sich gegenseitig in der Bearbeitung von Aufgaben und in ihren Gestaltungsprozessen. Modelllernen ist auch im Kunstunterricht nicht zu unterschätzen und gerade in der späten Kindheit und im Jugendalter eine wichtige Funktion, sich in der Peergruppe auszutauschen und voneinander zu lernen (u. a. Breidenstein 2008, Krüger 2016). Die Zusammensetzung der Schüler:innen an den Gruppentischen ist daher gut zu überlegen:

- Gibt es Schüler:innen, die gut und gerne miteinander arbeiten?
- Gibt es Schüler:innen, die sich gegenseitig eher daran behindern, gut miteinander zu arbeiten?
- Gibt es Schüler:innen, die selbstständig arbeiten und die Gruppe aktivieren können?
- Gab es Auseinandersetzungen zwischen Schüler:innen, die das Zusammenarbeiten behindern können?

Eigens initiierte **Ateliergespräche** im Klassenzimmer können zudem Gespräche der Schüler:innen über ihre Arbeits- und Gestaltungsprozesse unterstützen. Solche Ateliergespräche können sehr aufgabenbezogen sein oder aber auch den Austausch über Portfolios anregen.

Sind beim **Gallery-Walk/Museumsgang** als Reflexionsmethode fertige Arbeiten Gegenstand des fiktiven Ausstellungsrundgangs im Klassenzimmer und der Gespräche, so dienen Ateliergespräche einer Kommunikationskultur im Klassenzimmer und sollen einen kriterienbezogenen, konstruktiven Austausch während des Gestaltens fördern.

Ein kontinuierlicher Austausch über entstehende Arbeiten, das Teilen von Erfahrungen, die eigenen Arbeiten in einen kulturellen/sozialen Kontext zu bringen und voneinander zu lernen, ist für das Lernen in Kunst/Gestalten von zentraler Bedeutung. Dies ist nicht nur am Ende einer Unterrichtseinheit der Fall, sondern es kann gerade für prozessorientiertes Lehren und Lernen sinnvoll sein, diese während dem Arbeitsprozess einzubauen. **Zwischen- und Abschlussreflexionen** geben für das Lernen in Kunst/Gestalten wichtige Impulse, dienen dem Erfahrungslernen, und unterstützen so die Schüler:innen in ihren individuellen Arbeitsprozessen. Dabei ist überlegt und sensibel für das Lernen der Schüler:innen vorzugehen. Denn eine Zwischenreflexion ist nur dann sinnvoll, wenn sie die Schüler:innen nicht unnötig aus ihren je individuellen Arbeitsprozessen herausreißt und möglichst gemeinsam mit den Lernenden eingeplant wird. Mit jüngeren Kindern bietet sich das Gespräch im Sitzkreis an, in der Sekundarstufe beispielsweise über Gruppengespräche, die im Plenum zusammengetragen werden. Wichtig ist es, für das gemeinsame Reflektieren im Unterricht ausreichend Zeit einzuplanen.

Zentral für ein gemeinsames Lernen im Kunstunterricht ist es also, sozialen Austausch und ko-konstruktives Lernen zu ermöglichen, zu strukturieren und zu begleiten. Darüber hinaus ist es die Aufgabe der Lehrpersonen im Unterricht mit den Schüler:innen ins Gespräch zu kommen, Rückmeldungen zu Arbeits- und Gestaltungsprozessen zu geben und Schüler:innen in ihren individuellen Lernwegen zu beraten. Aber auf was muss man beim Rückmelden von Lernprozessen im Kunstunterricht achten? Wie laufen Interaktionsprozesse im Unterricht ab, die auf das Gestalten der Schüler:innen fokussiert sind? Wie können Rückmeldungen konstruktiv und wertschätzend formuliert werden? Dies sind wichtige Fragestellungen, die im nächsten Kapitel behandelt werden.

3.2 Beraten und Rückmelden als Aufgabe der Lernbegleitung

Das Rückmelden von Arbeits- und Lernprozessen der Schüler:innen in Produktion und Rezeption und das Beraten individueller Lern- und Entwicklungswege sind zentrale Aufgaben kunstdidaktischen Handelns. Dabei kommt es aber nicht nur darauf an, dass Schüler:innen zu ihrem Lernhandeln Rückmeldungen erhalten, vielmehr kommt es darauf an, *wie* Rückmeldungen und Feedback formuliert und Beratungsgespräche gestaltet werden. Wie können Lernprozesse und Lernergebnisse im Kunstunterricht lernwirksam rückgemeldet werden? Wie können Schüler:innen in Kunst/Gestalten in ihrem Lernhandeln beraten werden?

Während sich Beratungsprozesse stärker auf die Lernentwicklung der Schüler:innen beziehen, ist das Feedback auf eine jeweilige Lernsituation gerichtet. Beraten fokussiert damit stärker auf einen horizontalen Lerntransfer sowie auf die Entwicklung transversaler Kompetenzen, eine Rückmeldung dagegen auf konkrete Aufgaben und Arbeitsprozesse (Berner 2021a). Die Grenzen sind jedoch nicht trennscharf zu setzen, insbesondere, da bestenfalls auch in der Rückmeldung auf Lernfortschritte der Schüler:innen Bezug genommen wird und so ein konkretes Problem auch zum Ausgangspunkt einer Lernberatung werden kann. Feedback und Beratung haben als formative Beurteilung durch die Lehrperson einen relevanten Anteil an Begleitprozessen im Kunstunterricht und tragen maßgeblich dazu bei, Schüler:innen in ihren individuellen Lernprozessen zu unterstützen und weiterzubringen.

3.2.1 Beratungsgespräche im Kunstunterricht führen

Im Unterricht ist das Beraten eine didaktische Handlungsweise zur Unterstützung von Lernentwicklungsprozessen, bei denen Schwierigkeiten auftreten (Ludwig 2012). Lernberatungsgespräche sind zu initiieren, wenn einerseits Lernende von sich aus den Rat der Lehrperson suchen oder andererseits Lernschwierigkeiten durch die Lehrperson identifiziert werden. Denn Lernende gelangen nicht immer von sich aus mit Fragen, Nachfragen, Unklarheiten oder hilfesuchend an die Lehrperson, wenn Lernwege ins Stocken geraten, Stolpersteine im Weg liegen oder gar der Weg noch unklar ist (Berner 2021a).

Vor allem im Kunstunterricht ist nicht immer klar, wie die individuellen Lernwege verlaufen, denn Gestaltungsvorhaben können sich in ihren Zielen im Prozess verändern und neu justieren. Daher sind die Beratung, genauso wie die Lernwege selbst, prozessoffen zu gestalten. Lernende und Lehrende müssen sich also auf die mit Kunst/Gestalten immanenten Unsicherheiten, Unwägbarkeiten und Unbestimmbarkeiten einlassen. Dies beeinflusst auch die Beratungstätigkeiten der Lehrperson.

> *«Kunstpädagogische Beratung findet in dem ambivalenten Miteinander von Kunst und Unterricht zwischen radikaler Offenheit versus Orientierung und Sicherheit, zwischen der Förderung künstlerisch-gestalterischer Kompetenzen versus der Förderung persönlicher Entwicklung, zwischen Verunsicherung und Irritation versus Anerkennung und Bestätigung usw. statt.» (Lenk 2019, S. 16)*

Beratungsgespräche im Kunstunterricht sind zwar vorrangig der Lernberatung in Produktion und Rezeption zuzuordnen und damit im didaktischen Setting sehr ähnlich dem Feedback, das konkret auf eine Aufgabe bzw. auf eine Handlung bezogen ist. Gerade weil aber die Lernenden in Gestaltungsprozessen oft auch in ihrer ganzen Persönlichkeit eingebunden sind, können persönliche Anteile Gegenstand von Beratung werden. Dann ist es wichtig, sensibel vorzugehen und individuelle Bedürfnisse der Schüler:innen wahrzunehmen. Zudem steht die Lehrperson mit ihrer ganzen Persönlichkeit im Beratungsprozess. Daher ist es wichtig, sich als Lehrperson der eigenen Subjektivität bewusst zu werden und entsprechend reflektiert damit umzugehen. Hier steht oft die Frage im Raum, wie viel Einfluss die Lehrperson auf das Lernhandeln der Schüler:innen nehmen darf. Wie viel Raum dürfen eigene Interessen und Gestaltungspräferenzen im Beraten und Rückmelden haben? Wie mit den eigenen ästhetischen Vorlieben umgehen? Diese Fragen tangieren die Lehrperson in ihrem Selbstverhältnis zu den individuellen Lernwegen der Schüler:innen (Bader/Berner 2021). Hier ist immer mit Bezug zu den Lernzielen abzuwägen, wo die Schüler:innen in ihrem Lernprozess stehen und welche konkreten Optionen sich situativ ergeben, die Lernenden individuell zu unterstützen. Dabei ist der eigene Erwartungshorizont ebenso zu reflektieren wie subjektive Vorlieben.

Reflexions- und Fachkompetenz

Lernberatung im Kunstunterricht benötigt seitens der Lehrenden Reflexionskompetenz, um die Lernenden in ihren fachlichen Anliegen einschätzen und angemessen beraten zu können (Kirchner 2021). Dies ist nur mit einer hohen Fachkompetenz möglich, um sich in die fachlichen Arbeitsprozesse hineinversetzen und entsprechende Rückmeldungen geben zu können. Eigene Gestaltungsvorlieben stehen dabei hinter den Lernzielen und den individuellen Lernwegen der Schüler:innen. Dies gilt nicht nur für Gestaltungskompetenzen, auch künstlerische Strategien, kunst- und medienwissenschaftliche Inhalte sind Gegenstand der Fachkompetenz von Kunstlehrpersonen. Da die Fachkompetenz für die Begleitung und Unterstützung der Schüler:innen einen zentralen Stellenwert hat, sei an dieser Stelle nochmals auf die Sachanalyse in der Unterrichtsvorbereitung verwiesen (Kapitel 2.5.2). Dies wird oftmals von Studierenden unterschätzt, daher sei hier nochmals darauf eingegangen. Selbstverständlich kann und muss niemand alles wissen und können, aber im Rahmen der Unterrichtsvorbereitung ist es an der Lehrperson, die notwendigen Inhalte aufzufrischen, zusammenzutragen, zu üben oder sich anzueignen – was nur mit einem im Studium entwickelten Fachwissen gelingen kann. Dabei geht es vorrangig um die Selbsterfahrungen mit dem jeweiligen Unterrichtsgegenstand und damit verbunden deren Reflexion. Denn die Erfahrung mit beispielsweise bestimmten Gestaltungsfertigkeiten, handwerklichen Techniken oder einer bestimmten Analysemethode eines Kunstwerks macht für die Arbeits- und Lernprozesse der Schüler:innen sensibel. Dann fällt es leichter, sich in Beratungsprozessen in die Schüler:innen hineinzuversetzen. Auch können so mögliche Probleme und Herausforderungen antizipiert und Lösungswege angedacht werden. Gerade in Kunst/Gestalten ist es notwendig, eigene Erfahrungen mit dem jeweiligen Unterrichtsgegenstand gemacht zu haben, um angemessen beraten zu können.

Empathiefähigkeit

Sich in die Schüler:innen hineinversetzen zu können – also Empathiefähigkeit zu zeigen – ist eine wichtige persönliche Fähigkeit für das Beraten und eine zentrale Dimension von Beratungskompetenz (Bruder/Klug/Hertel/Schmitz 2010). Hierzu zählt auch, Rückmeldungen und Anliegen so zu formulieren, dass die Schüler:innen sie auch verstehen und nachvollziehen können. Lernvoraussetzungen sind hier ebenso zu beachten wie sprachliche Kommunikationsweisen. Damit ist nicht gemeint, dass man in Schüler- oder Umgangssprache verfallen soll, aber man sollte sich auf einem sprachlichen Niveau bewegen, das altersangemessen und differenziert artikuliert ist, damit es bei den Schüler:innen auch ankommen kann (Schulz von Thun 1981, 1996). So sind das Versprachlichen visueller Inhalte bei der Anfertigung einer Zeichnung, das Mitteilen von Ideen zur Bildfindung oder das Verbalisieren von Handlungsabläufen während der Erklärung eines Werkzeugs beispielsweise von hoher Bedeutung für ein erfolgreiches Beratungsgespräch. Darüber hinaus sind Geduld, Kritikfähigkeit, Offenheit und Ambiguitätstoleranz wichtig, um auf Schülerverhalten auch dann angemessen reagieren zu können, wenn man evtl. mit entsprechenden Reaktionen nicht gerechnet hat (Bruder et al. 2010).

Reflexive Verständigung

Der Beratungsprozess selbst lässt sich als reflexiver Verständigungsprozess zwischen Lehrperson und Schüler:in beschreiben. Damit ist zu verstehen, dass sich Lehrperson und Schüler:in reflexiv über den Lernprozess austauschen und in einem gegenseitigen Verstehen aufeinander eingehen und Lernwege gemeinsam aushandeln.

> *«Lernberatung basiert darauf, Handlungs- und Lernproblematiken in ihrer Begründetheit systematisch zu verstehen. Sie zielt darauf ab, gemeinsam mit den Lernenden neue Handlungsoptionen und Lernwege zu suchen.» (Ludwig 2012, S. 156)*

Im Kunstunterricht sind die Kommunikation, der Austausch und die Reflexion über bisherige Arbeits- und Entwicklungsschritte von zentraler Bedeutung, um sich in das Vorhaben der Schüler:innen hineinversetzen zu können:

- Welche konkreten Fragen haben die Schüler:innen?
- Was wurde bereits erreicht, wo stehen die Schüler:innen aktuell?
- Welche Hinweise werden durch die Beratung für die jeweilige Weiterarbeit erhofft?

Dies sind wichtige Fragen, die es zu Beginn einer Beratung zu klären gilt. Gleichermaßen sind die Zielvorstellungen einer Unterrichtseinheit für die Beratungstätigkeit relevant, wie es Sabine Lenk (2019) in ihrem Modell kunstpädagogischer Beratung ästhetischer Praxis ausführlich aufzeigt. Anders als bei Sabine Lenk (2019) wird mit Bezug auf aktuelle Diskurse der Bildungsforschung die Beratungstätigkeit vom Feedback theoretisch abgegrenzt, sodass der Gegenstand der Lernberatung stärker auf transversalem und horizontalem Kompetenzerwerb über mehrere Unterrichtslektionen und/oder Unterrichtseinheiten abzielt. Damit sind für Lernberatung vor allem der Lernfortschritt und der Kompetenzaufbau über verschiedene Aufgaben hinweg relevant. Hier gilt es zu changieren und zu navigieren, um individuelle Entwicklungsprozesse adäquat beraten zu können.

Der Beratungsprozess

Im Gestalten können sich im Verlauf des Prozesses sowohl die Problemlagen als auch das Ziel sowie der Weg dorthin stetig ändern und bestimmen das weitere Handeln. Für die konkrete Beratungstätigkeit ist damit eine besondere Anforderung an die Offenheit, Dynamik und Flexibilität der Lehrperson verbunden, die sich auf die verändernden, fluiden Prozesse einlassen muss, um angemessen beraten zu können (Berner 2021a). Hier gilt es, die einzelnen Lernprozesse und damit verbundenen Anforderungen an die Schüler:innen wahrzunehmen, zu begleiten und entsprechend zu beraten.

Die Psychologen Andreas Bürgi und Herbert Eberhart (2006) haben das Beraten als strukturierten und kreativen Prozess beschrieben. Hierzu haben sie eine «Logik des Beratungsprozesses» erarbeitet (Bürgi/Eberhart 2006, S. 33), die besonders für den Kunstunterricht als geeignetes Modell erscheint und übertragen werden kann auf den kreativen Prozess in seiner Zirkularität, wie er in Gestaltungsprozessen im Kunstunterricht oftmals auftritt. Einerseits findet eine direkte Orientierung am (kreativen) Problemlöseprozess statt, andererseits stehen fortwährend auch Fragen der Beziehungsgestaltung im Beratungsprozess im Mittelpunkt (Abbildung 17, Berner 2021a).

- So gilt es zunächst eine gleich verhandelte Lernpartnerschaft einzugehen, d. h., Schüler:in und Lehrperson sind sich darüber einig, dass das Gespräch der Lernentwicklung dient. Zudem gilt es die Rollen zu klären und Vertrauen zueinander zu gewinnen. Im Ergebnis weiß der/die Schüler:in, dass die Lehrperson sein/ihr Bestes will und hilft, die eigenen Lernziele zu erreichen. Die Lehrperson weiß, dass der Schüler motiviert ist, sich anstrengt und weiterkommen möchte. Das ist die Grundlage einer Lernpartnerschaft, ohne die es eigentlich keine konstruktive Lernberatung geben kann[11].
- Lehrperson und Schüler:in verständigen sich jeweils über den Gegenstand der Beratung – dies ist im Kunstunterricht meist durch die Lehrperson respektive durch die Gestaltung des Unterrichts initiiert, kann aber auch durch die Lernenden eingefordert werden.
- Mit der Problemanalyse wird auch eine gegenseitige Verständigung über die Ziele und Vorhaben relevant. Was möchte der/die Lernende erreichen, wie vorgehen? Welche Ziele möchte die Lehrperson umgesetzt wissen? Hier gilt es, sich darüber zu verständigen und zu einigen. Für die Lehrperson können die fachlichen und überfachlichen Kompetenz- und Lernziele ebenso wie die individuellen Fortschritte und Potenziale der Schüler:innen eine wichtige Orientierung darstellen. Für das Beratungsgespräch bietet es sich an, im Vorfeld einen minimalen Erwartungshorizont zu formulieren, um im Gespräch hierauf eingehen zu können (Bürgi/Eberhart 2006).

11 Fach- und Sachanliegen treten hinter persönlichen Anliegen zurück, wenn anderweitige Problematiken auftreten, Disziplinschwierigkeiten gegeben sind oder zwischen Lehrenden und Lernenden kein Vertrauen da ist. Hier hilft dann nur noch ein externes Coaching, beispielsweise durch die Klassen- oder Vertrauenslehrperson.

- Auf der Seite der Beziehungsgestaltung ist relevant, wie die/der Lernende zum jeweiligen Lernprozess emotional wie volitional steht, welche Interessen vorliegen, wie die aktuelle Motivation ist und welche subjektiven Bezogenheiten die Arbeits- und Lernprozesse begleiten – wie beispielsweise Ablenkung durch das private oder schulische Umfeld der Schüler:innen. Im Interviewbeispiel (Kapitel 3.1.1) wäre es die Freiarbeit, die die Schülerin vom eigentlichen Arbeitsprozess ablenkt und fasziniert. Zu berücksichtigen ist immer, dass sich im Verlauf von Gestaltungsprozessen die Ziele ändern können. Dann ist die Zielformulierung auch anzupassen. Das bedeutet ein Changieren im Prozess zwischen Problemanalyse und Zielformulierung. Ein regelmäßiger Austausch über den Prozess hinweg ist daher von hoher Bedeutung für eine konstruktive Beratung.
- Bezogen auf die Zielformulierung und unter Berücksichtigung der jeweiligen Lernsituation sind durch die Lehrperson mögliche Interventionen anzudenken, Unterstützungsbedarfe abzuklären, sich mit den Lernenden über weitere Schritte zu verständigen und letztlich gemeinsame Absprachen über den weiteren Verlauf des Prozesses sowie der Beratung zu treffen. Auf Beziehungsebene erscheint eine gewisse Verbindlichkeit beider Seiten relevant, auf Handlungsseite eine klare und verständliche Handlungsaufforderung und gegenseitige Verständigung. Wichtig ist, dass dies eine gemeinsam getragene Entscheidung beider Parteien darstellt. Zudem gilt es zu prüfen, inwieweit Hilfestellungen und Unterstützung selbst geleistet werden können, und ob weitere Ressourcen – z. B. Selbstlernarchitekturen, Lehrvideos, Tutorials – einbezogen werden können.

Orientierung am Problemlöseprozess	**Problemanalyse:** Gegenseitige Verständigung von Lehrperson und Lernenden über den Gegenstand der Beratung/des bildnerischen Problems.	**Zielformulierung:** Gegenseitige Verständigung über Ziel und Vorhaben.	**Intervention:** Gegenseitige Verständigung über mögliche Schritte und Wege sowie über individuellen Unterstützungsbedarf.
Beziehungsgestaltung	**Warm-up:** Beziehungsaufbau, Lernpartnerschaft, Vertrauensaufbau.	**Situationsanalyse:** (Subjektive) Haltungen gegenüber dem Lernen sowie emotionaler und volitionaler Anteile klären.	**Zusammenfassung und Vereinbarung:** Klärung weiterer Schritte, möglicher Unterstützung, weiterer Gespräche und Hilfestellungen.

Abbildung 17: Der zirkuläre Prozess des Beratungsgesprächs im Kunstunterricht ist am kreativen Problemlöseprozess und an der Beziehungsgestaltung ausgerichtet. Modell adaptiert nach Andreas Bürgi und Herbert Eberhart (2006, S. 33).

Beziehungsarbeit als Bedingung kunstdidaktischer Begleitung
Auf die Beziehung als kunstdidaktische Kategorie verweist auch Jochen Krautz (2013). Lernen im Kunstunterricht kann sich demnach nur relational ereignen, nämlich im Verhältnis jeweils zu etwas oder jemand anderem (Krautz 2013). Gerade da die «Verwobenheit mit der Welt und dem Mitmenschen [...] leiblich konstituiert [ist]» (Krautz 2013, S. 151), leiten sich für das Lernen in Kunst/Gestalten in seiner leib-sinnlichen Bezogenheit (Kapitel 1.4.4) im Sehen, Vorstellen und Gestalten Beziehungsgefüge ab, die auch Konsequenzen für das kunstdidaktische Handeln haben:

> *«Um die relationale Qualität des Lernens voll zu entfalten ist es didaktisch [...] entscheidend, dass ein sorgfältig geleitetes, innehaltendes, vertiefendes, reflektierendes und summierendes Gespräch geführt wird.» (Krautz 2013, S. 154)*

Dabei ist zu berücksichtigen, dass nicht nur die verbale Kommunikation im Kunstunterricht ein Mitteilen ist, sondern – und das ist ganz zentral dem Fachgegenstand verpflichtet – bildnerische Kommunikation einen großen Anteil des Mitteilens im Kunstunterricht einnimmt: indem Kinder und Jugendliche etwas darstellen, – egal in welchem Gestaltungsmedium – teilen sie sich mit. Dies ist von zentraler Bedeutung, wird hierdurch doch das Lernen auf einer anderen Ebene sicht- und damit auch kommunizierbar. Diesen Aspekt des individuellen Mitteilungsgehalts im Gestalten zu berücksichtigen, ist beim Rückmelden von Arbeits- und Lernprozessen von zentraler Bedeutung.

3.2.2 Lernprozesse rückmelden – Feedback geben

In der konkreten Lernsituation stehen Kunstlehrende immer wieder vor der Herausforderung, auf Lernprozesse in Produktion wie Rezeption und damit auf das Lernhandeln der Schüler:innen direkt zu reagieren und dieses rückzumelden. Aus der Unterrichtsforschung ist bekannt, dass dabei insbesondere die Art und Weise, wie genau die Rückmeldung formuliert wird und der Kontext, in dem diese gegeben wird, für die Lernwirksamkeit eine zentrale Rolle spielt (u. a. Brookhart 2010, Haag/Götz 2019, Hattie/Timperley 2007). Über ein «das sieht ja super aus, da warst du richtig fleißig!» freut sicher die/der Schüler, hat aber für den weiteren Lernprozess nur eine geringe Wirksamkeit. Denn es benötigt eine elaborierte Rückmeldung mit Informationen und Hinweisen zum Lernprozess mit Blick auf den aktuellen Lernstand, die jeweiligen Aufgabenkriterien und Lernziele sowie darüber, wie die Schüler:innen weiterarbeiten und welche Strategien sie weiterverfolgen können (Hattie/Timperley 2007). Für die Lernunterstützung ist – im Gegensatz zur Leistungsbewertung – eine nicht-wertende, beschreibende Rückmeldung wichtig. Dann haben Rückmeldungen besonders auch eine motivierende Funktion.

> *«Gutes Feedback kann ein mächtiges Instrument sein. Die Kraft formativer Leistungsrückmeldung liegt in ihrer doppelten Natur, da sie gleichzeitig kognitive und motivationale Faktoren anspricht.» (Brookhart 2010, S. 7)*

Formative Rückmeldungen im Kunstunterricht sind immer sachlich fundiert, elaboriert und bieten wertneutrale und konstruktive Hinweise für Schüler:innen zur Weiterarbeit an. Rückmeldungen können so die Schüler:innen motivieren und individuelle Arbeits- und Lernprozesse gezielt unterstützen (Bader/Berner 2021, Berner 2016). Um Rückmeldungen elaboriert und angemessen zu geben, ist es wichtig, die Perspektive der Lernenden einzubeziehen.

Sophie überträgt ihre Motive jeweils von einer Seite auf die andere und überlegt sich, wie die Bewegung von einem Bild zum nächsten weitergeführt werden kann, um im Daumenkino als Bewegungsfolge zu funktionieren. Dabei möchte sie möglichst einen flüssigen Übergang erreichen und zeichnet nur minimale Abstände zwischen zwei Bildern. «Oh, da sieht man ja fast keine Bewegung, weshalb zeichnest du denn nur so geringe Abstände zwischen den einzelnen Bildern, Sophie?» fragt die Lehrperson, die eben an Sophies Gruppentisch vorbeikommt. «Ich möchte, dass es eine schöne Bewegung gibt.» Die Lehrperson schaut sich die Vorskizze an, in der Sophie die Bewegungsfolge grob vorgezeichnet hat. «Du bist da sehr genau, das ist gut, aber wir müssen da nochmal überlegen, kannst du denn die Bewegung in acht Zeichnungen so darstellen? Das möchtest du doch, oder? Du hast in deinen Skizzen größere Abstände zwischen den Bewegungen, sodass das nicht in acht Einzelbildern funktioniert». Sophie schaut sich ihre Vorskizzen an. «Ich denke, das wird schwierig, da bräuchte ich mindestens die doppelte Menge an Zeichnungen». Die beiden eruieren nun weitere Möglichkeiten, wie sie vorgehen könnte, da Sophie gerade der flüssige Übergang in der Bewegungsabfolge wichtig ist. Sie einigen sich dann darauf, dass die Schülerin nicht die komplette Bewegungsabfolge zeichnet, sondern nur die Hälfte. Wichtig ist es der Lehrperson in dieser ersten Einstiegsaufgabe, dass die Schüler:innen verstehen, dass eine Bewegungsabfolge eben aus mehreren Bildern besteht.

In dieser einfachen Lehrer-Schüler-Interaktion zeigt sich sehr gut, wie die Lehrperson die Schülerperspektive zunächst abholt, um darauf aufbauend ihre Rückmeldung differenziert und auf das Lernziel fokussiert zu geben. Dies sind wichtige Merkmale effektiven Beratens und Rückmeldens im Kunstunterricht.

Von den Lernenden ausgehen

Selbsteinschätzungen begleiten das Lernen und beeinflussen sowohl den Lernprozess als auch die Schüler:innen selbst in ihrer Motivation und ihren Überzeugungen. Aus der Forschung wissen wir, dass solche inneren Feedbacks das Lernen gleichermaßen beeinflussen wie das äußere Feedback, wie es Schüler:innen von Lehrpersonen oder durch Mitschüler:innen untereinander gegeben wird (Butler/Winne 1995). Ein Feedback, dass also die inneren Sichtweisen auf das Lernen nicht berücksichtigt, kann Gefahr laufen, dass die Selbsteinschätzung vielleicht stärker oder schwächer ist und so die Rückmeldung durch die Lehrperson vielleicht nicht angenommen werden kann.

Gerade da in Kunst/Gestalten individuelle Lernwege beschritten werden, sind die Schüler:innen zunächst da abzuholen, wo sie aktuell in der jeweiligen Lernsituation stehen. Ihre Selbsteinschätzung auf die eigenen Arbeits- und Gestaltungsprozesse sind daher einzubeziehen.

> *«Basis für die Rückmeldung sollte […] die Selbsteinschätzung des Schülers sein, sollten seine eigenen Vorstellungen zum weiteren Vorgehen und seine Entwürfe zur Lösung des Problems sein.» (Seydel 2012b, S. 29)*

Davon ausgehend kann dann eine Rückmeldung angeboten werden. Dabei ist zu beachten, dass die Botschaft der jeweiligen Rückmeldung durch das Vorwissen und die Erfahrungen der Lernenden gefiltert ist und zwischen dem Sender des Feedbacks und dem Empfänger von Feedback nicht unbedingt Kongruenz besteht (Schulz von Thun 1981, Strijbos/Müller 2014). Selbsteinschätzungen und Perspektiven der Lernenden gilt es daher einzubeziehen und auf darauffolgende Verständnisfragen behutsam zu reagieren. Um die Schüler:innen in ihren individuellen Lernprozessen abzuholen und die je eigenen Sichtweisen hierauf einzubeziehen, bieten sich folgende Fragen an, die im Gespräch thematisiert werden können (Seydel 2012b):

- Aktueller Lernstand: Wie geht es dir damit? Wie siehst du das? Warum glaubst du das?
- Angestrebter Lernstand: Wo möchtest du hin? Was sind deine Ziele? Weshalb gefällt dir das noch nicht?
- Angedachte Strategien: Wie könntest du dahin gelangen? Wie möchtest du weiter vorgehen?

Solche Fragen können auch immer Gegenstand von Selbstreflexion im Lernportfolio sein (Kapitel 3.1.2, Berner/Rieder 2017) und durch die Schüler:innen vor Rückmeldegesprächen für sich selbst beantwortet werden. Hier bieten sich auch Lernkarten an, die die Schüler:innen selbstständig verwenden können.

Die Arbeit mit Lernkarten – insbesondere für ältere Schüler:innen – kann sich auf Kriterien beziehen und als Bildkarten die Selbstreflexion des Arbeitsprozesses leiten, wie u. a. zur Eigenleistung, Kreativität, Ideenfindung, Recherche, technischen Ausführung, Inspiration oder zum Arbeitsfortschritt (Kirchner/Kirschenmann 2015, S. 195). So können die Jugendlichen individuelle Schwerpunkte setzen, was sicher von den Lehrpersonen zu ergänzen ist. So könnte ein Kartenspiel angedacht werden, in dem jeweils zwei Karten gewählt werden, die dann Gegenstand der Besprechung sind. Eine weitere Methode, die Selbsteinschätzungen der Schüler:innen bereits im Prozess für Rückmeldegespräche sichtbar zu machen, stellt die Wertestation (Michl 2009) dar, die auch als partizipative Methode bei der Leistungsbewertung einen wichtigen Platz im Kunstunterricht einnehmen kann. Dabei können sich die Schüler:innen kriterienbezogen auf einer Skala einschätzen, was dann Gegenstand und Ausgangspunkt für ein Lerngespräch werden kann. Die Methode wird in Kapitel 4.1.5 als partizipative Methode der (formativen) Leistungsbeurteilung näher erläutert.

Feedback hoch drei

Auf was ist nun zu achten, um Schüler:innen eine elaborierte Rückmeldung im Kunstunterricht zu geben? Hattie und Timperley (2007) haben eine Vielzahl an Studien zum Feedback in verschiedenem Fachunterricht analysiert und arbeiten drei zentrale Perspektiven aus, auf die sich ein elaboriertes Feedback beziehen sollte, um für Schüler:innen möglichst gehaltvoll und lernwirksam zu sein (Haag/Götz 2019). Dadurch ergeben sich wichtige Erkenntnisse für die Gestaltung von Rückmeldungen im Kunstunterricht, die für kunstdidaktisches Handeln weitergedacht werden können.

«Feed-Up» fragt danach, wohin der Lernprozess gehen soll und was die individuellen und unterrichtsbezogenen Lernziele sind. Hierüber sollten Lehrende und Schüler:innen Einigkeit haben, wohin sie gehen möchten. Denn Rückmeldungen können viel wirksamer gegeben werden, wenn die Ziele geklärt sind und ein Konsens darüber besteht, wohin beispielsweise eine gestalterische Arbeit führen soll. Sind die Unterrichtsziele transparent kommuniziert, so gilt es immer wieder auf diese zurückzukommen und in den jeweiligen Lehrer-Schüler-Interaktionen damit zu arbeiten[12]. Welche Richtung soll der Arbeitsprozess nehmen? Welche Gestaltungsabsicht liegt vor? Welche Gestaltungskriterien konnten bereits berücksichtigt werden, an welchen gilt es noch weiterzuarbeiten? Dabei gilt es zu berücksichtigen, dass sich während des Arbeitsprozesses das Ziel verändern kann und u. U. nachjustiert werden muss.

Beim bereits bekannten «**Feed-Back**» wird nach den bisherigen Arbeitsprozessen sowie Fort- und Rückschritten gefragt: Wo steht die/der Schüler:in? Woran wird aktuell gearbeitet? Wie verlief der bisherige Arbeitsprozess? Welche Schwierigkeiten erfordern aus Sicht der/des Lernenden eine Rückmeldung? Sind Zielanpassungen vorzunehmen? Wie bereits angesprochen, ist unbedingt die Schülerperspektive einzuholen und das Feedback auf die Selbsteinschätzung sowie die individuellen Erfahrungswerte zu beziehen. Dabei geht es nicht darum, gleicher Meinung zu sein, auch kontrastierend können andere Sichtweisen auf das eigene Arbeiten für die Lernenden bereits hilfreich sein. Im Kunstunterricht gibt es einen besonderen Vorteil: Lernprozesse liegen anhand der bildnerischen Auseinandersetzung der Schüler:innen oft auch sichtbar vor und können als visueller Ausgangspunkt den Feedbackprozess strukturieren, insbesondere, wenn ein Lernportfolio mit Skizzen, Zeichnungen und dokumentierten Konzept- und Ideenentwürfen geführt wird. Hier gilt es auch Fort- und Rückschritte zu besprechen sowie diese bezogen auf die Lernziele zu reflektieren.

Das «**Feed-Forward**» leistet bildlich gesprochen einen Vorwärtsschub und dient dem Weiterkommen der Schüler:innen. Hier werden mögliche nächste Schritte, Interventionen und Strategien überlegt, um das formulierte Ziel zu erreichen: Was ist nun als Nächstes zu tun? Welche Arbeitsschritte sind noch notwendig? Wie ist genau weiter vorzugehen? Worauf kann die/der Schüler:in direkt aufbauen und was weiterverfolgen? Ein Feed-Up ohne Feed-Back und Feed-Forward geht an den Schüler:innen vorbei, denn die Schüler:innen werden in ihrem Arbeitsstand nicht abgeholt und es wird auch kein gemeinsames Ziel gesetzt (Interviewbeispiel, Kapitel 3.1.1).

Feed-Back, Feed-Up und Feed-Forward beziehen sich jeweils auf die Aufgabe, auf den Prozess sowie auf das selbstregulierte Lernen der Schüler:innen (Abbildung 18). Auf die Person gerichtetes Feedback erscheint für Lernprozesse weniger wirksam, ist jedoch im Kunstunterricht nicht auszuschließen, da oftmals auch personale Faktoren im Gestalten eingebunden sind. Dann ist es wichtig, dass Rückmeldungen

12 Hier kann es hilfreich sein, die zentralen Ziele, um die es im Unterricht geht, nochmals schriftlich zu fixieren. Ein solcher Kriterienkatalog kann aber nur Zusatz zu einer gut eingeführten Aufgabenstellung mit transparent formulierten Kriterien darstellen.

auf personaler Ebene nie für sich alleine stehen bleiben und mit Sorgfalt und Fürsorge getroffen werden.

	Aufgabe	Prozess	Selbstreguliertes Lernen
Feed-Up	• Was sind die Lernziele? • Welche Gestaltungskriterien wurden berücksichtigt? • Woran ist weiterzuarbeiten?	• Welche Richtung ist im Arbeitsprozess weiterzuverfolgen? • Wie können die Arbeitsprozesse unterstützt werden?	• Welche Gestaltungsabsicht liegt vor? • Welche Intention hat die/der Schüler:in • Wohin möchte die/der Schüler:in?
Feed-Back	• Woran wird aktuell gearbeitet? • Welche Fortschritte zeigen sich?	• Wo steht die/der Schüler:in im Lernprozess?	• Welche Anstrengungen erfordern aus Sicht der/des Lernenden eine Rückmeldung?
Feed-Forward	• Welche Arbeitsschritte sind noch notwendig, um die Aufgabe zu bearbeiten? • Was sollte noch gemacht werden?	• Was ist als nächstes zu tun? • Wie ist genau weiter vorzugehen?	• Worauf kann die/der Schüler:in direkt aufbauen und was kann weiterverfolgt werden?

Abbildung 18: Eine elaborierte Rückmeldung bezieht Lehr-Lernziele (Feed-Up), Lernfort- und Lernrückschritte (Feed-Back) sowie Strategien zur Zielerreichung (Feed-Forward) mit ein (nach Haag/Götz 2019, Hattie/Timperley 2007).

Der Umgang mit personalen und emotionalen Anteilen im Feedbackprozess

Nicht alle Schüler:innen reagieren gleich auf ein Feedback. Hier gibt es sehr unterschiedliche Reaktionen. Gerade wenn die Rückmeldung zwar konstruktiv formuliert ist, dennoch aber eher negativ ausfällt und damit noch einiges an Arbeit auf den/die Schüler:in zukommt, kann es zu negativen Emotionen und Abwehrreaktionen kommen. Auch fällt es nicht immer so leicht, auf noch notwendige Arbeitsschritte hinzuweisen, wenn der/die Schüler:in vollauf begeistert ist und so gar nicht erkennen kann, was aber in den eigenen Gedanken doch so offensichtlich erscheint. Hier gilt es wieder einmal mehr, sich miteinander zu verständigen und bestenfalls dann doch noch eine gemeinsame Richtung zu finden. Wenn aber alles nichts hilft, bleibt nur noch, begründete Erwartungen zu formulieren und der/dem Schüler:in transparent und kriteriengeleitet Lernwege aufzuzeigen, die sie/er beschreiten kann, um das Ziel zu erreichen. Um dabei emotionale Reaktionen der Schüler:innen besser zu verstehen und darauf reagieren zu können, kann es helfen, sich folgender Aspekte bewusst zu sein (Haag/Götz 2019).

- Ist die Rückmeldung auf die Aufgabe bezogen, so kann ein negatives Feedback eher angenommen werden, als wenn sich die Rückmeldung auch auf personale Aspekte bezieht. Das dürfte wie bereits gesagt im Kunstunterricht nicht immer ganz einfach sein. Zu oft werden aus eigenen Interessen und Präferenzen Bildmotive mit individuellem Wert ausgewählt. Auch hat der Gestaltungsprozess bereits personale Anteile, wie z. B., dass man sich eben deutlich angestrengt hat, mit viel Motivation und Freude den Prozess erlebt hat oder vielleicht sogar positive Rückmeldungen von den Mitschüler:innen erhalten hat. Dies kann alles dazu beitragen, dass Gestaltungsprozesse emotional und personal besetzt sind. Dies wird auch in Rückmeldegespräche hineingetragen und ist daher kaum auszuschließen. Daher ist hier vorsichtig und mit viel Feingefühl vorzugehen. Sich dessen bewusst zu sein, ist bereits der erste Schritt.
- Kommt es zu emotionalen Reaktionen, kann es helfen, diese im vertrauensvollen Lehrer-Schüler-Gespräch zu thematisieren, zu reflektieren und auch hierfür Verständnis zu zeigen. Das kann dazu führen, dass ein Umdenken stattfindet und es letztlich zu einer Neubewertung der Lernsituation kommt und in ein konstruktives Handeln führt.

Zeitpunkt und Formate

Wann bewirkt eine Rückmeldung am meisten und unterstützt das Lernen der Schüler:innen? Das ist eine zentrale Frage und bedingt direkte Handlungsentscheidungen im Unterricht. Rückmeldungen sollten möglichst unmittelbar in der Lernsituation erfolgen, in der Probleme auftauchen oder das Lernen stockt, damit die Lernenden diese direkt umsetzen können (Brookhart 2010). Weiter sind Rückmeldungen entweder lehrer- oder schülerinitiiert. Lehrpersonen geben dann eine Rückmeldung, wenn sie der Ansicht sind, dass dies das Schülerverhalten erfordert, mit Blick auf den Lernprozess, aber auch mit Blick auf die Mitarbeit im Unterricht. Schülerinitiiert können Rückmeldungen durch die Lehrperson gegeben werden, wenn das Feedback durch die Schüler:innen durch Meldung oder durch andere unterrichtliche Arbeitsroutinen eingefordert wird. Hier wäre beispielsweise der offene Platz am Pult der Lehrperson zu nennen, sobald dieser frei ist, können die Schüler:innen auf diesem Platz nehmen und dort eine Rückmeldung einholen. Damit verbunden ist u. U. aber auch eine gewisse Stigmatisierung, da die Schüler:innen sich nach vorne für alle sichtbar begeben müssen. Dies kann dazu führen, dass Rückmeldungen kaum oder nicht eingeholt werden. Andere Formen sind beispielsweise die Schülermeldung oder das Führen einer Rückmeldeliste.

Grundsätzlich ist das mündliche Feedback als formative Beurteilung dem schriftlichen Feedback vorzuziehen, da ein Feedbackgespräch zwischen Schüler:in und Lehrperson die Schülerperspektive besser aufzunehmen vermag als schriftliche Selbsteinschätzungen und damit verbundene zeitverzögerte Gespräche. Besonders bei längeren Arbeitsprozessen und Projekten bietet es sich aber an, konkrete Vereinbarungen zur Weiterarbeit durch die Schüler:innen schriftlich dokumentieren zu lassen, beispielsweise im Lernportfolio.

Da Feedback auf die Unterstützung individueller Lernprozesse abzielt, bezieht sich das Feedback auf die einzelnen Schüler:innen. Es kann in manchen Unterrichtssituationen aber auch ein Gruppenfeedback sinnvoll sein: So ist es bei Gemeinschafts- und Gruppenarbeiten angemessen, der Lerngruppe zusammen Feedback anzubieten, da die Rückmeldung der kooperativen Lernprozesse auch an die Gemeinschaft gerichtet werden sollten. Auch Feedback zum Verhalten der Klasse oder zur Mitarbeit kann sich an die ganze Klasse richten.

Unterschiedliche Formate von Feedback einzubeziehen, kann Schüler:innen zusätzlich motivieren und trägt zu einem lebendigen und wertschätzenden Kunstunterricht bei. Constanze Kirchner und Johannes Kirschenmann (2015) sprechen von einer ausgeprägten Feedbackkultur, die für ein erfolgreiches Lernen im Kunstunterricht notwendig ist.

3.2.3 Feedbackkultur im Kunstunterricht

Eine Lernkultur zu etablieren, in der formative Beurteilungen die Arbeits- und Lernprozesse begleiten und nicht nur Lehrende, sondern Lernende sich gegenseitig Rückmeldungen geben, kann für einen partizipativen Kunstunterricht und damit für ein schülerorientiertes und selbstbestimmtes Lernen von hoher Bedeutung sein (Harms 2013, Kirchner/Kirschenmann 2015).

Kontinuierliche Lehrer-Schüler-Feedbackgespräche sind dabei ein wichtiger Teil, um die Schüler:innen darin zu unterstützen, in den eigenen Arbeitsprozessen qualitative Unterschiede zu erkennen und letztlich «auf der Grundlage dieser Erfahrung in einem anderen Werk Qualitäten zu erkennen und zu beurteilen» (Sievert 2000, S. 61). Das ästhetische Urteilsvermögen – also bildnerische Werke anhand ästhetischer Kriterien begründet zu beurteilen – ist ein Aspekt kompetenten Bildhandelns (Kapitel 1.2.2). Neben dem Lehrer-Schüler-Feedback haben besonders auch Peerfeedbackprozesse einen wichtigen Anteil an einer gelebten Feedbackkultur im Kunstunterricht und tragen zur Entwicklung ästhetischen Urteilsvermögens bei. Hier gilt es, unterschiedliche Feedbackformen im Unterricht zu integrieren und mit den Schüler:innen Handlungsroutinen und Gewohnheiten zu entwickeln, sich gegenseitig in den Lernprozessen zu unterstützen und diese rückzumelden. Dazu gehört auch, dass Schüler:innen kriterienorientiert und aufgabenorientiert andere Lernleistungen einzuschätzen und wertschätzend rückzumelden lernen. Zu oft mag sonst die Intention der Schüler:innen stehen, die eigene Kunstnote positiv beeinflussen zu können. Das ist der Idee des Erfinders entgegengesetzt, denn genau hier gilt es ein partizipatives Lernhandeln anzubahnen. Lehrpersonen werden zu «Prozessbegleitern» (Wagner 2016, S. 185), d. h. das Reflektieren über das eigene und fremde Lernhandeln ist entsprechend vorzubereiten und auch Sorge dafür zu tragen, dass ein wertschätzender und fairer Umgang untereinander sichergestellt ist.

Peerfeedback als didaktische Methode ist an den Aufgaben, den Lernzielen sowie den Kompetenzformulierungen zu strukturieren, anzuleiten und entsprechend zu begleiten. Davon abgegrenzt ist das informelle Feedback: Dabei tauschen sich Lernende im Unterricht über ihre Arbeitsprozesse aus, was mit Blick auf kooperative Methoden im Kunstunterricht in das didaktisch-methodische Setting einbezogen werden kann.

- Bei der **Post-it-Methode** handelt es sich um eine Art Kommentar, der auf bildnerische Arbeiten mit einem Post-it angebracht werden kann. Die Schüler:innen sollen dabei z. B. Stellung zu den Gestaltungskriterien nehmen oder aber auch einfach notieren, was besonders gut gefällt oder aus ihrer Sicht noch verbessert werden kann. Wichtig ist dabei immer, dass die Schüler:innen ihre Einschätzung begründen (z. B. «Ich finde das gut dargestellt, da es sehr detailreich ist»).
- Ein strukturierter Austausch zwischen den Lernenden über ihre Arbeiten bzw. Arbeitsprozesse kann je nach Altersstufe über ein gegenseitiges **Kurzinterview/Fachgespräch** zwischen den Schüler:innen in der Rolle eines Künstlers und Galeristen oder Museumsbesuchers erfolgen, oder aber auch schriftlich stattfinden, z. B. mittels eines **Leserbriefes** oder **Kommentars**, den die Lernenden sich gegenseitig schreiben (Schoppe/Peez 2013). Wichtig ist auch hier, dass die Lernenden ihre Einschätzungen begründen, u. a., indem sie zuvor vereinbarte Gestaltungskriterien, eigene Erfahrungen oder auch Bezüge zu Werken aus der Bildenden Kunst heranziehen. Oftmals muss dies bei den Lernenden erst angebahnt werden. Ziel ist der Austausch über die Arbeits- und Gestaltungsprozesse.
- Der **Feedback-Burger** dient mehr einer Systematik konstruktiven Feedbacks: Die Grundlage bietet ein positiver Einstieg. Was den Burger schmackhaft macht, sind die Rückmeldungen, was es zu verbessern gilt. Hier ist es wichtig, in Ich-Botschaften zu formulieren und eigene Einschätzungen zu begründen.

Den Abschluss bietet ein positiver Ausblick, was noch zu tun ist und woran weitergearbeitet werden kann.

- Eine gelebte Feedbackkultur ermöglicht es Schüler:innen auch **unterrichtsbezogen Rückmeldungen** zu geben. Das Schüler-Lehrer-Feedback wird in Kapitel 4.2.6 im Rahmen der Evaluation von Kunstunterricht näher erläutert.

Eine Feedbackkultur im Kunstunterricht zu etablieren, bedeutet grundlegend eine partizipative Mitgestaltung des Unterrichts durch die Schüler:innen, ein wertschätzender Austausch und eine bewusste Gestaltung einer offenen und vertrauensvollen Lernkultur.

Auf Lehr-Lern-Interaktionen zwischen Lehrenden und Lernenden im Rahmen von Beratungs- und Rückmeldeprozessen im Kunstunterricht geht im folgenden Exkurs Nadia Bader ein und zeigt Kommunikationsstrukturen und deren Relevanz für die Lernbegleitung der Schüler:innen auf.

3.2.4 Exkurs: Lehr-Lern-Interaktionen im Kunstunterricht

Nadia Bader

Individuelles Begleiten und Rückmelden in bildnerischen Prozessen ist für Lehrpersonen eine zentrale und zugleich komplexe Aufgabe. Wie komplex Lehr-Lern-Interaktionen und die darin wirksamen Beeinflussungen und Wechselwirkungen sind, die den weiteren Verlauf von Lehr-Lern-Prozessen mitbestimmen, kann eine empirische Nahsicht beispielhaft aufzeigen (Bader 2019a, 2019b). Im Forschungsprojekt «Zeichnen – Reden – Zeigen» wurden in einer Unterrichtseinheit zum Zeichnen nach Anschauung Prozesse einzelner Schüler:innen sowie Lehr-Lern-Gespräche videografisch dokumentiert, was eine genaue Untersuchung frei vom Handlungsdruck der Unterrichtspraxis ermöglicht. So können auch Zusammenhänge erkennbar werden, die den interagierenden Personen selbst (Lehrenden, Lernenden) in der Schnelllebigkeit des Unterrichts verborgen bleiben und sich womöglich unbewusst oder unbemerkt abspielen. Dabei zeigen sich (Un)Sichtbares und (Nicht)Gesehenes sowie das Zusammenspiel verbaler und non-verbaler Kommunikation als wesentliche Einflussfaktoren für ein Lehren und Lernen im Kunstunterricht. Bewusstes Handeln stößt an Grenzen und unbewusstes Verhalten sowie situative Gegebenheiten stellen sich als wesentlich heraus. Vor diesem Hintergrund geht es nicht primär darum, Unterrichtssituationen «im Griff» haben zu wollen. Vielmehr ist eine Sensibilisierung der (eigenen) Wahrnehmung gefragt, um so auf komplexe Zusammenhänge in Lehr-Lern-Situationen aufmerksam zu werden und davon ausgehend bei Bedarf (andere) Handlungsmöglichkeiten zu eröffnen. Der Exkursbeitrag möchte dahingehend Reflexionen anregen:

> *«Wenn Experten [Lehrpersonen] Probleme wahrnehmen […], reflektieren sie. […] Aber es gilt auch die Umkehrung: Nur wenn Experten reflektieren, nehmen sie Probleme wahr, und das Ausmaß, in dem sie das tun, ist unter anderem eine Funktion der Breite ihres Wissens und einer intellektuellen, an den Wissenschaften weiterentwickelten und nicht bloss praktizistischen Neugier.» (Neuweg 2002, S. 23)*

Lehr-Lern-Situationen mehrperspektivisch betrachten

Im Folgenden wird ein Modell vorgestellt, das im besagten Forschungsprojekt entwickelt wurde, um die Betrachtung und Reflexion der (eigenen) Unterrichtspraxis und der Wechselwirkungen zwischen Lehren und Lernen zu systematisieren. Da viele verschiedene Faktoren gleichzeitig mitverantwortlich dafür sind, wie sich Lehr-Lern-Prozesse entwickeln, ist eine Betrachtung aus mehreren, unterschiedlichen Perspektiven nicht nur sinnvoll, sondern notwendig. Die vier im Projekt erarbeiteten Perspektiven werden kurz vorgestellt und anhand konkreter Beispiele veranschaulicht (ausführlich hierzu Bader 2019a, 2019b).

Zunächst lassen sich (1) zeitliche Einflussfaktoren wie Zeitpunkt, Dauer, zeitlich-dramaturgische Einbettung im Unterricht bzw. in individuellen Prozessen unterscheiden. Unterrichtspraxis ist sowohl zukunftsoffen und unvorhersehbar als auch (teilweise) vorhersehbar und planbar. Andreas Reckwitz spricht von einem «Spannungsfeld zwischen Routinisiertheit [sic! Anmerkung Nadia Bader] und systematisch begründeter Unberechenbarkeit von Praktiken» (Reckwitz 2003, S. 282).

Im untersuchten Unterricht besucht die Lehrperson die Schüler:innen nacheinander an ihren Arbeitsplätzen, um so bei allen einen Einblick zu erhalten und bei Bedarf zu unterstützen. Ihr Vorgehen folgt insofern einer gewissen Systematik, ist absichtsvoll bzw. vorstrukturiert. Was in den konkreten Begegnungen mit den einzelnen Lernenden geschehen wird, bleibt zugleich offen. Als die Lehrperson erstmals bei Tina vorbeischaut, steht diese beispielsweise erst am Anfang ihres Zeichenprozesses und weiß eigentlich selbst, was zu tun ist. Mit Blick auf die Zeichnung von Lisa, die bereits etwas weiter fortgeschritten ist, vermutet die Lehrperson hingegen, dass der Schülerin ein Darstellungsproblem bisher entgangen ist. Der Gesprächszeitpunkt erscheint aus Sicht der Lehrperson gerade günstig, um zu intervenieren und die Schülerin auf das Problem aufmerksam zu machen. Als Mila «dran» ist, arbeitet sie bereits eine Weile an einem Darstellungsproblem und fragt die Lehrperson um Rat. Hier erfolgt die Hilfestellung zu einem Zeitpunkt, an dem die Schülerin bereits an die Grenze eigener Lösungsmöglichkeiten gestoßen ist und Unterstützungsbedarf signalisiert.

Inwiefern ein Zeitpunkt gerade «richtig» für bestimmte Rückmeldungen ist, welche Rückmeldung die Lehrperson oder die Schüler:innen je nach Arbeitsstand und -phase als angemessen oder notwendig empfinden oder wie viel Zeit bestimmte (Er-)Klärungen erfordern, ist von Fall zu Fall unterschiedlich. Letzteres verweist bereits auf die zweite Perspektive: auf den Einfluss der je individuellen (2) bildnerischen Vorstellungen und Vorgehensweisen der (inter-)agierenden Personen und der Verständigung darüber. Praxistheoretisch wird hier von einem komplexen Zusammenspiel von persönlichen und überindividuellen, kulturellen, von expliziten und impliziten, von bewusst kommunizierten und unbeabsichtigt mitschwingenden Bedeutungsebenen ausgegangen, die sich in verbalen und non-verbalen Äußerungen der Personen spiegeln (Neuweg 2002, Polanyi 2016).

Oben wurde angedeutet, dass die Lehrperson im Gespräch mit Lisa bemerkt, dass der Schülerin ein zeichnerisches Problem wohl bisher nicht aufgefallen ist. Sie macht Lisa durch ein angeleitetes, vergleichendes Betrachten und gezieltes Fragen darauf aufmerksam. Lisa passt ihre Zeichnung anschließend erfolgreich an und scheint also verstanden zu haben, worauf die Lehrperson hinweisen will. Im Gespräch mit Mila zeigt sich hingegen, dass die Lehrperson und die Schülerin «aneinander vorbeireden» bzw. aus einer je unterschiedlichen Logik auf die anstehenden, zeichnerischen Herausforderungen blicken. Ein angeleitetes, vergleichendes Betrachten und Fragen seitens der Lehrperson (wie bei Lisa) stößt hier an Grenzen. Nach einigem Hin und Her demonstriert die Lehrperson ein konkretes Vorgehen zur Verbesserung der Zeichnung. Mila versucht direkt nach dem Gespräch das Gezeigte umzusetzen. Im Video zeigt sich jedoch, dass die Schülerin das Vorgehen nur oberflächlich nachahmt, ohne dieses verstanden zu haben: Das Darstellungsproblem bleibt ungelöst. Zudem lässt sich vermuten, dass Mila wohl selbst gar nicht bemerkt, dass ihr Verbesserungsversuch scheitert.

Eine detaillierte Betrachtung zeigt also, wie fragil Lehr-Lern-Dialoge sein können und wie leicht es zu Missverständnissen kommen kann, wobei dies den Beteiligten womöglich nicht bewusst sind. Obschon sich die Beteiligten um eine Verständigung bemühen, kann vieles «schief» gehen. Das Zusammenspiel von (3) verbaler und non-verbaler Kommunikation (Reden, Zeigen) sowie von sprachlicher und ästhetischer Logik (Mersch 2015) spielt dabei gerade im Fach Kunst und für bildnerische Lehr-Lern-Prozesse eine besondere Rolle.

Oben war die Rede von einer Verbesserungsmöglichkeit, welche die Lehrperson der Schülerin Mila zeigt. Sie begleitet ihre Demonstration mit den Worten: «und sonst kannst du mal so ein bisschen verschieben, um sicher zu sein … und dann siehst du, das muss eher noch etwas herunterkommen.» Was wird hier wie verschoben? Was «muss eher noch etwas herunterkommen»? Diese Gesprächsfragmente machen deutlich, dass das Gemeinte nicht rein sprachlich, sondern nur in Zusammenhang mit dem zeitgleich Gezeigten überhaupt verständlich werden kann: Die Lehrperson zeigt, wie die Kante eines Blattes als Lineal und geometrisches Werkzeug genutzt werden kann, um zu kontrollieren, inwiefern die gezeichneten Kanten parallel zueinander verlaufen. Die Blattkante wird dazu an einer gezeichneten Linie ausgerichtet und von dort aus stabil zur nächsten Linie verschoben, um so festzustellen, ob deren Ausrichtung parallel zur ersten verläuft. In der untersuchten Lehr-Lern-Situation wird dieses Vorgehen für die Schülerin Mila auch in Kombination von Sagen und Zeigen insgeheim noch zu wenig verständlich. Zugleich scheint sie selbst davon auszugehen, dass sie das gesehene Vorgehen «richtig» nachmacht. Das Gezeigte «erscheint» der Schülerin also verständlich, «ist» es aber nicht.

In Lehr-Lern-Dialogen ist also nicht nur das Sagen, sondern ebenso das Zeigen (inklusive Gestik, Mimik, Körpersprache) wesentlich für die gemeinsame Verständigung. Dabei lassen sich non-verbale Handlungen nicht in sprachliche Handlungen übersetzen (Schmidt 2012, S. 257) und umgekehrt. Sagen und Zeigen können sich ergänzen oder widersprechen, können Sachverhalte klären oder auch nur vermeintlich klar erscheinen. Darüber hinaus sind «neben den [sozialisierten, menschlichen] Körpern auch Artefakte als Handlungsträger und Mitwirkende an Praktiken» (Schmidt 2012, S. 63) und so auch an Lehr-Lern-Interaktionen im Kunstunterricht beteiligt. Dies wird mit der vierten Perspektive berücksichtigt, welche die Einflüsse von (4) Materialität, Medialität und Körperlichkeit auf Lehr-Lern-Prozesse in den Fokus rückt, die sich auf vielfältige Weise zeigen können.

Beim Zeichnen nach Anschauung spielen beispielsweise die konkreten Gegenstände, die zeichnerisch dargestellt werden sollen, eine wesentliche Rolle. Den drei Schülerinnen Mila, Lisa und Tina liegen je individuelle Taschen vor, die sich sowohl in ihrer Gesamtform (z. B. kantig-geometrisch, beutelförmig, zylinderförmig) als auch in ihrer Materialität (z. B. glattes Leder, geflochtener Bast) deutlich unterscheiden und somit auch unterschiedliche zeichnerische Anforderungen mit sich bringen (Bader 2019a, S. 151). Im Fall von Mila sind die sich in Prozess und Dialog zeigenden zeichnerischen Darstellungsprobleme eng mit der Beschaffenheit und der situativen Ansicht des Anschauungsgegenstandes verbunden. Das Schminkköfferchen weist eine klare und zugleich höchst komplexe, geometrische Form auf, die durch die gewählte Ansicht mit aufgeklapptem Deckel noch gesteigert wird.

Damit ist nun erst eine von zahlreichen Facetten benannt. Weiterführend wären u. a. räumliche Gegebenheiten im Schulzimmer (Bader 2019b, S. 128), räumlich-körperliche Relationen zwischen Personen und Dingen sowie der Einsatz und Einfluss gestalterischer Mittel und Medien zu betrachten (Bader 2019a, Bader 2020).

Zwischen idealtypischer Vision und anspruchsvoller Alltagspraxis

Um Lernende optimal zu unterstützen, sollte Feedback «genau rechtzeitig» gegeben werden, speziell auf die einzelnen Lernenden sowie auf den jeweiligen Stand ihres Lernprozesses ausgerichtet sein und schließlich genau das vermitteln, was die Lernenden jeweils brauchen, um selbst voranzukommen (Hattie 2017, S. 139). Der Einblick in das Forschungsprojekt «Zeichnen – Reden – Zeigen» zeigt exemplarisch, wie komplex Lehr-Lern-Interaktionen und wie vielschichtig mögliche Einflussfaktoren sind und zugleich von der Lehrperson nur bedingt kontrolliert und gesteuert werden können. Dennoch kann Hatties idealtypischer Anspruch als Vision leitend sein, um beständig am Gelingen von Lehr-Lern-Prozessen zu arbeiten. Durch einen aufmerksamen und reflektierten Blick lassen sich komplexe Wechselwirkungen entdecken, besser verstehen, Deutungs-/Handlungsmöglichkeiten erweitern und so eine Neugier und Offenheit im Umgang mit sich immer wieder neu zeigenden Herausforderungen kultivieren (Neuweg 2002, S. 23).

3.3 Lernprozesse fördern und unterstützen

Schüler:innen in ihren individuellen Begabungen und Fähigkeiten zu fördern und sie in einem kompetentes Bildhandeln zu unterstützen (Kapitel 1.2.2), gehört zu den zentralen Aufgaben von Kunstlehrpersonen. Damit wird im Folgenden der Blick nicht auf besondere Förderkonzepte oder -modelle gelegt, vielmehr wird Fördern im Sinne eines inklusiven Verständnisses von Unterricht als grundlegender Anteil der Lernunterstützung betrachtet (u. a. Wichelhaus 2004, 2006, Kapitel 2.2).

> *«Alle Lernenden haben einen Bedarf an Förderung, der durch Standortbestimmungen erhoben wird. Besondere Förderbedarfe werden dabei ermittelt. Das grundsätzliche Lernsetting und Differenzierungen helfen, auf Förderbedarfe angemessen zu reagieren.» (Reich 2016, S. 199)*

Einen konstruktiven Umgang mit heterogenen Lernausgangslagen und Möglichkeiten zur Differenzierung im Kunstunterricht in der Anlage des Lehr-Lernsettings wurden bereits in Kapitel 2.1.3 behandelt. Darüber hinausgehend ist ein anregendes und motivierendes Lehr-Lernsetting mit aktivierenden Aufgabenstellungen wichtig, womit ein selbstbestimmtes und selbstreguliertes Arbeiten im Kunstunterricht ermöglicht werden kann (Kapitel 2.1). Erst darauf aufbauend können individuelle Fördermaßnahmen und Unterstützungsangebote entwickelt werden, die sich daher direkt am Feed-Forward in Rückmelde- sowie Beratungssituationen ausrichten und Schüler:innen für ihr Lernen wichtige Hilfestellungen, Hinweise und Handlungsmöglichkeiten geben können.

Im Folgenden geht es also um situationsbezogene Maßnahmen der Förderung und Lernunterstützung in individuellen Arbeits- und Lernprozessen der Schüler:innen. Daraus leiten sich mehrere Fragestellungen ab, u. a.: Woran kann sich eine Förderung im Kunstunterricht ausrichten? Wie gehe ich mit begabten bzw. weniger begabten Schüler:innen im Kunstunterricht um? Wie können schwächere Schüler:innen gezielt gefördert werden? Welche Handlungsoptionen bieten kunstdidaktische Fördermodelle?

3.3.1 Leitlinien kunstdidaktischer Förderung

Bevor es um konkrete Unterstützungs- und Fördermaßnahmen im Kunstunterricht geht, erscheint es sinnvoll, zunächst Leitlinien kunstdidaktischer Förderung zu skizzieren, um einerseits Förderoptionen aufzuzeigen, andererseits kunstdidaktisches Handeln fachlich sowie didaktisch-methodisch zu grundieren.

3.3.1.1 Stärkenorientierte Förderung als Fundament kunstdidaktischen Handelns

Im schülerorientierten Kunstunterricht steht die individuelle Lern- und Kompetenzentwicklung der Schüler:innen im Zentrum kunstdidaktischen Handelns und bildet einen Ausgangspunkt für Förderaktivitäten (u. a. Kirchner 2018, Wilsmann 2019). So ist für das Fördern und Unterstützen eine differenzierte Beurteilung der individuellen Lernausgangslagen notwendig (Kapitel 4.1.1), um die Schüler:innen in ihren individuellen Bedürfnissen, Sichtweisen und Ideen abzuholen und entsprechende Förder- und Unterstützungsangebote offerieren zu können (Kirchner 2021). Beratungs- und Rückmeldegespräche (Kapitel 3.2) ermöglichen es, gemeinsam mit den Schüler:innen im Dialog mögliche Interventionen zu implementieren.

Eine stärkenorientierte Förderung geht dabei von den bereits bestehenden Fertigkeiten, Fähigkeiten und Kompetenzen der Schüler:innen aus. Motivation und Selbstbewusstsein können dann Lern- und Entwicklungsprozesse positiv unterstützen und eigene Stärken und Potenziale der Schüler:innen erkannt und weiterentwickelt werden (u. a. Sindermann 2018, Stadler-Altmann/Zeinz/Scheuenpflug/Dresel 2010). Möglichen Schwächen und Lernbedarfen werden Stärken der Schüler:innen gegenübergestellt und es wird somit ein produktives und konstruktives Fundament geschaffen, auf dem Entwicklungsprozesse aufbauen können. Eine stärkenorientierte Förderung im Kunstunterricht kann anhand von vier fachimmanenten Merkmalen skizziert werden:

- Kunst/Gestalten bezieht in Produktion und Rezeption immer die ganze Person in ihren je individuellen emotionalen, volitionalen und motivationalen Bedürfnissen mit ein. Diese **Orientierung am Selbst** (Wilsmann 2019) erscheint gerade für Kunst/Gestalten zentral, eröffnet sich dadurch ein subjektbezogener Zugang zum Lerngegenstand und damit ein individualisiertes Lernen. Indem Schüler:innen in ihren je eigenen Bedürfnissen abgeholt werden, können gemeinsam Aneignungsprozesse gestaltet werden, in denen eigene Fähigkeiten und Kompetenzen der Schüler:innen ins Zentrum gerückt und auch ein Miteinander im Lernen ermöglicht werden kann.
- Dabei erscheint ein **kooperatives Miteinander** relevant, da sich so die Schüler:innen in ihren Stärken ergänzen und gegenseitig unterstützen können. Individuelle Erfahrungen können ausgetauscht und aufeinander bezogen werden (Kapitel 2.1.1).
- Erst im Miteinander und im Bezug zu anderen bzw. zum anderen können Lernprozesse ausgehend von Alteritäts- und Differenzerfahrungen entstehen.

So können **Mehrperspektivität und Mehrdeutigkeiten** erlebt und erfahren werden, die in Kunst/Gestalten das Wissen, Können und Handeln bedingen. Die Lehrperson begleitet diese Prozesse und unterstützt aktiv ein Miteinander. In diesem Miteinander kann die Lehrperson vermitteln und die Schüler:innen auch individuell und gezielt in ihrem Kompetenzaufbau unterstützen, u. a. durch Hinweise, Hilfestellungen oder weitere Unterstützungsangebote.
- Dies bedeutet aber gleichermaßen auch, dass Schüler:innen darin unterstützt werden müssen, ihre eigenen Fähigkeiten und Kompetenzen selbst einschätzen zu lernen, um ein konstruktives Miteinander im Klassenzimmer zu ermöglichen. Dabei ist ein **realistisches Konzept der eigenen Fähigkeiten und Fertigkeiten**, dem eigenen Wissen und Können (Krautz/Sowa 2013) gegenüber, anzustreben, um keine Über-, aber auch keine Unterforderung zu etablieren. Selbsteinschätzungsmethoden wie z. B. die Wertestation (Michl 2009) können partizipative, formative Beurteilungsprozesse methodisch unterstützen (Kapitel 4.1.5). Dabei stellen Bezüge zu den Mitschüler:innen sowie zum Lerngegenstand und der Lehrperson im didaktischen Dreieck eine wichtige Funktion stärkenorientierter Förderung dar (Meyer/Meyer/Janssen 2018)
- Selbst- und Weltbezüge, Selbstbestimmung und Selbstständigkeit können daher als Anteile kunstunterrichtlichen Lernens verstanden werden und fokussieren auf das **selbstorganisierte Lernen** als Lernentwicklungskonzept auch für den Kunstunterricht (Köllner-Kolb 2016). Stärkenorientierte Förderung im Kunstunterricht zeigt sich dann selbstbestärkend dadurch, dass die Schüler:innen in ihren Lernstrategien und ihrer Selbstkompetenz aktiv unterstützt und gefördert werden (Wilsmann 2019). Dies ausdrücklich, da sich der Kunstunterricht in grundlegenden Bildungszielen zentral auf das Selbst und damit verbundener Selbstkompetenzen bezieht (Hilmes/Seydel 2018, Wilsmann 2019).

Gewiss ist hier eine idealtypische Skizzierung erfolgt, jedoch soll diese nochmals mehr dazu beitragen, klar vor Augen zu haben, welche Merkmale eine stärkenorientierte Förderung im Kunstunterricht ermöglichen und davon ausgehend nach möglichen Umsetzungen im eigenen Unterricht gesucht werden kann. Auf das selbstorganisierte Lernen und wie dies im Kunstunterricht aktiv unterstützt werden kann, wird im nächsten Abschnitt ausführlich eingegangen.

3.3.1.2 Unterstützung selbstständigen Lernens

Unbestritten spielt gerade in einem zeitgemäßen Kunstunterricht mit (halb)offenen Aufgaben, Projektarbeiten und Portfolioarbeit das selbstbestimmte und selbstständige und damit das selbstgesteuerte Lernen eine zentrale Rolle (u. a. Buschkühle

2012, Burkhardt 2014b, Busse 2003, Häcker 2007, Kirchner/Kirschenmann 2015, Peters/Inthoff 2014, Wagner 2016). Mit Blick auf heterogene Voraussetzungen und Binnendifferenzierung gilt es in individualisierten Lernprozessen im Kunstunterricht selbstständiges Arbeiten aktiv zu unterstützen und Hilfestellungen anzubieten.

> *«[…] Es gilt, nicht nur in der Konzeption der Aufgaben und Hilfestellungen eine große Vielfalt zu bedenken und umzusetzen, sondern auch stark individualisierte Gestaltungs- und Lernwege kompetent zu begleiten. Zudem kann man von einem derart hohen, per se vorhandenen Grad an Selbstständigkeit keineswegs ausgehen. Projekt- und prozessorientiertes Arbeiten bedarf einer gezielten Didaktik, die nur allmählich in die Eigenverantwortung führt.» (Schirmer/Pongratz 2021, S. 55)*

Selbstgesteuerte Lernprozesse stehen durch die Lehrperson fremdgesteuerten Lernprozessen gegenüber, beide können gleichermaßen in Unterrichtsprozessen begründet intendiert sein. Allerdings ist zwischen diesen beiden Polen eine Vielfalt an Unterstützungsmaßnahmen gegeben, um Schüler:innen im selbstregulierten Lernen (Kasten 16) – oftmals auch als selbstgesteuertes Lernen bezeichnet – individuell zu fördern und selbstregulative Kompetenzen fachlich aufzubauen (Karlen/Hirt/Zimmermann 2022, van Beek/Jon/Minnaert/Wubbels 2014).

Das **selbstregulierte Lernen** – oder auch selbstgesteuerte Lernen – ist ein Konzept der pädagogisch-psychologisch ausgerichteten Bildungsforschung und definiert für den Unterricht Lernen als einen mehrdimensionalen Prozess: «Selbstreguliertes Lernen ist ein aktiver, konstruktiver Prozess, bei dem der Lernende sich Ziele für sein Lernen selbst setzt und zudem seine Kognitionen, seine Motivation und sein Verhalten in Abhängigkeit von diesen Zielen und den gegebenen äußeren Umständen beobachtet, reguliert und kontrolliert» (Otto/Perels/Schmitz 2011). Dabei werden drei Phasen unterschieden, die selbstreguliertes oder auch selbstgesteuertes Lernen bestimmen und durch externe sowie interne Lernbedingungen beeinflusst sind (Karlen/Hirt/Zimmermann 2022):

- In der Phase vor dem Lernen wird die Aufgabe zum eigenen Können und Wissen in Bezug gesetzt und entsprechende Arbeitsstrategien bewusst oder unbewusst ausgewählt, die zur Bearbeitung geeignet erscheinen.
- In der Phase der Lerndurchführung erfolgt die Umsetzung, die Aufgabenbearbeitung. Dabei ist ein Durchhalten, Aufrechterhalten der Lernmotivation sowie ein Bei-der-Sache-bleiben entscheidend, damit das Lernen nicht unterbrochen wird. In ästhetischen Lernprozessen ist dies durch anregende, motivierende Materialien und Mediennutzung sowie im Sinne des kreativen Prozesses auch durch eine anregende, aktivierende und vertrauensvolle Atmosphäre zu unterstützen.

- Die Phase nach dem Lernen dient der Reflexion über das Lernhandeln sowie der Ergebnisdarstellung bezogen auf die gesetzten Lernziele.

In der Forschung wird heute davon ausgegangen, dass selbstreguliertes Lernen zwar überfachliche Kompetenzen beinhaltet, jedoch fachbezogen entwickelt und mit komplexen Aufgaben einhergehen muss (Greene/Free/Sawyer 2019). Zwar ist es für selbstreguliertes Lernen notwendig, dass Schüler:innen ausreichend Autonomie und Freiräume gegeben werden und dadurch zum Lernen überhaupt motiviert werden, jedoch besteht in der Forschung Konsens darüber, dass Schüler:innen auch dosiert individuelle Strukturierungsangebote sowie Unterstützungsmaßnahmen benötigen, um Selbstregulationsfähigkeiten aufbauen zu können. Diese sind fachbezogen zu entwickeln und können in Kunst/Gestalten u. a. künstlerische und individuelle Arbeitsstrategien darstellen, die im Unterricht angebahnt und geübt werden müssen.

Kasten 16: Selbstreguliertes Lernen

Auf Fremdsteuerung fokussierte Aktivitäten durch die Lehrperson im Unterricht zielen auf eine externe Regulation der Lernprozesse und sind u. a. Instruieren, Hinweisen, Anweisen, Erteilen von Aufträgen oder auch das Mitteilen und Informieren. Einen höheren Anteil an selbstgesteuerten Lernprozessen wird mit ko-regulativen Aktivitäten der Lehrperson erreicht, u. a. das Anregen von Aktivitäten, Moderieren, Unterstützen und im Kunstunterricht auch Inspirieren und Anregen von Vorstellungstätigkeit. Weiter stehen Aktivitäten der Lehrpersonen, die darauf abzielen, den Schüler:innen ein selbstreguliertes Lernen zu ermöglichen, das Reflektieren der individuellen Lernprozesse, Hinweise um eigene Herangehensweisen, Ziele und Ideen zu unterstützen sowie Strukturierungsangebote von Arbeitsprozessen. Dadurch können Schüler:innen schrittweise Arbeits- und Lernstrategien aufbauen, was sie immer mehr zu einem selbstregulierten Lernen ermächtigt (Karlen/Hirt/Zimmermann 2022, van Beek/Jon/Minnaert/Wubbels 2014).

Im Konzept des selbstregulierten Lernens wird oft auf Unterstützungsmaßnahmen rekurriert, die die Lernenden allmählich und wohl dosiert in selbstständige Arbeitsprozesse führen. Das selbstregulierte Lernen kann als ein für den Kunstunterricht tragfähiges Lernentwicklungs- und damit Förderkonzept angesehen werden, das ein selbstbestimmtes und selbstorganisiertes Arbeiten im Kunstunterricht ermöglicht (Greene/Free/Sawyer 2019, Köllner-Kolb 2016). Unterschiedliche fachdidaktische Methoden lassen sich benennen, die gezielte Begleit- und Unterstützungsprozesse einleiten und Schüler:innen zunehmend in ihrer Selbstständigkeit unterstützen (Kapitel 3.3.3).

3.3.1.3 Das Selbst im Zentrum individueller Förderung

Kunst- und Gestaltungsprozesse sind vielfältig auf das Selbst ausgelegt (Wilsmann 2019) und oftmals liegen in der selbstreflexiven Auseinandersetzung mit den Lerninhalten lernwirksame Momente (Kapitel 1.4.4). Es geht also darum, die Schüler:innen in ihrem Selbst zu fordern und die Lernenden in ihrer Selbstständigkeit zu fördern (Heymann 2015, Wilsmann 2019). Im Kunstunterricht gibt es vielfältige Anbindungsmöglichkeiten an das Selbst der Schüler:innen, ist das Subjekt doch ein zentraler Teil fachimmanenter Verstehens- und Aneignungsprozesse und in den grundlegenden kunstdidaktischen Prinzipen verortet (Kapitel 1.5.2). Joachim Penzel (2015) benennt aus Perspektive eines integralen Ansatzes unterschiedliche Ziele des psychischen, körperlichen, kulturellen und materiell-technischen Subjekts, denen es im Kunstunterricht zu begegnen gilt. Liegen oftmals Unterrichtskonzepte im kulturellen und materiell-technischen Subjekt begründet, schlägt er aus ganzheitlicher Perspektive vor, Unterrichtskonzepte in der Planung sowie in der Durchführung und Evaluation auf das psychische und körperliche Subjekt auszuweiten. Damit wird der Fokus auf das Selbst in seiner Vielschichtigkeit gesetzt und Selbstkompetenzen aus fachlicher Perspektive stärker in den Blick genommen. Hierzu zählen allgemein Selbstreflexion, selbstbezogene Beliefs, Selbstwirksamkeitserwartung und Selbstdarstellung.

Im SELBST-Modell der individuellen Förderung von Stefan Wilsmann (2019) werden diese unterschiedlichen Perspektiven zusammengetragen und unterrichtspraktisch verortet. Dabei zeigt sich ein Fördermodell, das bezogen auf die Planung, Durchführung und Evaluation von Kunstunterricht das Selbst der Schüler:innen ins Zentrum des kunstdidaktischen Handelns stellt:

S – Kunstunterricht sollte selbststärkend sein
E – Kunstunterricht sollte ermöglichen
L – Kunstunterricht sollte lebensnah sein
B – Kunstunterricht sollte Bindungen erzeugen
S – Kunstunterricht sollte Lernen strukturieren
T – Kunstunterricht sollte transparent sein

Im folgenden Exkurs geht Stefan Wilsmann näher auf die Anliegen und Herausforderungen individueller Förderung im Kunstunterricht ein und zeigt Schnittmengen zum Umgang mit heterogenen Lernausgangslagen der Schüler:innen und Differenzierung im Kunstunterricht auf.

3.3.2 Exkurs: Individuelle Förderung im Kunstunterricht

Stefan Wilsmann

Ob individuelle Förderung notwendig ist, steht eigentlich nicht zur Debatte, ist dies doch in Schulgesetzen mittlerweile fest verankert. Aber ist individuelle Förderung im Kunstunterricht nicht genuin bereits verwirklicht? Schließlich ist das Interesse am Individuum in seiner Verschiedenheit seit den Anfängen der reformorientierten Kunsterzieherbewegung und der damit verbundenen Abkehr vom Abzeichnen vorgefertigter Stiche groß. Statt Heranwachsende weiterhin abzurichten und sie auf Dinge auszurichten, die schon da sind, sei – so fasste es Kurt Schwerdtfeger in den 1950er-Jahren zusammen – die «Aufrichtung der in der Tiefe ruhenden bildnerischen Anlagen» (Schwerdtfeger 1965, S. 14), die Stärkung der individuellen «Erlebniskraft» (Schwerdtfeger 1965, S. 11), handlungsleitendes Ziel in neuer Zeit.

Unter dem Stichwort Kreativität wurde dieser Forderung nach der Förderung schöpferischer Kräfte der Heranwachsenden in den danach kommenden Jahren und Jahrzehnten Rechnung getragen. U.a. sind hier differenzierte Beobachtungskriterien kreativer Eigenschaften entstanden (Kirchner/Peez 2006), was für die für individuelle Förderung notwendige Potenzialanalyse zuarbeitet.

Damit verbunden ist ein über die Leitlinie Vielfalt kommunizierter Paradigmenwechsel: Lehrpersonen tragen heute verstärkt Mitverantwortung für den Lernerfolg ihrer Schüler:innen. Ob jemand beim Drucken das Prinzip der Positiv- und Negativformen im ersten Anlauf versteht oder nicht: In früheren Tagen war dies in den wenigsten Fällen ein Problem der Lehrenden, sondern das der Lernenden. Dominant waren angebots- und nicht nachfrageorientierte Konzepte. Demgegenüber schafft das auch unter dem Begriff des adaptiven Unterrichts gefasste Lernen unter dem Stern individueller Förderung Anschlüsse nicht allein an individuelle Lerntempi und kognitive sowie leiblich-habituelle Niveaus. Das impliziert ein radikales Hinterfragen der Passung von Lehr-/Lernmaterial und Lernenden im Rahmen der Planung und Vorbereitung von Kunstunterricht und führt dazu, dass bei der Organisation kunstunterrichtlicher Lehr-Lernprozesse – wie Einstiegsphasen, Aufgaben in Erarbeitungsphasen, Fragen der Beratung, Sicherung und Evaluation – verpflichtend die individuellen Voraussetzungen, Ressourcen und mögliche Lernhürden mitgedacht werden müssen. Hierzu gehört ein systematisches Diagnostizieren von Heterogenitätsdimensionen aus den vier Bereichen Motorik/Wahrnehmung, Denken/Lernstrategien, Kommunikation/Sprache und Emotionen/Soziales Handeln.

Bei Schüler:innen mit diagnostiziertem Förderbedarf kann aus Schulakten, Förderplänen, Elterngesprächen oder Gesprächen mit den Schul- und Lernassistenzen ein besonderer Lern- und Entwicklungsbedarf eruiert werden, was als Grundlage für die Konzeption individueller Lehr-Lernangebote verwendet werden kann. Auch ein Wahrnehmen institutionell-sozialstruktureller Vorbedingungen von Schüler:innen und deren kulturell-religiöser Vorverständnisse ist nötig. Ob man beispielsweise bei bestehenden Nacktheitstabus und Schamgefühlen den Amor von Caravaggio zeigt und welche Zusatzinformationen und Hilfsmaterialien anzubieten sind, wenn es um nicht vorhandene Wissensbestände beispielsweise im Bereich spezifisch christlicher Codierungen geht, ist dann individuell und fallspezifisch zu entscheiden. Dabei dient ein jeder diagnostischer Befund dazu, Strategien zu entwickeln, die dazu dienen, die Adaptivität des unterrichtlichen Angebots zu erhöhen.

Die Berücksichtigung heterogener Lernausgangslagen im Kunstunterricht im Sinne von Differenzierungsmaßnahmen im Unterricht ist daher von zentraler Bedeutung individueller Förderung. Unter geschlossener Differenzierung werden Maßnahmen verstanden, die vor allem seitens der Lehrpersonen gesteuert sind und der Anpassung des Lehr-Lern-Angebots an die individuellen Lernvoraussetzungen dienen. Dabei bieten sich vielfältige Differenzierungsmöglichkeiten im Kunstunterricht an:

- Aufgaben mit unterschiedlichen Einstiegs- und Lösungsmöglichkeiten sowie Verarbeitungstiefen
- das Bereitstellen gestufter Lernhilfen
- Differenzierung des Aufgabenangebotes entsprechend dem Schwierigkeitsgrad der Aufgaben
- Differenzierung in der Menge der Aufgaben
- Differenzierung im Material entsprechend unterschiedlichen Lerntypen, Neigungen und Interessen der Schüler:innen
- Differenzierung der Methoden der Erarbeitung und der Präsentation der Ergebnisse
- Differenzierung anhand der Sozialform (Einzel-, Partner-, Gruppenarbeit)
- Differenzierung anhand unterschiedlicher Lerntempi der Schüler:innen

Differenziert werden kann überdies aber auch anhand von Aufgabenplänen, Lernlandkarten, Lernkontrakten, Lerncoachinginstrumenten, Lernportfolios, Skizzenbüchern und Scribbles uvm.

Individuelle Förderung im Kunstunterricht sollte dabei immer mehr sein als ein Austeilen von Hilfekarten oder das Unterbreiten von Zusatzangeboten für entweder schwächere Schüler:innen oder solche mit hoher Erarbeitungsgeschwindigkeit (Wilsmann 2019). Nicht nur, weil Hilfeangebote zum Zwecke einer Senkung der Zugangsschwelle Herausforderungen vorwegnehmen können oder gar das Gesamtarbeitsniveau zu senken vermögen. Auf differenzierenden und auf Barrierefreiheit ausgerichteten Zusatzkarten beispielsweise können Lösungswege antizipiert werden und zu einem Stopp der kognitiven Aktivierung in der Breite führen. So kann eine Hilfekarte mit einem vorgefertigten Musterscherenschnitt als Visualisierungshilfe und zur Klärung des Erwartungshorizonts der Gestaltungsaufgabe schnell dazu führen, dass alle dasselbe machen. Auch darf die Sinnhaftigkeit von im Irgendwo des Klassenraums versteckten und somit nicht genutzten Hilfekarten in Zweifel gezogen werden. Sodann lässt der Einsatz sogenannter Sprinterkarten für schnelle Schüler:innen vergessen, dass eine Aufgabe in hoher Geschwindigkeit bewältigt zu haben, nicht auch gleichzeitig bedeuten muss, sie angemessen bewältigt zu haben. Manchmal kann anstelle sehr schnell bewältigter Aufgaben eine Zwischensicherung und Rückmeldung zu einer Erhöhung der Lernintensität führen. Kritik an oben genannten Stützhilfen ist überdies, dass sie vor allem Support sind zur Erreichung eines Ziels, bei dem das Defizit, das Noch-Nicht, notgedrungen im Vordergrund steht. Doch ist umgekehrt zu denken weitaus hilfreicher, nämlich stärken- und personenorientiert die Förderung individueller Ausdrucksfähigkeiten und kompetenter Selbstorientierung im Feld ästhetischer Formate in Augenschein zu nehmen. So zu arbeiten, wird das Erfinden einer Form im unablässigen «*Äußern* und *Konkretisieren*, *Variieren*, *Justieren* und *Klären* von Vorstellungen sowie das *konsequente Durchhalten*» von Intentionen– (Scherfenberg 2014, S. 31) zur Ursache für das Entstehen deutlich unterschiedlicher machen. «Heuristisch (von griech. *heurísko* = finde, entdecke, erfinde) sind Gestaltungsprozesse insofern, als in ihnen von etwas ausgegangen wird, das in einem eigentlichen Sinne erst noch gefunden werden muss»– (Scherfenberg 2014, S. 32). Radikale Anerkennung von Verschiedenheit wünscht Zieldifferenz und billigt die Vielgestaltigkeit der Produkte positiv. Kreativität und Anderssein wird belohnt. Auf diese Weise wird aus dem Noch-Nicht ein Doch-Schon.

Dabei entfaltet sich die eingeforderte heuristische Gestaltungskompetenz wohl am besten über den Einsatz selbstdifferenzierender Aufgaben. Ihnen ist eigen, dass ihnen eine komplexe Problemstellung genuin inhärent ist und es also die Lernenden selbst sind, die die Problemlösungsdichte entscheiden. Überdies unterbinden selbstdifferenzierende Aufgaben, Lernende durch Vergabe von Aufgaben unterschiedlicher Schwierigkeitsgrade zu stigmatisieren. Auch das mit dem Aufstehen im Klassenraum, etwa um sich eine Hilfekarte zu nehmen, verbundene Schammoment bleibt aus. Allgemeinverständliche Adapter aktivierend, vermag jede und jeder eine eigene Lösung finden. Dabei empfiehlt sich ein Arbeiten mit sogenannten elementaren oder, wie die der Philosoph Hans Blumenberg nennt, absolute Metaphern, die Ausgangspunkt für abstrakte Formen und Formeln werden (Wilsmann 2016). Hierzu ein Beispiel: Sich an die Ikarusdarstellung von Pieter Bruegel d. Ä. anzunähern, mag über ein rezeptives Aufschlüsseln unterschiedlicher historisch verbriefter Bedeutungen gelingen. Doch besser im Sinne eines individuell fördernden Unterrichts ist es, man nimmt das Gemälde Bruegel zum Anlass, an die jedem Menschen eigene Erfahrung des Absturzes und Abstürzens anknüpfend gestaltungspraktische Lösungen zu finden. Empfehlenswert ist diese Art der Aufgabenstellung, weil Schüler:innen gleich welchen kognitiven oder gestalterischen Niveaus einen sie selbst berührenden Beitrag liefern können und überdies einen Gestaltungserfolg für sich verbuchen können. Überdies ist die Arbeit mit Metaphern in einem vielfaltssensiblen Unterricht ertragreich, weil «die Verwendung von Sprachbildern und Metaphern [...] eine besondere Form des Perspektivwechsels dar[stellt]. Von einer eher rational- analytischen Beschreibung wird ein Wechsel zu einer bildlich- intuitiven Beschreibung angeboten» (Lindemann 2016, S. 28). Ein solcher Perspektivwechsel fördert nicht allein den Bereich der Urteilsbildung. Die griechische Herkunft des «Wortes: metà phérein = anderswohin tragen und metaphora = Übertragung» (Lindemann 2016, S. 11) betrachtend, geht es auch darum, die Gestaltenden in ihrer ästhetischen Stellungnahme zu elementaren Gefühlen wie beispielsweise Enge und Weite, Bedrängt- oder Befreitsein anderswo hinzutragen, schlicht: Lernerfahrungen zu machen. Und das ganz ohne Absturz. Möge es den Lernenden besser ergehen als Ikarus.

3.3.3 Strukturierung als Lernunterstützung

Geht es um die Förderung selbstgesteuerten Lernens, sind Fragen der individuellen Lernprozessunterstützung mit angesprochen. Schüler:innen sind darin zu unterstützen, selbstständig Arbeitsprozesse zu planen, umzusetzen und auch zu reflektieren. Strukturierungsangebote im Unterricht können dabei Hilfestellungen für Schüler:innen darstellen, sich zunehmend selbstständig mit den Lerninhalten auseinandersetzen zu können. Neben einer inhaltlichen Strukturierung im Sinne einer kohärenten Phasierung des Unterrichts ist auch eine kognitive Strukturierung notwendig, d. h., Lehrpersonen geben Hinweise und Impulse, stellen Fragen, fokussieren, geben Zusammenfassungen, weisen auf Wichtiges hin oder stellen Verbindungen zwischen den im Unterricht zu behandelnden Inhalten und bereits Gelerntem her (Einsiedler/Hardy 2010, Lipowsky 2015, Lipowsky/Lotz 2015). Denn für eine hohe Qualität von Unterricht ist nur auf der einen Seite eine «fachlich angemessene, kohärente und begrifflich gut strukturierte Auswahl und Aufbereitung von Unterrichtsinhalten» (Klieme 2020, S. 120) ausschlaggebend. Auf der anderen Seite kommt es vor allem darauf an, wie diese didaktisch-methodisch im Unterricht adäquat vermittelt und letztlich sequenziert und aufeinander bezogen werden.

Wie viel Strukturierung ist im Kunstunterricht nun angemessen, um Schüler:innen darin zu unterstützen, in ein selbstständiges Arbeiten und Gestalten zu kommen? Sowohl in der Produktion als auch in der Rezeption verlaufen Lernprozesse nicht linear, sondern sie können auch ganz anders als gedacht verlaufen, wenn beispielsweise ästhetisches Wahrnehmen und Erfahren zu anderen Sichtweisen und Perspektiven, Ideen und Vorhaben führen und sich Lernwege daher ändern. Da gleichzeitig mit der Gestaltungsfreiheit auch ein hoher Grad an Selbstständigkeit von den Schüler:innen gefordert ist, kann dies Schüler:innen zunächst auch überfordern und Lernprozesse können ins Stocken geraten.

Im Modell der kognitiven Lehre (engl. cognitive apprenticeship, Kasten 17) werden Lernende allmählich von eher fremdgesteuerten Lernprozessen hin zum selbstgesteuerten Lernen durch eine allmähliche Reduktion vorgegebener Strukturierung und gleichzeitige Steigerung von Komplexität geführt.

> *«Das Modell des cognitive apprenticeship führt Lernende schrittweise vom Beobachten eines Vorgangs, einer Sache über das selbstständige Bearbeiten einer Aufgabe oder eines Problems hin zur Reflexion und Auswertung des eigenen Handelns.» (Rieder 2017, S. 95)*

In der Theorie erhalten Lernende im Sinne des cognitive apprenticeship-Ansatzes von den Lehrenden in der spezifischen Lernsituation genau so viel Struktur und Unterstützung, wie sie benötigen, um die jeweiligen Aufgaben angemessen bearbeiten zu können. Aber nicht nur das Geben von Strukturen, gerade deren zunehmende Auflösung kann Schüler:innen in ihren individuellen Lernprozessen unterstützen und sie immer mehr zum selbstgesteuerten Arbeiten führen. Situativ im Unterricht ist also zu entscheiden, wie viel Struktur die Lernenden benötigen und wann gegebene Hilfestellungen und Unterstützungsmaßnahmen aufgelöst und zurückgenommen werden können. Mit diesem Modell lassen sich kunstdidaktische Konzepte und Methoden verorten und didaktisch-methodisch begründen. Christine Rieder hat im Exkurs in Kapitel 3.1.2 den Ansatz mit Blick auf Unterstützungsmöglichkeiten bereits im Rahmen von Portfolioarbeit beschrieben und Möglichkeiten aufgezeigt, wie allmählich das Lernhandeln der Schüler:innen von der Fremd- hin zur Selbststeuerung geführt werden kann.

Das Modell des **cognitive apprenticeship** zielt darauf ab, Lernhandlungen für die Lernenden selbst sichtbar zu machen (Collins/Brown/Newman 1989, Collins/Kapur 2014). Die Methode orientiert sich an der traditionellen handwerklichen Bildung (traditional apprenticeship) und fokussiert auf anwendungsbezogene Lernprozesse. Dabei geht es weniger um die Vermittlung von Faktenwissen als vielmehr um den Aufbau von Handlungsstrategien und darum, Schüler:innen in selbstgesteuerte Arbeits- und Lernprozesse zu führen. Um Lernprozesse sichtbar zu machen, sind Lehrende und Lernende angehalten, ihre Denk- und Handlungsweisen zu reflektieren und zu artikulieren und in gemeinsamen Austausch darüber zu treten. Ziel ist es, dass die Lernenden dazu befähigt werden, selbstständig ihr erworbenes Handlungswissen auf andere Bereiche zu übertragen (Collins/Kapur 2014).

Unterstützungsmaßnahmen der Lehrperson können nach dem Grad an Strukturierung unterschieden werden und sind im Modell in der jeweiligen Lernsituation als aufeinander aufbauend zu verstehen, können im Unterricht aber auch einzeln stehen:

Modeling: Lernende orientieren sich an einem Vorbild, einem Modell (z. B. für eine bestimmte Handlung). Dabei geht es nicht darum, etwas eins zu eins zu übernehmen, sondern sich im Nachahmen eine eigene Herangehensweise entwickeln zu können. Hierfür ist es wichtig, dass die Lehrperson (oder ein/e Mitschüler:in) ihr Handeln begründet und artikuliert, was sie tut, damit die Schüler:innen das Vorgehen nachvollziehen können.

Coaching: Die Lehrperson übernimmt die Rolle der beobachtenden Lernbegleitung und reagiert im Bedarfsfall mit konkreten Hilfestellungen. Dabei forciert sie auf Feedbackgespräche, um die Perspektive der Lernenden aufzunehmen und für die individuellen Lernwege geeignete Förderangebote ableiten zu können.

Scaffolding: Hier wird den Lernenden durch geeignete Unterstützungsmaßnahmen eine Art Lerngerüst angeboten, das die Schüler:innen darin unterstützen soll, sich so viel Unterstützung zu nehmen, wie sie benötigen, um die Aufgabe und die damit verbundenen Leistungsanforderungen angemessen bearbeiten zu können.

Fading: Je mehr die Schüler:innen ihre Arbeits- und Lernprozesse selbst steuern können, desto mehr kann die Lehrperson Unterstützungsangebote und Hilfestellungen zurücknehmen. Hilfestellungen werden nur dann gegeben, wenn die Schüler:innen allein nicht weiterkommen und auf die Lehrperson zugehen bzw., wenn die Lehrperson Schwierigkeiten bemerkt.

Kasten 17: Das Modell des cognitive apprenticeship

3.3.3.1 Nachahmen – Lernen am Modell

In engem Bezug zum Modeling kann das Nachahmen und Modelllernen fachbezogen für Kunst/Gestalten als eine tradierte Lehrmethode angesehen werden (Krautz/Sowa 2017, Legler 1995, Peez 2022), um Schüler:innen beim Aufbau bildnerischer Kompetenzen zu unterstützen. Mit Blick auf die Unterrichtsforschung und den cognitive apprenticeship-Ansatz ist die Methode des Vormachens-Nachmachens keinesfalls obsolet, wie dies auch Jochen Krautz und Hubert Sowa (2017) anthropologisch aufzeigen. Denn zu ergänzen ist, dass mit dem pädagogischen Fokus im Gegensatz zum alten künstlerischen Lehr-Lernprinzip der traditionellen Kunstlehre der Zweck und damit die Zielstellung des Nachahmens verändert sind. Bildungsrelevant wird das Nachahmen dann, wenn dies die «Qualität eines mimetischen Vorgangs erreicht» (Legler 1995, S. 40). So kann also festgehalten werden:

> *«Dem Zeichnen und Malen nach Vorbildern oder nach der Natur, dem zielgerichteten Umgestalten von Kunstwerkproduktionen oder auch dem Nachschaffen wird in kunstpädagogischen Konzepten eine hohe pädagogische Relevanz zugemessen […]. Mimesis ist als intensives Nachahmen mit innerer Anteilnahme zu verstehen. Die stark intrinsisch motivierte persönliche Auseinandersetzung mit dem Vorbild oder einer Vorlage unterscheidet mimetisches Tun vom bloßen kopierenden Nachmachen.» (Peez 2022, S. 151–152)*

Im Sinne eines Lernens am Vorbild, Nachahmungs- und Beobachtungslernens, zielt ein Vormachen und Nachmachen in der Kunstdidaktik auf ein intensives Nachahmen, bei dem die Lernenden kognitiv involviert sind. Damit ist zu verstehen, dass das wahrgenommene Verhalten in das eigene Verhaltensrepertoire integriert werden muss und Denk- sowie Verhaltensweisen damit nachhaltig verändert werden, wie dies im Sinne von Albert Banduras sozialkognitiver Lerntheorie und dem Modelllernen aufgezeigt ist (Bandura 1976, Kiesel/Koch 2012). Über den Lernerfolg entscheidet auch, inwiefern die Lernvoraussetzungen der Schüler:innen zum beobachteten Verhalten abgestimmt sind. Besteht eine zu große Differenz zwischen vorhandenen und geforderten Fähigkeiten und Fertigkeiten, wird der Lernerfolg eher ausbleiben. Auch hier gilt es daher im Vorfeld abzuklären, welche Voraussetzungen die Schüler:innen bereits mitbringen, um davon ausgehend entsprechende Methoden und Inhalte angemessen auszuwählen.

Technisch-handwerkliche Abläufe

Technisch-handwerkliche Abläufe werden in Kunst/Gestalten von der Lehrperson vorgezeigt, um Schüler:innen einen sicheren und fachgerechten Umgang zu ermöglichen (Rieder 2017). Dabei erklärt die Lehrperson die Abläufe und geht auf

Besonderheiten in der Ausführung ein[13]. So wird im Kunstunterricht beispielsweise eine Drucktechnik schrittweise vorgezeigt: die Anfertigung des Druckstockes, das Einfärben der Druckplatte, der Druckvorgang mit der Druckpresse. Jede Prozessphase hat eigene Handlungsabläufe, die von der Lehrperson vorgezeigt und erläutert sowie von den Schüler:innen aufgenommen und nachvollzogen werden müssen. Erst im eigenen Handeln und Ausprobieren durch die Schüler:innen entstehen dann Fragen und weiterführende Überlegungen, die es zu besprechen und zu reflektieren gilt. So könnte ein Gespräch im Plenum geführt werden und weiter ein Arbeitsblatt das Lernen unterstützen, das die wichtigsten Punkte festhält, in welchen die Lernenden ihr erworbenes Wissen festhalten, Fragen notieren oder Handlungsabläufe skizziert werden. Solche Aufzeichnungen können im späteren Lernprozess mit steigender Selbstständigkeit als Hilfestellung im Sinne des Scaffolding Anwendung finden.

Vorzeigen

Das Vorzeigen kann im Gestalten der Schüler:innen eine wichtige Unterstützungsmaßnahme darstellen, beispielsweise, wenn Lehrende ein Darstellungsproblem skizzieren oder ein Motiv exemplarisch vorzeichnen. Im Sinne eines Vorzeichnens, -skizzierens und -machens kann ein Vorzeigen dann zu intensiven Nachahmungsprozessen seitens der Lernenden führen, wenn diese als eine Hilfestellung zur Vorstellungsbildung eingesetzt werden und keinen Anlass zum Kopieren und Nachzeichnen darstellen. Im Sinne eines Lernens am Modell von Albert Bandura (1976) führt die vorgeführte Handlung zu einem nachvollziehenden kognitiven Verarbeitungsprozess, in dem das Neue bisher Bekanntem eingeordnet und bisherige Präkonzepte dadurch umstrukturiert werden (Glas/Krautz 2017). Anders formuliert: Um mimetisches Verhalten zu ermöglichen, ist es notwendig, dass die Lerninhalte an bereits vorhandenen Kenntnissen (Präkonzepte) der Schüler:innen ausgerichtet sind. Wie Alexander Glas und Jochen Krautz (2017) am Beispiel des Zeichnens erläutern, kann dies für verschiedene Medien unterschiedlich sein. So erfordert der Umgang mit dem Bleistift andere Fertigkeiten als das Zeichnen mit Kohle, was sich u. a. auf die Linienführung, das Schraffieren sowie mögliche Hell-Dunkel-Abstufungen auswirkt. Allerdings erscheinen Darstellungskonzepte, wie u. a. perspektivisches oder figürliches Darstellen, medial übergreifend. Um ein «intensives Nachahmen

13 In höheren Jahrgängen können auch Schüler:innen einbezogen werden, die bereits eine Expertise in einem bestimmten Bereich erworben haben. So könnte ein/e Schüler:in beispielsweise den Umgang mit einer Gestaltungs-App vorzeigen, die bereits ihr/ihm bekannt ist und sich informell aus eigener Motivation angeeignet hat.

mit innerer Anteilnahme» (Peez 2008, S. 145) zu ermöglichen, ist es im Konzept des cognitive apprenticeship erforderlich, dass Lehrende den Lernenden ihr Handeln aufzeigen, begründen, darstellen, artikulieren und Verstehens- und Erkenntnisprozesse reflektieren. Hier lässt sich die Grundidee der gemeinsamen Vorstellungsbildung (Sowa 2015) einordnen, bei der Lehrende und Lernende sich gemeinsam im Sinne einer «aufgabenzentrierten Werkstattsituation» (Sowa 2015, S. 121) einer Sache zuwenden und sich hierüber austauschen. Schüler:innen sehen ihre entstehenden Zeichnungen, vergleichen und verändern. In einem andauernden Prozess zwischen Wahrnehmen (der Zeichnungen der anderen oder der Vorzeichnung der Lehrperson), Zeigen und Darstellen kommt es zu einer Vorstellungsbildung und damit Veränderung bestehender Präkonzepte. In die Kategorie des Vorzeigens können auch im digital gestützten Kunstunterricht Video-Tutorials einbezogen werden. Um Gestaltungsprozesse nachvollziehen zu können, sollten diese die Gestaltungsprozesse nicht unkommentiert lassen, wie dies z. B. auf YouTube vielfältig vorhanden ist als Speed-Drawing und Speed-Painting. Zudem ist immer der Einbezug und die Auseinandersetzung mit den Video-Tutorials im Unterricht notwendig, um über die Artikulation und Reflexion intensive Nachahmungsprozesse und nicht nur ein Nachmachen zu gewährleisten. Denn genau darum geht es: das Gesehene und Vorgezeigte in eigene Handlungs- und damit individuelle Ausdrucksweisen zu überführen. Gerade für das Sachzeichnen gilt daher analog zum Naturstudium:

> *«Die aktive Entwicklung eigener Bildzeichen wird durch das Naturstudium gefördert, durch Bildklischees hingegen den Kindern vorenthalten, denn für einen Ausdruck des Inneren bleibt in diesem Fall kein Raum. […] Notwendig ist eine deutliche Unterscheidung zwischen Naturstudium im Sinne einer Weiterentwicklung der visuellen Wahrnehmung und des Abbildungswissens […] und der historisch tradierten – und inzwischen überholten – Vorstellung von einer gegenstandsnahen Wiedergabe eines Objekts als Zielpunkt des Kunstunterrichts […].» (Aufmuth 2010, S. 321)*

Im Sinne des Scaffolding und Fading gilt es immer stärker die Schüler:innen weg von den gegebenen Strukturen – Vorzeichnungen, Skizzen oder Ähnliches – zu bringen und das Nachahmen in eigenständige Handlungs- und Darstellungsprozesse zu überführen. Um ein bestimmtes Motiv in seinem Aufbau zu erklären, zeichnet die Lehrperson auf einem Blatt Papier das Motiv kurz auf und erläutert dieses dem/der Schüler:in und die beiden treten darüber in Austausch. Am Ende des Feedbackgesprächs nimmt die Lehrperson die angefertigte Vorzeichnung wieder mit, sodass ein eigenständiges Umsetzen erfolgen kann.

Modelle

Modelle und Werkstücke können gerade für den technisch orientierten Kunstunterricht sinnvoll eingesetzt werden, um eine mögliche Lösung aufzuzeigen, Qualitätskriterien zu veranschaulichen und um Lernenden als Anschauungsobjekt während der Anfertigung zur Verfügung zu stehen. Realmodelle sollten immer eine mögliche Lösung aufzeigen und so eingesetzt werden, dass sie die individuelle Ideenentwicklung nicht vorwegnimmt, beeinflusst oder gar behindert. An Modellen können den Schüler:innen Verfahrensweisen erklärt oder wiederholt und auf besondere Hindernisse im Fertigungsprozess eingegangen werden, z. B. bei der Anfertigung einer Tonskulptur in Aufbaukeramik. Für den Kunstunterricht ist in diesem Zusammenhang gut zu überlegen, wann und mit welcher Zielperspektive Kunstwerke im Unterricht integriert werden.

Kunstwerke in Rezeption und Produktion

Das Kunstwerk als Ausgangspunkt nachvollziehender Auseinandersetzung und Verstehensprozessen ist im Rahmen der gestaltungspraktischen Rezeption zu verorten. Dabei stellt sich die Frage, wie stark dann im Unterricht ein Kunstwerk als Vorbild zum Nachmachen und Nachahmen einlädt bzw. ein intensives Nachahmen im Sinne mimetischen Verhaltens auslösen kann (Legler 1995).

> *«Ziel ist es nicht, dass die […] [Schüler:innen] Werkkopien anfertigen, sondern dass sie eigene ästhetische Präferenzen und subjektive Zugänge zu den Kunstwerken ausbilden lernen. Ästhetische Reflexion und ästhetische Erkenntnisgewinne entwickeln sich im Tun. Dies regt zur geistigen Auseinandersetzung mit dem verarbeiteten Werk ebenso an wie es persönlichkeits- und selbstbildend wirkt.» (Peez 2008, S. 145)*

Was Georg Peez (2008) mit Rekurs auf die empirische Studie zur Gegenwartskunst in der Grundschule von Constanze Kirchner (1999) festhält, lässt sich kunstdidaktisch auch auf andere Schulstufen übertragen. Bereits Gunter Otto und Maria Otto (1987) haben auf das Potenzial des nicht auf Kopieren abzielenden Abbildens von Kunstwerken verwiesen: «wer selbst versucht, was ein anderer repräsentiert, wird kritischer, sieht genauer hin, fragt sachverständiger nach» (Otto/Otto 1987, S. 53). So können Kunstwerke erste Impulse darstellen, die zu weiteren praktischen Auslegungsprozessen führen. In seiner Systematik praktisch-rezeptiver Methoden zeigt Jochen Krautz (2005) ein Kontinuum zwischen subjekt- und objektbezogenen Verfahren auf. Gleichzeitig ist damit der Grad an Selbststeuerung angesprochen, die durch die jeweiligen Methoden für die praktisch-rezeptive Auseinandersetzung und damit für das Lernen erforderlich ist (Abbildung 19). Während durch die objektbezogenen Methoden die Auseinandersetzung sehr nah am Kunstwerk und dadurch für die Lernenden eine vertiefte Auseinandersetzung mit dem Kunstwerk initiiert wird (u. a. Motiv, Thema, Form, Struktur, Komposition, Technik), beziehen sich subjekt-bezogene Methoden stärker auf eine individuelle Auseinandersetzung mit dem Kunstwerk im Sinne einer zunehmenden Selbststeuerung des Lernhandelns.

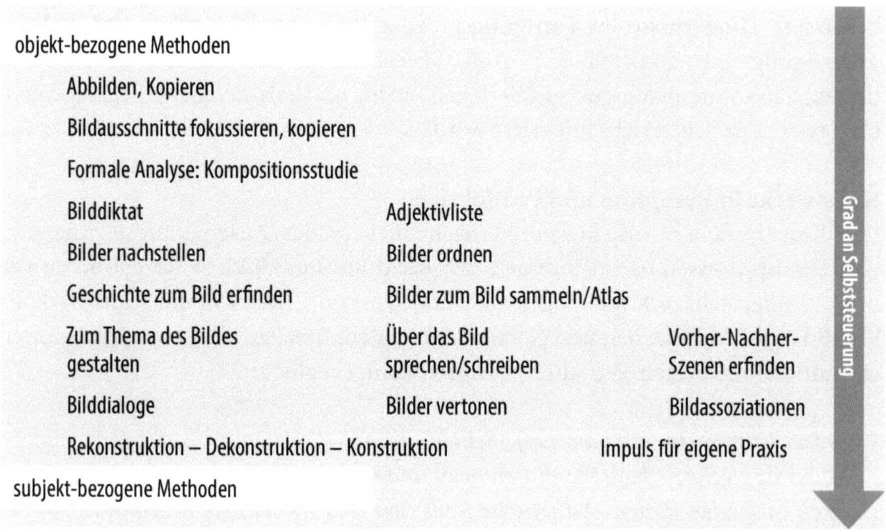

Abbildung 19: Praktisch-rezeptive Methoden, geordnet nach ihrem Grad an Selbststeuerung im Kunstunterricht (angelehnt an Krautz 2005, Otto/Otto 1987, Schoppe 2013)

3.3.3.2 Lernwege strukturieren und moderieren

Kunstunterricht grenzt sich von anderen, stärker kognitiv orientierten Fächern dadurch ab, dass mehrsinnliche, ästhetische Erfahrungen Lernprozesse begleiten oder sogar zu einem vertieften Erkenntnisgewinn führen (Peez 2022, Kirchner/Otto 1998, Kapitel 1.4.4). Dadurch verlaufen Lernwege sehr individuell und sollten mit Blick auf eine positive Fehlerkultur (u. a. Oser/Spychiger 2005, Wehren 2017) im Kunstunterricht auch Rückschritte und das Verwerfen bisheriger Prozessschritte ermöglichen. Oftmals führt dies zu sehr unterschiedlichen Lerntempi der Schüler:innen. Dazu kommt selbstverständlich, dass Lernende bereits von sich aus ein unterschiedliches Lerntempo aufweisen können (Seydel 2012a). Insbesondere für Projektarbeiten sowie Formen offenen Unterrichts gilt es daher, die Schüler:innen darin zu unterstützen, die eigenen Arbeits- und Gestaltungsprozesse zu verorten und Strukturierungsmöglichkeiten aufzuzeigen.

In der Anlage des Kunstunterrichts ist der rote Faden und eine größtmögliche Kohärenz zwischen den verschiedenen Unterrichtsphasen eine wichtige Voraussetzung, damit die Schüler:innen Wissen und Können kumulativ und aufeinander bezogen aufbauen und sich in ihren individuellen Aneignungs- und Gestaltungsprozessen auf bisherige Unterrichtsinhalte stützen können (Berner 2013d, Neumann 2020, Schoppe 2019, Wienecke 1975, Kapitel 2.4.2). Ist die inhaltliche Kohärenz in der Anlage des Unterrichts gegeben, ist damit aber nicht gleich gewährleistet, dass die Schüler:innen auch selbst Kohärenz in ihrem Lernen herstellen können. Dies gilt insbesondere für den Kunstunterricht, da hier oftmals inhaltliche Bezüge offen vorliegen, beispielsweise zwischen einem behandelten Kunstwerk in der Rezeption und daran ausgerichteten eigenen Gestaltungsprozessen der Schüler:innen in der Produktion, was jedoch nicht automatisch in einen kohärenten Lernprozess der Schüler:innen überführt werden kann, wie empirische Studien zeigen (u. a. Orth 2017, Rakoczy/Frick/Weiß-Wittstadt/Tallon/Wagner 2022, Schmidt 2016). Da die Schüler:innen immer in Lernprozesse mit ihren je eigenen Lernausgangslagen (u. a. Interessen, Fertigkeiten, Fähigkeiten) gehen, ist es erforderlich, dass sich die Schüler:innen in Bezug zu den Lerninhalten sowie zu den damit gemachten Erfahrungen setzen können (Kapitel 1.4.2). Dies kann einerseits selbstverständlich durch schülerorientierten Unterricht mit einem hohen Grad an Lebensweltorientierung erreicht werden. Andererseits gilt es dies auch aktiv zu unterstützen, u. a. mittels Anbindung an individuelle Lernziele in Bezug zu den Lehrzielen, mittels Portfolioarbeit, Einholen individueller Erwartungen und Selbstbezüge der Lernenden zum Lerninhalt oder auch durch das Visualisieren individueller Lernwege.

Individuelle Bezüge schaffen

Im Lernprozessportfolio können Schüler:innen eigene Ideen, Schwerpunkte und Erfahrungen zu einer Aufgabenstellung, einem Problem oder einfach nur zu einem Thema festhalten und reflektieren. Für eine Bildrezeption könnten beispielsweise folgende Fragen gestellt werden: Woran erinnert dich das Kunstwerk? Hast du ähnliche Erfahrungen gemacht wie die Figur in dem Kunstwerk? Weißt du vielleicht schon, wer das Kunstwerk geschaffen hat und wann? Was überrascht dich im Bild? Was möchtest du von dem Bild erfahren? Hier gilt es, dass die Schüler:innen einen eigenen Schwerpunkt formulieren, mit dem sie die weiteren Lernprozesse beschreiten. Diese Fragen können die Schüler:innen individuell weiterverfolgen und im Unterrichtsgeschehen aktiv einbringen. Die individuellen Antworten, subjektiven Lernziele sowie weiterführenden Fragestellungen der Schüler:innen können im Portfolio notiert und im Unterrichtsverlauf immer wieder aufgenommen, weiterverfolgt und bearbeitet werden. Diese individuell erarbeiteten Zugänge zum Lerngegenstand sind im Portfolio möglichst übersichtlich, verständlich und nachvollziehbar zu dokumentieren (Wirth 2009). Mapping-Methoden bieten darüberhinausgehend die Möglichkeit, einen Lerngegenstand in seinen Dimensionen zu erfassen und kann im kunstdidaktischen Kontext als Recherche, Spurensicherung, Sammeln und Dokumentieren beschrieben werden (Busse 2004). Hier können Objektbezüge ebenso wegweisend sein für die individuelle Auseinandersetzung mit dem Lerngegenstand wie auch individuelle Erfahrungen sowie biografische Bezüge (Sabisch/Seydel 2004). Das fokussierte Mapping (Kittelmann 2017) bietet im Gestaltungsprozess die Schnittstelle zwischen der Produkt- und Prozessorientierung und fragt immer wieder nach individuellen Zielen im Gestaltungsprozess. So werden im Prozessverlauf die individuellen Gestaltungswege und auch Umwege dokumentiert und reflektiert, welche auch Neuausrichtungen beinhalten können. Hier ist der Grad an selbstgesteuertem Lernen hoch, wobei im Rahmen der Portfolioarbeit entsprechende Unterstützungshilfen individuell zur Verfügung gestellt werden können.

Zusammenfassen und Austauschen

Damit sich im Lernprozess kohärente Strukturen aufbauen können, ist es hilfreich, bisherige Arbeitsschritte zu besprechen und individuelle Erfahrungen auszutauschen. Schüler:innen können hier aktiv eingebunden werden und im Sinne von Zwischenreflexionsphasen Arbeitsprozesse und damit verbundene Erfahrungen beschreiben, erarbeitete Kenntnisse zusammenfassen und mögliche weiterführende Fragen aufwerfen. So können eigene Lernwege und Lernfortschritte aufgezeigt werden und auch mit denjenigen anderer Schüler:innen vernetzt und besprochen werden. Individuelle Schwierigkeiten können so im Kontext gemeinschaftlichen Lernens ausgetauscht und beraten werden. Dem individuellen Bedarf entsprechend kann die Lehrperson zusätzliche Hilfestellungen anbieten.

Verorten

Es kann zudem sinnvoll sein, dass sich Schüler:innen im Verlauf des Unterrichts in ihren Lernprozessen verorten können. Wo stehe ich aktuell? Was möchte ich erreichen? Welche Arbeitsschritte sind noch zu erledigen? Hier kann es helfen, dass Schüler:innen Rückgriff auf eine grob visualisierte Roadmap der gesamten Unterrichtseinheit mit markierten Zwischenzielen erhalten. Hier kann beispielsweise auch eine grobe Zeitangabe festgehalten werden sowie markiert werden, ob Zwischenziele bewertet werden. Anhand von Meilensteinen und Zwischenzielen können individuelle Lernwege strukturiert werden, sodass sich die Lernenden zunehmend selbstgesteuert in ihren individuellen Lernprozessen an diesen orientieren können.

Wiederholen und Verändern

Erfahrungen und Erkenntnisse der Schüler:innen können auch für die anderen Lernenden hilfreich sein, daher sollten wichtige Äußerungen im Plenum aufgenommen werden und im weiteren Unterrichtsverlauf hervorgehoben und weitergegeben werden. Dies kann durch ein Wiederholen der Schüleraussagen durch die Schüler:innen selbst, oder auch durch ein Herausstellen und Betonen der Schüleraussagen durch die Lehrperson, gemeinsames Sammeln an der Tafel oder durch das Anlegen eines Ideenspeichers realisiert werden. Wichtig ist aber, dass nicht nur wiederholt wird, sondern dass die Schüler:innen darin gefordert sind, selbst ihr Lernen hervorzuheben und wichtige Erkenntnisse festzuhalten, die für den weiteren Lernweg relevant erscheinen.

3.3.3.3 Strukturierungshilfen zurücknehmen

Im Sinne des Fadings geht es als letzten Schritt darum, angebotene Unterstützungsmaßnahmen und Strukturierungshilfen im Unterricht allmählich zurückzunehmen und so Schüler:innen immer mehr zum selbstständigen Lernen zu bringen. Dies kann mittels einer schrittweisen Rücknahme angebotener Hilfestellungen erfolgen, die nah an den Schüler:innen und den entwickelten selbstregulativen Fähigkeiten orientiert ist. Dies erfordert daher ein behutsames Vorgehen und eine individuelle Begleitung, um die Lernenden nicht zu unter-, aber auch nicht zu überfordern. Die Maßnahmen des Fadings sind nur angemessen bei einem gleichzeitigen Kompetenzaufbau (Sonntag/Stegmaier 2007). Das bedeutet, je selbstständiger die Lernenden arbeiten können, desto mehr können Unterstützungsangebote zurückgenommen werden und von den Schüler:innen ein eigenständiges Arbeiten gefordert werden.

Um den Schüler:innen eine bestmögliche Lernunterstützung zu bieten, ist eine didaktisch gut vorbereitete Lernumgebung relevant, in der je nach individuellem Unterstützungsbedarf Schüler:innen Hilfestellungen und Hinweise erhalten können. Dies kann im Kunstunterricht beispielsweise durch Reflexionsfragen zum Arbeitsprozess, durch Peer-Feedback oder durch Zwischenreflexion im Plenum eingelöst werden. Durch eine möglichst kontinuierliche Begleitung kann die Lehrperson notwendigen Unterstützungsbedarf eruieren und entsprechend darauf reagieren.

3.3.4 Lernen aktiv, kreativ und reflexiv gestalten

Möchten wir die Schüler:innen in ihren Stärken fördern, Kompetenzen entwickeln und sie in ihrer Entwicklung unterstützen, so hat die Aktivierung durch das unterrichtliche Lehr-Lern-Setting eine wichtige Funktion, um die Schüler:innen in eigentätige Prozesse zu bringen (Kapitel 2.1.1). Denn erst eine intensive Auseinandersetzung mit den Lerninhalten ermöglicht ein ästhetisches Lernen. Intensität in Kunst/Gestalten liegt dabei im aktiven und kreativen Tun, also im handelnden Umgang mit Bildern und Materialien, im Umgestalten, Neugestalten und Ausgestalten, im Weiterführen und im Infrage-Stellen bisheriger Konventionen. Künstlerische Strategien, kreative Denk- und Handlungsweisen, eine positive Fehlerkultur sowie die Förderung selbstbestimmten Lernens können eine intensive Auseinandersetzung in Kunst/Gestalten unterstützen.

3.3.4.1 Aktivierung

Im Kunstunterricht können vor allem aus der gestalterisch-reflexiven sowie rezeptiv-handelnden Auseinandersetzung Lernprozesse erwachsen. Gleichzeitig ist ein handlungsintensiver Unterricht aber nicht immer auch gleich ein kognitiv-emotional aktivierender Unterricht (Berner 2016, Helmke 2015, Kapitel 2.1.1). Aus einer reinen Verhaltensaktivierung der Lernenden kann weder auf Denk- und Lernprozesse noch auf eine motivational-emotionale Beteiligung der Schüler:innen geschlossen werden. Vielmehr geht es um die «Be-Geisterung» und «Inspiration» (Bilstein 2013, S. 63), die nur mit einer vertieften Auseinandersetzung und kognitiv-emotionalen Aktivierung erzielt werden kann.

Der Psychologe Richard E. Mayer (2004) unterscheidet zwei Dimensionen aktiven Arbeitens im Unterricht: Verhaltensaktivität und kognitive Aktivität. Im Kunstunterricht können verschiedene Aktivitäten unterschiedlichen Dimensionen zugeordnet werden, emotionale Aktivierung stellt hier zudem eine weitere Ebene dar (Abbildung 20).

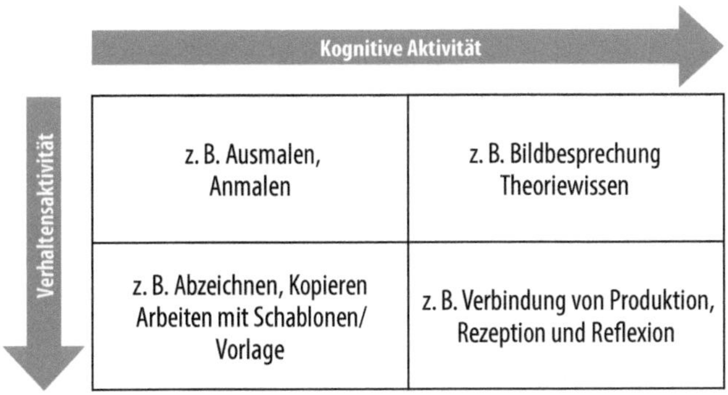

Abbildung 20: Kognitive Aktivierung und Verhaltensaktivierung im Kunstunterricht (in Anlehnung an Mayer 2004, S. 15)

Während die Verbindung von Produktion, Rezeption und Reflexion einer hohen Verhaltens- und kognitiven sowie emotionalen Aktivierung entgegenkommt, kann das Arbeiten mit Schablonen und Vorlagen, das Ausmalen und Kopieren als geringe kognitive und emotionale Aktivierung angesehen werden, obwohl sie die Schüler:innen zum Tun anregen, woraus aber in der Reproduktion kein ästhetisches Lernen erwachsen kann.

Die Lernenden in ihrer Eigenaktivität zu fordern und zu fördern, bedeutet auch, die Schüler:innen aktiv an den Handlungsprozessen im Unterricht zu beteiligen und ein selbstbestimmtes und selbsttätiges Lernen anzubahnen. Partizipation versteht sich hier als Anforderung, Schüler:innen in ihrem Selbstverständnis ernst zu nehmen und sie als lernende Subjekte immer stärker in eine Mitverantwortung für ihre eigenen Lernwege zu holen (Meyer 2010).

3.3.4.2 Kreativität fördern

Eine gezielte Kreativitätsförderung im Kunstunterricht kann von allen vier Perspektiven auf Kreativität – der kreativen Person, dem kreativen Prozess, dem kreativen Produkt und der kreativen Umwelt (Kapitel 1.4.4, Kasten 5) – gedacht werden.

Kreativität kann im Kunstunterricht durch eine gezielte Anregung kreativer Denkfähigkeiten einer **Person** gefördert werden (Brügel 1987, 2018, Kirchner/Peez 2009b). Diese gehen auf die Forschungen des Psychologen Joy Paul Guildford (1950) und Kunstpädagogen Victor Lowenfeld (1950) zurück und haben sich in der Förderung von Kreativität überfachlich etabliert, wurden aber auch ergänzt um andere personale Eigenschaften, die für Kreativität aus fachlicher Perspektive in Kunst/Gestalten notwendig sind (Kirchner/Peez 2009b, Wachter 2018, Kasten 18).

Constanze Kirchner und Georg Peez (2009a) haben kreative Denkfähigkeiten im bildnerischen Gestalten im Rahmen einer qualitativ empirischen Interventionsstudie in der Grundschule testbasiert ausgewertet und gezielt gefördert. Steffen Wachter (2018) hat im Rahmen einer Fallanalyse kreative Faktoren im Malen von Sechstklässlern analysiert. In beiden Studien zeigte sich, dass sich das Kreativitätskonzept in Kunst/Gestalten nicht auf wenige Faktoren reduzieren lässt, sondern dass ganz im Sinne aktueller Kreativitätsforschung personale und individuelle Eigenschaften neben spezifischen Einflüssen der direkten Umgebung für kreatives Verhalten ausschlaggebend sind. Dennoch erscheint es sinnvoll, zentrale Faktoren zu definieren, um individuelle Stärken und Förderbedarfe im bildnerischen Problemlöseverhalten zu erkennen und gezielt fördern zu können.

Kasten 18: Kreativitätsfaktoren im Kunstunterricht empirisch betrachtet

Gerade da Pauschalisierungen dem Gestalten von Kindern und Jugendlichen nicht angemessen sind, ist eine differenzierte Betrachtung von Kreativität notwendig. Dabei können auf Ebene der kreativen **Person** die Kreativitätsfaktoren eine hilfreiche Struktur bieten, bildnerisches Gestalten prozess- und produktbasiert systematisch einzuschätzen und gezielt zu fördern (Berner 2013c, 2013d, Guilford 1950, 1957, Kirchner/Peez 2009a, 2009b, Wachter 2018).

- **Flüssigkeit** oder auch Fluktualität ist die Fähigkeit, neue Ideen zu produzieren. Ideenreichtum und Schnelligkeit in der Ideenfindung sind hier Bestimmungsfaktoren für einen für kreatives Gestalten notwendigen, zügigen Gedanken- und Ideenfluss. Assoziationsflüssigkeit ist dabei die Fähigkeit, schnell nicht nur naheliegende Ideen zu produzieren, sondern auch ungewöhnliche, überraschende Einfälle zu haben.
- **Flexibilität** ist damit eng verbunden und die Fähigkeit, möglichst unterschiedliche Ideen zu produzieren, in verschiedene Richtungen zu denken und den Zufall im Gestalten einbeziehen zu können. Flexibel zu sein, bedeutet also, sich auf das Material, auf die Aufgabe oder auf ein Bild flexibel einlassen und unterschiedliche Möglichkeiten umsetzen zu können. Oft wird Flexibilität auch als qualitativer Aspekt des Ideenreichtums bezeichnet. In Kunst/Gestalten kann dies auch durch Re-Arrangieren, Assoziieren und Bisoziieren angeregt und gefördert werden.
- Damit verbunden ist die Fähigkeit zur **Umstrukturierung,** die einen gestaltungsimmanenten Faktor in Kunst/Gestalten darstellt. Dinge anders sehen als sie sind, sie zu etwas anderem machen, ist im Gestalten eine grundlegende Fähigkeit. Ein Kreis kann so zu einem Kopf, aber auch zu einer Glühlampe umgestaltet werden.

- **Komplexität** oder auch **Komplexitätspräferenz** ist in Kunst/Gestalten ein Merkmal, dass eine formale und inhaltliche Tiefe der Bildaussage ermöglicht. Damit verstanden wird die Fähigkeit, das eigene Gestalten in der inhaltlichen und formalen Aussage aufeinander beziehen zu können und dabei verschiedene Informationen, Begebenheiten, Fakten, Sachverhalte und Eigenschaften in die Gestaltung integrieren zu können (Berner 2013a, Preiser 2006, Wagner 2003). Steffen Wachter (2018) bezieht hier auch die Varianz mit ein, also die Unterschiedlichkeit der einbezogenen Ideen und Variation der bildnerischen Mittel und Strategien in der Darstellung.
- **Originalität** kann als Gegenteil der Konformität bezeichnet werden. Es ist die Fähigkeit, ausgefallene, ungewöhnliche Ideen zu entwickeln und diese unkonventionell, individuell und einfallsreich gestalterisch umzusetzen. Originelles Bildhandeln hebt sich von anderen ab und weist individuelle Züge auf. Originalität benötigt Mut und Ich-Stärke sowie ein Zutrauen in die Stärken der Schüler:innen.
- **Kohärenz** hat ihren Ursprung im kreativen Handeln als ein absichtsvolles Tun, das immer bezogen auf ein Ziel ausgeführt und daran gemessen werden muss (u. a. Berner 2013, Drevdahl 1956, Runco 2004). Steffen Wachter (2018) fokussiert auch auf die Glaubwürdigkeit, Sinnhaftigkeit und Nachvollziehbarkeit des Inhalts in der Bildlösung, d. h., inwiefern die Umsetzung eigene inhaltliche Absichten (Gestaltungsintention) erfüllt sowie den formalen Rahmen der Aufgabenstellung aufgreift.
- **Sensitivität/Sensibilität** ist die Fähigkeit im Gestalten, Probleme, Widerstände und Spannungen wahrzunehmen. Damit verbunden sind das Verständnis und Einfühlungsvermögen für Komposition, Farbe und Form sowie ein emphatisches Bildhandeln und Feingefühl für mögliche Aussage- und Mitteilungsgehalte im Bild. Einher geht mit einer hoch ausgeprägten Sensitivität das Finden eigener Problemstellungen – Rudolf Seitz (2005) bezeichnete dies treffend als «Probleme da zu erkennen, wo andere keine sehen» können. Sensitivität kann sich im bildnerischen Gestalten auf emotionale und soziale Gegebenheiten, auf das Erkennen von Problemstellungen sowie auf die Wahrnehmung beziehen.
- **Elaboration** bezeichnet die Fähigkeit, Ideen gestalterisch auszuarbeiten. Damit verbunden ist eine sprachliche sowie bildnerische Kommunikation der Idee, d. h., im Bildhandeln manifestiert sich die Idee bis zu ihrer Realisation. Damit wird oft auch eine inhaltliche und gestalterische Durchdringung bzw. Verarbeitungstiefe verbunden, d. h., das Sach-/Problemgebiet – z. B. der Aufgabenstellung oder des bildnerischen Problems – wird im Ganzen erfasst und intensiv bearbeitet.

- **Ambiguitätstoleranz** ist eine Eigenschaft, die es ermöglicht, Unsicherheiten und Mehrdeutigkeiten auszuhalten, damit bewusst umzugehen und ins Gestalten einbeziehen zu können. Eng verbunden ist damit die Alteralitätstoleranz, also auch Andersartigkeit und Fremdheit tolerieren und damit umgehen zu können.

Die Förderung bildnerischen und unkonventionellen Denkens und Handelns fokussiert auf das kreative **Produkt** als Lernprodukt im Kunstunterricht (Berner 2013c). Schon Reinhard Pfennig (1970) sah in der Verbindung von Erfinden und Realisieren fachspezifische kreative Qualitäten, die sich im Zuge der Kreativitätsforschung weiter etablierten und den Lernbegriff auch in der Kunstpädagogik mitprägten (Ebert 1973). Die Verbindung von Erfinden und Realisieren ist für eine kreative Umsetzung im Gestalten zentral und sollte daher neben den kreativen Fähigkeiten als Denk- und Handlungsweisen gezielt gefördert werden, u. a. durch das Erkennen von Stärken und Schwächen in den bildnerisch-kreativen Fertigkeiten der Schüler:innen (Kasten 19) und damit verbundener Unterstützungsangebote, der Vermittlung grundlegender Gestaltungsprinzipien, die sich an fachlichen wie auch kreativen Strategien ausrichten können sowie durch das Initiieren gemeinsamer Ideenentwicklung und den offenen Ideenaustausch im Unterricht (Berner 2013b, Schäfer 2006).

In der empirischen Studie zur bildnerischen Kreativität konnten im Rahmen der PERLE-Studie anhand quantitativer Auswertungen von Schülerprodukten im plastischen Gestalten in einem videografierten Kunstunterricht in 33 Grundschulklassen mit über 700 Schüler:innen zwei Teilfähigkeiten bildnerischer Kreativität fachlich beschrieben werden (Berner 2013a, S. 320): (a) der zielorientierte Einsatz bildnerischer Mittel orientiert sich am produktiven Bildhandeln und Realisieren einer Gestaltungsidee im Material, (b) die Unkonventionalität im bildnerischen Gestalten orientiert sich an einem fantasievollen Erfinden und einer individuellen Bildsprache.
Obwohl theoretisch von einem engen Zusammenhang der beiden Teilfähigkeiten für Kreativität auszugehen ist, hat sich empirisch gezeigt, dass im Grundschulalter zu Beginn des zweiten Schuljahres die beiden Teilfähigkeiten noch weitestgehend für sich stehen: auf der einen Seite war das Gestaltungshandeln ausgeprägt, aber die Idee relativ konventionell. Auf der anderen Seite zeigten sich auch Schülerprodukte, die in ihrer Idee fantasievoll und ungewöhnlich waren, dies jedoch nicht im Material darstellen konnten. Dies sind nur zwei mögliche Ausprägungen. Mit verschiedenen Kreativitätsprofilen konnte anhand der sechs Indikatoren der beiden Teilfähigkeiten eine gezielte und individuelle Einschätzung des kreativen Potenzials der Schüler:innen vorgenommen werden, die im Unterricht ein diagnostisches Handeln erlaubt (Berner 2013a, S. 310ff.).

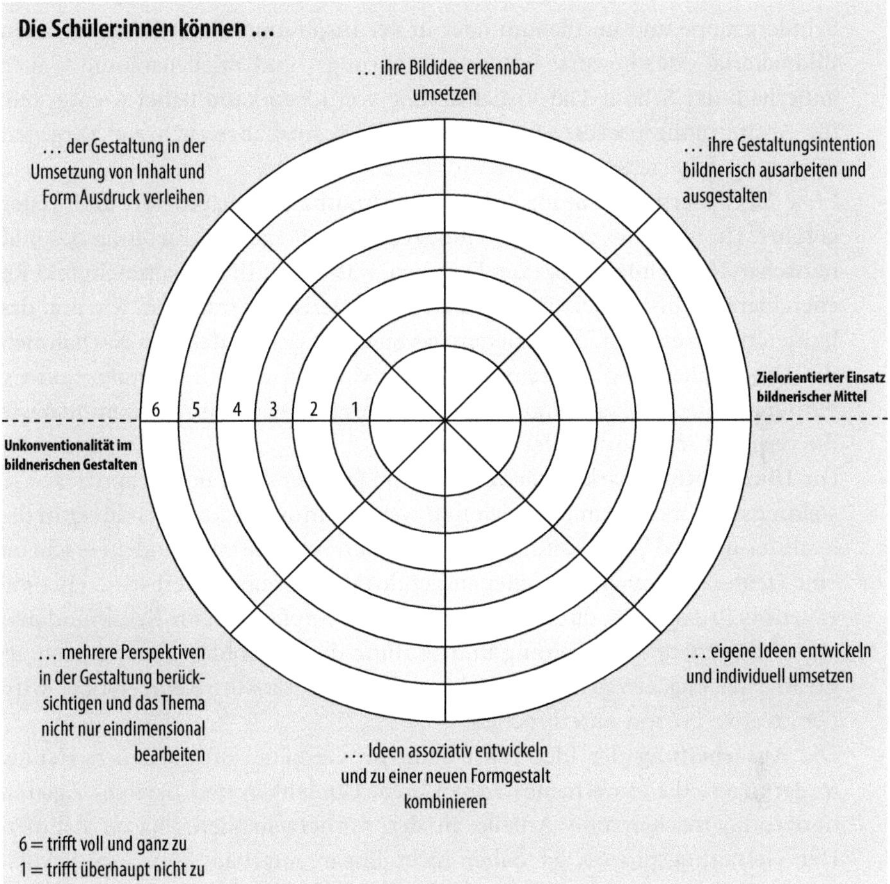

Kasten 19: Bildnerische Kreativität empirisch betrachtet (in Anlehnung an Berner 2013a)

Damit ist bereits der kreative **Prozess** angesprochen, den es auch im Unterricht zu berücksichtigen gilt und eine individuelle Förderung ermöglicht. Wir können grob zwischen vier Prozessabschnitten unterscheiden, die nicht linear, sondern zirkulär durchlaufen werden (u. a. Preiser 1976, Wallas 1927) und verschiedene Fördermöglichkeiten im Kunstunterricht bieten:

- In der **Präparation** wird ein Ausgangsproblem wahrgenommen – eine Aufgabenstellung oder ein bildnerisches Problem –, zu dessen Lösung erste Ideen entwickelt werden und weitere Informationen gesammelt und geordnet werden. Unterstützungsmöglichkeiten der Ideenproduktion liegen im gemeinsamen Arbeiten, im gemeinsamen Gedanken- und Ideenaustausch in der

Schülergruppe und im Plenum oder in der Inspiration durch Künstler:innen, Bildmaterial oder bewusst initiierte Erfahrungs- und Erlebensräume – auch außerhalb der Schule. Die Visualisierung von Ideen kann dabei wichtig sein für Abstimmungsprozesse in Gruppen und Teams, aber auch zur Vergegenwärtigung der eigenen Ideen.

- Erste Ideen werden dann im Rahmen der **Inkubation** ausprobiert und weitergeführt. Hier kann es zu einer Veränderung der Frage und Richtung des bildnerischen Problemlöseprozesses kommen, was erneut in ein Sammeln und Recherchieren führt. Unterstützung bieten künstlerische Strategien, wie u. a. das Irritieren, Inszenieren, Provozieren, das Spiel mit dem Zufall, das Nachahmen, das Umgestalten und Verfremden. Weiter sind ein Experimentieren und Explorieren hilfreich. Fehl- und Rückschläge sind dabei ebenso willkommen wie die vermeintliche Lösung des Problems.
- Die **Illumination** markiert dann eine erste Ideenfindung im Suchprozess. Gestaltungsvorhaben formieren sich und werden immer klarer, was direkt in die Realisierung und Ausarbeitung übergeht. Im rezeptiven Bildhandeln erscheint eine Deutung sinnvoll, die weiter ausgeführt und kommuniziert wird. Hier gilt es sensibel zu agieren, da erste Lösungen noch empfindlich für Kritik sind und erst eine weitere Ausarbeitung und Prüfung die scheinbare Lösung auch als kreative Lösung auszeichnen. Werden also erste Ansätze im Keim erstickt, wird der kreative Prozess unterbrochen.
- Die **Ausarbeitung** der Idee führt dann im Gestalten oft zu neuen Herausforderungen, die ein erneutes Explorieren, Umdenken und flexibles Agieren notwendig machen und Anteile an den vorhergehenden Phasen nehmen. Der Gestaltungsprozess ist daher nicht linear aufgebaut, sondern zirkulär mit Rückschritten sowie offen in seinem Abschluss. Am Ende muss die Idee kommunizierbar sein, d. h., visuell oder sprachlich einer Beurteilung anderer standhalten. Daher ist im Kunstunterricht eine kreative und vertrauensvolle Atmosphäre sowie ein konstruktiver und wertschätzender Umgang miteinander wichtig, damit geäußerte Ideen und Rückmeldungen den kreativen Prozess nicht vorschnell abbrechen oder hemmen.

Eine kreative **Umgebung** markiert ein lernförderliches, wertschätzendes und vertrauensvolles sowie anregendes Unterrichtsklima. Ob im Kunstunterricht die Schüler:innen kreativ handeln können, hat auch entscheidend damit zu tun, wie die Lernumgebung gestaltet ist (Cropley 2006, Urban 2004). Eine umfassende Darstellung kreativer Unterrichtsmerkmale bietet Caroline Theurer (2015) für den Kunstunterricht an (Kasten 20).

Im Rahmen der PERLE-Studie untersuchte Caroline Theurer fachübergreifend in Deutsch, Mathematik und Kunst zehn Merkmale eines kreativen Unterrichtsklimas. Diese aus der Theorie entwickelten Merkmale hat sie in 25 videografierten Unterrichtsstunden in den Fächern anhand systematischer Videoanalysen näher untersucht und für den Kunstunterricht beschrieben (Theurer 2018, S. 240–244). Dabei ergaben sich folgende Merkmale eines fördernden Kunstunterrichts:

Anregung des Ideenreichtums Anregungsgehalt von Aufgaben sowie die Möglichkeit, dass Schüler:innen eigene Aufgaben sowie Fragen entwickeln können.	**Anregende Performanz der Lehrperson** Die Lehrperson trägt in ihrer Person und ihrem Verhalten (Mimik, Gestik, Sprache) zu einem spannenden Unterricht bei. Sie begeistert für die Inhalte und kann diese authentisch darbieten.	**Anregende Methoden und Materialien** Ausgewählte Methoden, Materialien, Gestaltungstechniken und Medien sind anregend und motivieren zu einer vielfältigen, intensiven sowie mehrsinnlichen Auseinandersetzung.	**Toleranz gegenüber Schülerideen** Beiträge der Schüler:innen werden im Unterricht beachtet und ernst genommen. Schülerbeiträge werden im Unterrichtsgeschehen integriert und weitergeführt.	**Förderung unkonventioneller Schülerideen** Die Lehrperson ermuntert ihre Schüler:innen, eigene Ideen zu entwickeln, Perspektiven zu wechseln und Vielfalt zu leben.
Einbezug unkonventioneller Schülerideen Unkonventionelle Schülerbeiträge werden im Unterricht in der inhaltlichen Beschäftigung genutzt und einbezogen.	**Vertrauensvolle Lehrer-Schüler-Interaktion** Nur in einer vertrauensvollen Umgebung können eigene Ideen offen geäußert und im Gespräch ausgetauscht werden, ohne dass man sich über ein Richtig oder Falsch Gedanken machen muss.	**Vertrauensvolle Schüler-Schüler-Interaktion** Für ein kreatives Klima ist auch die Interaktion zwischen den Schüler:innen entscheidend. Hier ist es wichtig, dass ein wertschätzender Umgang initiiert und gelebt wird.	**Angemessene Sanktionen** In einer vertrauensvollen Atmosphäre sind Disziplinarmaßnahmen und Sanktionen dem gezeigten Schülerverhalten angemessen. Zurückweisung kann kreativitätshemmend wirken.	**Initiale Schülerkreativität** Kreativität ist immer auch Co-Kreation, daher ist auch die aktive Beteiligung der Schüler:innen wichtig. Ein selbstständiges Arbeiten sowie eine aktive Mitarbeit sind zu fördern.

Kasten 20: Kreatives Lernklima im Kunstunterricht empirisch betrachtet

3.3.4.3 Üben: bewusst und reflexiv

Dem Üben wird häufig der Vorwurf gemacht, der Kunst bzw. dem Gestalten nicht angemessen zu sein und damit auf ein Repetieren, Wiederholen und Auswendiglernen verkürzt zu sein. Allerdings ist dies nicht ganz gerechtfertigt, da es beim Üben grundsätzlich um die Festigung, Reflexion und den Ausbau zuvor gelernter Inhalte, Techniken und Strategien geht (Berner 2016).

> *»Die Möglichkeit, im Kunstunterricht höchst individuelle ästhetische Erfahrungen zu machen und sich dabei mit der eigenen Lebenswirklichkeit auseinanderzusetzen, darf jedoch nicht gegen die Notwendigkeit, sich ein Repertoire bildnerischer Ausdrucks- und Gestaltungsmöglichkeiten zu erarbeiten und entsprechend zu üben, ausgespielt werden. Denn gerade auf die Verbindung beider Aspekte kommt es an.» (Schulz 2017, S. 10)*

Entsprechende auf Anwendung, Vertiefung und Transfer ausgerichtete Lern- und Übungsaufgaben bieten Anlässe für bewusstes Üben und können die Schüler:innen in ihrem individuellen Kompetenzerwerb unterstützen. Die Reflexion von Lernerfahrungen ist dabei ebenso wichtig wie eine gezielte Begleitung und Rückmeldung (Kapitel 3.1 und Kapitel 3.2). Bei der methodischen Umsetzung des bewussten Übens geht es neben der Anbindung an die Lehrintention immer auch um die Frage der Motivation der Lernenden für das Üben. Hier erscheinen neben dem viel benannten Interesse für den Lerngegenstand (Meyer 2004) der Übungserfolg von besonderer Bedeutung. Lernen und Üben benötigt individuelle Erfolgserlebnisse. Den eigenen Lernfortschritt zu reflektieren und wahrzunehmen ist also entscheidend. Neben dem Werkstattbuch oder Kunsttagebuch – das bereits in vielen Schulklassen eingesetzt wird – bietet sich z. B. das Prozess- oder Lernportfolio an (Berner/Rieder 2017, Burkhardt 2014a, 2014b).

Etüden und Studien

Etüden und Studien bieten bildnerische Handlungsoptionen, Schüler:innen in ein prozessorientiertes Gestalten zu bringen und können in Kunst/Gestalten sinnvoll als bildnerische Lern- und Übungsform integriert werden (Schulz 2017), u. a. als Vorbereitung künstlerischer Projekte, als Anwenden und Vertiefen bereits gesammelter Erkenntnisse, Erfahrungen und Fertigkeiten, aber auch im Rahmen von Differenzierungsmaßnahmen sowie individueller Lernunterstützung.

- Studienblätter und Etüden aus der bildenden Kunst können Schüler:innen interessante Einblicke in das Bildhandeln professioneller Künstler:innen geben. Deutlich wird dann, dass Können nicht einfach da ist, sondern entwickelt und geübt werden muss. Und es wird deutlich, dass es eben kein Genie gibt, sondern das ein kompetentes Bildhandeln erst durch Arbeit, Fleiß und Übung entsteht. Individueller Stil, der sich in der Kunst als Könnerschaft etabliert, ist erst ein Ergebnis individueller Auseinandersetzung im bildnerischen/künstlerischen Gestalten, die auch in der Selbst-Reflexion begründet ist.
- Der Prozessmoment im übenden Gestalten kann gerade für das Bildhandeln in Kindheit und Jugendalter angemessen sein, da es in kurzen Abschnitten und in

reduzierter bildnerischer Komplexität zu Erfolgen führt und motiviert (Schulz 2017).

- Im Experimentieren, Explorieren, Ausprobieren, Verändern, Umgestalten, Vergleichen und Wiederholen können Gestaltungsübungen anregend und aktivierend sein. Auch zu Beginn einer Unterrichtsstunde können solche kurzen Übungseinheiten eine befreiende Wirkung erzielen und für den nachfolgenden Kunstunterricht einen produktiven Einstieg eröffnen.
- Im Ausprobieren, im Cross-Over verschiedener Techniken, Medien und Materialien können neue Bildfindungsprozesse entstehen und dem je individuellen Ausdrucks- und Darstellungsvermögen der Schüler:innen zuarbeiten.

Gestaltungs- und Wahrnehmungsübungen

Gestaltungs- und Wahrnehmungsübungen können prozessbezogen das Lernhandeln unterstützen und stellen meist zusätzliche, klar umrissene Übungseinheiten dar. Bekannte Übungsformen sind beispielsweise das Blindzeichnen, Zeichnen mit der nicht-dominanten Hand oder spiegelverkehrtes Zeichnen. Sie sind Lockerungsübungen und schulen gleichzeitig die Auge-Hand-Koordination. Das Sammeln von Farbnuancen mit der Handykamera oder mit dem Farbkasten bieten Anlässe zur vertieften Auseinandersetzung mit Farbfamilien und schulen zudem die Farbwahrnehmung. Solche kurzen Übungsanlässe sind mit einer klar formulierten Intention verbunden. Meist sind diese aus dem eigentlichen Prozessverlauf des Unterrichts herausgelöst, sodass diese im weiteren Verlauf gemeinsam mit den Schüler:innen nachvollziehbar und sinnvoll im eigenen Lernweg verortet werden müssen (Berner 2016).

Eigenständige Übungsanlässe

Eigenständige Übungsanlässe bieten Selbstlernarchitekturen, die mittels Lehrvideos und Video-Tutorials bestimmte Inhalte und Techniken vermitteln und ein eigenständiges Ausprobieren, Aneignen und Üben initiieren. Diese können im Kunstunterricht intentional eingesetzt werden, u. a. im Rahmen von Differenzierung, individueller Förderung oder eigenständigen künstlerischen Projekten, z. B. im Rahmen von Abschlussarbeiten. Hier erscheint die Auswahl geeigneter Inhalte ebenso zentral wie der didaktisch-methodische Einbezug, damit diese das Lernen der Schüler:innen unterstützen. Eine kritische Reflexion des Gezeigten ist hier ebenso wichtig anzubahnen, als dass die Lehrperson auch darüber hinaus für weitere Erklärungen und Hilfestellungen den Schüler:innen zur Verfügung steht. Entscheidend bei allen Übungen ist, dass das Lernhandeln von den Schüler:innen reflektiert wird und die Erfahrungen miteinander ausgetauscht werden. Individuelle Erkenntnisse sind festzuhalten, z. B. im Lernprozessportfolios, im Lehr-Lerndialog mit den Schüler:innen oder im Unterrichtsgespräch.

4 Beurteilen und Evaluieren

Inhalt

Zusammenfassung

Der letzte Teil des Buches betrachtet als dritten Kompetenzbereich die Bewertung und Evaluation. Bewertungskompetenzen werden auf das Lernhandeln der Schüler:innen sowie auf das eigene Unterrichtshandeln bezogen. Es geht also einerseits um das Bewerten von Lernprozessen sowie Lernergebnissen, andererseits um die Reflexion und Analyse des Unterrichts bzw. des eigenen Unterrichtshandelns. Beide Perspektiven verbinden sich zu einem differenzierten Blick auf das Unterrichtshandeln. Im Studium der Kunstdidaktik erscheint dies von hoher Bedeutung für die fachliche Professionalisierung. Darüber hinaus wird damit ein methodisches Repertoire vermittelt, das auch nach dem Studium eine pragmatische, dennoch systematische Analyse und Reflexion erlaubt.
Kapitel 4.1 unterscheidet dazu zunächst das formative und summative Beurteilen und zeigt den Zusammenhang von Lern- und Leistungssituationen auf. Neben Kriterien diagnostischer Qualität werden zudem aus der Praxis Methoden der Beurteilung und Bewertung vorgestellt. Kapitel 4.2 fokussiert auf die Evaluation von Kunstunterricht in Praktika und Qualifikationsarbeiten im Kontext von Praxisforschung. Hierfür werden der Forschungsprozess sowie Methoden der Datenerhebung und Datenauswertung vorgestellt.

4.1 Beurteilen und Bewerten im Kunstunterricht

Wie können Schüler:innen in Kunst/Gestalten in ihrem Lernhandeln sowie ihrer Leistung beurteilt werden? Wie können Schülerarbeiten benotet werden? Welchen Nutzen haben Noten im Kunstunterricht? Dies sind zentrale Fragestellungen, wenn es um das Beurteilen und Bewerten im Kunstunterricht geht. Damit ist sowohl die Beurteilung von Lernprozessen und Lernfortschritten als Grundlage des Initiierens und Begleitens sowie Unterstützens und Förderns angesprochen, als auch das Bewerten und Benoten von Lernergebnissen.

Um Lernprozesse sowie Lernleistungen der Schüler:innen zu beurteilen, zu bewerten und auch zu benoten, sind seitens der Lehrperson diagnostische Kompetenzen erforderlich. In der Kunstdidaktik ist man dieser Tatsache immer wieder in Theorie und Praxis begegnet und eines ist klar: Wie im Kunstunterricht beurteilt, bewertet und benotet wird, hat auch direkte Auswirkungen auf das weitere Lernen der Schüler:innen (Peez 2009a, Schoppe 2019). Nicht nur, weil sich das diagnostische Handeln auch auf das ästhetische Urteilsvermögen der Lernenden auswirken kann (Peez 2015), sondern auch, da es das Lernklima, die Beziehungsqualitäten und letztlich die Lernkultur in hohem Maß mitbestimmt.

4.1.1 Formative und summative Beurteilung

Zunächst sind zwei Formen der Beurteilung zu unterscheiden: die formative und die summative Beurteilung. Von formativer Beurteilung sprechen wir, wenn es um die Ergründung des Lernstands sowie die Beurteilung und Bewertung der Lernprozesse und des Lernfortschritts durch die Lehrperson geht. Damit verbunden ist im schülerorientierten Unterricht die Steuerung und Anpassung der Lehr-Lernprozesse. Bei der summativen Beurteilung wird eine bilanzierende Bewertung der Lernleistung meist in Form einer Note kommuniziert (Abbildung 21). Der Unterschied zwischen Beurteilung, Bewertung und Benotung wird in Kasten 21 näher erläutert.

Formative Beurteilung
… erfasst den Lernstand der Schüler:innen
… steuert die Lehr-Lernprozesse
… strukturiert Rückmeldung und Feedback
… zielt auf Verbesserung und Entwicklung
… verlangt direkte Umsetzung im Lernprozess
… richtet sich vorrangig an die Lernenden

Summative Beurteilung
… schließt Lernprozesse ab
… gibt Rückmeldung über den erreichten Leistungsstand
… richtet sich sowohl an die Lernenden als auch an die Erziehungsberechtigten
… enthält Informationen über die Wirksamkeit des Lehr-Lernprozesses

Abbildung 21: Verbindung von formativer und summativer Beurteilung

Beurteilen bedeutet, über jemanden oder etwas ein Urteil bilden, eine Einschätzung vornehmen.
Bewerten bedeutet, jemandem oder einem Gegenstand einen Wert beimessen, ihm einen qualitativen Wert zuordnen.
Benoten bedeutet, eine Note erteilen, die aber immer auf einem Werturteil beruht.

Kasten 21: Unterschiede zwischen dem Beurteilen, Bewerten und Benoten im Kunstunterricht

Im Unterrichtshandeln hat das Beurteilen und Bewerten damit einen zentralen Stellenwert. Allgemein können drei Ebenen unterschieden werden (Lötscher/Naas/Roos 2021, Peez 2009a):

- Der Unterricht beinhaltet vielfältige formative Beurteilungsanlässe, u. a. Lernstand ermitteln, Lernprozesse rückmelden, Schüler:innen in ihrem Lernhandeln einschätzen und begleiten.
- In Lern- und Entwicklungsgesprächen erfolgt eine Beratung aufgrund differenzierter formativer Beurteilungen.
- Summatives Beurteilen schließt in der Bewertung und Benotung ab.

Für Handlungsentscheidungen im Kunstunterricht stellen besonders informelle Diagnoseverfahren Möglichkeiten dar, die Lehrprozesse differenziert auf das Lernen der Schüler:innen abzustimmen (u. a. van Ophuysen/Behrmann 2015). Informelle Diagnoseverfahren orientieren sich nicht an normierten Standards, sondern an der individuellen Entwicklung der Schüler:innen und fokussieren darauf, in bestimmten Unterrichtssituationen die Schüler:innen in ihren spezifischen Lernvoraussetzungen wahrzunehmen. Dies geschieht häufig intuitiv und unbewusst. Damit dies im Rahmen einer Prozessdiagnostik zu tragfähigen Handlungsentscheidungen im Unterricht führen kann, ist es ratsam, sich über unbewusst gefällte Urteile klarzuwerden und diese begründet im Unterrichtsgeschehen zu berücksichtigen. Ein analytisches Vorgehen in der Diagnosetätigkeit ist daher auch im Kunstunterricht ratsam (Kirchner 2021). Dabei ist zu beachten, dass diagnostische Urteile als Arbeitshypothesen verstanden werden, da Lernen kein statischer Zustand ist, sondern Lernvoraussetzungen sich mit den Lern- und Entwicklungsprozessen der Schüler:innen fortwährend verändern (Schrader 2013).

4.1.2 Lern- und Leistungssituationen

Ernüchternd ist, dass nach wie vor im Kunstunterricht oftmals, aufgrund fehlender Zeit und ungünstigem Zeitmanagement, Lern- und Leistungssituationen in der Bewertung nicht getrennt werden (Dieck 2022). So erscheint es wenig ratsam, alle im Unterricht entstandenen Produkte bewerten und benoten zu wollen: (a) widerspricht dies dem Sinn und Zweck der Notengebung – nämlich eine Information über *erfolgte* Lernprozesse zu geben –, und (b) ist dies im Sinne eines schüler- und kompetenzorientierten Unterrichts nicht wirklich zu verantworten, in dem es darum geht, Lernprozesse zu ermöglichen.

> *«Jede fundierte Reihenplanung [sollte] eine grundsätzliche Trennung von Lern- und Leistungssituationen aufweisen. Lernen und Leisten stehen in einer Wechselbeziehung: Lernen [...] ist nur dann effektiv, wenn [...] bewertungsfrei gearbeitet und experimentiert werden kann. Ebenso ist Leistungsbewertung nur dann legitim, wenn der Unterrichtsgegenstand zuvor hinlänglich erlernt [...} wurde.» (Schoppe 2019, S. 102)*

Die (zu benotende) Leistung und das (zuvor ermöglichte) Lernen hängen also eng miteinander zusammen, sind aber im Unterricht stets voneinander abzugrenzen. Daher darf eine Lern- nicht gleichzeitig auch eine Leistungssituation sein. So benötigt es entsprechend der Unterrichtsphasen Einführung, Erarbeitung und Sicherung Raum und Zeit, um Wissen, Können und auch Wollen – was ganz entscheidend für kompetenzorientiertes Unterrichten ist – aufbauen zu können. Wie können nun Lern- und Leistungssituationen gestaltet werden, um diesem Anspruch gerecht werden zu können?

Lernaufgaben und deren Bearbeitung durch die Schüler:innen werden durch die Lehrperson begleitet (Kapitel 3.1). Formative Beurteilung im Sinne von Beratungs- und Feedbackgesprächen begleiten und unterstützen die individuellen Lernwege der Schüler:innen. Auch Peerfeedback – Schüler-Schüler-Feedback – kann hilfreich sein und formative Beurteilungsprozesse auch dahingehend steuern, dass damit ästhetische Urteilsfähigkeiten der Schüler:innen entwickelt und gefördert werden.

In der Leistungssituation sind die formativen Beurteilungskriterien, die während des Unterrichts das Lernen begleitet und gesteuert haben, eng mit den Kriterien verschränkt, die zum Beurteilen der Leistung angewandt werden. Denn: Was zuvor galt, kann in der Bewertungssituation nicht plötzlich anders sein oder nicht mehr gelten. Bewertung und Benotung muss sich daher immer auch auf formative Beurteilungsprozesse stützen und diese kriterial sowie fallbezogen berücksichtigen.

Zudem gilt es, Bewertungssituationen Schüler:innen klar zu kommunizieren und mitzuteilen, was und wie bewertet wird. Gestaltungsprozesse im Kunstunterricht erfordern es, dass – auch in Leistungssituationen – ein Entwickeln stattfinden kann. Daher ist mit der strikten Forderung nach der Trennung von Lern- und Leistungssituationen nicht gemeint, dass Prüfungssituationen nur noch ein abrufbares Wissen einfordern, sondern es gilt vielmehr, im Kunstunterricht Prüfungssituationen fachadäquat zu gestalten, also prozessorientiert, fehleroffen und kooperativ und immer angebunden an die Lernsituation.

Beispielsweise kann eine Unterrichtseinheit mit mehreren Doppellektionen mehrere Teilschritte enthalten, die miteinander kombiniert auch Leistungssituationen an geeigneten Stellen verorten können, z. B. beim Abschluss eines Teilabschnitts der Unterrichtseinheit, dem Einbezug ausgewählter Skizzen und Zwischenergebnisse am Ende eines Unterrichtsprojekts oder ganz klassisch kann auch eine Präsentation der Schüler:innen als Teilnote bewertet werden. Wichtig ist immer bei allen möglichen Kombinationsformen von Lern- und Leistungssituationen, dass sich die Bewertung und Benotung auf Leistungen bezieht, die zuvor im Rahmen einer Lehr-Lernsituation im didaktischen Setting vermittelt und durch die Schüler:innen erworben und entwickelt werden konnten (Abbildung 22).

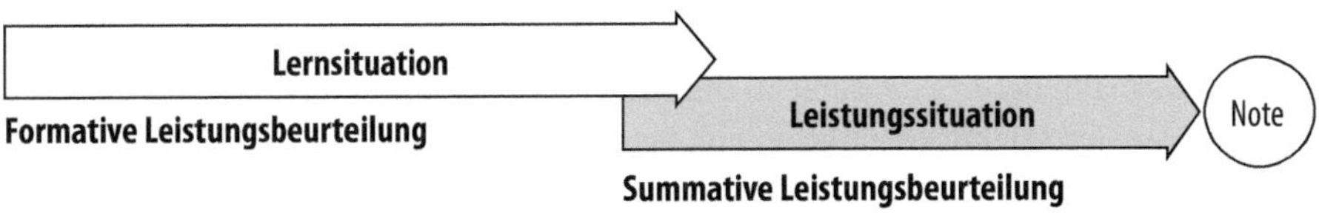

Abbildung 22: Verschränkung von Lern- und Leistungssituationen im Kunstunterricht

4.1.3 Diagnostische Qualität

Wir können also festhalten: Beurteilen ist keine Tätigkeit, die sich erst am Ende eines Lernprozesses ereignet, sondern begleitet formativ die Schüler:innen auf ihren Lernwegen. Erst am Ende eines Lernprozesses steht dann eine abschließende – summative – Beurteilung. Dabei wird der Lernleistung ein Wert beigemessen: Reicht die gezeigte Leistung aus, damit die Lern- und Kompetenzziele als erfüllt angesehen werden können? Um Lernleistungen besser in ihrem Wert einschätzen zu können, wird oftmals ein Erwartungshorizont herangezogen – bewusst oder unbewusst. Im schulischen Kontext wird dann meist eine Note gebildet und die Bewertung den Schüler:innen mitgeteilt.

Neben der Note gibt es noch andere Mitteilungsformen (Bohl 2022): Hat die Ziffernnote nur einen geringen Mitteilungsgehalt, können skalierte Einschätzungen bis hin zu verbalen Beurteilungen und Lernprozessentwicklungsgesprächen/-berichten deutlich mehr Aussagekraft und Informationen über die Beurteilung aufweisen. Allerdings weiß die Forschung (zwar aus anderen Fächern, wobei zu vermuten ist, das dies auch auf den Kunstunterricht übertragbar ist), dass sich die Mitteilungsform nicht auf die diagnostische Qualität auswirkt (Bohl 2022), also was eine Note am Ende über die tatsächliche Leistung aussagen kann. Die diagnostische Qualität wird vielmehr durch Kriterien wie u. a. Objektivität, Transparenz, Angemessenheit, Nützlichkeit, Zuverlässigkeit und Bezugsnormorientierung erreicht. Möchten wir also eine hohe diagnostische Qualität in den Urteilen erreichen, und mit der Beurteilung, Bewertung und Benotung die tatsächliche Leistung der Schüler:innen möglichst realistisch einschätzen und abbilden, sollten wir uns um diese Kriterien bemühen.

Als zentrale Gütekriterien von Leistungsbewertung gelten in der Unterrichtsforschung die Objektivität, Validität und Reliabilität (Bohl 2022). Das führt bei vielen Kunstlehrenden (nicht ganz zu Unrecht) in dieser Ausdrücklichkeit zu Unbehagen gegenüber fachlichen Ansprüchen. Gehen wir kurz darauf ein und schauen wir uns an, weshalb dieser Anspruch an die Güte erhoben wird. Letztlich dienen Noten im Rahmen der Selektionsfunktion von Schule dazu, Leistungen zu dokumentieren und Qualifikationswege aufzuzeigen. Benotung ist so betrachtet für die Schüler:innen in letzter Konsequenz folgenreich (Bohl 2022, Kasten 22). Daher muss Benotung auch professionellen Standards Genüge leisten.

Schule qualifiziert für weitere Bildungswege. Notengebung hat damit die Aufgabe, hierfür vergleichbare und gültige Informationen über den Leistungsstand von Schüler:innen zu geben. Daher gilt, dass Noten ein Ausweis über den Grad der Befähigung liefern sollten, um so Wege zu weiterführenden Bildungslaufbahnen, Abschlüsse – wie die Hochschulzugangsberechtigung oder im Tertiären Sektor BA/MA-Abschlüsse –, sowie berufliche Positionen zu ermöglichen. Aus rechtlicher Perspektive ist daher von einer Benotung zu erwarten, dass diese professionell und mit höchsten Qualitätsstandards durchgeführt wird. Hierzu zählen drei zentrale Kriterien: Objektivität, Validität und Reliabilität (Bohl 2022, S. 8).

Kasten 22: Benotung als Selektion

Subjektivität vs. Objektivität

Eine objektive Bewertung respektive Benotung gewährleistet nun, dass diese von der jeweiligen Lehrperson unabhängig ist, d. h., verschiedene Personen müssten demnach zu einem ähnlichen Ergebnis gelangen. Da dies außerhalb formaler Diagnostik im Lehreralltag unrealistisch ist, spricht man im Minimum auch von Intersubjektivität mit dem Ziel, subjektive Anteile im Lehrerurteil möglichst zu reduzieren. Hier setzt die oftmals formulierte Herausforderung fachlicher Ansprüche an, die – um das bereits vorzugreifen – nicht abschließend geklärt werden kann und jeweils in der spezifischen Unterrichts- und Bewertungssituation entschieden werden muss. Wir können uns aber ein paar Wegweiser setzen:

- Im Gestalten hat das Subjektive einen hohen Anteil. Die bildnerische, künstlerische und ästhetische Auseinandersetzung mit Inhalten, Themen und Aufgaben im Kunstunterricht bezieht immer individuelle Interessen, Erfahrungen, Motive und Herangehensweisen der Schüler:innen mit ein. Im Kunstunterricht sollte Bewertung und Beurteilung daher sowohl prozess- als auch produktbezogen subjektive Anteile des Gestaltens berücksichtigen (Berner 2013a, Staudte 1982).
- Beurteilen, Bewerten und Benoten im Kunstunterricht ist immer auch mit dem ästhetischen Urteil – und das möglichst in bewusster und reflektierter Form – der Lehrperson verbunden (Peez 2009a, 2015). Im Kunstunterricht benötigt es daher geeignete Formate und Bewertungskriterien, damit die eigene Subjektivität nicht zu Vorurteilen, Bewertungsfehlern oder gar Bevorzugung aufgrund subjektiver ästhetischer Präferenzen führt (Berner 2013a).

Daher sind beide Subjektivitäten – der Schüler:innen und der Lehrenden – im Beurteilen und Bewerten einzubeziehen. Adelheid Staudte (1982) hat schon früh zur Aufarbeitung dieser Herausforderung die Prämisse der «Subjektivität ohne Willkür» (Staudte 1982, S. 141) aufgestellt. Damit ist zu verstehen: Die Reflexion der Urteilsgrundlagen kann eine Möglichkeit darstellen, Subjektivität im Urteilsprozess zuzulassen.

> *«Der subjektive Zugang zum Unterrichtsgegenstand erfordert, dass auch die Beurteilung subjektive Aspekte einschließen muss. Der Lehrer kann [...] die individuellen, biografisch bedingten Äußerungen und Sichtweisen der Schülerinnen [und Schüler] nur dann in ihrer Unterschiedlichkeit ernst nehmen, wenn er immer wieder auch seine eigenen Sichtweisen hinsichtlich ihrer Subjektivität reflektiert.» (Seydel 2009, S. 133)*

Hierfür könnten differenzierte Beurteilungskriterien aufgestellt werden und im Gestaltungsprozess mit den Schüler:innen sowie bezogen auf die eigene Subjektivität reflektiert und weiterentwickelt werden. Weiter ist es aber auch nicht für jeden Sach- und Fachgegenstand gleichermaßen möglich und sinnvoll, Objektivität anzustreben. So mag vielleicht gerade das subjektive Moment in einer Schülerarbeit (z. B. eine expressive, ausdrucksstarke Darstellung) eine besondere Qualität ausmachen, die es dann auch zu würdigen – aber eben auch zu begründen – gilt. Hier sind Lehrpersonen also gefordert, in der «Nähe zum Phänomen» (Meyers 1968, S. 193) das Subjektive in der Arbeit zu objektivieren und begründet im Kontext der Lern-/Kompetenzziele einzubringen. Eine «kontrollierte Subjektivität» gilt daher nicht nur im Kunstunterricht als qualitatives Gütekriterium für die Beurteilung in der Schule (Lötscher/Naas/Roos 2021, S. 92).

Valide und zuverlässige Aussagen

Die Beurteilungskriterien, also das, was beurteilt wird, legen die inhaltliche Aussagekraft der Bewertung und Benotung fest. Die zentrale Frage dabei ist: Ist das Wissen und Können Gegenstand der Bewertung und Benotung, das im Vorfeld auch im Unterricht erworben werden konnte? Nur dann macht Bewertung im eigentlichen Sinne Sinn, wenn sie Schüler:innen zu ihrer Leistung gleichzeitig eine Rückmeldung gibt, der Leistung einen Wert zuschreibt und Hinweise zu ihren Lernfortschritten sowie den nachfolgenden Lernwegen gibt. Angesprochen ist die Rückmeldefunktion von Benotung (Kasten 23).

> Noten geben Auskunft über den Leistungsstand der Schüler:innen. Dies ist eine wichtige Rückmeldung für die Lernenden selbst, aber ebenso für die Erziehungsberechtigten sowie Dritte (z. B. im Rahmen von Bewerbungsprozessen). Aber auch für die Lehrenden stellen sie wichtige Informationen über die Wirksamkeit und den Erfolg der Lehr-Lernprozesse und erlauben davon ausgehend – meist in Kombination mit evaluierenden Maßnahmen – Konsequenzen für die Unterrichtsentwicklung.

Kasten 23: Benotung als Rückmeldung

Die Bewertung/Note gibt also Auskunft über zuvor erlerntes Wissen und Können und muss dieses auch valide abbilden.

> *«Wenn eine bestimmte Leistung bewertet wird, dann setzt dies voraus, dass der jeweilige fachliche Gegenstand im vorausgehenden Unterricht vermittelt und eingeübt wurde, also potenziell für die Schüler:innen im Rahmen einer strukturierten schulischen Lehr-Lern-Situation erlernt werden konnte.» (Bohl 2022, S. 7)*

Und genau daran müssen sich demnach auch Beurteilungskriterien ausrichten. Im Kunstunterricht kann es also nicht darum gehen, Anteile der Persönlichkeits- oder Identitätsbildung oder ein wie auch immer geartetes «ästhetisches Surplus» (Grünewald/Sowa 2006, S. 304) zu bewerten respektive zu benoten, sondern der Fokus der Bewertung sollte sich klar auf erlernbare, vermittelbare Anteile bildnerischen Denkens und Handelns richten, wie dies im Rahmen kompetenzorientierter Beurteilung mittlerweile curricular und von den meisten Lehrplänen gefordert ist. Es geht also darum, verbindliche Lerninhalte zu setzen und Kompetenzen beobachtbar und damit bewertbar zu machen. Das schließt nicht aus, dass Gestaltungsprozesse und die Auseinandersetzung mit Kunst/Kultur nicht auch persönlichkeitsbildende, gar identitätsbildende Funktion haben (müssen!), dass das Subjektive selbstverständlich Gegenstand ästhetischen Lernens ist und dass im Kunstunterricht Imagination, künstlerische Strategien, Originalität, Kreativität Gegenstand bildnerischer Auseinandersetzungen mit der Welt darstellen. Aber müssen sie unbedingt zum Gegenstand von Bewertung, gar von Benotung werden? Stellen sie nicht vielmehr Lernstrategien im Sinne selbstregulierten Lernens dar und weniger fachliche Lerngegenstände? Dies muss wahrscheinlich jede Lehrperson für sich selbst entscheiden und entsprechend handeln, aber immer mit dem Bewusstsein, dass sich dies auch auf die inhaltliche Validität der Bewertung und Benotung auswirkt. Was also bewertet und benotet wird, muss Schüler:innen transparent vermittelt werden, damit Noten auch nachvollzogen werden können und dadurch Schüler:innen nicht nur motivieren, sondern auch das Lernen positiv beeinflussen (Kasten 24).

> Noten können motivierend sein. Einerseits, um eine gute Note zu erhalten, andererseits wird mit der Bewertung und Benotung auch eine Wertigkeit der gezeigten Leistung zugesprochen. So ist es oft nur ein schmaler Grat zwischen einer bewertungsfreien und wertfreien Lern- und Leistungskultur, was sowohl in der jeweiligen Akzentuierung als auch in der Kommunikation zu verdeutlichen ist. Noten stellen aber nicht die einzig richtige Lösung dar, jedoch auch in benotungsfreien Kontexten ist eine Wertzuschreibung der Lernleistungen der Schüler:innen von entscheidender motivationaler Bedeutung.

Kasten 24: Benotung als Motivation und Wertzuschreibung

Mit angesprochen ist die Zuverlässigkeit, mit der Noten gebildet werden. Wie zuverlässig repräsentiert die Bewertung und Benotung die tatsächlich gezeigte Leistung? Wichtig ist, dass die Bewertung nicht von anderen Merkmalen und Faktoren außerhalb der zu bewertenden Leistungserbringung beeinflusst wird. Aus der Forschung ist bekannt, dass Beurteilungsfehler (Kasten 25) die Zuverlässigkeit eher geringhalten und Bewertungen daher im Beurteilungsprozess immer wieder entsprechend kritisch reflektiert werden müssen. Beurteilungsfehler wirken sich im Kontext von Schule und Unterricht auf das Beurteilen, Bewerten und Benoten oftmals unbewusst aus, bleiben diese unreflektiert. Gerade im Studium zum Aufbau diagnostischer Kompetenzen ist es daher sinnvoll, Bewertungen kollegial zu besprechen und so das Beurteilen und Bewerten abzugleichen und abzusichern.

Haloeffekt: Johanna ist eine schüchterne, zurückhaltende Schülerin. Im Vergleich zu den anderen Schüler:innen wird ihre Leistung im Impro-Theaterprojekt eher geringer eingeschätzt, obwohl sie sich sehr bemüht hat, aus sich herauszugehen. Der Halo-Effekt liegt hier vor, da die Zurückhaltung der Schülerin die anderen Merkmale in der Beurteilung überlagert, wie u. a., dass Johanna sich stärker als sonst eingebracht, laut gesprochen und auch improvisiert hat. Es wird also von einem zentralen Schülermerkmal auf andere, eigentlich davon unabhängige Eigenschaften geschlossen (Döring/Bortz 2016). Hier ist es wichtig, genau an den Kompetenz-/Lernzielformulierungen orientiert zu beurteilen, bestenfalls kriterienorientiert.

Logischer Fehler: Sören ist im Zeichnen sehr gut, ihm gelingt es, Details zu zeichnen und auch bereits tiefenräumliche Gestaltungsmittel anzuwenden. Wird mit ähnlich hoher Leistungserwartung in einem anderen Lernbereich beurteilt, so spricht man vom logischen Fehler: So kann es dazu kommen, dass eine weniger gute Leistung von Sören im Drucken weniger streng beurteilt wird als bei Schüler:innen, die in einem anderen Lernbereich nicht so gute Leistungen erbringen. Eine kriteriale Bezugsnormorientierung kann hier hilfreich sein.

Reihungsfehler: Die Lehrperson schaut sich nacheinander die Bilder der Schüler:innen an und beurteilt diese. Unwillkürlich werden Vergleiche zwischen aufeinanderfolgenden Schülerarbeiten gezogen, was zu milderen und auch strengeren Urteilen führen kann. Hier beeinflusst also die Reihenfolge der Beurteilung während des Beurteilungsprozesses unbewusst den Maßstab, mit dem beurteilt und bewertet wird. Daher empfiehlt sich immer, die getroffenen Bewertungen auch in anderer Reihenfolge zu prüfen.

Milde-Strenge-Fehler: Bei Frau Müller war Johanna im Kunstunterricht immer gut, Herrn Aller jedoch scheint sie es nicht recht machen zu können. Lehrpersonen beurteilen unterschiedlich milde bzw. streng und können einen unterschiedlichen Erwartungshorizont heranziehen. Hier hilft es aus Perspektive der Lehrperson, klar zu kommunizieren, welche Erwartungen an die Leistungen vorliegen. Zudem ist es hilfreich, sich an den curricular formulierten Kompetenzerwartungen zu orientieren.

Kasten 25: Beurteilungsfehler

Bezugsnormorientierung
Wie können Bewertungskriterien gebildet werden und an welchem Maßstab können sie ausgerichtet werden? Hier gibt es drei Möglichkeiten (Bohl 2022, Rheinberg 2008): (a) an den individuellen Lernfortschritten der Schüler:innen selbst (individuelle Bezugsnorm), (b) an der durchschnittlichen Leistung der Klasse oder einer Grundgesamtheit (soziale Bezugsnorm) oder (c) an den curricular formulierten Lern- und Kompetenzzielen (sachliche/kriteriale Bezugsnorm).

> *«Um Lernfreude und Leistungswille zu erhalten, müssen individuelle und kriteriale Bezugsnormen im Vordergrund stehen.» (Fauser 2022, S. 33)*

Dies kann auch für den Kunstunterricht gelten (Schoppe 2019), denn gerade hier erscheint eine Koppelung individueller und sachlich bezogener kriterialer Bezugsnormen geeignet, um dem kooperativen Lernen und dem ko-konstruktiven Lernen gerecht zu werden. Dies gilt für summative genauso wie für formative Beurteilungsprozesse. Denn Vergleiche, Konformitätsdruck und damit verbundene Wettkämpfe zwischen den Schüler:innen – wie dies unter Verwendung der sozialen Bezugsnorm entstehen kann – vermeiden kreatives Verhalten, hemmen ein gemeinsames Lernen und führen zu unnötigen Vergleichen. Denn ästhetische Lernprozesse in Kunst/Gestalten sind nur bedingt vergleichbar, sind doch hier die individuellen Anteile von entscheidender Bedeutung (Kapitel 1.4.4).

4.1.4 Leistungsformen im Kunstunterricht

Sprechen wir von der Leistungsbeurteilung, müssen wir auch überlegen, welche Leistungen im Kunstunterricht vorliegen. Was kann im Kunstunterricht als Leistung überhaupt bewertet und benotet werden? Insgesamt können drei Bereiche unterschieden werden: (1) praktische, (2) schriftliche und (3) mündliche Leistungen (Peez 2004a, 2009a).

- Ein Großteil der Leistungsbeurteilung bezieht sich auf die **gestaltungspraktische Arbeit** der Schüler:innen. Neben ästhetischen Kriterien, u. a. Komposition, Bild- und Formfindung, können auch technisch-handwerkliche Kriterien eine Rolle spielen, u. a. der Umgang mit Maschinen, Werkzeugen und Geräten und Materialien sowie die Anwendung von Techniken und Verfahren. Die Bewertung ist immer nah an den Kompetenz- und Lernzielen sowie am Lernstand der Schüler:innen auszurichten. Neben Einzelarbeiten sind auch Gruppenarbeiten denkbar und in der Beurteilung entsprechend zu berücksichtigen.

Prozess- und Lernportfolios begleitend zur praktischen Arbeit wichtige Informationen für die Beurteilung liefern und können in den Beurteilungskriterien berücksichtigt werden.

- Unter den **schriftlichen Leistungen** im Kunstunterricht eignen sich für eine Bewertung vor allem die schriftliche Ausführung von Referaten (als Teilbewertung zur mündlichen Ausführung des Referats), schriftliche Anteile der Bildanalyse und Bildinterpretation, schriftliche Kommentare und Diskussionen sowie klassische Prüfungen, die z. T. auch praktische Anteile beinhalten können.
- **Mündliche Leistungen** finden sich anhand von Referaten und Präsentationen, der Mitarbeit im Unterricht im Sinne von Redebeiträgen sowie der Beteiligung am Unterricht. Mitarbeit und Engagement zu beurteilen, stellt Lehrpersonen aber auch vor die Herausforderung, hierfür geeignete Kriterien aufzustellen, durch die nicht nur «einzelne Aspekte isoliert betrachtet und bewertet werden», sondern vielmehr der Gesamtleistung gerecht werden (Peez 2004c, S. 40).

4.1.5 Methoden der Beurteilung und Bewertung im Kunstunterricht

Wie kann nun im Kunstunterricht beurteilt, bewertet und benotet werden? Was ist zu beachten, welche Methoden haben sich in der Kunstdidaktik bewährt? Dass das Beurteilen, Bewerten und Benoten nicht einfach ein bloßes Anwenden von Methoden ist, macht Fritz Seydel (2009) deutlich:

> *«Beurteilen von Prozessen und Ergebnissen, ohne zu verurteilen und andere zu verletzen, will gelernt sein.» (Seydel 2009, S. 133)*

Aus seinen weiteren Aussagen können ein paar Hinweise abgeleitet werden, was wir beachten können, um diagnostische Kompetenzen aufzubauen (Seydel 2009, S. 133):

- So ist ein Urteil, das jeder Bewertung und Benotung zugrunde liegt, immer differenziert zu bilden. Das bedeutet, dass verschiedene Kriterien zur Urteilsbildung herangezogen werden sollten. Unterschiedliche Blickwinkel können hilfreich sein, um die gezeigte Leistung angemessen und gerecht zu erfassen. Einerseits sind die Beurteilungskriterien auf die Lern-/Kompetenzziele zu beziehen, andererseits kann es auch sinnvoll sein, Arbeitsstrategien, Mitarbeit, Engagement, Ausdauer und Fleiß im Beurteilungsprozess zu berücksichtigen (Peez 2004). Dies sollte für die Schüler:innen entsprechend transparent und nachvollziehbar kommuniziert sein.

- Durch die Lehrperson formulierte Beurteilungskriterien (im Rahmen des Planungshandelns) sind dazu da, um im Unterricht mit den Schüler:innen diskutiert, verhandelt, angewendet und geprüft zu werden (Berner 2017). Hier gilt es, sich offen zu zeigen, und je nach Unterrichtsverlauf diese zu erweitern und anzupassen. Dafür ist es erforderlich, dass der Lehrperson die Erwartungen an die Leistung der Schüler:innen klar sind und Lern-/Kompetenzziele nicht ganz verworfen werden, sondern in den Aushandlungsprozessen mit den Schüler:innen ebenso Berücksichtigung finden, wie auch individuelle Anliegen der Lernenden. Am Ende muss aber immer die Lehrperson in ihrem pädagogischen Auftrag die Beurteilungskriterien verantworten und anwenden können.
- Eigene (Vor-)Urteile sind immer zu prüfen, mit eigenen ästhetischen Präferenzen abzugleichen und wo notwendig zu revidieren. Auch bezogen auf Beurteilungsfehler sind getroffene Beurteilungen und Bewertungen kritisch zu reflektieren.
- Im Rahmen von Differenzierungsangeboten im Kunstunterricht sind nicht erst beim Beurteilen leistungsdifferenzierte Kriterien heranzuziehen, sondern diese sind bereits im Unterricht mit den Schüler:innen anzubahnen und richten sich am Erwartungshorizont niveauspezifisch aus. Dies gilt es klar und transparent für alle Schüler:innen zu kommunizieren und auch unterschiedliche Anforderungen verständlich zu machen.
- Beurteilungskriterien sollten immer die gesamte Unterrichtssituation aufnehmen und sich aus dieser entwickeln. Dann sind Beurteilungskriterien so formuliert, dass sie für die Schüler:innen verständlich und auf ihr zu erwerbendes Wissen und Können ausgerichtet sind.
- Damit das Bewerten und Benoten von den Schüler:innen auch angenommen werden kann, ist es wichtig, dass dieses sensibel und ehrlich kommuniziert ist. Transparenz, Fairness und Verständlichkeit, ebenso wie Verbindlichkeit sind wichtige Qualitätskriterien, die zu beachten sind (Peez 2009a). Dies kann im Dialog besser zu klären sein als über aufwendige schriftliche Rückmeldeverfahren. Lernende sollten aber immer direkt mit einer Note auch eine Begründung für die Bewertung erhalten.
- Die Integration der Bewertung und Partizipation der Schüler:innen kann die Identifikation und Annahme der Benotung sowie – vielleicht viel wichtiger – die ästhetische Urteilsbildung der Schüler:innen maßgeblich unterstützen (Kasten 26).

In der qualitativ-empirischen Studie untersuchte Jana Junge (2016) Beurteilungs- und Bewertungsprozesse im eigenen Kunstunterricht in einer Schulklasse in einem fünften und einem neunten Schuljahr. Hierzu setzte sie zwei Bewertungsmethoden ein, einmal eine Portfoliomethode, einmal ein Beurteilungsbogen bezogen auf Prozess, Produkt, Präsentation und Reflexion. Anhand von Unterrichtsfotografien, Protokollen der teilnehmenden Beobachtung und Interviews mit den Schüler:innen erfolgte eine phänomenologisch orientierte Auswertung. Im Ergebnis zeichnete sich die Studie dahingehend aus, dass sie aufzeigt, dass die Selbsteinschätzung der eigenen Leistungen durch die Schüler:innen im Kunstunterricht maßgeblich zur ästhetischen Urteilsbildung beitrug. Weiter zeigte sich, dass sich die Lernenden mit den Lehrerurteilen stärker identifizieren können, wenn diese selbst in den Bewertungsprozess mit einbezogen werden. Die Unmittelbarkeit zwischen Gestaltung und Bewertung ist dabei wichtig, damit die Bewertung angenommen und zur ästhetischen Urteilsbildung beitragen kann.

Kasten 26: Bewerten und Beurteilen im Kunstunterricht empirisch betrachtet

4.1.5.1 Prozessorientierte Methoden und Selbstbewertung

Prozessorientierte Beurteilungsverfahren fokussieren weniger auf das Endprodukt, sondern vor allem auf die Prozesse, die zur fertigen Schülerarbeit geführt haben. Im Kunstunterricht bieten sich vor allem Methoden an, die subjektive Anteile ästhetischer Lernprozesse aufnehmen und einbeziehen können. Dabei ist eine begründete ästhetische Urteilsbildung seitens der Schüler:innen relevant, um einerseits ein realistisches Fähigkeitsselbstkonzept zu entwickeln, andererseits einem verstehenden, selbstständigen Lernen auch im Beurteilen und Bewerten gerecht werden zu können (Winter 2016). Ganz im Sinne eines ästhetischen Lernens im Miteinander ist auch das gegenseitige Beurteilen von Schülerarbeiten einzubeziehen, sodass auch Kriterien wie Fairness, Transparenz und Nachvollziehbarkeit erfahren und erlebt werden können. Dabei ist zu berücksichtigen, dass Selbstbewertungen nur anteilig in der Bewertung durch die Lehrperson berücksichtigt werden können, diese sich aber dann auch daran begründen lassen muss. So ist gut darzulegen, weshalb sich am Ende eine Notendifferenz zwischen der Selbstbewertung und der Bewertung durch die Lehrperson zeigt. Dies sollte daher immer an den Lernziel- und Kompetenzformulierungen ausgerichtet passieren. In der Kunstdidaktik haben sich verschiedene Methoden etabliert, die die Lernprozesse sowie damit verbunden die Selbsteinschätzungen der Schüler:innen einbeziehen.

Zentral dürften im Kunstunterricht besonders **Lernprozessportfolios,** e-Portfolios, Skizzenbücher sowie künstlerische Tagebücher der Reflexion und Beurteilung von Prozesserfahrungen dienen (Bruelhart 2012, Burkhardt 2004a, Kapitel 3.1.2). Die Arbeit mit Portfolios ist mit den Schüler:innen im Unterrichtsalltag zu etablieren und der Reflexion entsprechend Zeit einzuräumen. Gemeinsame Gespräche der Schüler:innen untereinander sowie mit der Lehrperson können dann dokumentierte Erfahrungsprozesse aufnehmen und diese bezogen auf den Lernfortschritt und die Lernergebnisse beurteilen und entsprechend wertschätzen (Berner 2017). Für die Benotung können Lernprozessportfolios daher wichtige Lernfortschritte aufzeigen, die ansonsten verborgen blieben. Diesen Aspekt hat Thomas Häcker (2005, S. 13) als «Brückenfunktion» der Portfolioarbeit bezeichnet. Mittels Portfolioarbeit kann die notwendige Verbindung zwischen den Lehr- und Lernprozessen sowie dem Beurteilen geschaffen werden.

Sowohl in der **Zwischen**- als auch in der **Abschlussbesprechung** können Schülerarbeiten anhand von Impulsfragen differenziert besprochen und die Schüler:innen zu begründeten Urteilen angeregt werden (Seydel 2012b). Grundlage differenzierter Urteilsbegründungen ist immer, dass sich die Schüler:innen eingehend mit den entstandenen Arbeiten auseinandersetzen. Fritz Seydel (2003) schlägt u. a. das Anordnen nach bestimmten Merkmalen, Gemeinsamkeiten oder Unterschieden vor, um die Arbeiten nach unterschiedlichen Kriterien beurteilen zu lernen, was dann in einer gemeinsamen Präsentation seinen Abschluss nehmen kann. Begleitet werden diese Auslegeordnungen von intensiven Gesprächen, die lehrer- und schülerinitiiert eingebracht werden können. Dadurch, dass in Anwesenheit des Gegenübers eine Urteil gefällt werden muss, sind die Schüler:innen gefordert, dieses auch nachvollziehbar zu begründen. Werden solche Argumentationen verschriftlicht, können sie im Rahmen einer Leistungsbewertung später von der Lehrperson einbezogen werden.

Bei der **Wertestation** von Thomas Michl (2004) können sich die Schüler:innen anhand von Schätzskalen in ihren Leistungen einordnen, was als Grundlage für ein Lehrer-Schülergespräch dienen soll. Hierzu werden pro Beurteilungskriterium eine Messskala anhand von Metallstreifen bzw. mittels Magnetklebefolie an der Wand im Klassenzimmer angebracht. Mittels Magneten können die Schüler:innen ihren Wert visualisieren und mit der Kunstlehrperson darüber in ein Gespräch kommen. Wichtig ist dabei, dass im Gespräch eruiert wird, weshalb die Schüler:innen sich so oder so einschätzen. Zudem kann davon ausgehend ein Feedbackgespräch erfolgen. Bisherige Lernschritte können anhand der Skalen besprochen werden und Strategien überlegt werden, wie der *Wert* pro Kriterium vielleicht noch erhöht werden kann. Das Schätzurteil sollte immer anhand weniger Kategorien und begründet gebildet und gemeinsam im Gespräch besprochen werden. Ob – wie Thomas Michl (2009) dies vorschlägt – am Ende mittels Taschenrechner und Umrechnungstabelle ein Mittelwert und eine Note gebildet werden muss, bleibt wohl im Ermessen der Lehrperson. Das Potenzial der Methode liegt wohl stärker in der einbezogenen Selbsteinschätzung und Visualisierung sowie dem damit verbundenen Lehrer-Schüler-Gespräch. Auch denkbar sind Selbstbewertungen im Rahmen von Zwischenbesprechungen zwischen Tandem- und Lernpartnerschaften.

4.1.5.2 Produktorientierte Methoden

Produktorientierte Beurteilungsverfahren zielen auf die Bewertung und Benotung einer Schülerarbeit als Leistungsergebnis. Obwohl dies im Unterrichtsalltag eine beinahe unumgängliche Praxis darstellt, spannt sich aus kunstdidaktischer Perspektive ein kritisches Feld auf. Eine transparente Beurteilung ist zwar das Ziel der Bewertung und letztlich der Benotung, jedoch stellt die von der Leistungsbewertung geforderte Objektivität einen oft kritisch diskutierten Sachverhalt dar (Friedt 1990, Junge 2016, Peez 2009a). Gerade da in ästhetischen Lernprozessen der subjektiven Auseinandersetzung eine zentrale Funktion für den Erkenntnisprozess zukommt, scheinen objektive Beurteilungskriterien nicht immer passend (Kapitel 1.4.4 und Kapitel 1.5.2).

Zur Beurteilung und Bewertung von Schülerarbeiten wurden in der Kunstdidaktik unterschiedliche Methoden entwickelt. Ein Überblick über Methoden zur Beurteilung und Bewertung im Kunstunterricht hat Georg Peez (2004a, 2009a) vorgelegt.

Evidenzbasierte Beurteilungsverfahren

Bei den evidenzbasierten Verfahren handelt es sich um holistisch gebildete Urteile, bei denen eine ganzheitliche Beurteilung im Vordergrund steht. Sie sind zeitökonomisch, können die nicht fassbaren Qualitäten in Kunst/Gestalten einbeziehen, sind aber auch kaum kommunizierbar, nachvollziehbar und begründbar.

Das **Evidenzurteil** wird anhand eines spontanen, subjektiven Eindrucks als Gesamteinschätzung gebildet. Der urteilenden Lehrperson ist dabei nicht immer bewusst, aus welchen Gründen und anhand welcher Kriterien das Urteil gefällt wurde. Dies gilt es unbedingt zu reflektieren (Peez 2008, 2009a).

Eine ähnliche Methode ist das Bilden von **Rangreihen** der Schülerarbeiten in der Folge von der besten bis hin zur schlechtesten Schülerarbeit. Die Abstände zwischen den Rangplätzen können dabei unterschiedlich groß gewählt werden, d. h., es sind keine Aussagen darüber möglich, inwiefern eine Schülerarbeit nur halb so gut ist wie die andere – es sei denn, es wird auf gleich große Abstände geachtet, dann wäre so ein Schluss zulässig (Peez 2008).

Kriterien- bzw. kategorienorientierte Beurteilungsverfahren

Kriterien sind bereits im formalen Kunstunterricht angewandt und wieder verworfen worden (Kapitel 1.3.2), jedoch stark verändert in der aktuellen Bildungsdebatte im Zuge der Kompetenzorientierung im kunstdidaktischen Diskurs wieder angekommen. Verändert hat sich im Gegensatz zum formalen Kunstunterricht die Art und Weise, mit der Bewertungskriterien und Beurteilungsdimensionen an die ästhetischen Produkte der Kinder und Jugendlichen herangetragen werden.

Ein klarer Vorteil dieser Methoden ist eine intersubjektive Verständigung über die erbrachten Leistungskriterien bzw. Leistungskategorien. Zudem ist damit eine hohe Transparenz verbunden, da den Schüler:innen klar ist, was und wie beurteilt wurde (Peez 2008, 2009).

Ein klarer Nachteil ist die damit entstehende Komplexität an zu beurteilenden Merkmalen. Hierdurch kann die Methode schnell sehr aufwendig und in der Durchführung schwierig werden. Weiter ist der Gesamteindruck nicht einzubeziehen, der aber oftmals gerade in Kunst/Gestalten die ästhetische Qualität aufzeigt (Peez 2008, 2009).

Kriterien und Kategorien sind immer entsprechend den Lernzielen und Kompetenzanforderungen zu bilden. Darüber hinaus sollten sie den Lernausgangslagen entsprechend einen Erwartungshorizont aufspannen. **Kriterien** stellen genau differenzierte Einzelmerkmale dar, die vorhanden oder nicht vorhanden sind, wie z. B. «eine expressive Farbgebung wurde umgesetzt» oder «es wurde eine eigene Bildlösung gefunden». **Kategorien** stellen Beurteilungsdimensionen dar und bilden eine Ausprägung ab, mit der eine bestimmte Kategorie auftritt. Je Kategorie kann nun eingeschätzt werden, wie stark diese ausgeprägt ist. Einschätzskalen weisen im Gegensatz zu Rangreihen gleiche Abstände zwischen den definierten Kategorienstufen auf (beispielsweise: «vollkommen erfüllt», «eher erfüllt», «eher nicht erfüllt», «überhaupt nicht erfüllt»). Neben einer vierstufigen können auch mehrstufige Skalen gebildet werden, wobei z. B. bei der fünfstufigen Skala immer eine gewisse Tendenz zur Mitte auftritt (Döring/Bortz 2016).

Kompetenzorientierte Beurteilung

Kompetenzorientierte Beurteilungsraster definieren die Leistung der Schüler:innen entsprechend den Kompetenzformulierungen und differenzieren nach den Lernzielen im Unterricht. Damit bemisst sich das Lernhandeln an den zu entwickelnden Kompetenzzielen. Oftmals werden diese vierstufig oder sechsstufig angelegt und beschreiben für jede Stufe die damit verbundenen Anforderungen (Glaser-Henzer 2017). Sie bieten Lernenden damit einen wichtigen Einblick in die Anforderungs- sowie Bewertungsprozesse und können somit auch im Unterricht zur Selbsteinschätzung und Prozessbegleitung eingesetzt werden. Der Nachteil ist, dass diese Art der Beurteilung sowohl in der Konzeption als auch in der Durchführung sehr aufwendig ist. Das ist gleichermaßen aber auch ein Vorteil, da sich so Wertschätzung für die Leistungen der Schüler:innen in der Bewertung zeigt, was sich insgesamt motivierend für das selbstbestimmte und selbstständige Lernen zeigen dürfte.

> *«Die grosse Bedeutung, die dem Entstehungsprozess eines Werks [...] beigemessen wird, spiegelt sich auch in der differenzierten Beurteilung von Leistungen.» (Glaser-Henzer 2017, S. 153)*

Ein weiterer Vorteil kompetenzorientierten Beurteilens und Bewertens liegt in der Tatsache, dass auch Arbeitsprozesse sowie mehrdeutige und vage Merkmale sowohl im Prozess als auch im Produkt in die Beurteilung mit einbezogen werden können, sofern diese entsprechend definiert worden sind. Hier zeigt sich, dass die Lehrperson einen umfassenden Erfahrungs- und Wissenshorizont benötigt, um fachlich angemessene sowie an den Schüler:innen orientierte Beurteilungskategorien zu definieren.

Dieser Komplexität der Beurteilung und Bewertung wird in der Praxis oftmals pragmatisch begegnet. Insgesamt kann aus pragmatischer sowie integraler Perspektive das kompetenzorientierte Beurteilen und Bewerten als Auslegungsprozess anhand transparenter Merkmale beschrieben werden: Ein zunächst auf dem Expertenwissen beruhendes Gesamturteil wird anhand des differenzierten Kategorienrasters revidiert, justiert, konkretisiert oder bestätigt (Lötscher/Naas/Roos 2021, Winter 2016). Durch die Kombination dieser Verfahren kann einerseits die Subjektivität global gefällter Schätzurteile minimiert, andererseits Beurteilungskriterien transparent und nachvollziehbar kommuniziert werden. Zudem bietet das doppelte Verfahren eine zusätzliche Reflexionsebene der beurteilenden Lehrperson, was insgesamt die Güte der Leistungsbewertung erhöht.

4.2 Kunstunterricht evaluieren und weiterentwickeln

Wie kann Kunstunterricht weiterentwickelt werden? Welche Möglichkeiten gibt es, Informationen über das Lernhandeln der Schüler:innen einzuholen? Welche Aussagekraft haben Schülerarbeiten über erfolgreichen Unterricht? Was bedeutet guter, erfolgreicher Unterricht in Kunst/Gestalten?

Für den Aufbau professioneller Handlungskompetenzen in der Lehrerbildung kommt der Reflexion und Evaluation von Unterricht eine zentrale Aufgabe zu. Die Reflexion des eigenen Unterrichtshandelns sowie die Reflexion über dessen Wirkung auf das Lernen der Schüler:innen ist von entscheidender Bedeutung. Dabei geht es darum, das eigene kunstdidaktische Handeln zu analysieren und damit gewonnene Erfahrungswerte für zukünftiges Unterrichtshandeln verfügbar zu machen (Berner 2016, Helmke 2015, Meyer 2004, Standop/Jürgens 2015).

4.2.1 Evaluation als Instrument der Unterrichts- und Professionsentwicklung

Mit Blick auf das heutige Verständnis von Unterricht als Angebot und Lernen als aktiven, konstruktiven Prozess (Angebots-Nutzungs-Modell, Helmke 2015) ist mit Bezug auf die Tiefenstrukturen von Unterricht zu fragen, inwiefern die Schüler:innen das Angebot für sich aktiv nutzen konnten, inwiefern der Unterricht als Angebot die Schüler:innen motivieren konnte sowie Lerninhalte lebensnah und schülerorientiert präsentiert werden konnten. Die Frage nach der Wirkung des Unterrichts bezieht sich also nicht nur auf objektiv fassbare Kriterien der Notengebung, vielmehr sind die Lehr-Lernprozesse und deren direkte Auswirkung auf das Lernen der Schüler:innen zu betrachten. Mit John Hattie (2021) sind Lehrende gefordert, selbst zu Lernenden zu werden, um die Lehr-Lernprozesse sichtbar werden zu lassen. Erst so ist die Grundlage geschaffen, Lehr-Lernprozesse zu verstehen und diese professionell weiterzuentwickeln.

> *«Was ich nicht sage, ist, dass es ‚auf die Lehrperson ankommt‘: Dieses Klischee wird von den in Lernen sichtbar machen zusammengetragenen empirischen Belegen in keiner Art und Weise gestützt… Worauf es tatsächlich ankommt, ist, dass Lehrpersonen über eine Geisteshaltung verfügen, die sie veranlasst, ihre Wirkung auf das Lernen zu evaluieren.» (Hattie 2021, S. 17)*

Auch ist nicht die Rede davon, dass Lehrende zu Forschenden ihres eigenen Unterrichts werden. Vielmehr geht es darum, mit geeigneten Methoden und Mitteln einen systematischen und pragmatischen Einblick in die Wirkweisen des eigenen Unterrichtshandelns und damit auf das Lernhandeln der Schüler:innen zu gewinnen, um davon ausgehend Lehr-Lernprozesse zu verbessern.

Gerade da Unterricht ein komplexes Prozessgeschehen ist und intendierte Lehr-Lernprozesse in der Durchführung auch anders verlaufen können, kann Unterrichtsdurchführung als «abweichender Prozess von Unterrichtsplanung» (Standop/Jürgens 2015, S. 244) verstanden werden. Im Vergleich zwischen Planung und Durchführung können wichtige Erkenntnisse erwachsen, die zukünftiges Planungs- und Unterrichtshandeln beeinflussen und zum Aufbau professioneller Handlungskompetenzen beitragen können. Hierzu gehört auch, Hinweise und Sichtweisen der Schüler:innen zum Unterricht und dies als partizipativen Anteil von Unterrichtsgestaltung im Sinne von «Koproduzenten des Lernens» (Standop/Jürgens 2015, S. 247) einzubeziehen.

Im Studium der Kunstdidaktik begegnen Studierende der Evaluation in praxisbezogenen Studiensegmenten wie in Praktika, Praxissemestern, Hospitationen sowie im Rahmen von fachdidaktischen Haus- und Masterarbeiten. Dabei geht es darum, professionelle Handlungskompetenzen fachbezogen und damit fachdidaktisch grundiert zu entwickeln, in engem Theorie-Praxis-Bezug Handlungsentscheidungen zu reflektieren, systematisch auszuwerten und Implikationen für das eigene und zukünftige Unterrichtshandeln wissenschaftlich begründet abzuleiten (Peez 2009, Kunz/Peters 2019).

4.2.2 Form und Gegenstand der Evaluation

Evaluation bezieht sich im Unterschied zum diagnostischen Handeln von Lehrpersonen in der Regel nicht auf die einzelne Person respektive die/den Schüler:in, sondern betrachtet diese für sich oder den Durchschnitt im Klassenverbund im Kontext unterrichtlicher Wirkungszusammenhänge. Zielführend ist dabei die Formulierung von Entwicklungszielen, die die Evaluation leiten und mittels denen konkrete Maßnahmen der Unterrichtsentwicklung abgeleitet werden können (Buhren 2018, Helmke 2015). Wir können mit den von Andreas Helmke (2015, S. 276) aufgestellten Typisierungsfragen Ziel und Vorgehen der Evaluation präzisieren:

- **Wer** evaluiert? Wird das eigene Unterrichtshandeln evaluiert, so wird die Selbstevaluation durch die Lehrenden selbst durchgeführt. Davon zu unterscheiden ist die Fremdevaluation, bei der andere Kollegen oder Dritte gebeten werden, den Unterricht zu beforschen und gemeinsam zu reflektieren. Damit sind Lehrende gleichzeitig Forschende. Methodisch sind wir damit im Bereich der Praxisforschung (Kasten 27).

- **Was** wird evaluiert? In dem hier vorliegenden Verständnis von Evaluation wird der eigene oder im Rahmen kollegialer Hospitation fremde Unterricht und dessen Wirkung auf das Lernhandeln der Schüler:innen sowie deren Lernergebnisse evaluiert. Gegenstand von Evaluation müssen aber nicht immer ganze Unterrichtseinheiten sein. Es können z. B. auch didaktisch-methodische Bausteine, Unterrichtsmethoden, Lehr-Lernumgebungen oder Förderkonzepte Gegenstand einer evaluativen Feinanalyse werden.
- **Wozu** wird evaluiert? Evaluation vollzieht sich im Rahmen der Praxisforschung immer mit dem Ziel der direkten Anwendung in der Praxis, dem Verstehen des (eigenen) Unterrichtshandelns oder der Prüfung und Etablierung neuer innovativer Unterrichtsideen und -konzepte. Im Sinne der Praxisforschung dient die Evaluation dem Aufbau professioneller Handlungskompetenz, indem die Ergebnisse im Kontext von Unterrichtserfahrungen reflektiert und professionelle Praktiken weiterentwickelt werden (Fraefel 2020).
- **Wann** wird evaluiert? Nicht jeder Unterricht soll und kann evaluiert werden. Daher macht es Sinn, Evaluationsvorhaben gut zu planen und im Unterricht didaktisch-methodisch einzubauen. So ist zu überlegen, ob Schülersichtweisen zum Unterricht einmal oder mehrmals eingeholt werden, ob Reflexionsgespräche auch für die Zwischenevaluation sinnvoll verwendet werden können oder ob querschnittsartig einzelne Phasen sinnvoll für die Evaluation herangezogen werden können. Die Evaluation sollte die Schüler:innen sowie die Lehrenden selbst vom Unterricht nicht ablenken, sondern im didaktisch-methodischen Gang sinnvoll eingebettet sein (Kirchner/Peez 2009a).
- **Woran** wird evaluiert? Diese letzte Frage beschäftigt sich mit der Bezugsnorm, in deren Rahmen Evaluation stattfindet. Im Sinne des Kompetenzaufbaus im Studium ist vorrangig die Mikroebene zu berücksichtigen, also die Evaluation von (eigenem) Unterrichtshandeln im Kontext von Theorie und Praxis, sowie mit Bezug auf dessen Wirkung auf das Lernen der Schüler:innen. Qualitätsmerkmale können eine geeignete Reflexionsfolie bieten, an der kunstdidaktisches Handeln diskutiert und weiterentwickelt wird (Lipowsky 2007, Meyer 2010, Rakoczy/Wagner/Frick 2021).

Die **Praxisforschung** – oder auch Aktionsforschung – hat bereits eine mehr als 40-jährige Tradition im nationalen wie internationalen Kontext der Lehrerbildung (Altrichter/Feindt 2011). Praxisforschung kann als eine Forschungsrichtung bezeichnet werden, die auf ein Forschen in und für die Praxis und weniger auf Theoriebildung und wissenschaftliche Erkenntnisgewinnung im Sinne der Entwicklung oder Prüfung wissenschaftlicher Theorie abzielt. Vielmehr geht es bei der Praxisforschung um die Anwendung auf und den Transfer in die Praxis. Daher kann sie auch als ein Instrument zur nachhaltigen (Weiter)Bildung im Lehrberuf angesehen werden. Als Ausgangspunkt von Praxisforschung stehen Erfahrungen und damit verbundene Fragen von Praktikern, für die es aus der Theorie keine klare Antwort gibt bzw. geben kann. Da Lehren und Lernen immer fall- und situationsbezogen ist, hat die Praxisforschung einen besonderen Wert für den Aufbau professioneller Handlungskompetenzen (Altrichter/Feindt 2011, Altrichter/Posch/Spann 2018). Kunstpädagogische Praxisforschung kann ein geeignetes Instrument darstellen, um Kunstlehrenden zu ermöglichen, unterrichtliche Handlungspraxen anders zu betrachten, zu reflektieren und so weiter zu denken (Peez 2003).
In der Praxisforschung kommen Methoden der empirischen Sozialforschung zum Einsatz. Hierzu zählen vornehmlich qualitative Forschungsmethoden, z. B. Interviews oder teilnehmende Beobachtung, vereinzelt können aber auch quantitative Methoden herangezogen werden, z. B. ein Fragebogen oder eine kurze Umfrage zu Vorkenntnissen und Präferenzen der Schüler:innen. Im Sinne der Methodenvielfalt und Entwicklung zum Forschungsgegenstand angemessener Forschungsmethoden ist für Kunst/Gestalten zu prüfen, ob weitere Forschungsmethoden einbezogen werden, wie z. B. künstlerische Forschung, Ethnografie oder Methoden der Kunstwissenschaft.

Kasten 27: Praxisforschung

Damit ist der Rahmen gegeben, in dem im Folgenden Evaluation vornehmlich als Selbstevaluation von eigenem Unterrichtshandeln und dessen Wirkung weitergedacht wird. Evaluation ist damit ein wichtiger Teil der Unterrichtsentwicklung und kann im Konzept professioneller Lehrkompetenzen als letzter Schritt einer umfassend verstandenen Planungskompetenz verstanden werden (Kapitel 2.5.5).

> *«Daher darf es sich nicht auf das reine Sammeln und Abarbeiten von Daten und Praxiserfahrungen beschränken, vielmehr ermöglicht Evaluation, aus Erfahrung systematisch zu lernen.» (Standop/Jürgens 2015, S. 257)*

4.2.3 Reflexion über Unterricht als Instrument der Unterrichtsentwicklung

Der Reflexion kommt in bisherigen Professionskonzepten der Lehrerbildung eine zentrale Rolle zu (u. a. Altrichter/Posch 2007, Buhren 2018, Cramer 2020, Leonhard/Abels 2017, Schön 1983). Es wird angenommen, dass sich Handlungskompetenzen vor allem dann nachhaltig aufbauen und weiterentwickeln, wenn über das (eigene) Handeln nachgedacht wird und sich daraus Einsichten und Erkenntnisse ergeben, die sich auf das zukünftige Unterrichtshandeln direkt auswirken können. Die von Donald Schön (1983) vorgenommene Unterscheidung zwischen der Reflexion in der Handlung und Reflexion über die Handlung findet sich in aktuellen Konzepten der Lehrerbildung prominent wieder und kann auch mit Blick auf die Entwicklung kunstdidaktischer Handlungskompetenzen Leitlinien für die Selbstevaluation und Selbstreflexion von Kunstunterricht bieten (Abbildung 23).

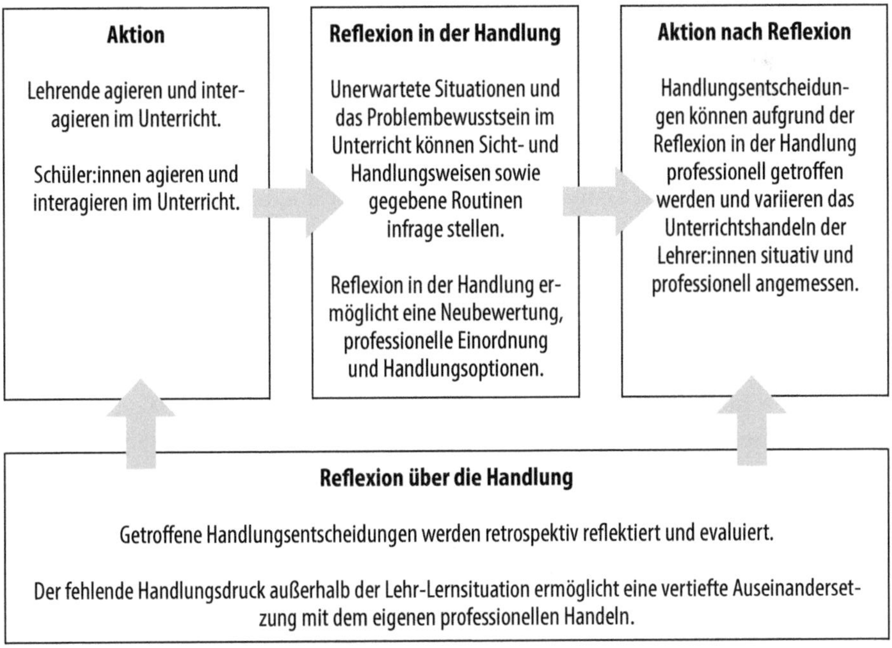

Abbildung 23: Reflexion in der Handlung und Reflexion über die Handlung (in Anlehnung an Schön 1983, Altrichter/Posch 2007)

Lehrende agieren und interagieren im Unterricht mit den Lernenden sowie mit Lerninhalten, Medien und Materialien. Ebenso sind die Schüler:innen im komplexen Unterrichtsgeschehen eingebunden. Im Kunstunterricht wird diese Komplexität oftmals erhöht durch einen hohen Grad an Materialität, Prozessualität und individueller Begleit- und Unterstützungsprozesse (Kapitel 3). Von den Lehrenden sind daher im Prozess des Unterrichtens zahlreiche Handlungsentscheidungen zu treffen, die sich direkt auf die Lehr-Lernprozesse und den weiteren Unterrichtsfortgang auswirken. Unerwartete Situationen sowie eine Sensitivität und ein damit verbundenes erhöhtes Problembewusstsein für die Interaktionsprozesse im Unterricht können Sicht- und Handlungsweisen sowie gewohnte Bahnen infrage stellen. Die Reflexion in der Handlung ermöglicht dann eine Neubewertung der Situation sowie professionelle Einordnung des Geschehens. Dadurch können Handlungsoptionen eröffnet werden, die didaktisch fundiert und situationsangemessen das Unterrichtshandeln verändern können.

Meta-reflexiv sind getroffene Handlungsentscheidungen im Unterricht retrospektiv zu reflektieren und jenseits des situativen Handlungsdrucks – Entscheidungen im Unterricht sind oft in der Situation zu treffen und damit intuitiv – zu bewerten und zu evaluieren. Hierdurch ist eine vertiefte und differenzierte Auseinandersetzung mit dem eigenen Handeln im Theorie-Praxis-Gefüge möglich, was zum Aufbau und zur Weiterentwicklung professionellen Handelns und zu einer stärker bewussten und fundierten Reflexion in der Handlung führen kann.

Handlungsentscheidungen können auch aufgrund vorhandener Handlungsmuster getroffen werden. Solche Leitbilder für eigenes unterrichtliches Handeln können gesellschaftlich-kulturell determiniert sowie aufgrund der eigenen Lernbiografie entstehen und unterrichtliches Handeln zum Teil unbewusst bedingen. Denn frühere schulische Erfahrungen lenken dann das eigene Handeln, wenn schulische Situationen komplexes Handeln erfordern und aufgrund von fehlenden Praxisroutinen leicht verfügbare Handlungsmuster zur Lösung bieten. Jeder von uns hat aufgrund der eigenen Erfahrungen als Schüler:in bestimmte Handlungsmuster verinnerlicht: denn damalige Lernende werden im Studium zu Lehrende. Bleiben solche – positiv wie negativ wirkenden – Leitbilder und Handlungsmuster unreflektiert, wird gerade in Situationen erhöhter Unsicherheit und Ungewissheit in der Handlung auf selbst erlebte Muster aus der eigenen Schulzeit unbewusst zurückgegriffen (Berner 2020, Grunder 2016, Seydel 2005, Seydel 2020, Kapitel 1.1).

> *«Systematische Unterrichtsauswertung ist (1.) kriteriengeleitet, (2.) datenbasiert und (3.) aufgabenbezogen: Sie dient der Verbesserung des Unterrichts und der Perspektivenerweiterung und Kompetenzentwicklung des Auszubildenden.» (Meyer 2020, S. 227)*

4.2.4 Qualitätsdimensionen im Fach Kunst – eine Reflexionsfolie

Die Frage, was guter Kunstunterricht ausmacht, ist nicht neu und dennoch wird sie immer wieder gestellt und kann doch nicht abschließend beantwortet werden. Denn woran bemisst sich das «gut» im Sinne von Qualität? Qualität des Angebots, oder die Qualität der Nutzung? Johannes Bilstein (2013, S. 61) spricht daher treffender von «gelungene[n] oder doch wenigstens gelingende[n] Bildungsprozessen» und hebt damit die Qualitätsdebatte auf die Durchführungs- und Prozessebene von Kunstunterricht an. Gelingensbedingungen von Kunstunterricht durchdringen das kunstdidaktische Handeln in der Planung, Durchführung und Bewertung von Kunstunterricht und müssen weiter fachdidaktisch entsprechend der Komplexität und Vielschichtigkeit fachlicher Lernprozesse im Kunstunterricht genau beschrieben und weiterentwickelt werden. Kunstdidaktik und allgemeine Unterrichtsforschung zeigen damit verschiedene Perspektiven auf Unterrichtsqualität im Kunstunterricht auf (Rakoczy/Wagner/Frick 2021).

Die für Kunstunterricht empirisch entwickelten und gestützten Qualitätsdimensionen (Berner 2016) sind horizontal in der kunstdidaktischen Theorie zu verorten und bilden damit fachdidaktisches Handeln ab, wie dies Katrin Rakoczy, Ernst Wagner und Ulrich Frick (2021) mit Rekurs auf Constanze Kirchner und Johannes Kirschenmann (2015) aufzeigen konnten. Hier zeigt sich einmal mehr, dass Qualitätsdimensionen keine zusätzliche Ebene beschreiben, die «es auch noch zu berücksichtigen gilt», sondern dass Qualitätsdimensionen ein Richtmaß für kunstdidaktisches Handeln bieten können, empirisch belastbare Erkenntnisse über die Lehr-Lernprozesse darstellen und diese für die Praxis verdichtet beschreiben.

Um also den «gelingenden Bildungsprozessen» (Bilstein 2013, S. 61) im Kunstunterricht auf die Spur zu kommen, sind Mikroprozesse des Lehrens und Lernens zu betrachten (Ditton 2006, Kunter/Trautwein 2018, Meyer 2004). Neben den Sichtstrukturen von Unterricht, u. a. Organisationsformen, Methoden und Sozialformen, sind das vor allem die Tiefenstrukturen der Lehr-Lernprozesse (Kunter/Trautwein 2018), die Komplexität von Unterricht aufschlüsseln und damit beobachtbar und damit auch diskutierbar machen.

Für eine Evaluation und Weiterentwicklung von Kunstunterricht ist es daher sinnvoll, den Blick stärker auf Mikroprozesse des Lehrens und Lernens im Kunstunterricht zu richten. Wir betrachten u. a., wie genau Lehr-Lernprozesse strukturiert und organisiert werden können um ein selbstständiges und lernwirksames Arbeiten zu ermöglichen, wie ästhetische Wahrnehmungs- und Erfahrungsprozesse ermöglicht werden können, und wie Schüler:innen bestmöglich in ihrem Lernhandeln unterstützt und gefördert werden können. Es geht also um Interaktionsstrukturen, die sich im Kunstunterricht zwischen Lehrenden und Lernenden in sprachlichen und visuellen sowie kommunikativen und imaginativen Prozessen ereignen.

Im Folgenden werden acht Gelingensbedingungen beschrieben (ausführlicher in Berner 2016), die empirisch erforscht und im Unterricht der Primar- und Sekundarstufe mit Lehrpersonen und Studierenden erprobt, diskutiert und weiterentwickelt worden sind. Sie lassen sich unterschiedlich den drei Handlungsbereichen zuordnen und sind im kunstdidaktischen Handeln auf Ebene der Tiefenstrukturen von Kunstunterricht zu verorten.

Intendiertes Unterrichtshandeln

Intendiertes Unterrichtshandeln als Qualitätsdimension von Kunstunterricht versteht einen nachvollziehbaren Fortgang des Unterrichts über die einzelnen Unterrichtsphasen und methodischen Grundfiguren des Kunstunterrichts Rezeption, Produktion und Reflexion hinweg. Auch die Konzeption von Unterricht in Bezug auf Ziele, Inhalte, Methoden und Medien sollte in sich stimmig und kohärent an der Lehrintention und den damit verbundenen Kompetenzformulierungen ausgerichtet werden. Darüber hinaus bezieht das Merkmal eine klare Strukturierung des Unterrichts sowie Verständlichkeit der dargebotenen Inhalte mit ein. Über dem gesamten Unterricht steht ein intendiertes Handeln der Lehrperson, das sich wie ein roter Faden durch den Unterricht zieht.

Zentrale Merkmale sind u. a.:

- Der Lehrperson sind die jeweiligen Lern- und Kompetenzziele des Unterrichts bekannt und sie kann dahingehend den Unterricht in seiner Feinstruktur planen.
- Ein roter Faden zieht sich thematisch durch das gesamte Unterrichtsvorhaben.
- Die Unterrichtsorganisation arbeitet einem schrittweisen Kompetenzaufbau zu. Dadurch ist es den Lernenden möglich, Wissen und Können ausgehend von bereits vorhandenen Fertigkeiten und Erfahrungen aufzubauen.
- Aufgaben sind klar und verständlich gestellt und zeigen den Lernenden transparent auf, was von ihnen gefordert wird.
- Unterricht ist in seiner Durchführung adaptiv und flexibel gestaltet. Auf kaum planbare und vorhersehbare Situationen kann flexibel reagiert werden und – sofern dem Lernen der Schüler:innen zuträglich – auch von der Planung abgewichen werden.

Kognitiv-emotionale Aktivierung

Um Schüler:innen zu ästhetischen Lernprozessen anzuregen, ist eine vertiefte Auseinandersetzung mit den Lerninhalten relevant. In ästhetischen Prozessen sind nicht nur kognitive Anteile entscheidend, sondern die Lernenden setzen sich auch mit ihren Erinnerungen, Gefühlen, Wünschen und Vorstellungen auseinander. Die Verbindung von Wahrnehmen, Denken und Handeln ist für den ästhetischen Lernprozess von hoher Relevanz. Im Bildhandeln werden Kognition und Emotion aufeinander bezogen und führen zu ästhetischen Erkenntnisprozessen. Da ästhetisches Lernen immer ein ko-konstruktiver Prozess ist, ist Aktivierung neben einer emotionalen und kognitiven Aktivierung als Gelingensbedingung immer auch sozial umzusetzen (Berner/Schmidt 2016, Schmidt 2016).

Zentrale Merkmale sind u. a.:

- Im Unterricht sind die individuellen Erfahrungen, Ansichten und Gefühle der Lernenden einbezogen.
- Beziehungen und Kontext zum Vorwissen, zu Vorkenntnissen und Vorerfahrungen werden aufgezeigt.
- Lerninhalte werden handeln-gestaltenden und kognitiv-emotionalen erarbeitet.
- Es zeigt sich eine Verbindung von Wahrnehmen, Denken und Handeln in den Lehr-Lernprozessen.
- Effektiver Einbezug der Lernenden in den Unterricht (Partizipation).
- Die Schüler:innen können ihre Erfahrungen miteinander austauschen.
- Schüler:innen können eigene Denk- und Gestaltungswege (er)finden
- Es werden aktivierende Aufgaben gestellt, die ein selbstgesteuertes Lernen ermöglichen.
- Das Changieren zwischen hoher Fachlichkeit und stufenbezogener Umgangsweisen ist am didaktischen Prinzip der Wissenschaftlichkeit orientiert.

Erleben und Erfahren ermöglichen

Für ein Lernen in Kunst/Gestalten ist eine vertiefte ästhetische Auseinandersetzung mit den Lerninhalten förderlich. Kunst/Gestalten kann dann zum Erlebnis werden, das ein Um- und Weiterdenken bewirkt und sich auf das (Bild-)Handeln der Schüler:innen nachhaltig auswirken kann. Das Ermöglichen von Erfahren und Erleben setzt im Kunstunterricht als Gelingensbedingung an der ästhetischen Erfahrung an und strukturiert entsprechend das Lehr-Lernsetting. Künstlerische und handwerkliche Qualitäten von Materialien, Techniken sowie von Handlungsvollzügen bestimmen verschiedene Erfahrungsqualitäten und können im Miteinander und im Austausch erlebt und Vielfalt nachvollzogen werden. In ästhetischen Prozessen im Kunstunterricht sollte immer ein Kunst- und ein Sich-Erleben den Schüler:innen ermöglicht werden.

Zentrale Merkmale sind u. a.:

- Ausreichend Zeit und Gelegenheiten für die Lernenden im Unterricht schaffen, sich aktiv und intensiv mit den Inhalten auseinanderzusetzen.
- Ästhetisch anregende Materialien und Räumlichkeiten einbeziehen, die ästhetische Erfahrungsprozesse ermöglichen.
- Schüler:innen in ihrer Aufmerksamkeit für komplexe Sachverhalte, Mehrdeutigkeiten und Unbestimmtheiten, für das Künstlerische und in ihrem jeweiligen Umgang damit fördern.
- Gute Qualität der im Unterricht eingesetzten Bilder, Werkstücke, Materialien und Werkzeuge.
- Einbezug von authentischen Situationen im Kontext von Kunst/Gestalten, u. a. durch Integration von Museumsbesuchen, Kooperation mit Künstler:innen, öffentliche Kunst, Denkmäler, Besuche in Werkstätten und Ateliers.

Unterricht an den Lernenden ausrichten

Die Gelingensbedingung fokussiert auf die Anbindung des Unterrichts an den individuellen Lernausgangslagen der Schüler:innen. Innerhalb der Unterrichtsforschung findet sich die Passung bzw. der Umgang mit Heterogenität als Qualitätsmerkmal (Helmke 2015, Weinert 1997). In Kunst/Gestalten können die Lerninhalte durch die Schüler:innen individuell ausgelegt werden, weshalb subjektive Zugänge zur Welt für das ästhetische Lernen von zentraler Bedeutung sind (Blohm 2002), was sich auch in der Subjektorientierung als kunstdidaktischem Prinzip zeigt (Kapitel 1.5.2). Nicht unberücksichtigt darf dann bleiben, dass Unterricht – sofern er tatsächlich die Vielfalt der Schüler:innen aufnehmen kann – adaptiv zu gestalten ist, d. h., auch nicht angedachte, geplante Wendungen nehmen kann und soll. Um Lernausgangslagen zu erkennen und im Unterricht zu berücksichtigen, sind diagnostische Kompetenzen notwendig (Kapitel 4.1.1).

Zentrale Merkmale sind u. a.:

- Abklärung von Lernausgangslagen der Schüler:innen (u. a. Fertigkeiten, Vorwissen, Vorerfahrungen, Einstellungen, Interessen, Präferenzen, Haltungen, Erwartungen, Wünsche, Motivation).
- Anbindung des Lehr-Lernsettings an die Lernausgangslagen.

- Erwartungshorizont formulieren und didaktisches Handeln daran orientieren (u. a. in den Lernzielen, Lerninhalten, Sozial- und Arbeitsformen, Methoden, Aufgaben, Bewertung).
- Im Unterricht sind die individuellen Erfahrungen, Ansichten und Gefühle der Lernenden einbezogen.
- Beziehungen und Kontext zum Vorwissen, zu Vorkenntnissen und Vorerfahrungen werden aufgezeigt.

Bewusstes Üben ermöglichen

Bewusstes Üben versteht sich als ein Üben, bei dem sich Lernende darüber bewusstwerden, dass sie lernen, warum sie lernen und dass sie dabei aktiv die Lehr-Lernprozesse mitgestalten. Bewusstes Üben stellt ein ko-konstruktives Lernhandeln dar. Dies bedeutet, dass beim bewussten Üben in der intensiven Auseinandersetzung in Kunst/Gestalten ein eigener Bezug zum Lerninhalt erwächst und dass die Lernenden sich diesen immer mehr selbst aneignen. Sich darüber bewusst zu sein und dies zu reflektieren, ist für ein selbstorganisiertes Lernhandeln von zentraler Bedeutung. Bewusstes Üben ist damit nicht nur ein Anwenden und Vertiefen von Lerninhalten, darüber hinaus ist damit ein Transfer in andere, weiterführende Aufgaben verbunden. Dadurch werden die erworbenen Kenntnisse und Fertigkeiten gesichert und nachhaltig entwickelt.

Zentrale Merkmale sind u. a.:

- Übungsphasen werden bei der Unterrichtsplanung als vertiefende Einheiten des Lernens einbezogen und Lernprozesse der Schüler:innen werden reflektiert.
- Lern- und Leistungsaufgaben stehen im Kunstunterricht in einem wechselseitigen Verhältnis. Übungsphasen ermöglichen im Rahmen von Lernaufgaben den Kompetenzaufbau.
- Lehr-Lernprozesse werden kumulativ gestaltet, sodass ein aufbauendes Lernen möglich ist.
- Es werden angemessene Aufgaben gestellt, die die Schüler:innen nicht über-, aber auch nicht unterfordern.

Lernprozesse rückmelden und reflektieren

Mit Schüler:innen gemeinsam über ihre Lernprozesse und Lernergebnisse zu sprechen, zu reflektieren und diese rückzumelden sowie Lern- und Entwicklungswege zu beraten, stellen zentrale Gelingensbedingungen von Kunstunterricht dar. Lernbegleitung unterstützt dann individuelle Lernfortschritte, wenn Schüler:innen fortwährend Feedback zu ihren Arbeits- und Lernprozessen erhalten und Lernerfahrungen reflektieren können. Individuelle Rückmeldungen und Beratungsgespräche mit der Lehrperson sind für die Lernentwicklung ebenso wichtig wie das Reflektieren der eigenen Lernerfahrungen in der Lerngruppe. Relevant ist dabei das In-Bezug-Setzen des eigenen Bildhandelns zu eigenen Erfahrungen und denen anderer, zu anderen Lerninhalten sowie zu Vorerfahrungen und Vorkenntnissen.

Zentrale Merkmale sind u. a.:

- Im Kunstunterricht wird durch Lehrpersonen und Schüler:innen Feedback vielfältig umgesetzt und ist im Unterrichtsverlauf einbezogen (Feedbackkultur).
- Rückmeldungen werden aufgabenbezogen gegeben und enthalten konkrete Hinweise für den Arbeitsprozess.
- Die Rückmeldung ist immer konstruktiv und wohlwollend formuliert.
- Rückmeldungen beziehen immer die Schüler:innen und ihre Sichtweisen mit ein, zielen auf Selbstreflexion und selbstgesteuertes Lernen.
- Die Schüler:innen erhalten Feedback unmittelbar in der Lernsituation und können die Rückmeldung umsetzen.
- Für das Reflektieren und das Rückmelden von Lernprozessen wird im Unterricht ausreichend Zeit eingeplant.

Kreatives Unterrichtsklima

Ein kreatives Unterrichtsklima im Kunstunterricht zu schaffen, kann als eine zentrale Gelingensbedingung angesehen werden und ermöglicht ein ästhetisches Lernen als kreativen Akt. Kreativität erfordert Offenheit, eine vertrauensvolle Atmosphäre zwischen Lehrperson und Lernenden sowie zwischen den Lernenden untereinander sowie eine anregende Umgebung. Eng damit verbunden ist eine positive Fehlerkultur. Fehlerfreundlichkeit im Kunstunterricht betont die Aufhebung von Richtig und Falsch und ermutigt Schüler:innen, Wagnisse einzugehen und auch Misslingen und Fehlschläge in Kauf zu nehmen, um davon ausgehend weiterzukommen und zu lernen (u. a. Bamford 2010, Oser/Spychiger 2005). Entsprechend divergent sind dann Lehr-Lernsettings zu gestalten, um den Schüler:innen Zeit und Raum für das Lernen aus Fehlern zu schaffen.

Zentrale Merkmale sind u. a.:

- Offenheit gegenüber Fehlern und Widerständigem im Unterricht etablieren.
- Eine vertrauensvolle Atmosphäre schaffen.
- Positive Beziehungsgestaltung und ein gemeinsames Lernen fokussieren.
- Komplexität und Divergenz in verschiedenen Lernphasen ermöglichen.

- Experimentieren und Explorieren im Unterricht initiieren.
- Lern- und Leistungssituationen trennen, gleichzeitig Kriterien der Lern- und Leistungsbeurteilung aufeinander abstimmen.

Klasse führen und Unterricht organisieren
Klassenführung und Unterrichtsmanagement zählt allgemein als eine zentrale Gelingensbedingung für effektives Lernen im Unterricht (Helmke 2015). Das Fach Kunst erfordert darüber hinaus ein besonderes Maß an Unterrichtsorganisation, um Materialvielfalt, künstlerische Projekte und die Organisation und Durchführung komplexer Lehr-Lernprozesse zu ermöglichen. Individuelle Beratung und Begleitung im Kunstunterricht fordern die Lehrperson in ihrer Führungskompetenz zusätzlich heraus. Ziel ist es, möglichst reibungslos Unterrichtsprozesse zu organisieren, sodass die zur Verfügung stehende Zeit für die intensive Auseinandersetzung mit den Unterrichtsinhalten von allen Schüler:innen voll genutzt werden kann. Neben dem Klassenmanagement ist dies besonders das Werkstatt- und Ateliersmanagement.

Zentrale Merkmale sind u. a.:

- Handlungserleichternde Organisation von Materialien, Werkzeugen durch Systematik, Ordnung und Zugänglichkeit herstellen.
- Organisatorische Abläufe werden geplant und den Lernenden transparent mitgeteilt. Womöglich können die Lernenden miteinbezogen werden (z. B. Austeildienste, Aufräumdienste).
- Regeln und Routinen vereinfachen die organisatorischen Abläufe (z. B. Aufräumen in den letzten 5 bis 10 Minuten, selbstständiges Vorbereiten der Arbeitstische vor Beginn).
- Alle Lernenden werden im Unterrichtsgeschehen einbezogen und berücksichtigt.
- Die Lehrperson hat eine hohe Aufmerksamkeit für das Interaktionsgeschehen während des Unterrichts und den individuellen Anliegen der Schüler:innen. Wo es geht, werden diese berücksichtigt.
- Kritische Unterrichtsmomente präventiv durchdenken und Störungen vermeiden. So ist es ratsam, z. B. lange organisatorische Übergänge zwischen zwei Unterrichtsphasen zu vermeiden, in denen sich Schüler:innen mit nicht-unterrichtsbezogenen Inhalten auseinandersetzen, sich gegenseitig ablenken und so Störungen verursachen können.

4.2.5 Arbeitsschritte systematischer Unterrichtsevaluation

Praxis- und Unterrichtsforschung (Helmke 2015, Meyer 2010) sind systematisch aufgebaut und haben festgelegte Handlungsschritte (Abbildung 24). Dies erleichtert das methodische Vorgehen sowie erhöht die Transparenz und Verständlichkeit der durchgeführten Forschung. Eine Durchführung und Berücksichtigung dieser Schritte ist zudem der Garant dafür, in der Evaluation nicht möglichen – bewussten oder unbewussten – Vorurteilen zu erliegen. Denn wird die Forschungssystematik nicht berücksichtigt, so kann es schnell der Fall sein, dass subjektive Annahmen und Vorstellungen durch die Forschung teils unbewusst reproduziert werden und dadurch der Erkenntnisgewinn deutlich eingeschränkt wird (Döring/Bortz 2020, Peez 2008). Besonders gilt dies für die Trennung von Datenauswertung und Dateninterpretation, daher werden beide als eigene Schritte aufgeführt.

Der Forschungsprozess im Rahmen kunstpädagogischer Praxisforschung mit dem Ziel der Evaluation von Unterricht gestaltet sich vornehmlich qualitativ, meist triangulativ sowie ergänzend auch quantitativ. Dabei gilt es zu berücksichtigen, dass auch iterative Schleifen enthalten sein können, u. a. im Rahmen der Entwicklung qualitativer Forschungsinstrumente zur Datensammlung, in der ergänzenden Datensammlung, Datensicherung und Datenaufbereitung, sowie während dem Auswertungsprozess. An verschiedenen Stellen kann es dazu kommen, dass ein Schritt zurück im Prozess sinnvoll erscheint. Denn der qualitative Forschungsprozess zeichnet sich gerade dadurch aus, dass das Prozessgeschehen einbezogen und berücksichtigt werden kann und somit auf den zu untersuchenden Forschungsgegenstand – den Unterricht – angemessen eingegangen werden kann.

Im Folgenden werden, die in Abbildung 24 vorgestellten Arbeitsschritte beschrieben.

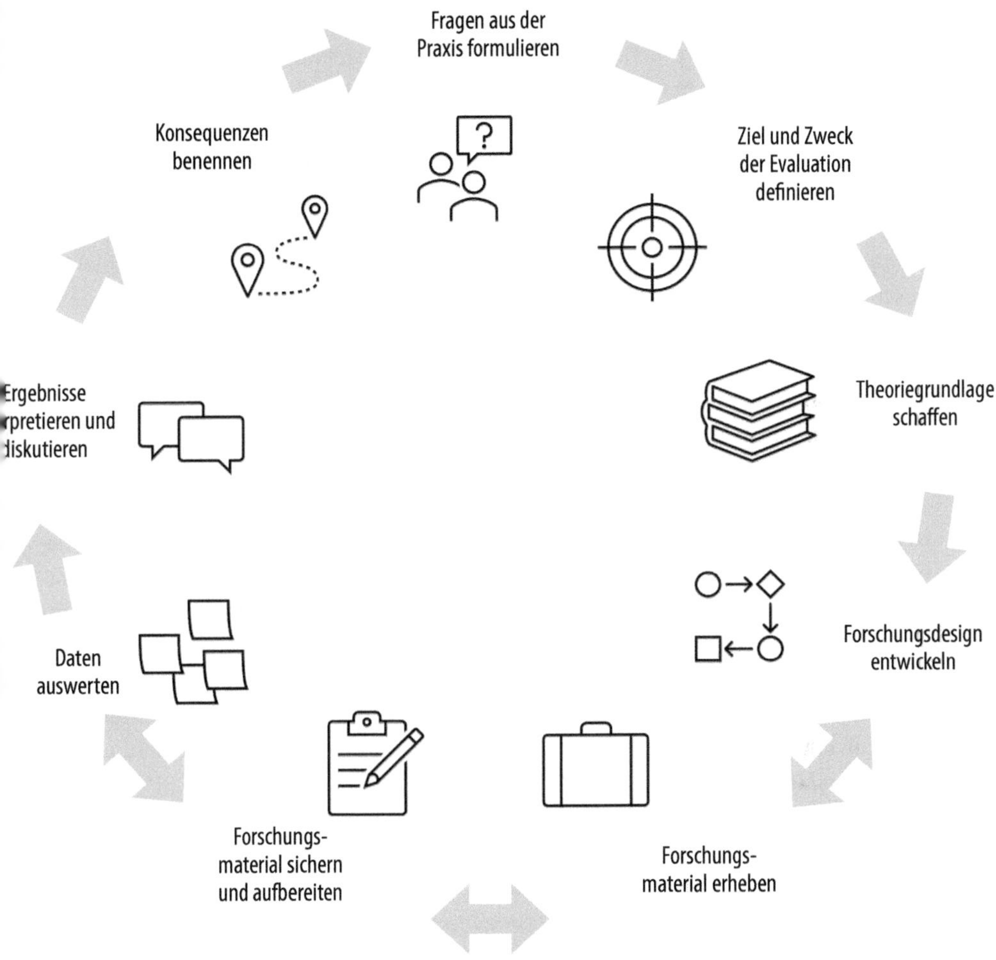

Abbildung 24: Arbeitsschritte der Unterrichtsevaluation im Kontext forschenden Studierens (in Anlehnung an Sonntag et al. 2016, S. 14–15)

#1 Fragen aus der Praxis formulieren

In der (kunst-)pädagogischen Praxisforschung wird fallbezogen gearbeitet (Fatke 2010, Peez 2007). Ein Fall ist aber nicht nur als Einzelfall auf ein Subjekt zu verstehen. Ein Fall stellt vielmehr in der Praxisforschung das unterrichtliche Interaktionsgeschehen oder spezifische Anteile an diesem dar, wie z. B. die Interaktion mit bestimmten Lernenden, mit einer Schülergruppe, ausgewählte Unterrichtsphasen oder die Lehrperson und ihr unterrichtliches Handeln selbst. Auch die Institution Schule oder bestimmte Schul- und Unterrichtsentwicklungsprogramme können zum Fall werden, der beforscht wird. Ein Fall – im Sinne eines Ausschnitts aus der unterrichtlichen Lebenswirklichkeit – wird immer dann zum Fall einer Praxisforschung, wenn bestimmte Merkmale in die Aufmerksamkeit des Betrachters treten, oder anders formuliert: wenn sie auffallen und sich vom Normalen, Gewohnten oder Sicheren abheben (Fatke 2010). Hieraus ist eine Frage abzuleiten, die möglichst auf die erlebte Ausgangssituation fokussiert ist. Der Fall ist als Fallbeispiel zu beschreiben, der die Fragestellung(en) in der erlebten Unterrichtsrealität kontextualisiert.

#2 Ziel und Zweck der Evaluation definieren

Als zweiter Schritt ist das Ziel und der Zweck der Evaluation näher zu betrachten und zu definieren. Dies ist ein wichtiger Schritt, da er die Ausrichtung und mögliche Implikationen der Praxisforschung – also die Anwendung der Erkenntnisse in der Praxis – bestimmt. Die Frage ist hier: Was soll bzw. kann die angestrebte Praxisforschung leisten? Im Sinne einer pragmatischen Ausrichtung der Unterrichtsevaluation ist es sinnvoll, sich auf wenige Aspekte zu beschränken, für die dann konkrete Implikationen erarbeitet werden. Drei Ebenen können unterschieden werden (Zumsteg et al. 2007):

- **Vergleich zwischen Planungshandeln und Unterrichtsdurchführung:** Was wurde intendiert und geplant, was wurde wie umgesetzt? Welche Schlüsse ergeben sich im Vergleich?
- **Wirksamkeit des eigenen Unterrichtshandelns:** Wie konnten die Schüler:innen in ihrem Lernen aktiviert und motiviert werden? Welche Wirkungen hat das Unterrichtshandeln auf die Schüler:innen?
- **Wirksamkeit des Lehr-Lern-Arrangements:** Inwiefern wurden die mit dem Unterricht intendierten Ziele erreicht? Welche Anpassungen sind vorzunehmen, um die Lernenden mit dem Lehr-Lern-Arrangements stärker anzusprechen?

#3 Theoriegrundlage schaffen

Um den Themenbereich der Evaluation abzustecken, ist die Auseinandersetzung mit einschlägigen Theorien und dem bestehenden Forschungsstand notwendig. Je nach Art der Arbeit – Hausarbeit oder Qualifikationsarbeit – wird dies in Umfang und Intensität unterschiedlich ausfallen. Unumgänglich ist es aber, sich eine solide wissenschaftliche Grundlage zu erarbeiten, damit relevante Kontexte nicht unberücksichtigt bleiben und dadurch den Erkenntnisgewinn schmälern. Es bietet sich an, zunächst eine Mindmap anzulegen, um Schwerpunkte sowie Randbereiche zu berücksichtigen. Auch im Rahmen relevanter Bezugsdisziplinen sollte recherchiert und das Thema kontextualisiert werden. Bisheriges, z. B. im Studium erworbenes Wissen, kann dann durch neue Recherchen und Literaturstudium ergänzt werden. Erst dadurch ist die Grundlage gelegt, ein angemessenes Forschungsdesign entwickeln zu können.

#4 Forschungsdesign entwickeln

Das Forschungsdesign bestimmt die Art und den Ablauf der weiteren Praxisforschung. Es legt die Methodik der Erhebung und Auswertung des empirischen Materials fest. Folgende Punkte umfasst das Forschungsdesign (u. a. Döring/Bortz 2016, Flick 2019):

- **Forschungsrichtung:** Eignet sich eher eine qualitative oder quantitative Herangehensweise für die Beantwortung meiner Fragestellung? Ist es unter Umständen notwendig, beide Herangehensweisen miteinander zu kombinieren? Die Wahl der Herangehensweise wird immer auch durch die Fragestellung und vom Erkenntnisinteresse beeinflusst (Kasten 28).
- **Sample/Stichprobe:** Es gilt zu klären, wer im Rahmen der Evaluation befragt werden soll, u. a. Lehrpersonen, Schüler:innen, Kolleg:innen, Schulleitung oder Eltern, und wie viele Personen in die Evaluation einbezogen werden sollen. Als tragfähig für die Unterrichtsevaluation gilt es, mindestens zwei Perspektiven einzubeziehen, die der Lernenden auf den Unterricht sowie die Selbstevaluation des eigenen Unterrichts.
- **Methodentriangulation:** Die Praxisforschung gewinnt an Aussagekraft und Repräsentativität, wenn verschiedene Perspektiven auf den Untersuchungsgegenstand einbezogen werden. In der Forschungsliteratur findet sich der Fachbegriff der Methodentriangulation. Dies bezieht sich sowohl auf die Erhebungs- als auch auf die Auswertungsmethoden (Flick 2008).
- **Datenerhebung:** Welche Informationen (Daten) benötige ich zur Beantwortung meiner Fragestellung(en)? Wie kann ich meine Frage(n) datenbasiert, also anhand empirischer Fakten, beantworten? Welche Erhebungsmethoden eignen sich, um an die entsprechenden Informationen zu gelangen? Sind mehrere Zeitpunkte erforderlich, um mein Datenmaterial zu erheben? Benötige ich zusätzliche Hintergrundinformationen zu meiner Stichprobe (Einholen/Erhebung von personenbezogenen Daten wie u. a. Alter, Geschlecht, familiärer Hintergrund)? Im Vorfeld sollten Erhebungszeitpunkte, Art der Erhebung sowie geeignete Erhebungsmethoden überlegt werden. Diese gilt es methodenspezifisch auszuarbeiten, z. B. ist zum Leitfadeninterview ein kurzer Leitfaden mit zentralen Fragen zu entwickeln (Kapitel 4.2.6).

- **Datenauswertung:** Weiter ist zu überlegen, wie mit den erhobenen Daten verfahren wird und wie man von den empirischen Informationen zu Erkenntnissen gelangt. Daher sind die Auswertungsmethoden mitzudenken und bereits im Vorfeld abzuklären. Grundsätzlich bestimmt die Wahl der Forschungsrichtung die damit verbundene Methodik der Datenerhebung und Datenauswertung. So kann ein Leitfadeninterview kaum durch die Grounded Theory (Glaser/Strauss 2010) erschlossen werden, sondern impliziert mehr ein typisierendes anstatt ein rekonstruktives Verfahren zur Auswertung, da bereits bei der Entwicklung des Leitfadeninterviews theoretisches Wissen herangezogen wurde und so auch die Erhebung beeinflusst.

Es hat sich bewährt, das Forschungsdesign grafisch zu veranschaulichen, um sich selbst und denjenigen, die die Forschung später nachvollziehen möchten, den Ablauf und die Methodik zu vergegenwärtigen. In Qualifikationsarbeiten kann das Forschungsdesign sehr differenziert und komplex erfolgen. In der Unterrichtsevaluation sind eher pragmatische Konzepte gefragt, die im Kontext des Unterrichts umsetzbar sind.

Empirischer Forschung liegt die Annahme zugrunde, dass sich anhand von Erfahrung und Einsichten auf Wirklichkeit schließen lässt und diese angemessen abbildet. Dabei werden quantitative von qualitativen Verfahren unterschieden. Beide Herangehensweisen haben mittlerweile in der kunstpädagogischen Forschung ihre Anwendung. Dabei unterscheiden sich qualitative und quantitative Forschungsmethoden in ihrem Erkenntnisinteresse und eröffnen damit unterschiedliche Wege, die eigenen Fragen zu beantworten:

- Bei der quantitativen Forschung wird angenommen, dass Aussagen dann zutreffen, wenn die gewonnenen Einsichten (empirische Befunde) und die Wirklichkeit übereinstimmen. Quantitative Forschung versucht Aussagen zu formulieren und diese zu prüfen (hypothesenprüfendes Verfahren) und möchte daher soziale Phänomene/Wirklichkeit beschreiben und erklären. Sie knüpft an vorhandene Theorien an oder geht von diesen aus und überprüft diese auf ihre Gültigkeit (Döring/Bortz 2016).
- Bei der qualitativen Forschung wird versucht, aus dem Einzelfall bzw. verschiedenen Einzelfällen allgemeinere Aussagen zu gewinnen, relative Wahrheiten abzubilden und soziale Phänomene/Wirklichkeit nachzuvollziehen (hypothesengenerierendes Verfahren). Wahrheit erschließt sich so aus dem Verstehen und/oder der Rekonstruktion subjektiver Wirklichkeiten (Flick/Kardorff/Steinke 2019).

Der qualitativen Forschung geht es also stärker um ein Verstehen und Nachvollziehen sozialer Realitäten, während quantitative Forschung stärker auf ein Erklären sozialer Realitäten abzielt (Döring/Bortz 2016).

Kasten 28: Grundlagen qualitativer und quantitativer Forschung

Da sowohl qualitative und quantitative Forschungsmethoden Vor- und Nachteile haben, kann vor allem die Kombination beider methodischer Ansätze eine Möglichkeit bieten, unterschiedliche Perspektiven auf den Forschungsgegenstand zu erlangen (Gläser-Zikuda/Seidel/Rohlfs/Gröschner/Zieglbauer 2012). Sogenannte Mixed-Methods-Ansätze werden daher in der empirischen Unterrichts- und Bildungsforschung immer häufiger eingesetzt.

#5 Forschungsmaterial erheben

Die im Forschungsdesign überlegten Methoden kommen dann im nächsten Schritt zur Anwendung. Hier sollten Schüler:innen sowie Erziehungsberechtigte immer informiert werden, dass die erhobenen Informationen im Rahmen der Praxisforschung weiterverarbeitet werden. In der Praxisforschung bewährt es sich, diese möglichst im Unterricht einzubauen, d. h. die didaktisch-methodische Durchführung hat Schnittmengen mit der Praxisforschung. So könnte beispielsweise im Rahmen der Bildrezeption ein Arbeitsblatt sowohl im Unterricht der Erarbeitung dienen, als auch in der Forschung als Information für individuelle Zugänge der Schüler:innen zum Bild verwendet werden. Eine kurze Kartenabfrage nach der Rezeption könnte Hinweise geben, inwiefern die praktische Auseinandersetzung zu einem vertieften Bildverstehen geführt hat. Erhebungsmethoden sind in Kapitel 4.2.6 differenziert für den Kunstunterricht beschrieben.

#6 Forschungsmaterial sichern und aufbereiten

Ein wichtiger Schritt, bevor es zur Auswertung kommen kann, ist es, das erhobene Material so aufzubereiten, dass es im weiteren Prozess der Auswertung verarbeitet werden kann. Im Kontext qualitativer Forschung sind die erhobenen Daten immer zu verschriftlichen, z. B. Interviews sind zu transkribieren, ausgefüllte Arbeitsblätter der Schüler:innen zu digitalisieren sowie in ein Textverarbeitungsprogramm zu übertragen. In der quantitativen Forschung sind qualitative Informationen zu quantifizieren sowie die Daten zur weiteren statistischen Verarbeitung einzugeben, meist mittels eines Tabellenkalkulationsprogramms. Bild- und Videomaterial ist immer digital auf externen Festplatten zu sichern sowie für die Auswertung geeignet aufzubereiten, z. B. für die Auswertung geeignete Fotografien auszusuchen, Videoausschnitte auszuwählen und zu transkribieren oder in geeignete Auswertungssoftware zu laden. Als wichtiger Schritt gilt weiter der Datenschutz. So sind die Daten anonymisiert weiterzuverwenden und bei der Speicherung darauf zu achten, dass datenschutzrechtlich abgesicherte Speichermedien verwendet werden.

#7 Daten auswerten

Ziel der Fallforschung ist ein Fallverstehen, womit ein Nachvollziehen des Falls in seiner Sinnstruktur und inneren Logik gemeint ist. Hierzu wird ein Phänomen – der Fall – möglichst in seiner Komplexität detailliert erfasst, um eine breite Informationsbasis zu erhalten und möglichst empirisch basierte Aussagen treffen zu können (Döhring/Bortz 2016). Daher benötigt es eine dichte Fallbeschreibung, die möglichst vielfältige Informationen zum interessierenden Phänomen bietet. Georg Peez (2007) weist zu Recht darauf hin, dass nicht das Material an sich oder dessen Darstellung die Exemplarik einlöst, sondern erst die Auswertung des empirischen Materials, und zu verallgemeinerbaren Aussagen führt.

Die erhobenen Daten sind dann systematisch und methodenadäquat auszuwerten. Das bedeutet, dass qualitative Daten andere Auswertungsmethoden nach sich ziehen als quantitative Daten. Im Rahmen dieses Bandes kann keine ausführliche Methodendarstellung erfolgen. In Kapitel 4.2.7 werden aber grundlegende Auswertungsrichtungen thematisiert, die einen ersten Überblick und Orientierung anbieten.

#8 Ergebnisse interpretieren und diskutieren

Die gewonnenen Ergebnisse sind bezogen auf das Ziel und den Zweck der Evaluation zu interpretieren und zu diskutieren. Welche Bedeutung hat dies für das eigene Unterrichtshandeln, für den eigenen Unterricht, im Rahmen des Planungshandelns? Hier ist es hilfreich, eigene Überzeugungen zu reflektieren, die beispielsweise den systematisch gewonnenen Ergebnissen zunächst entgegenstehen und mit denen man erstmal so nicht gerechnet hätte. In der Diskussion ist immer auch ein Rückbezug zu fachdidaktischen Theorien und Konzepten zu treffen, um die gewonnenen Erkenntnisse fundiert einordnen zu können.

Die Diskussion erfolgt nicht nur inhaltlich. Auch ist es notwendig, das forschungsmethodische Vorgehen zu reflektieren und mögliche Restriktionen aufgrund des methodischen Vorgehens zu benennen. Ergebnisse können weiter zur Interpretation Dritter, u. a. Schüler:innen oder Kolleg:innen, vorgelegt und mit diesen besprochen werden (Meyer 2020). Im Sinne der kommunikativen Validität (Flick 2017) erscheint dies sinnvoll, wobei eine weitere Ebene der Auswertung beschritten wird, die die erste Interpretation der Ergebnisse nochmals verändern und erweitern kann.

#9 Konsequenzen benennen
Aus all den Erkenntnissen sind Konsequenzen für das eigene Unterrichtshandeln zu schlussfolgern. Dies dürfte der Schritt sein, der die meiste Wirkkraft auf die professionelle Entwicklung bieten kann. Hier können folgende Fragen hilfreich sein:

- Was habe ich über mich als Lehrperson erfahren?
- Was habe ich über mein Unterrichtshandeln erfahren?
- Was möchte ich zukünftig berücksichtigen, im Unterricht umsetzen... Worauf möchte ich achten?

4.2.6 Daten erheben: Empirisches Material im Kunstunterricht sammeln und dokumentieren

Methoden zur Datenerhebung innerhalb der Praxisforschung sind vielfältig und in ständigem Wandel. Sie sind immer der Forschungsfrage angemessen auszuwählen sowie fachbezogen weiterzuentwickeln. Für Kunst/Gestalten liegen bereits vielfältige Ansätze vor, die aus dem Unterrichtskontext, der empirischen Bildungsforschung sowie aus der Kunst respektive der künstlerischen Forschung weiterentwickelt sind, auf die an jeweiliger Stelle weiter unten verwiesen wird. Die hier vorgestellten Methoden zur Erhebung empirischen Materials im Kunstunterricht sind durch ihren pragmatischen Einbezug in den Unterricht sowie durch ihr Potenzial für eine dichte Fallbeschreibung ausgewählt. Sie bieten erste Ideen für den Einsatz, jedoch empfiehlt es sich, zur Entwicklung des Forschungsdesigns diese über das hier Beschriebene hinaus zu recherchieren und so eine adäquate Anpassung an die Fragestellung zu gewährleisten. Hierfür werden entsprechende Literaturverweise gegeben.

Keine Erhebungsmethode sollte allerdings für sich allein angewendet werden, sondern triangulativ mit anderen Erhebungsverfahren kombiniert werden, um zu einer dichten Fallbeschreibung zu kommen. Die Methodentriangulation ist daher mittlerweile Standard und Gütekriterium empirischer Forschung (Flick/Kardorff/Steinke 2019, Peez 2001, 2007).

4.2.6.1 Unterricht beobachten

Die Methode der Beobachtung ist eine zentrale und häufig eingesetzte Erhebungsmethode, um Erkenntnisse über Prozesse zu erlangen (de Boer/Reh 2012). Der Erkenntnisgewinn des Forschers setzt daher ein genaues, aufmerksames Beschreiben und Festhalten des Beobachteten voraus – also das Sammeln von Beobachtungsdaten. Beobachtungsverfahren unterscheiden sich darin, was beobachtet wird und wie dabei vorgegangen wird.

Verschiedene Arten von Beobachtung

Beobachten wir zwei Schüler:innen, die in der Pause mit Kreide auf dem Pausenhof zeichnen, so ist das bereits eine Beobachtung, genauer genommen eine alltägliche Beobachtung. Davon können wir wissenschaftliche Beobachtungen abgrenzen, die im Kontext einer spezifischen Frage auf ein bestimmtes Handeln fokussieren. Im Rahmen von wissenschaftlicher Beobachtung können wir verschiedene Arten von Beobachtung unterscheiden (zfs. Diegmann 2012):

- **Direkte und indirekte Beobachtung:** Während sich die direkte Beobachtung auf das sichtbare Verhalten bezieht, entzieht sich bei der indirekten Beobachtung das interessierende Merkmal sichtbarem Verhalten. So können wir beispielsweise direkt beobachten, ob Schüler:innen ein Bild betrachten. Ob sie sich davon allerdings angesprochen fühlen und am Bild interessiert sind, entzieht sich erst einmal unserer Beobachtung. Hier könnten beispielsweise Zeichnungen zum Bild Aufschluss geben, d. h., wir können erst davon ausgehend auf das beobachtete Verhalten schließen.
- **Offene und verdeckte Beobachtung:** Wenn die Beobachtung für alle Teilnehmenden sichtbar stattfindet, dann sprechen wir von einer offenen Beobachtung. Bei der verdeckten Beobachtung ist dagegen der Beobachter nicht sichtbar. Die Teilnehmenden wissen dann nicht, dass sie beobachtet werden. Eine verdeckte Beobachtung ist im schulischen Kontext ethisch nicht sinnvoll. Lehrende oder Forschende sind Teil des Unterrichts und legen den Schüler:innen die stattfindende Beobachtung offen. Lehrende haben sogar im Sinne des diagnostischen Handelns einen impliziten Auftrag, das Lernen der Schüler:innen zu beobachten.
- **Teilnehmende und nicht-teilnehmende Beobachtung:** Von teilnehmender Beobachtung sprechen wir, wenn der Beobachter im Prozess, den er beobachtet, aktiv ist und auch mit den Schüler:innen interagiert. Bei der Praxisforschung, in der Lehrpersonen Unterricht beobachten und analysieren, liegt also immer eine teilnehmende Beobachtung vor. Bei der nicht-teilnehmenden Beobachtung greift der Beobachter nicht bzw. nur kaum in die Beobachtungssituation ein und verhält sich zum unterrichtlichen Geschehen weitestgehend neutral. Hier muss eingeräumt werden, dass nicht-teilnehmende Beobachtungen im Klassenzimmer nie ganz neutral sind. Jedoch sollte es vermieden werden, während des Unterrichtsfortgangs mit den Lernenden und Lehrenden zu interagieren. Immer sollte es im Vorfeld daher ein Kennenlernen zwischen Forschenden

und Schüler:innen geben, wenn diese von außen ins Klassenzimmer kommen. Ziel und Zweck des Besuchs muss im Vorfeld geklärt werden, damit dieser im Unterricht das Geschehen nicht unnötig beeinflusst.

- **Strukturierte und unstrukturierte Beobachtung:** Wenn wir eine Fallbeobachtung machen, tun wir dies immer aus einer bestimmten Fragestellung heraus. Daran strukturiert sich auch, was und wie wir beobachten. Sind wir z. B. daran interessiert, wie Schüler:innen in einer gemeinsamen Graffiti-Arbeit interagieren, so richten wir unsere Beobachtungen fokussiert auf die Interaktionen der Jugendlichen untereinander und halten uns nicht mit dem Beschreiben einzelner Randbereiche auf, z. B., wie die Farben geordnet werden oder welche Nebengespräche stattfinden. Eine nicht-strukturierte Beobachtung findet im Forschungsprozess kaum statt, jedoch ist sie in der alltäglichen schulischen Praxis ein häufiges Instrument diagnostischen Handelns (de Boer/Reh 2012). Eine gewisse Strukturierung und Fokussierung erleichtert den Vergleich einzelner Lernenden oder Lerngruppen und erhöht die Güte der Beobachtung. Durch das Erlernen strukturierter Beobachtung kann so die Beobachtungskompetenz erheblich geschult werden.
- **Selbst- und Fremdbeobachtung:** Bei der Selbstbeobachtung wird das eigene Unterrichtshandeln, Überzeugungen oder Vorstellungen beobachtet – auch eigene Gedanken und Gefühle können Beobachtungsgegenstand werden. Bei der Fremdbeobachtung werden andere beobachtet, beispielsweise die Schüler:innen in ihrem Lernhandeln oder im Rahmen von Unterrichtshospitationen andere Lehrpersonen.

Beobachten und Dokumentieren

Beobachtete Interaktionsprozesse im Unterricht, Verhaltensweisen von Schüler:innen oder eigene Gedanken und Überlegungen im Unterricht sind festzuhalten und für die Analyse verfügbar zu machen. Im Folgenden werden einige ausgewählte, innerhalb der kunstdidaktischen Forschung mittlerweile etablierte Methoden vorgestellt. Allen gemeinsam ist es, dass sie zur dichten Beschreibung eines Falls respektive des Unterrichtsgeschehens dienen. Hierzu kann es auch sinnvoll sein, weitere Dokumente einzubeziehen, wie u. a. Arbeitsblätter oder Planungsdokumente.

- **Feldnotizen, schriftliche Dokumente, Aufzeichnungen:** Der Beobachtungsprozess von Unterricht ist aufgrund seiner vielschichten Interaktionsprozesse komplex. Einerseits erfordert er Konzentration und Aufmerksamkeit der Wahrnehmung, andererseits müssen zeitgleich die gemachten Beobachtungen festgehalten, dokumentiert und verschriftlicht werden. Beide Tätigkeiten zusammen können gerade für ungeübte Beobachtende sehr herausfordernd sein.

Es bietet sich daher an, Feldnotizen, schriftliche Aufzeichnungen oder Skizzen anzufertigen, die als Versatzstücke das Geschehen einfangen und im Nachhinein in eine schriftliche Textform fließen können (Diegmann 2012, Reh 2012). Bei der Fremdbeobachtung gilt es zu vermeiden, (a) kausale Zusammenhänge von Handeln, die nicht näher belegt werden können, (b) generalisierende Beschreibungen und (c) mögliche Unterstellungen zu machen. Für die Selbstbeobachtung erscheint die «zwei-Spalten-Methode» sinnvoll (Reh 2012), bei der objektive und subjektive Sichtweisen voneinander getrennt dokumentiert werden: Das Geschehen wird in der rechten, größeren Spalte abgetragen. Hier kann bereits die Unterrichtsplanung eine geeignete Vorstrukturierung bieten. In der linken, schmalen Spalte werden persönliche Sichtweisen, Gedanken und Gefühle zum Unterrichtsgeschehen notiert. Auch Änderungen zum geplanten Unterricht können dokumentiert werden.

- **Beobachten mittels Video:** Videoaufnahmen dokumentieren das Unterrichtsgeschehen umfassend und bieten die Möglichkeit, diese wiederholt anzusehen. Daher eignen sie sich besonders für komplexe Fragestellungen. Videoaufnahmen zählen daher zu den vermittelten Formen der Beobachtung, im Gegensatz zur unmittelbaren Beobachtung, bei der der Beobachtende im Klassenzimmer ist und unmittelbar das Geschehen notiert (Diegmann 2012). Bei der Aufnahme von Unterrichtsvideos kann je nach Fragestellung auf die Lehrperson fokussiert werden respektive auf das eigene Unterrichtshandeln, auf die gesamte Klasse, einzelne Lernende oder einzelne Arbeitsgruppen. Es bietet sich zudem an, verschiedene Perspektiven zu kombinieren (Berner/Kirchner/Peez/Faust 2016, Corvacho del Torro/Berner/Mösko 2013). Darüber hinaus ist es möglich, einzelne Gestaltungsprozesse zu filmen und auszuwerten. Wird das Video als Beobachtungsinstrument von Unterricht herangezogen, so sind «die Handlungsprozesse der aufgezeichneten Akteure» (Miller 2010, S. 502) im Fokus des Forschungsinteresses. Interessiert das eigene Unterrichtshandeln, so ist dies videografisch festzuhalten. Angesprochen ist damit aber auch die Selektivität, die grundsätzlich mit jeder Beobachtungsmethode gegeben ist. Gerade die Videografie als Erhebungsmethode verleitet aber schnell dazu, alles aufzunehmen. Aber auch dann ist der Blick ins Klassenzimmer durch die Kameraperspektive selektiv. Daher sollte der Fokus der Betrachtung immer im Vorfeld entsprechend der Fragestellung definiert und dahingehend ein geeignetes Videokonzept erarbeitet werden. Denn die erhobene Datenmenge kann mit der Methode der Videoaufnahme sehr schnell sehr groß werden und muss nach der Aufnahme aufbereitet werden, eine Gefahr, die leicht unterschätzt wird und erst im Rahmen der Datenaufbereitung und Datenauswertung spürbar wird. Daher gilt im Vorfeld u. a. zu klären: (a) Auf wen wird der Fokus der Aufnahme gelegt? (b) Wie lange wird aufgezeichnet? Die ganze Unterrichtslektion oder einzelne Phasen? (c) Benötigt es zwei oder mehr Kameraperspektiven? Wenn ja, wie werden diese in den Auswertungsprozess mit einbezogen? Weiter bestimmt auch die Qualität der Videoaufnahme die Erkenntnismöglichkeiten. Daher ist auf eine gute Ton- und Bildqualität zu achten. Videoaufnahmen sind in der Datenaufbereitung digital zu sichern und in ihren Interaktionsprozessen zu transkribieren (u. a. Fuß/Karbach 2019). Zudem kann sich es für die weitere Auswertung anbieten, das Video als Basis für die Erstellung einer verdichteten Fallbeschreibung zu verwenden.

- **Teilstandardisierte Beobachtung:** Liegen theoretische Erkenntnisse über einen Bereich vor, so können strukturierte, teilstandardisierte Beobachtungsbögen verwendet werden. Dabei werden bestimmte Merkmale auf ihre Erscheinungsform im Unterricht bewertet (Diegmann 2012). Streng genommen handelt es sich dabei aber schon um eine Einschätzung von Verhalten und damit um eine interpretative Auswertung. In der systematischen Videoanalyse kommen teilstandardisierte Beobachtungsinventare zum Einsatz, um das Unterrichtshandeln sowie damit verbundene Interaktionsprozesse standardisiert bezüglich der interessierenden Merkmale zu erheben, z. B. den Anregungsgehalt von Aufgabenstellungen (Berner/Lotz 2015).
- **Fotografie:** Fotografien bieten als visuelles Material andere Erkenntnismöglichkeiten an als sprachliche Dokumentationen teilnehmender Beobachtung (z. B. Unterrichtsprotokolle, Interviews). Mit zunehmender Digitalisierung der Lebenswelt werden zur Dokumentation bestimmter Situationen immer schneller Fotos gemacht. Dieser vorwissenschaftliche Zugang zur Bilddokumentation kann als unstrukturierte Beobachtung gelten. Als strukturierte Beobachtung gilt es, die Fotografie systematisch zur Dokumentation einzusetzen, u. a. können folgende Methoden differenziert werden:
  - serielle Fotografie von Handlungsabfolgen (u. a. Peez 2006a, Peez/Setzkorn 2007)
  - fotografische Dokumentation (des Unterrichts) aus der Perspektive der Schüler:innen (u. a. Kunz 2012, Reuter 2009)
  - Fotografien als Produkte im Kontext unterrichtlicher Lehr-Lernprozesse und damit verbundener sozialer Interaktionsstrukturen (u. a. Schmidt-Wetzel 2018)

Es ist immer gut zu überlegen und zu begründen, aus welcher Fragestellung heraus die Fotografie als Dokumentation von Beobachtung eingesetzt werden soll. Der

Einbezug der Fotografie als Datenerhebungsmethode erfordert ein bildbasiertes Auswertungsvorgehen (Kapitel 4.2.7).

Noch weitestgehend ungeklärt im Feld der Kunstdidaktik sind Potenziale künstlerischer Forschung für die Erhebung von Forschungsmaterial im Unterricht. Hier könnten sich Zugänge zum Feld eröffnen, die individuelle Sichtweisen und Auffassungen auf den Unterricht durch Studierende und forschende Lehrende sowie der Lernenden in sinnlich-ästhetischer Weise wiedergeben könnten (Haas 2018, Koch 2011). Gerade für die Evaluation von Kunstunterricht erscheint hier ein noch weitestgehend ungenutztes Potenzial zu liegen, das forschungsmethodisch besonders in Kombination mit empirisch-sozialwissenschaftlichen Methoden zur Erforschung sozialer und ästhetischer Realitäten – wie sie im Kunstunterricht vorliegen – einen fachlichen sowie fachübergreifenden Impakt erzielen könnte.

4.2.6.2 Perspektiven der Schüler:innen einholen

Das (eigene) Unterrichtshandeln und die Perspektive der Lehrperson bezieht nur eine Seite der Unterrichtswirklichkeit mit ein. Mit Blick auf das Angebots-Nutzungs-Modell (Helmke 2015, Seidel 2014) von Unterricht ist immer auch die Perspektive der Schüler:innen auf den erlebten Unterricht aufschlussreich und im Rahmen von Unterrichtsevaluationen zu berücksichtigen (Moser 2012, Peez 2006b, Schacht/Peez 2004). Hier eignen sich verschiedene Unterrichtsmethoden, die geeignet sind, im Kunstunterricht Schülerfeedback zum Unterricht einzuholen. Einige zentrale Methoden werden vorgestellt. Für die Anwendung im Unterricht sind diese immer auf ihre Passung zum didaktisch-methodischen Setting zu prüfen und entsprechend weiter- oder neu zu entwickeln.

- **Schüler:innen befragen:** Um Schüler:innen zu ihren Sichtweisen auf den Unterricht zu befragen, bieten sich verschiedene Methoden an. So kann die einfache Kartenabfrage (Meyer 2010) ebenso zu interessanten Antworten führen wie Fragen mit offenen und/oder geschlossenem Antwortformat. Hier geht es explizit nicht um die testtheoretische Fragebogenerstellung (Moosbrugger/Kelava 2020), sondern um eine qualitative Erhebung der Sichtweisen und Vorstellungen der Schüler:innen zum Unterricht. Im Umfang ist zu beachten, dass ein bis zwei Seiten nicht überschritten werden, um die Befragung im Unterricht praktikabel einbeziehen zu können.
- Beim **dialogischen Schreiben** setzen sich die Schüler:innen in einem schriftlichen Gespräch mit Impulsfragen auseinander und gehen miteinander dazu in einen schriftlichen Dialog.
- **Reflexions-/Impulsfragen** dienen dem Einbezug von Schülerperspektiven auf den Unterricht. Aus dem Unterricht abgeleitete Fragen werden von den

Schüler:innen schriftlich weitergeschrieben und geben Einblicke in das individuelle Lerngeschehen (Oelschlegel, Teich/Wachter 2013, Wachter 2018). Diese können auf einem Arbeitsblatt oder digital den Schüler:innen begegnen und zum Abschluss eines Projektes auch in der Klasse besprochen werden. Mögliche Impulsfragen sind u. a. «Neu war für mich …», «Daran hätte ich gerne noch weitergearbeitet …» oder «Besonders spannend fand ich …».

- **Themencluster** und **Interessenssammlungen** können im Unterrichtsgeschehen mit den Schüler:innen gemeinsam erarbeitet werden. Dafür werden Themen, Inhalte, Ideen und Interessen gemeinsam zusammengetragen und strukturiert. Die Struktur wird aus dem gemeinsamen Vorgehen erarbeitet. Davon ausgehend können ergänzend neue Lerngegenstände in die weitere Unterrichtsplanung aufgenommen werden, sofern dies sinnvoll erscheint. Die Methoden eigenen sich zudem, um Vorwissen und Interessen der Schüler:innen zu erfragen.
- Bei der **Feedbackbox** haben die Schüler:innen die Möglichkeit, der Lehrperson anonym oder mit Namen zu eigenen Anliegen Rückmeldung zu geben. Dies fordert sowie fördert ein offenes, vertrauensvolles und tolerantes Lernklima. Zum Briefkasten hat nur die Lehrperson Zugang. Gemeinsame, für alle geltende Regeln zum fairen und toleranten Umgang mit der Box sind wichtig. Die Schülerrückmeldungen können auch in die Unterrichtsevaluation miteinbezogen werden.
- Auf einer **Zielscheibe** schätzen die Schüler:innen unterschiedliche Merkmale des Unterrichts ein, die der Lehrperson für die Weiterentwicklung wichtig erscheinen. Je näher in der Mitte, desto stärker wird es eingeschätzt und je besser ist aus Perspektive der Schüler:innen das mit dem Unterricht intendierte Ziel getroffen worden.

Neben diesen unterrichtbezogenen Erhebungsmethoden stehen stärker an der Forschung ausgerichtete Methoden. Dabei handelt es sich um Erhebungsinstrumente, die in ihrer Entwicklung ein bestimmtes Regelwerk erfordern, um zu aussagekräftigen Ergebnissen zu gelangen.

- Beim **Interview** handelt es sich um eine Art der mündlichen Befragung, die meist auf der Grundlage eines speziell entwickelten Leitfadens geführt wird. Man spricht dann auch vom Leitfadeninterview. Der Leitfaden dient dem umfassenden Einbezug aller relevanten Aspekte zur Beantwortung der Fragestellung sowie der Vergleichbarkeit zwischen verschiedenen Fällen (z. B. Schüler:innen und/oder Lehrer:innen). Der Interviewleitfaden stützt sich auf die für die Forschungsfrage einschlägigen theoretischen Grundlagen sowie den

Forschungsstand. Während der Interviewdurchführung sind Wortlaut und Reihenfolge der Fragen dem Gesprächsverlauf sowie der jeweiligen Situation anzupassen (Flick/Kardoff/Steinke 2019). Neben dem Leitfadeninterview können wir das narrative Interview unterscheiden, das sich auch als erzählendes Interview in der Forschungsliteratur findet. Ziel ist es, den Interviewten in ein Erzählen über den interessierenden Inhalt zu bringen. Nachfragen stört dabei den Erzählfluss, sodass das Interview mehr von der befragten Person gelenkt wird. Zu Beginn steht ein Erzählanreiz. Schwerpunkt bildet dann die Erzählung eigener Erlebnisse. Beim situationsnahen Interview (Fuhs 2000) werden Kinder und Jugendliche zu Geschehnissen, Situationen oder unmittelbar zum Unterricht befragt (Kasten 29). Dabei kann gegenstandsbezogen auf Materialien im Unterricht zurückgegriffen werden (z. B. verschiedene Vorzeichnungen zur Bildfindung der Lernenden oder den Tafelanschrieb mit notierten Zwischenergebnissen, die mit den Lernenden an der Tafel gesammelt wurden). Alle drei Interviewformen finden in der kunstdidaktischen Forschung Anwendung (u. a. Berner 2013a, Dreyer 2007, Peez 2009b).

- **Gruppendiskussionen** werden eingesetzt, wenn gemeinsame Erfahrungen, Gruppen- und Interaktionsdynamiken sowie gemeinsam geteilte Meinungen von Interesse sind (Flick 2017). Gruppendiskussionen können aber auch zum Ziel haben, in der Interaktion und im kommunikativen Miteinander Einzelmeinungen abzubilden. In der Gruppendiskussion sollen die Befragten in einen intensiven und möglichst selbstständigen Austausch über den Befragungsgegenstand gelangen. Dabei kann es hilfreich sein, das Gespräch zu leiten. Uwe Flick (2017) schlägt drei Methoden vor: (a) es kann die Reihenfolge der Meldungen aufgenommen werden, (b) die Diskussion kann thematisch strukturiert werden, u. a. durch Fragen oder Vertiefung in eine bestimmte thematische Richtung, oder (c) es kann das Gespräch in seiner Dynamik moderiert werden, u. a. durch provokative Fragen, Polarisieren oder gezieltes Ansprechen ausgewählter Gesprächspartner. Über die Diskussion eröffnen sich in der Auswertung kommunikativ geteilte, latente Sinnstrukturen. Die Gruppenzusammensetzung ist daher zentral und muss für das jeweilige Forschungsinteresse begründet sein. Ein Beispiel, wie dies im Unterricht integriert werden kann, findet sich bei Christine Preuß (2011), die im Rahmen einer Pilotierung in Kleingruppen Schüler:innen Filmstills diskutieren lässt.

Auch im Rahmen einer Interviewsituation nehmen Schüler:innen im Kontext Schule die Lehrperson vornehmlich in ihrer Lehrfunktion wahr (Heinzel 2000). Dementsprechend ist bei der Befragung im Kontext von Unterricht und Schule darauf zu achten, dass die Schüler:innen in ihren Aussagen und ihrem Verhalten nicht von den Befragenden in eine bestimmte Richtung beeinflusst werden bzw., dass die Schüler:innen sich nicht in einer Prüfungssituation glauben. Dies könnte zu eingeschränkten, im schlimmsten Fall sogar zu falschen Aussagen führen, da die Schüler:innen denken könnten, sie sollten in die eine oder andere Richtung antworten. In einer für Kinder und Jugendliche angemessenen Befragungssituation gehen die Fragenden mit Empathie und Feingefühl vor und versuchen so wenig wie möglich hierarchische Strukturen vorzugeben, u. a. einlösbar durch die Wahl des Raums, die Sitzposition oder den Gesprächsbeginn. Ziel ist ein Gespräch auf Augenhöhe. Zudem sind die Fragen altersadäquat auf den jeweiligen Erfahrungshintergrund der Schüler:innen anzupassen und entsprechend frei zu formulieren (Berner 2013a, Reinders 2005). Bei Leitfadeninterviews empfiehlt es sich daher, die Fragen möglichst schülernah zu formulieren, möglichst auswendig zu lernen und in der Interviewsituation frei vorzutragen.

Kasten 29: Mit Schüler:innen Interviews führen

4.2.6.3 Informationen über das Lernhandeln einholen

Als dritte Perspektive kann das Lernhandeln der Schüler:innen wichtige Informationen für die Unterrichtsevaluation bieten. Dabei soll es einerseits um die Lernprodukte als Ergebnisse des Lernhandelns, andererseits auch um die Lernprozesse gehen.

Lernprodukte als Forschungsmaterial

Gestaltungsprodukte von Schüler:innen liefern einen summativen Blick auf das Lernen im Kunstunterricht. Als Lernprodukte können aber auch kurze Texte verfasst werden, z. B. im Rahmen einer Bildrezeption, um individuelle Themen zu erfragen oder im Rahmen der Reflexion als Selbstreflexion der entstandenen Arbeit. Je nach Forschungsinteresse und Ziel der Unterrichtsevaluation können verschiedene Lernprodukte im Kunstunterricht Eingang in die Forschung nehmen. Wichtig ist dabei aber immer, dass allen Schüler:innen klar ist, was von ihnen erwartet wird. Der Aufgabenkonstruktion kommt daher für den Auswertungsprozess eine zentrale Bedeutung zu, wenn die daraus entstandenen Arbeiten beforscht werden (Berner 2013a).

- Grundlegend sind **Originalarbeiten** der Schüler:innen zu dokumentieren. Dies ist heute mit hochauflösenden Handykameras schnell möglich. Eine gute Bildqualität zeichnet sich darüber hinaus aus durch (a) eine gute Ausleuchtung, (b) eine realistische Farbintensität und (c) eine umfassende Darstellung der

Arbeit. Es ist also sinnvoll, nicht nur ein Bild oder Werkstück zu fotografieren, sondern auch darauf zu achten, dass die Arbeit in ihrer Größe und Dimensionalität erkennbar ist. Gestaltungsprodukte erfordern es für ein vertieftes Verstehen, dass minimale Hintergrundinformationen mit dem Produkt dokumentiert werden (u. a. Gestaltungsabsicht/Titel, Datum, Größe der Arbeit, Schüler/in). Hintergrundinformationen zum Gestaltungsprodukt können auch Peer-Befragungen der Schüler:innen liefern, die als Teil der Abschlussreflexion in den Kunstunterricht einbezogen werden können. Diese können beispielsweise über die Handys der Schüler:innen aufgezeichnet werden und Lehrenden für die Bewertung und auch die Unterrichtsevaluation zur Verfügung gestellt werden. Solche Kurzbefragungen können aber auch schriftlich eingeholt werden.
- **Textbasierte Produkte** der Schüler:innen, wie z. B. kurze Erzählungen, verschriftlichte Ideen, kurz notierte Projektvorhaben, sind stets zu verschriftlichen und können so später als Textdateien qualitativ ausgewertet werden.

Lernprozesse abbilden

Lernprozesse sichtbar und damit beobachtbar zu machen, ist von zentraler Bedeutung, möchten wir in der Unterrichtsevaluation doch den Anspruch prozessorientierten Unterrichtens einlösen. Daher sollte nie ausschließlich das Lernprodukt, sondern immer auch der Lernprozess in die Betrachtungen einfließen. Hier bieten sich verschiedene Unterrichtsmethoden an, die bereits teilweise angesprochen worden sind und auch in der Unterrichtevaluation einbezogen werden können.

- Das **Prozessportfolio** eignet sich sehr gut, um Lernprozesse abzubilden und individuelle Lernwege zu rekonstruieren. Je nach Forschungsinteresse kann es sinnvoll sein, kontrastierend im Fallvergleich verschiedene Schülergruppen oder einzelne Schüler:innen in den Blick zu nehmen. Gerade dann, wenn Vergleiche angestrebt werden, bietet sich die Vorgabe einer vergleichbaren Struktur als Teil des Prozessportfolios an, um die Vergleichsgruppen einander gegenüberstellen zu können.
- **Skizzenbücher,** die die Schüler:innen im Kontext des Kunstunterrichts führen, können sinnvolle Zusatzinformationen zur Ideen- und Bildfindung liefern und Lernprodukte der Schüler:innen sinnvoll ergänzen.
- Auch die bereits angesprochene Methode der **Impulsfragen** (Wachter 2018) erscheint gut einsetzbar, sofern sich die Fragen auf das Lernhandeln der Schüler:innen richten, u. a. «Leicht gefallen ist mir, dass …», «Schwierigkeiten hatte ich mit …», «Herausfordernd fand ich …», «Eine gute Hilfestellung war für mich …».

- **Selbsteinschätzungen** der Schüler:innen zum eigenen Lernen im Kontext des erlebten Unterrichts können wichtige Informationen liefern, da sie einen Einblick in Wirkweisen des Unterrichts auf das Lernhandeln bieten.

Abschließend können wir festhalten, dass es eine Vielzahl an Erhebungsmethoden gibt, die sich dazu eignen, im Kunstunterricht Informationen über das Lehren und Lernen zu sammeln. Das Forschen endet aber nicht bei der Datensammlung und -aufbereitung. Als weiterer essenzieller Schritt müssen die Daten ausgewertet und letztlich bezogen auf den aktuellen Stand der Forschung diskutiert werden. Dies erfolgt systematisch und regelgeleitet, um der Transparenz und Nachvollziehbarkeit der Forschung zu entsprechen. Im folgenden Kapitel werden einige für kunstdidaktische Praxisforschung relevante Auswertungsmethoden vorgestellt. Dies ist als Einstieg ins Thema und für die Auswahl geeigneter Auswertungsmethoden gedacht, die Anwendung in der eigenen Praxisforschung wie z. B. in der Masterarbeit erfordert eine zusätzlich vertiefte Auseinandersetzung mit den jeweiligen methodischen Ansätzen.

4.2.7 Daten auswerten: Erkenntnisse über das Lehren und Lernen im Kunstunterricht gewinnen

Die Auswertung empirisch erhobenen Forschungsmaterials stellt oftmals eine große Herausforderung dar. Wie kann der Vielzahl an Forschungsmaterial nun systematisch begegnet und die gewonnenen Daten ausgewertet werden, um den Unterricht bzw. den erhobenen Unterrichtsausschnitt entsprechend der entwickelten Frage zu interpretieren? In der Praxisforschung gibt es eine Vielzahl an Auswertungsmethoden, die einerseits der qualitativen, andererseits der quantitativen Forschung zugeordnet werden können. Hier gibt es eine ganze Bandbreite an Auswertungsmethoden, die je nach methodologischer Ausrichtung, theoretischem Hintergrund und Forschungsgegenstand methodisch differenzierte Vorgehensweisen aufzeigen.

Die Kunstpädagogik als wissenschaftliche Disziplin hat einen tradierten Schwerpunkt in der qualitativen Forschungsmethodologie. Allerdings zeigt sich im Fach seit den späten 1970er-Jahren immer wieder, dass es auch quantitative Ansätze gibt (u. a. Berner 2013, Hermann 2020, Orth 2017, Schmidt 2016, Stettler 2021, Potchul/Bahr/Zeinert 1985). Aus der mittlerweile über 30-jährigen Forschungstradition empirischen Arbeitens in der Kunstpädagogik hat sich eine Vielzahl an Auswertungsmethoden etabliert. Wie im gesamten Forschungsprozess ist es auch bei der Auswertung relevant, dass der Weg vom Datenmaterial über die Auswertung zur Interpretation und Diskussion transparent und nachvollziehbar ist. Daher ist ein freies Interpretieren gewonnener Daten keine wissenschaftliche Auswertungsmethode, sondern bedarf eines Regelwerks. Erst dadurch ist es möglich, fundierte Erkenntnisse aus dem empirischen Material zu gewinnen und dem Forschungsstand entsprechend einzuordnen.

Für eine forschungspragmatische Anwendung im Rahmen der Unterrichtsevaluation und Praxisforschung werden im Folgenden fünf Auswertungsrichtungen vorgestellt. Diese können kombiniert werden sowie in der Tiefe der Analyse an das jeweilige Ziel der Evaluation angepasst werden – von einer eher pragmatisch ausgerichteten Evaluation als Abschluss des Planungshandelns bis zur differenzierten Praxisforschung im Rahmen von BA-/MA-Qualifikationsarbeiten.

- Beschreibende Methoden fokussieren auf die Aufbereitung von qualitativem Forschungsmaterial im Sinne der Auswahl, Transkription und Fallbeschreibung. Dies kann als erster transformativer und damit interpretativer Akt bezeichnet werden.
- Auslegungspraxen beschreiben analytisch-interpretative Methoden der qualitativen Auswertung textbasierten Materials.
- Kodierende Verfahren beschreiben kodierend-interpretative Methoden der qualitativen Auswertung textbasierten Materials.
- Visuelle Verfahren fokussieren auf das Wahrnehmen und Analysieren visueller Realitäten im Forschungsprozess.
- Erklärende Verfahren gehen abschließend auf quantitative Methoden ein und stellen überblicksartig zentrale Paramater vor, die im Kontext einer Unterrichtsevaluation relevant werden.

4.2.7.1 Beschreiben und Aufbereiten

Streng genommen ist die Fallbeschreibung und Aufbereitung der erhobenen Daten mittels Transkription und Verschriftlichung sowie die Auswahl des Analysematerials schon ein erster interpretativer Akt. Denn bereits hier erfolgt eine bewusste Entscheidung durch den/die Forscher:in, einerseits in der Auswahl des Datenmaterials zur weiteren Analyse, andererseits bei der Transkription der gesprochenen Dialoge.

Grundsätzlich gilt es, nach der Beobachtung die gemachten Notizen, Skizzen und Aufzeichnungen in eine **verdichtete Fallbeschreibung** zu überführen (Flick 2017). Audio- und Videomitschnitte können hilfreiche Unterstützungen bieten und in die verdichtete Beschreibung des Falls als transkribierte Auszüge eingehen. Dabei ist es wichtig, den Fall immer bezogen auf die Forschungsfrage darzustellen. Die Fallbeschreibung sollte eine weitestgehend neutrale Falldarstellung sein und sich auf tatsächlich erfahrbare, sichtbare Beobachtungen beschränken (Flick 2017, Reh 2012).

Ziel der **Transkription** ist es, eine möglichst wortwörtliche Abschrift des Gesprochenen zu erlangen. Für ein wissenschaftliches Vorgehen ist es daher erforderlich, transparent darzustellen, wie das Transkript entstanden ist. Wie genau das gesprochene Wort verschriftlicht werden soll, wird anhand von Transkriptionsregeln festgehalten. Sie erlauben es, dass die Transkripte verschiedener Personen, die nach diesen Regeln transkribiert haben, sich in ihrem Aufbau und der Art und Weise gleichen.

Allgemein stellt die Transkription immer eine erste Interpretation dar. So halten Thorsten Dresing und Thorsten Pehl (2010, S. 724) fest:

> *«Die Transkription ist ein für die spätere Analyse sehr bedeutsamer und beeinflussender Transformationsprozess einer Audio- oder Videoaufzeichnung in eine Schriftform. Eine Transkription liefert kein vollständiges Abbild der aufgezeichneten Situation, sondern bedeutet immer eine Reduktion. Den Grad der Reduktion gilt es abzuwägen und geeignet zu bestimmen.»*

Der Grad der Reduktion ist daher von hoher Bedeutung und beeinflusst die nachfolgende Auswertung und Interpretation. Dabei kann sich die Reduktion auf verschiedene Bereiche beziehen und muss entsprechend begründet und transparent gemacht werden.

- Eine **Teil-Transkription** stellt einen deutlichen Eingriff ins Material dar und reduziert das zu analysierende Material nach bestimmten Kriterien (z. B. nur bestimmte Interviewfragen, die für eine Teilfragestellung von Interesse sind). Die Teil-Transkription ist aus mehreren Gründen jedoch fraglich, da einerseits im Vorfeld – ohne genaue Kenntnis des Materials – eine Reduktion und damit inhaltliche Beschneidung vorgenommen wird. Andererseits sind so mögliche Zusammenhänge nicht mehr nachvollziehbar. Soll eine Theoriebildung anhand des Datenmaterials vorgenommen werden, so stellt eine Teil-Transkription keine geeignete Form dar. Zulässig wäre sie für die Darstellung von Beispielen zu bestehenden Theorien (Dresing/Pehl 2010).
- Bei der **Transkription des Gesprochenen** wird Nicht-Sprachliches vernachlässigt. Der Reduktionsgrad bezieht sich dabei auf die Darstellung von Äusserungsmerkmalen, u. a. prosodische, (psycho)akustische und schriftsprachliche Merkmale. Prosodische Merkmale beinhalten lautliche Eigenschaften der Sprache (u. a. Intonation, Tempo, Rhythmus, Pausen, Akzente). (Psycho)akustische Merkmale beziehen sich auf die Tonhöhe, Festigkeit der Stimme, Schärfe oder Lautstärke. Zudem werden nicht-sprachliche Äußerungen (u. a. Lachen, Husten, Räuspern) nicht berücksichtigt (Dresing/Pehl 2010).

- Manche Fragestellungen lassen aber auch die Notwendigkeit bestehen, dass neben dem Gesprochenen auch **nicht-sprachliche Äußerungen** für die Analyse wertvoll erscheinen, da sie Haltungen und Sichtweisen der Person zum Untersuchungsgegenstand transportieren, z. B. Zögern in der Beantwortung der Frage, Unsicherheiten im Sinne eines kurzen Auflachens etc.
- Zudem kann es bezogen auf die Forschungsfrage auch sinnvoll erscheinen, prosodische sowie akustische Merkmale ins Transkript mit aufzunehmen. Dies hat komplexe Transkriptionsrichtlinien zu Folge, die nur mit den jeweiligen Regeln richtig gelesen werden können.

Die Transkription, z. B. von Interviews, ist immer systematisch anzugehen. Hilfreich ist es daher, die Transkription regelgeleitet anzufertigen. Für die Praxisforschung sowie unter forschungspragmatischer Perspektive zur Evaluation von Unterricht eignen sich einfache Regelsysteme. Beispiele für mögliche Transkriptionsregeln sind in Kasten 30 vorgestellt. Grundsätzlich ist die Transkriptionsart aber immer der jeweiligen Forschungsfrage anzupassen.

Was bedeutet dies konkret für die Anfertigung von Transkripten? Beispielsweise kann es sinnvoll sein, Sprechpausen in das Transkript mit einzubeziehen, wenn der Forschungsfokus auf die Gesprächssituation im Rahmen einer Bildrezeption gelegt wird. Hier könnte es beispielsweise von Interesse sein, wie viel Zeit Schüler:innen zum Nachdenken und Deuten von Bildaussagen gegeben wird. Interessieren dagegen eher die inhaltlichen Antworten der Schüler:innen mit Blick auf den kognitiven Anregungsgehalt der jeweiligen Aufgabenstellung, so sind die Gesprächspausen evtl. weniger von Interesse und könnten dann auch entsprechend vernachlässigt werden.

Grundsätzlich gilt: Das Erstellen von Transkripten ist aufwendig. Daher sollte immer gut überlegt werden, was genau transkribiert werden soll. Auch in Zeiten digitaler Unterstützung mit automatischer Transkriptionssoftware ist es relevant, sich genau zu überlegen, was im Transkript einbezogen werden soll, aber auch, was nicht notwendig ist zur Beantwortung der Forschungsfragen.

Notation und Beispiel	Bedeutung
I Interviewende Person **S** Schüler:in **SuS** Schüler:innen **L** Lehrperson **A** andere Person, die im Interview zu hören ist, jedoch nicht von inhaltlichem Interesse	Sprechercodes dienen der schnellen Erfassung, wer spricht.
Ich habe selbst mich dann an **Karla Schmidt** gewandt, um das nochmal nachzufragen.	Namen werden nicht im Original transkribiert, sondern pseudonymisiert, d. h. fiktive Namen vergeben. Diese werden für den internen Gebrauch gesondert gefasst. Anonymisierte Namen können unterstrichen werden.
Ich hörte erst **nicht** (vormals **net** für nicht) zu, aber dann hatte ich doch ein Ohr dafür! Da fragte ich mich, was soll das? Warum macht die Künstlerin so etwas im öffentlichen Raum? Fand ich **mega**!	Transkribiert wird anhand der neuen deutschen Rechtschreibung einschließlich Zeichensetzungsregeln. Dialektale Äußerungen werden für eine bessere Verständlichkeit des Transkripts in normales Schriftdeutsch übertragen, wo möglich. Ist das Verstehen nicht eingeschränkt, können diese übernommen werden (Mayring 2008).
Nicht immer **(?)** durchaus möglich ist.	Nicht verständliches Wort/Satzteil/Satz. Nur, wenn es überhaupt nicht verstehbar ist.
Im Kunstunterricht **spielen** das Zeichnen besonders eine Rolle. Im Ganzen **zu** scheint es aber doch recht vage, wie es umgesetzt worden ist.	Rechtschreibung wird beachtet. Der Satz wird so wiedergegeben, wie er gesprochen wurde (Gehörtes geht vor grammatikalischer Richtigkeit).
Ich denke ... ähm ... also ich meine ähm, dass das doch klar sein sollte.	Verlegenheitslaute, wie u. a. mmh, ähm oder ah werden im Transkript lautsprachlich verschriftlicht.
Wir haben zuvor schon besprochen, ob wird das so machen **sollen**	Reduktionssilben (z. B. ob wir das so machen **solln'**) werden nicht notiert
Heute ist das so **[LP lacht]**, ich glaube damit muss man einfach auch leben **[LP hüstelt sich, zeigt dann auf das Arbeitsblatt]**.	Nicht-sprachliche Äußerungen werden in eckigen Klammern beschrieben.
Nicht immer **(erscheint das richtig, was für mich aber)** durchaus möglich ist.	Ist man sich nicht sicher, ob das Wort/der Satz/Satzteil tatsächlich richtig verstanden wurde, so wird zumindest die Vermutung im Transkript vermerkt.
Ich glaube **(...)**, dass das gar nicht wichtig ist.	Eine kurze Sprechpause (5-10 Sekunden) wird mit drei Punkten in Klammern gekennzeichnet.
L denke schon, dass auch praktisch // rückgemeldet werden sollte. I //genau da wollte ich gerade anknüpfen	Überschneidung von Redebeiträgen. // markiert die Stelle, ab der parallel gesprochen wird.
Nein, denn genau **DARIN** liegt für mich ja der Sinn des Gestaltens	Betonung einer Sprechsequenz oder einzelner Wörter werden mit Großbuchstaben markiert.

Notation und Beispiel	Bedeutung
Na ja, °richtig kann es ja dennoch sein°	Wird deutlich leiser gesprochen, dann wird dies zu Beginn und am Ende der Sprechsequenz mit ° markiert.
Also wirklich, **!da dachte ich, mich haut es vom Stuhl!**, als ich sah, wie toll der Hans das macht!	Wird eine Sprechsequenz deutlich lauter gesprochen als die restlichen Aussagen, wird dies mit ! am Anfang und am Ende der Sprechsequenz markiert.

Kasten 30: Beispiele für mögliche Transkriptionsregeln

4.2.7.2 Auslegen und Analysieren

Bei qualitativen Daten bietet es sich an, analytisch-interpretativ auszuwerten. Dabei wird grundsätzlich angenommen, dass sich der Sinn sozialer Realitäten in der sozialen Handlung erschließt. Es geht also darum, wie Menschen miteinander umgehen, sich zueinander und miteinander verhalten und kommunizieren. Diese Interaktionsstrukturen können über Auslegungspraxen latente Sinnstrukturen aufzeigen, die es im Auswertungsprozess zu erschließen gilt, wodurch auf ein Nachvollziehen und Verstehen sozialer Realitäten abgezielt wird.

In der Anwendung sind die meisten Verfahren sehr aufwendig und bieten sich nur bedingt für eine Unterrichtsevaluation an. Für Qualifikationsarbeiten können sie aber relevante Einblicke bieten und latente Deutungen von Interaktionsstrukturen im Klassenzimmer nachvollziehbar aufzeigen.

Objektive Hermeneutik

Im Kontext von Text und Bild kann ein hermeneutisches Vorgehen als Zusammenspiel von subjektivem Vorverständnis – entwickelndem Text-/Bildverständnis – und der Erschließung vom Text-/Bildganzen definiert werden.

> *«Zielsetzung der objektiven Hermeneutik ist es, allgemeine, «objektive» Strukturen zu identifizieren, die menschlichem Handeln zugrunde liegen.» (Hussy/Schreier/Echterhoff 2013, S. 250)*

Oftmals finden wir auch den Begriff des hermeneutischen Zirkels, der einen fortlaufenden Prozess vertieften Verstehens beschreibt und gerade im gemeinsamen Auslegen verschiedener Forschenden an Objektivität gewinnt. Dennoch ist kritisch zu betonen, dass die Auswertung stark von der Person der Auswertenden und deren Sichtweisen beeinflusst ist und nur kaum Systematiken angeboten werden, dies zu kontrollieren (Hussy et al. 2013).

Dokumentarische Methode

Die dokumentarische Methode bietet als Auslegungspraxis ein Regelwerk, dass zwar die Forschenden in ihrer Subjektivität einbezieht, jedoch eine Systematik aufzeigt, der eigenen Subjektivität im Auswertungsprozess reflexiv zu begegnen. Die dokumentarische Methode (Bohnsack 2007) zeichnet sich dadurch aus, dass sie die Differenz berücksichtigt zwischen den latenten Sinnstrukturen – «dem kommunikativen bzw. immanenten Sinngehalt», also dem «Was» der Bedeutungszuschreibung – und dem «konjunktiven bzw. dokumentarischen Sinngehalt», also dem «Wie» der Bildung von Sinnstrukturen (Bohnsack 2003a, S. 563). Hierfür bietet die dokumentarische Methode vier Teilschritte an:

(1) Bei der formulierenden Interpretation werden formale, thematische Zuschreibungen und Paraphrasierungen vorgenommen. In diesem ersten Schritt werden Themen und Informationen herausgearbeitet, auf die im zu analysierenden Dokument eingegangen wird (u. a. Interview, Gruppendiskussion oder Bild). Dieser Analyseschritt verbleibt in der Struktur des Ausgangsmaterials.

(2) Bei der reflektierenden Interpretation wird über Rekonstruktion und Explikation eine erweiterte Bedeutungsebene eröffnet. In diesem zweiten Schritt werden die herausgearbeiteten Themen aus Schritt 1 expliziert, also mit weiterem Datenmaterial gestützt und erweitert, sowie kontextualisiert, d. h. anhand theoretischer sowie kontrastierender Bezüge reflektiert.

(3) Bei der Fallbeschreibung geht es um eine verdichtete und kontextualisierte Ausarbeitung und Beschreibung des Falls (erste Deutung).

(4) Bei der Typenbildung werden im Vergleich verschiedener Fälle ähnliche oder kontrastierende Sinnstrukturen erarbeitet (Bohnsack/Nentwig-Gesemann/Nohl 2001).

Die dokumentarische Methode eignet sich besonders zur Rekonstruktion und Interpretation immanenter Sinngehalte von Erzähl-, Interaktions- und Diskursverläufen, wie sie z. B. im Unterrichtsalltag vorliegen oder in Gruppendiskussionen oder in narrativen Interviews erzeugt werden. Auch hier ist die Methodik offen für Weiterentwicklungen, die im kunstpädagogischen Forschungsfeld entsprechend an ästhetisch-sinnliche Prozessdynamiken angepasst werden (z. B. Loemke 2019, Sabisch 2007).

4.2.7.3 Kodieren und Strukturieren

Qualitative Daten können auch kodierend-interpretativ ausgewertet werden. Dabei ist der Grad an Intersubjektivität höher als bei den hermeneutisch orientierten Auslegungspraxen. Wir können zwischen empirie- und theoriegeleiteten Zugängen in der Auswertung unterscheiden.

Thematisches Kodieren

Beim thematischen Kodieren werden Textstellen – Sätze und Absätze – auf ihre Bedeutung reduziert und Bedeutungsetiketten – Kodes – zugewiesen. Dies eignet sich für eine erste Herangehensweise an einen Text (Hussy et al. 2013). Im einfachen Kodieren kann dann eine inhaltliche Strukturierung vorgenommen werden, die sich vorrangig induktiv aus dem Datenmaterial ergibt und sich im Auswertungsprozess immer stärker verfestigt.

Theoretisches Kodieren/Grounded Theory

Theoretisches Kodieren zielt darauf ab, in der Auswertung des empirischen Materials eine gegenstandsbezogene, empirisch begründete Theorie zu entwickeln (Flick 2017). Als zentrale Methode hat sich die Grounded Theory – (empirisch) fundierte Theorie – etabliert (Glaser/Strauss 2010). Hier wird das Datenmaterial durch die Verfahren des offenen, axialen und selektiven Kodierens aufgebrochen und umstrukturiert, um zu einer Interpretation zu gelangen (Flick 2017). Dabei geht es um das Herausbildung von Beziehungen zwischen Kategorien und Begrifflichkeiten sowie dem Festhalten damit verbundener Gedanken, Fragen, Eindrücke und Assoziationen anhand von Kode-Notizen und Memos, die den Forschungsprozess begleiten und erkenntnistheoretisch in die Interpretation eingehen können (Flick 2017). Beim offenen Kodieren wird der Text anhand von Sinneinheiten – Wörter, Sätze oder Absätze – mittels Kodes etikettiert und thematisch gegliedert. Dadurch wird der Text geöffnet und kann im weiteren Vorgehen neu geordnet werden. Beim axialen Kodieren werden über verschiedene Texte hinweg ähnliche Kategorien zusammengefasst und verschiedenen Ebenen zugeordnet. Beispielsweise werden Kodes als Hauptkategorien vergeben, die zusammenfassende, kontrastierende oder auch ähnliche Bedeutungen aufweisen. Das Unterordnen und Zusammenfassen kann als selektives Kodieren bezeichnet werden, das meist im Auswertungsprozess im Wechsel zum axialen Kodieren auftritt (Corbin 2006). Bei der weiteren Analyse bildet sich allmählich eine neue Sinn- und Deutungsstruktur heraus, in dem im selektiven Kodieren eine oder einige wenige Kernkategorien herausgearbeitet werden, um die sich die anderen Kategorien gruppieren. Diese gilt es in einem letzten Schritt zu prüfen (Flick 2017). In der kunstpädagogischen Forschung ist diese Methode sowie ihre Weiterentwicklungen in verschiedenen Forschungssettings durchgeführt worden. Die Methode eignet sich besonders, um komplexe unterrichtliche Prozesse und Interaktionsmuster in eine Theorie zu überführen, die zum Verstehen sozialer Wirklichkeiten herangezogen werden kann (z. B. Brenne 2007, Uhlig 2017).

Qualitative Inhaltsanalyse

Die qualitative Inhaltsanalyse ist ein in der qualitativen Forschung gängiges Auswertungsverfahren, mit dem es möglich ist, Text (u. a. Transkripte und sonstiges Kommunikationsmaterial) entsprechend einer Forschungsfrage auszuwerten und inhaltlich zu kategorisieren. Kategorisieren versteht sich dabei als ein systematisches Ordnen von Sinneinheiten in Kategorien, mittels deren Zusammenfassung und Interpretation sich Antworten auf die Forschungsfrage formulieren lassen. Dabei werden bestimmte Regeln angewendet, die den Auswertungsprozess strukturieren und transparent sowie nachvollziehbar machen. Es lassen sich zwei Grundformen des Interpretierens in der qualitativen Inhaltsanalyse benennen (Mayring 2008):

- Bei der zusammenfassenden Inhaltsanalyse wird komplexes Textmaterial so stark verallgemeinert und reduziert, dass der Kern der Aussagen herausgebildet werden kann. Dabei kommen die Verfahrensweisen «Paraphrasieren», «Generalisieren» und «Reduzieren» zur Anwendung. Mittels der so induktiv, d. h. im Material gebildeten Kategorien, wird in einem abschließenden Schritt der Auswertungsarbeit das gesamte Material nochmals durchgegangen und mit den finalen Kategorien kodiert.
- Die strukturierende Inhaltsanalyse bietet die Möglichkeit, das Textmaterial zu strukturieren und darin eine (neue) Ordnung zu erkennen. Dabei können die formale Strukturierung, die inhaltliche Strukturierung, die typisierende Strukturierung und die skalierende Strukturierung unterschieden werden (Mayring 2008, S. 85–92). Auch bei der strukturierenden Inhaltsanalyse ist das Kategoriensystem das Zentrum der Analyse. Die Kategorienbildung aber erfolgt nicht induktiv, sondern wird in einem mehrstufigen Verfahren deduktiv, d. h. aus der Theorie heraus entwickelt. Hierfür wird die Kategorie definiert, werden exemplarische Textstellen zu deren Beschreibung und Veranschaulichung angeführt und anhand von Kodierregeln zu anderen Kategorien abgegrenzt. Nach der Entwicklungsphase ist das so gebildete Kategoriensystem in einem Probedurchgang (ca. 20 % des Textmaterials) zu prüfen. Dabei ist abzuwägen, ob die deduktiven Kategorien für das empirische Material geeignet sind und greifen. Häufig kommt es dann zur Überarbeitung des Kategoriensystems sowie zur Neufassung einzelner Kategorien und Definitionen. Dies wird so oft wiederholt, bis keine Anpassungen mehr vorgenommen werden müssen. Im Hauptdurchgang wird dann das gesamte empirische Material mit dem finalen Kategoriensystem kodiert.

Weiter kommt es zur Bearbeitung und Extraktion der kodierten Fundstellen, sodass je Fall und/oder Kategorie die entsprechenden Textstellen gesammelt dargestellt, zusammengefasst und aufgearbeitet werden können und hinsichtlich der Fragestellung Antworten liefern (Mayring 2008). Häufig werden die unterschiedlichen Arten der Kategorienbildung in der Forschungspraxis kombiniert (Kuckartz 2018, Mayring/Gläser-Zikuda 2005). So werden an der Theorie abgeleitete Hauptkategorien gebildet, die direkt am Material weiter präzisiert, modifiziert und differenziert werden. Gleichzeitig können dabei auch unerwartete, nicht direkt aus der Theorie ableitbare Gegebenheiten und Aussagen neue Kategorien bilden, die für eine weitere Theoriebildung zum Gegenstandsbereich der jeweiligen Untersuchung von Interesse sind. Udo Kuckartz (2018) merkt dabei an, dass die Mischung deduktiver und induktiver Kategorienbildung vorrangig vom deduktiven zum induktiven führt und so eine Erweiterung bestehender Theorie darstellt. In der kunstpädagogischen Forschung finden sich beide Formen der Inhaltsanalyse, oftmals auch in Kombination mit anderen Verfahren und als Methodenweiterentwicklung auf den visuell-ästhetischen Gegenstandsbereich (z. B. Kaiser 2019, Schmidt 2016).

4.2.7.4 Wahrnehmen und Erkennen

Da Realität im Forschungsprozess auch visuelle Realität ist, kommt oftmals dem sehenden Analysieren im Forschungsprozess ein zentraler Stellenwert zu. Dann wird auch visuelles Material, Fotografien, Zeichnungen und Videoaufnahmen, als Datenmaterial zur Analyse herangezogen. Dies betrifft nicht nur kunstpädagogische Forschung, sondern findet verstärkt in der Medien- und Kulturforschung sowie Unterrichtsforschung immer breitere Anwendung (Marotzki/Niesyto 2006).

Eine visuelle Datenanalyse bezieht sich auf bildbasiertes Datenmaterial, also Foto und Video. Ralf Bohnsack (2006) weist darauf hin, dass die empirisch-sozialwissenschaftliche Forschungstradition lange Zeit vor allem textinterpretative Verfahren fokussiert und letztlich mit einer zu starken «Textfixierung qualitativer Methodologien» (Bohnsack 2006, S. 46) den iconic turn fast verpasst hatte (Bohnsack 2020).

Bildanalyse

Relativ jung finden sich bild-interpretative Verfahren im empirischen Forschungsfeld, die sich aus kunst- und bildwissenschaftlichen Traditionen (u. a. Bildanalyse nach Erwin Panofsky) ableiten lassen und besonders innerhalb der Kunstpädagogik aufgenommen sowie weiterentwickelt wurden (Bohnsack 2006, Peez 2001). Diese Verfahren lassen sich danach einordnen, inwiefern sie sich dem Bild und dessen Eigenlogik zur Sinnerschließung zuwenden (Bohnsack 2020).

Verallgemeinernd können zwei entgegengesetzte Pole bild-interpretativer Verfahren skizziert werden, zwischen denen sich einzelne Methoden verorten lassen. Auf der einen Seite stehen bildimmanente Verfahren, die die Ikonizität des Bildes und den damit verbundenen Sinngehalt ins Zentrum der Auslegungsprozeduren stellen – im Sinne einer «**Verständigung durch das Bild**» (Bohnsack 2003b, S. 242). Auf der anderen Seite stehen Methoden, die mittels Sprache visuelle Daten rekonstruieren und analysieren – im Sinne einer «**Verständigung über das Bild**» (Bohnsack 2003b, S. 242).

In der kunstpädagogischen Forschung stehen beide Auslegungspraxen in unterschiedlichem Gewicht zu textbasiertem Forschungsmaterial. Georg Peez und Sandra Setzkorn (2007) rahmen ihre ikonologisch orientierte Fotoanalyse mit einem zusätzlich erhobenen Interview. Oliver Reuter (2009) führt eine objektiv-hermeneutische Interpretation von Fotografien durch und stellt diese im Rahmen der Fallinterpretation triangulativ zu weiteren textbasierten Erkenntnissen.

> *«Innerhalb der Kunstpädagogik sollte verstärkt die Frage verfolgt werden, inwieweit es sinnvoll ist, visuelles Material als autonomes Forschungsmaterial in qualitativen Studien einzubeziehen, um Erkenntnisgewinne zu erzielen, die sich mit sprachlichen Texten nicht erreichen lassen.» (Peez 2001, S. 304)*

Was Georg Peez (2001) als Forschungsdesiderat für die Kunstpädagogik herausgestellt hatte, erscheint nach wie vor von hoher Relevanz, gerade aufgrund der heute leicht zugänglichen Möglichkeiten digitaler Bildproduktion mit Tablet und Smartphone. Im Rahmen der Praxisforschung ist dies für das eigene Forschungsdesign und der damit verbundenen Fragestellung zu prüfen.

Videoanalyse

Empirische Methoden der Sozialwissenschaften wurden im Zuge des Diskurses um bildbasierte Forschungsmethoden auch auf videobasiertes Forschungsmaterial erweitert und bieten einen forschungsmethodischen Rahmen zur qualitativen Auswertung von Unterrichtsvideos, die eine Kombination von Text als transkribierte Sprache und Bild darstellen (zfs. Moritz/Corsten 2018). Zu nennen sind u. a. die dokumentarische Methode der Videointerpretation (Bohnsack 2009), visuelle Grounded-Theory bezogen auf Bild und Video (Mey/Dietrich 2016), die auf Videodaten bezogene hermeneutisch-wissenssoziologische Fallanalyse (Reichertz/Englert 2011) oder die auf der qualitativen Inhaltsanalyse beruhende qualitative Videoanalyse (Mayring, Gläser-Zikuda/Ziegelbauer 2005) sowie für die quantitative Datenanalyse adaptierte systematische Videoanalyse (Dalehefte/Kobarg 2012, Hugener/Rakoczy/Pauli/Reusser 2006).

4.2.7.5 Erklären und Einschätzen

Die quantitative Forschung möchte soziale Realität abbilden, erklären und Zusammenhänge und Wirkweisen aufzeigen. Hierzu werden in der empirisch-sozialwissenschaftlichen Forschung Daten quantitativ erfasst. Was bedeutet das aber? Wir machen einen Versuch. Wie viele «y» sind abgebildet? Bitte zählen Sie nach, um wie viele «y» es sich handelt.

«yyyyyyyyyyyyyyyyyyyyyyyyyyyyyyyyyyyyyyyyyyyyyyyyyyyyyyyyyyyyyyyyyyyyyyyyyyyyyyy
yyyyyyyyyyyyyyyyyyyyyyyyyyyyyyyyyyyyyyyyyyyyyyyyyyyyyyyyyyyyyyyyyyyyyyyyyyyyyyyy
yyyyyyyyyyy»

Das Zählen oder vielmehr das Nachzählen ist eine zentrale Eigenschaft quantitativer Forschung. Allerdings fällt das gar nicht so leicht. Ähnlich verhält es sich mit komplexen Sachverhalten, wie in unterrichtlichen Situationen respektive in der empirischen Sozialforschung. Hier werden qualitativen Merkmalen und Ausprägungen im sozialen Feld, in der Interaktion, im Unterricht ein numerisches Relativ zugeordnet. Um dies zu leisten, steht zu Beginn eine qualitative Vorstudie, um das qualitative Merkmal angemessen zu erfassen und im zu entwickelnden quantifizierenden Instrument abzubilden, also z. B. im Fragebogen oder im Beobachtungsinstrument einer Unterrichtsaufnahme. Der Beobachtungsauftrag ändert sich daher: Schätzen Sie ein, um wie viele «y» es sich handelt: (5) sehr viele, (4) viele, (3) ein paar, (2) wenige. (1) keine. Dadurch, dass nun eine Einschätzung vorgenommen wird, fällt das Nachzählen weg, aber der Beobachter muss nun entscheiden, ob es viele oder sehr viele «y» sind. Dies gilt es bestenfalls also zu definieren.

Im quantitativen Setting kommt der Quantifizierung qualitativer Phänomene, wie z. B. Unterrichtsmerkmale, Berufswahlmotive von Studierenden, Sichtweisen und Einstellungen von Lehrpersonen ein zentraler Stellenwert zu. Die Entwicklung geeigneter Instrumente zur Erfassung mittels Items und Skalen ist aufwendig und benötigt eine gute theoretische Fundierung und Definition, um tatsächlich valide und aussagekräftige Daten zu generieren (Moosbrugger/Kelava 2020). Daher sind zu interessierende Merkmale – im Sinne des erkenntnistheoretischen Ansatzes quantitativer Forschung des Erklärens – präzise zu definieren und zu operationalisieren. Hier erscheint mit Blick auf die empirische kunstpädagogische Forschung gerade die Kombination qualitativer und quantitativer Zugänge geeignet.

4.2.8 Unterricht evaluieren – Unterricht weiterentwickeln

Mit Blick auf die aufgeführte Methodenvielfalt bietet sich für eine in der Praxis verortete Unterrichtsevaluation, die forschende Erkenntnisse zur (Weiter)Entwicklung kunstdidaktischer Handlungskompetenzen erbringen möchte, ein forschungspragmatisches Vorgehen an, das aber auch wissenschaftlichen Kriterien Genüge leisten kann.

Kodierend-interpretative Auswertungsverfahren haben sich im Rahmen von Unterrichtsevaluationsstudien bewährt (Kuckartz 2018, Mayring 2008). Es kann aber auch sinnvoll sein, ein analytisch-interpretatives Verfahren anzuwenden und nur einen kleinen Ausschnitt, der für das Geschehen exemplarisch ist und eine Schlüsselsituation darstellt, zu analysieren und entsprechend der Fragestellung zu interpretieren. Bild-interpretative Verfahren erscheinen dann angemessen, wenn sie im Rahmen der Unterrichtsevaluation besondere Einblicke in das Unterrichtsgeschehen bieten (z. B. durch Fotografien aus der Perspektive der Schüler:innen) oder sich im Forschungssetting triangulativ einbeziehen lassen (z. B. Videoanalyse). Es deutet sich an, dass gerade eine Methodenkombination Erkenntnisse bietet, beispielsweise, wenn Fotografien von Schülerarbeiten mit einer Gruppendiskussion zum Entstehungsprozess und einem Feldbericht kombiniert werden und entsprechend ausgewertet werden.

Forschungspragmatik und Wissenschaftsanspruch

Werden die Auswertungsverfahren pragmatisch reduziert – z. B., wenn Schülerrückmeldungen zum Unterricht mittels Kartenabfrage in Stapeln kategorisiert und induktiv ausgewertet werden, so sind folgende Prinzipien zu berücksichtigen, um in der auf subjektive Erkenntnisprozesse bezogenen Praxisforschung eine wissenschaftliche Auseinandersetzung auch im Sinne einer forschungspragmatischen Herangehensweise einlösen zu können (Gläser/Laudel 2009):

- **Prinzip der Offenheit:** Der Forschungsprozess muss auch für unerwartete Informationen offen sein und falls notwendig, diese im Erhebungs- und Auswertungsprozess einbeziehen können. Zudem sind beobachtete Informationen zunächst ohne Vorurteile in die Datensammlung einzubeziehen, um unerwartete Ergebnisse nicht im Vorfeld auszuschließen.
- Das **Prinzip des theoriegeleiteten Vorgehens** bedeutet, dass Ergebnisse immer an Theorie anschlussfähig sein sollten. Die Anbindung an Theorie vor und/oder nach dem Forschungsprozess ist daher von hoher Bedeutung. Theorie kann mit Mayring (2008, S. 52) als «geronnene Erfahrungen anderer» bezeich-

net werden, an der es anzuknüpfen gilt, um einen Erkenntnisfortschritt zu erreichen.

- Mit dem **Prinzip des regelgeleiteten Vorgehens** wird verstanden, dass die Interpretation nach bestimmten, nachvollziehbaren Regeln abläuft und daher intersubjektiv kommunizierbar ist. Nur so können andere die Ergebnisse rekonstruieren und daran in eigenen Erkenntnis- und Forschungsprozessen anknüpfen.

Reflektieren und Konsequenzen ableiten – Handlungsmöglichkeiten aufbauen

Die gewonnenen Ergebnisse sind abschließend im Rahmen einer Unterrichtsevaluation aus der Perspektive der Theorie auf didaktische Anliegen und anschlussfähige Positionen zu diskutieren, aus Perspektive der Praxis auf die eigenen Vorannahmen, bisherigen Routinen, Handlungspraktiken und Sichtweisen zu beziehen und zu reflektieren. Erst in diesen Bezügen werden die Erkenntnisse anschlussfähig – an bestehende Theorien sowie an eigenen Sicht- und Handlungsweisen (Meyer 2010).

Hannah hat die Schüler:innen dazu befragt, welche Inhalte sie am interessantesten fanden und an welchen Stellen sie bereits auf Bekanntes zurückgreifen konnten. Sie fragt sich, wie sie ihre Schüler:innen noch stärker für den Unterricht motivieren kann und den Unterricht an ihren Interessen und den jeweiligen Lernbedarfen ausrichten kann. Die Schüler:innen sollten sich hierzu im dialogischen Schreiben (Kapitel 4.2.6) austauschen. Hannah hatte zur Erhebung im Unterricht ein paar Impulsfragen vorbereitet. Die Mittelschüler:innen sind fit und sie hat von ihnen doch einiges an Material schriftlich erhalten.

Zuhause angekommen sichtet Hannah nun das Material und kommt zum Schluss, dass sie je Schüler:in eine Frage thematisch kodierend auswerten möchte, die ihr für ihre Fragestellung am geeignetsten erscheint. Da sich die Schüler:innen auf ihre Gruppenarbeiten zum «Der Lauf der Dinge» des Schweizer Künstlerduos Peter Fischli und David Weiss beziehen, wird sie ihre Notizen, die sie während der Gruppenarbeiten und der Präsentation gemacht hat, dazunehmen und auch die Arbeitsergebnisse nochmals anschauen. Nun macht sich Hannah daran, einzelnen Sätze und Absätze thematisch zuzuordnen und die vergebenen Kodes über die Schüler:innen hinweg zu ordnen. Dadurch ergeben sich am Ende zentrale Erkenntnisse: Sie begreift nun sehr gut, dass den Schüler:innen besonders der Zeitrahmen und das Ausprobieren gefallen hat. Mit der Arbeit von Fischli und Weiss liegen für die Schüler:innen handlungsorientiert vielfältige Möglichkeiten vor, Raum und Zeit, Statik und das Alltägliche in der Kunst anschaulich zu erfahren. Auch der Umgang mit der individuellen Erwartungshaltung und dem damit verbundenen Infragestellen, ob die Versuchsanordnung so funktioniert, erinnert die Schüler:innen an ähnliche Erwartungssituationen aus ihrem Alltag. Diese Verbindung konnten einige Schüler:innen erkennen, andere jedoch nur bedingt. Darauf möchte Hannah das nächste Mal unbedingt stärker ihren Fokus setzen, noch sensibler vorzugehen, um noch besser auf die Schüler:innen eingehen zu können.

Wie im Fallbeispiel aufgezeigt, ereignet sich das Forschen im Lehren und ist stets eng mit dem Unterrichtshandeln verbunden. Auch wenn das Beispiel aus der Evaluation einer Unterrichtsstunde im Rahmen eines Praktikums ist, so wäre dies auch an die Formulierung von möglichen Handlungsoptionen bei größeren Qualifikationsarbeiten der Anspruch. Hier können folgende Fragen hilfreich sein, die jedoch nicht in sich abgeschlossen sind und weiterzuführen sind.

- Was sind die zentralen Ergebnisse der Evaluation? Welche zentralen Erkenntnisse kann ich hieraus ziehen?
- Können die Ergebnisse mit bestehenden Erkenntnissen aus Theorie und/oder dem Forschungsstand in Verbindung gebracht werden?
- Gibt es bereits (kunst-)didaktische Hinweise und Handlungsempfehlungen für meine Fragestellung, mit der ich meine Ergebnisse kontextualisieren kann?
- Welche Handlungsmöglichkeiten eröffnen sich dadurch?
- Inwiefern ändert sich meine Haltung, meine Sichtweise auf den Fall durch die differenzierte Betrachtung?
- Welche Empfehlungen würde ich anderen aufgrund meiner Ergebnisse geben?

Erst mit der Diskussion und der damit verbundenen Reflexion und Ableitung kunstdidaktischer Implikationen können die Ergebnisse fruchtbar für das eigene Unterrichtshandeln werden.

Die in Kapitel 4.2 beschriebenen Methoden und Herangehensweisen zur Datenerhebung und Datenauswertung bieten für die Praxisforschung einen ersten Überblick möglicher Forschungszugänge an. Im Einzelfall empfiehlt sich ein vertiefender Blick in die Forschungsliteratur sowie Adaption auf den interessierenden Forschungsgegenstand und das jeweilige Unterrichtssetting.

Literatur

Aebli, Hans (1983/2019). Zwölf Grundformen des Lehrens. Eine allgemeine Didaktik auf psychologischer Grundlage. 1. Auflage/15. Auflage. Stuttgart: Klett-Cotta.

Ainscow, Mel./ Booth, Tony/ Dyson, Alan (2006). Improving schools, developing inclusion. London [u. a.]: Routledge.

Alfieri, Louis/ Brooks, Patricia J./ Aldrich, Naomi J./ Tenenbaum, Harriet R. (2011). Does discovery-based instruction enhance learning? In: Journal of Educational Psychology 103(1), S. 1–18.

Altrichter, Herbert/ Feindt, Andreas (2011). Lehrerinnen und Lehrer erforschen ihren Unterricht: Aktionsforschung. In: Terhart, Ewald/ Bennewitz, Hedda/ Rothland, Martin (Hrsg.). Handbuch der Forschung zum Lehrerberuf. Münster [u. a.]: Waxmann, S. 214–231.

Altrichter, Herbert/ Posch, Peter (2007). Lehrerinnen und Lehrer erforschen ihren Unterricht. Unterrichtsentwicklung und Unterrichtsevaluation durch Aktionsforschung. 4. Auflage. Bad Heilbrunn: Klinkhardt.

Altrichter, Herbert/ Posch, Peter/ Spann, Harald (2018). Lehrerinnen und Lehrer erforschen ihren Unterricht. Unterrichtsentwicklung und Unterrichtsevaluation durch Aktionsforschung. 5. Auflage. Bad Heilbrunn: Verlag Julius Klinkhardt.

Arnheim, Rudolf (2001). Anschauliches Denken. Zur Einheit von Bild und Begriff. 8. Auflage. Köln: DuMont Literatur & Kunst.

Aufmuth, Stefanie (2010). Zeichnen nach der Natur in der Grundschule. Ein Plädoyer. In: Kirchner, Constanze/ Kirschenmann, Johannes/ Miller, Monika (Hrsg.). Kinderzeichnung und jugendkultureller Ausdruck. München: Kopaed, S. 313–324.

Bader, Nadia (2019a). Zeichnen Reden Zeigen. In: Art Education Research 10(16). https://sfkp.ch/artikel/16_zeichnen—reden—zeigen.

Bader, Nadia (2019b). Zeichnen – Reden – Zeigen. Wechselwirkungen zwischen Lehr-Lern-Dialogen und Gestaltungsprozessen im Kunstunterricht. München: Kopaed.

Bader, Nadia (2020). Angesammelt, Eingeordnet, Ab- oder Hingestellt. Fachschaftsräume im Bildnerischen Gestalten nachzeichnen. In: Heft. Publikation des Verbandes der Lehrerinnen und Lehrer für Bildnerisches Gestalten (13), S. 16–31.

Bader, Nadia/ Berner, Nicole (2021). Feedbackkultur als Aufgabe praxisbezogener Theoriebildung in der Kunstpädagogik. In: Kulturelle Bildung online. https://www.kubi-online.de/artikel/feedbackkultur-aufgabe-praxisbezogener-theoriebildung-kunstpaedagogik (12.05.2021).

Bamford, Anne (2010). Der Wow-Faktor. Eine weltweite Analyse der Qualität künstlerischer Bildung. Münster [u. a.]: Waxmann.

Bandura, Albert (1976). Lernen am Modell. Ansätze zu einer sozial-kognitiven Lerntheorie. Stuttgart: Klett.

Barth, Walter (2000). Der Schüler als (lernender) Autor im Kunstunterricht. Grundlagen und Unterrichtsbeispiele. Baltmannsweiler: Schneider-Verlag Hohengehren.

Bauernschmitt, Susanne/ Sansour, Teresa (2022). Von Kisten, Krokodilen und hypothetischen Konzepten. Künstlerische Kunstvermittlung mit inklusiven Lerngruppen. In:

Brenne, Andreas/ Kaiser, Michaela (Hrsg.). «Die Bildung Aller». Inklusive Kunstpädagogik. Hannover: fabrico Verlag, S. 115–134.
Baumert, Jürgen (2006). Was wissen wir über die Entwicklung von Schulleistungen? In: Pädagogik 58(4), S. 40–46.
Baurmann, Jürgen/ Cherubim, Dieter/ Rehbock, Helmut (1981). Neben-Kommunikationen. Beobachtungen und Analysen zum nichtoffiziellen Schülerverhalten innerhalb und außerhalb des Unterrichts. Braunschweig: Westermann.
BDK (2008). Bildungsstandards im Fach Kunst für den mittleren Schulabschluss. In: BDK-Mitteilungen (3), S. 2–4.
Beck, Erwin/ Baer, Matthias/ Guldimann, Titus/ Bischoff, Sonja/ Brühwiler, Christian/ Müller, Peter (2007). Adaptive Lehrkompetenz: Analyse und Struktur, Veränderung und Wirkung handlungssteuernden Lehrerwissens. Münster [u. a.]: Waxmann.
Bergmann, Gustav (1964). Logic and reality. In: Foundations of Language 3(4), S. 429–432.
Bering, Kunibert (2003). Perzeptbildung. Ein Basisbegriff kunstdidaktischen Handelns. In: Busse, Klaus-Peter (Hrsg.). Kunstdidaktisches Handeln. Norderstedt: Books on Demand, S. 206–213.
Bering, Kunibert/ Niehoff, Rolf (Hrsg.) (2005). Bilder. Eine Herausforderung für die Bildung. Oberhausen: ATHENA.
Bering, Kunibert/ Niehoff, Rolf (Hrsg.) (2009). Bildkompetenz(en). Beiträge des Kunstunterrichts zur Bildung. Oberhausen: ATHENA.
Berner, Nicole (2013a). Bildnerische Kreativität im Grundschulalter. Plastische Schülerarbeiten empirisch betrachtet. München: Kopaed.
Berner, Nicole (2013b). Kreativität über das Plastizieren fördern. Implikationen empirischer Befunde zur bildnerischen Kreativität im plastischen Gestalten. In: Reuter, Oliver M. (Hrsg.). Konsequenzen empirischer Forschung für den Kunstunterricht. München: Kopaed, S. 31–42.
Berner, Nicole (2013c). Kreativität: Merkmale erkennen und fördern. In: Kirchner, Constanze (Hrsg.). Kunst – Didaktik für die Grundschule (1.-4. Schuljahr). Berlin: Cornelsen Scriptor, S. 145–154.
Berner, Nicole (2013d). Roter Faden: Strukturieren und fokussieren. In: Kirchner, Constanze (Hrsg.). Kunst – Didaktik für die Grundschule (1.-4. Schuljahr). Berlin: Cornelsen Scriptor, S. 154–160.
Berner, Nicole (2015). Tiefenräumliche Darstellungskonzepte im fünften Schuljahr – Ergebnisse und kunstdidaktische Folgerungen. In: BÖKWE – Fachblatt des Bundes Österreichischer Kunst- und Werkerzieher (4), S. 99–103.
Berner, Nicole (Hrsg.) (2016). Unterrichtsqualität im Fach Kunst. Kunst + Unterricht EXKURS-Heft Beilage 407/408. Velber: Friedrich Verlag.
Berner, Nicole (2017). Das Portfolio als Gesprächsanlass zur Reflexion ästhetisch-bildnerischer Lernprozesse. In: Berner, Nicole/ Rieder, Christine (Hrsg.). Fachdidaktik Kunst und Design. Bern: Haupt Verlag, S. 107–122.
Berner, Nicole (2018). «Wir sind kreativ – also lernen wir!» Kreativität und Lernen im Fach Kunst. Eine theoretische Annäherung. In: Berner, Nicole (Hrsg.). Kreativität im kunstpädagogischen Diskurs. München: Kopaed, S. 99–122.
Berner, Nicole (2021a). Lernen begleiten! Lernprozesse im Kunstunterricht beraten und fördern. In: Kunst + Unterricht (457/458), S. 58–64.

Berner, Nicole (2021b). Mit Kunst Kreativität stärken. In: Grundschule 53(5), S. 28–31.

Berner, Nicole/Hess, Miriam/Lipowsky, Frank (2018). Schaffen Frei-Räume Kreativität? – Offenheit von Gestaltungsaufgaben im Fach Kunst der Grundschule und ihr Potenzial für die Förderung von Kreativität. In: Glaser, Edith/ Koller, Hans-Christoph/ Thole, Werner/ Krumme, Salome (Hrsg.). Räume für Bildung – Räume der Bildung. Beiträge zum 25. Kongress der Deutschen Gesellschaft für Erziehungswissenschaft. Leverkusen: Verlag Barbara Budrich, S. 259–273.

Berner, Nicole/Kirchner, Constanze/Peez, Georg/ Lipowsky, Frank (2016). Mit Videos Kunstunterricht erforschen – die Grundschulstudie PERLE. In: Berner, Nicole (Hrsg.). Unterrichtsqualität im Fach Kunst. Velber: Friedrich Verlag, S. 4–5.

Berner, Nicole/ Loffredo, Anna Maria (2021). Grenzen öffnen – Werte prüfen: Bildungswerte und Wertebildung in der Kunstdidaktik. Transdisziplinäre Entwürfe und Ergebnisse einer bilateralen Online-Ringvorlesung. München: Kopaed.

Berner, Nicole/ Lotz, Miriam (2015). Aufgabenkultur im Kunstunterricht der Grundschule. In: Mehlhorn, Gerlinde/ Schöppe, Karola/ Schulz, Frank (Hrsg.). Begabungen entwickeln & Kreativität fördern. München: Kopaed, S. 348–396.

Berner, Nicole/ Rieder, Christine (Hrsg.) (2017). Fachdidaktik Kunst und Design. Lehren und Lernen mit Portfolios. Bern: Haupt Verlag.

Berner, Nicole/ Schmidt, Rebekka (2016). Denkprozesse initiieren – kognitiv aktivieren. In: Berner, Nicole (Hrsg.). Unterrichtsqualität im Fach Kunst. Kunst + Unterricht EXKURS-Heft Beilage 407/408. Velber: Friedrich Verlag, S. 10–13.

Beyer, Klaus (2011). Didaktische Prinzipien. In: Hellekamps, Stephanie/ Plöger, Wilfried/ Wittenbruch, Wilhelm (Hrsg.). Schule. Stuttgart: Schöningh, S. 337–348.

Beyer, Klaus (2014). Didaktische Prinzipien: Eckpfeiler guten Unterrichts. Ein theoriebasiertes und praxisorientiertes Handbuch in Tabellen für den Unterricht auf der Sekundarstufe II. Baltmannsweiler: Schneider-Verlag Hohengehren.

Billmayer, Franz (2003). «Schau'n ma mal», Kunstwerke und andere Bilder. In: BDK-Mitteilungen (4), S. 2–4.

Billmayer, Franz (2008). Paradigmenwechsel übersehen. Eine Polemik gegen die Kunstorientierung der Kunstpädagogik. Hamburg: Hamburg University Press.

Bilstein, Johannes (2013). Qualitätskriterien aus den Künsten. In: BMBF (Hrsg.). Perspektiven der Forschung zur kulturellen Bildung. Bonn: BMBF, S. 61–63.

Blohm, Manfred (2002). Berührungen & Verflechtungen. Biografische Spuren in ästhetischen Prozessen. Köln: Salon Verlag.

Boehm, Gottfried (Hrsg.) (1994). Was ist ein Bild? München: Fink.

Boer, Heike de/ Reh, Sabine (Hrsg.) (2012). Beobachtung in der Schule – Beobachten lernen. Wiesbaden: VS Verlag für Sozialwissenschaften.

Bohl, Thorsten (2017). Umgang mit Heterogenität im Unterricht: Forschungsbefunde und didaktische Implikationen. In: Bohl, Thorsten/ Budde, Jürgen/ Rieger-Ladich, Markus (Hrsg.). Umgang mit Heterogenität in Schule und Unterricht. Bad Heilbrunn: Verlag Julius Klinkhardt, S. 257–274.

Bohl, Thorsten (2022). Leistungsbeurteilung. Grundbegriffe und Grundlagen. In: Friedrich Jahresheft 40, S. 6–9.

Bohnsack, Ralf (2003a). Dokumentarische Methode und sozialwissenschaftliche Hermeneutik. In: Zeitschrift für Erziehungswissenschaft 6(4), S. 550–570.

Bohnsack, Ralf (2003b). Qualitative Methoden der Bildinterpretation. In: Zeitschrift für Erziehungswissenschaft 6(2), S. 239–256.

Bohnsack, Ralf (2006). Die dokumentarische Methode der Bildinterpretation in der Forschungspraxis. In: Marotzki, Winfried/ Niesyto, Horst (Hrsg.). Bildverstehen und Bildinterpretation. Wiesbaden: VS Verlag für Sozialwissenschaften, S. 45–75.

Bohnsack, Ralf (2007). Dokumentarische Methode. In: Buber, Renate/ Holzmüller, Hartmut H. (Hrsg.). Qualitative Marktforschung. Wiesbaden: Gabler, S. 319–330.

Bohnsack, Ralf (2020). Qualitative Bildanalyse. In: Friese, Heidrun/ Nolden, Marcus/ Rebane, Gala/ Schreiter, Miriam (Hrsg.). Handbuch Soziale Praktiken und Digitale Alltagswelten. Wiesbaden: Springer VS, S. 455–463.

Bohnsack, Ralf/ Nentwig-Gesemann, Iris/ Nohl, Arnd-Michael (Hrsg.) (2001). Die dokumentarische Methode und ihre Forschungspraxis. Grundlagen qualitativer Sozialforschung. Opladen: Leske + Budrich.

Bonsen, Martin/ Hübner, Carola (2012). Unterrichtsentwicklung in professionellen Lerngemeinschaften. In: Bauer, Karl-Oswald/ Logemann, Niels (Hrsg.). Effektive Bildung. Münster: Waxmann, S. 55–76.

Breidenstein, Georg (2008). Peer-Interaktion und Peer-Kultur. In: Helsper, Werner/ Böhme, Jeanette (Hrsg.). Handbuch der Schulforschung. 2. Auflage. Wiesbaden: VS Verlag für Sozialwissenschaften, S. 945–964.

Brenne, Andreas (2007). Analyse ästhetischer Rezeption und Produktion mittels der Grounded Theory. In: Peez, Georg (Hrsg.). Handbuch Fallforschung in der Ästhetischen Bildung/Kunstpädagogik. Baltmannsweiler: Schneider-Verlag Hohengehren, S. 12–22.

Brenne, Andreas (2008). Künstlerische Feldforschung. Ästhetisch-forschende Zugänge zur Lebenswelt. In: Kunst + Unterricht (320), S. 4–11.

Brenne, Andreas (2012). Künstlerisches Denken und Handeln in der Kindheit. In: Buschkühle, Carl-Peter (Hrsg.). Künstlerische Kunstpädagogik. Oberhausen: ATHENA, S. 111–116.

Brenne, Andreas (2016). Inklusion & Kunstpädagogik. In: Blohm, Manfred (Hrsg.). Kunstpädagogische Stichworte. Hannover: fabrico Verlag, S. 51–54.

Brenne, Andreas/ Kaiser, Michaela (Hrsg.) (2022). «Die Bildung Aller». Inklusive Kunstpädagogik. Hannover: fabrico Verlag.

Breunlin, Dietrich (2010). Wer zeichnet den höchsten Turm? Von der Darstellung zum Raumkonzept. Zur Wirkung von Reflexionsphasen im Kunstunterricht. In: Kirchner, Constanze/ Kirschenmann, Johannes/ Miller, Monika (Hrsg.). Kinderzeichnung und jugendkultureller Ausdruck. München: Kopaed, S. 335–346.

Brookhart, Susan M. (2010). Wie sag ich's meinem Schüler? So kommt Ihr Feedback wirklich an. Weinheim [u. a.]: Beltz.

Bruder, Simone/ Klug, Julia/ Hertel, Silke/ Schmitz, Bernhard (2010). Modellierung der Beratungskompetenz von Lehrkräften. Projekt Beratungskompetenz. In: Zeitschrift für Pädagogik, Beiheft 56, S. 274–285.

Bruelhart, Stephan (2012). Aufgabenkulturen im Fachunterricht Bildnerische Gestaltung/ Kunst. In: Keller, Stefan/ Bender, Ute (Hrsg.). Aufgabenkulturen. Seelze-Velber: Friedrich Verlag, S. 180–190.

Brügel, Eberhard (1987). Kunstpädagogische Anmerkungen zu den Komponenten des kreativen Verhaltens. In: Schütz, Helmut Georg/ Schiementz, Walter (Hrsg.). Kunstpädagogi-

sche Einsichten. Baltmannsweiler: Pädagogischer Verlag Burgbücherei Schneider, S. 18–41.
Brügel, Eberhard (2018). Die komplexe Struktur kreativer Prozesse. Dargelegt an Beispielen der Bildenden Kunst, des Designs, der Karikatur und der Kinderzeichnung. In: Berner, Nicole (Hrsg.). Kreativität im kunstpädagogischen Diskurs. München: Kopaed, S. 61–78.
Budde, Jürgen (2017). Heterogenität: Entstehung, Begriff, Abgrenzung. In: Bohl, Thorsten/ Budde, Jürgen/ Rieger-Ladich, Markus (Hrsg.). Umgang mit Heterogenität in Schule und Unterricht. Bad Heilbrunn: Verlag Julius Klinkhardt, S. 13–26.
Buhren, Claus G. (2018). Selbstevaluation in der Schule. Weinheim [u. a.]: Beltz.
Bürgi, Andreas/ Eberhart, Herbert (2006). Beratung als strukturierter und kreativer Prozess: Ein Lehrbuch für die ressourcenorientierte Praxis. Göttingen: Vandenhoeck & Ruprecht.
Burkhardt, Sarah (2014a). Portfolios im Kunstunterricht. Arbeitsprozesse dokumentieren und reflektieren. In: Kunst + Unterricht (379/380), S. 4–13.
Burkhardt, Sarah (2014b). Von der Idee zum Produkt. Dokumentieren und Reflektieren im Portfolio. In: Kunst + Unterricht (379–380), S. 14–19.
Buschkühle, Carl-Peter (Hrsg.) (2003). Perspektiven künstlerischer Bildung. Köln: Salon-Verlag.
Buschkühle, Carl-Peter (2004). Kunstpädagogen müssen Künstler sein. Zum Konzept künstlerischer Bildung. Hamburg: Hamburg University Press. http://hup.sub.uni-hamburg.de/volltexte/2008/26/pdf/HamburgUP_KPP05_Buschkuehle.pdf.
Buschkühle, Carl-Peter (2007). Die Welt als Spiel. Oberhausen: ATHENA.
Buschkühle, Carl-Peter (2010). Kunst und Bildung. In: Impulse.Kunstdidaktik 8, S. 2–10.
Buschkühle, Carl-Peter (Hrsg.) (2012). Künstlerische Kunstpädagogik. Ein Diskurs zur künstlerischen Bildung. Oberhausen: ATHENA.
Buschkühle, Carl-Peter (2014). Bildkompetenz durch künstlerische Bildung. In: Zeitschrit für Kunst Medien Bildung | zkmb. http://zkmb.de/bildkompetenz-durch-kuenstlerische-bildung/.
Buschkühle, Carl-Peter (2017). Künstlerische Bildung. Theorie und Praxis einer künstlerischen Kunstpädagogik. Oberhausen: ATHENA.
Buschkühle, Carl-Peter (2020). Künstlerische Bildung. In: socialnet Lexikon. https://www.socialnet.de/lexikon/Kuenstlerische-Bildung.
Busse, Klaus-Peter (2003). Leerstellen individuell füllen. Offene Aufgaben im Fach Kunst. In: Friedrich Jahresheft 21, S. 47–49.
Busse, Klaus-Peter (2004). Bildumgangsspiele: Kunst unterrichten. Norderstedt: Books on Demand.
Butler, Deborah L./ Winne, Philip H. (1995). Feedback and self-regulated learning: A theoretical synthesis. In: Review of Educational Research 65(3), S. 245–281.
Camuka, Ahmet/ Peez, Georg (Hrsg.) (2017). Kunstpädagogik digital mobil. Film, Video, Multimedia, 3D und Mobile Learning mit Smartphone und Tablet – Vermittlungsszenarien, Unterrichtsprojekte und Reflexionen. München: Kopaed.
Ciompi, Luc (1997). Die emotionalen Grundlagen des Denkens: Entwurf einer fraktalen Affektlogik. Göttingen: Vandenhoeck & Ruprecht.
Collins, Allan/ Brown, John Seely/ Newman, Susan E. (1989). Cognitive Apprenticehip: Teaching the Crafts of Reading, Writing and Mathematics. In: Resnick, Lauren (Hrsg.). Kno-

wing, learning, and instruction: Essays in honor of Robert Glaser. Hillsdale: Erlbaum, S. 453–495.

Collins, Allan/ Kapur, Manu (2014). Cognitive Apprenticeship. In: Sawyer, Robert Keith (Hrsg.). The Cambridge handbook of the learning sciences. 2. Auflage. Cambridge: Cambridge University Press, S. 109–127.

Combe, Arno/ Gebhard, Ulrich (2009). Irritation und Phantasie. In: Zeitschrift für Erziehungswissenschaft 12(3), S. 549–571.

Corbin, Juliet (2006). Grounded Theory. In: Bohnsack, Ralf (Hrsg.). Hauptbegriffe qualitativer Sozialforschung. 2. Auflage. Opladen [u. a.]: Budrich, S. 70–75.

Cramer, Colin (2020). Professionstheorien. Überblick, Entwicklung und Kritik. In: Harant, Martin/ Thomas, Philipp/ Küchler, Uwe (Hrsg.). Theorien! Horizonte für die Lehrerinnen- und Lehrerbildung. Tübingen: Universität Tübingen, S. 111–128.

Cropley, Arthur J. (2006). Kreativität und Kreativitätsförderung. In: Rost, Detlef H. (Hrsg.). Handwörterbuch Pädagogische Psychologie. 3. Auflage. Weinheim: Beltz PVU, S. 362–370.

Csikszentmihalyi, Mihaly/ Sawyer, R. Keith (1995). Creative insight. The social dimension of a solitary moment. In: Sternberg, Robert J./ Davidson, Janet E. (Hrsg.). The nature of insight. Cambridge, Massachusetts: MIT Press, S. 329–361.

Dalehefte, Inger Marie/ Kobarg, Mareike (2012). Einführung in die Grundlagen systematischer Videoanalysen in der empirischen Bildungsforschung. In: Gläser-Zikuda, Michaela/ Seidel, Tina/ Rohlfs, Carsten/ Gröschner, Alexander/ Ziegelbauer, Sascha (Hrsg.). Mixed Methods in der empirischen Bildungsforschung. Münster: Waxmann, S. 15–26.

Daucher, Hans/ Seitz, Rudolf (1969). Didaktik der bildenden Kunst. München: Don-Bosco-Verlag.

Deci, Edward L./ Ryan, Richard M. (1985). Intrinsic motivation and self-determination in human behavior. New York: Plenum Press.

Deci, Edward L./ Ryan, Richard M. (1993). Die Selbstbestimmungstheorie der Motivation und ihre Bedeutung für die Pädagogik. In: Zeitschrift für Pädagogik 39(2), S. 223–238.

Deutschschweizer Erziehungsdirektoren-Konferenz (2016). Lehrplan 21 – von der D-EDK Plenarversammlung am 31.10.2014 zur Einführung in den Kantonen freigegebene Vorlage. Bereinigte Fassung vom 29.02.2016. Bern. www.lehrplan.ch.

Dewey, John (1988). Kunst als Erfahrung. Frankfurt am Main: Suhrkamp.

Dieck, Margarethe (2022). Vom Kunstunterricht lernen. Lern- und Leistungssituationen trennen? In: Friedrich Jahresheft (40), S. 102–103.

Diegmann, Daniel (2013). Die Beobachtung. In: Drinck, Barbara (Hrsg.). Forschen in der Schule. Opladen [u. a.]: Verlag Barbara Budrich, S. 182–226.

Dietrich, Cornelie/ Krinninger, Dominik/ Schubert, Volker (2013). Einführung in die ästhetische Bildung. 2. Auflage. Weinheim [u. a.]: Beltz Juventa.

D'Incau, Alexandra/ Henke, Silvia (2017). Kunstunterricht in der postmigrantischen Gesellschaft. Ein Reader mit Unterrichtsbeispielen. Norderstedt: Books on Demand.

Ditton, Hartmut (2006). Unterrichtsqualität. In: Arnold, Karl-Heinz/ Sandfuchs, Uwe/ Wiechmann, Jürgen (Hrsg.). Handbuch Unterricht. Bad Heilbrunn: Klinkhardt, S. 177–183.

Döring, Nicola/ Bortz, Jürgen (2016). Forschungsmethoden und Evaluation in den Sozial- und Humanwissenschaften. 5. Auflage. Berlin [u. a.]: Springer.

Drevdahl, John E. (1956). Factors of importance for creativity. In: Journal of Clinical Psychology 12(1), S. 21–26.

Drews, Jonathan (2017). Ästhetische Rationalität als kunstpädagogisches Paradigma bei Gunter Otto. München: Kopaed.

Dreyer, Andrea (2006). Reflexion. In: Kunst + Unterricht (304/305), S. 68–70.

Dreyer, Andrea (2007). Kunstdidaktik und Biografie im Kontext der Kunstlehrerbildung. In: Peez, Georg (Hrsg.). Handbuch Fallforschung in der Ästhetischen Bildung/Kunstpädagogik. Baltmannsweiler: Schneider-Verlag Hohengehren, S. 188–197.

Duit, Reinders (2008). Zur Rolle von Schülervorstellungen im Unterricht. In: Geographie heute 29(265), S. 2–7.

Duncker, Ludwig (1999). Begriff und Struktur ästhetischer Erfahrung. Zum Verständnis unterschiedlicher Formen ästhetischer Praxis. In: Neuß, Norbert (Hrsg.). Ästhetik der Kinder. Frankfurt am Main: Gemeinschaftswerk der Evangelischen Publizistik, S. 9–19.

Duncker, Ludwig/ Lieber, Gabriele (Hrsg.) (2013). Bildliteralität und Ästhetische Alphabetisierung. Konzepte und Beispiele für das Lernen im Vor- und Grundschulalter. München: Kopaed.

Duncker, Ludwig/ Maurer, Friedemann/ Schäfer, Gerd E. (Hrsg.) (1993). Kindliche Phantasie und ästhetische Erfahrung. Wirklichkeiten zwischen Ich und Welt. 2. Auflage. Langenau-Ulm: Vaas.

Duncum, Paul (2005). Visual culture art education: why, what and how. In: Hickman, Richard D. (Hrsg.). Critical studies in art & design education. Bristol, UK: Intellect Books, S. 151–162.

Ebert, Wilhelm (1973). Kreativität und Kunstpädagogik. Ratingen: Henn.

Ehmer, Hermann K. (Hrsg.) (1971). Visuelle Kommunikation. Beiträge zur Kritik der Bewußtseinsindustrie. 4. Auflage. Köln: DuMont.

Ehmer, Hermann K. (Hrsg.) (1973). Kunst/visuelle Kommunikation. Unterrichtsmodelle. Gießen: Anabas-Verlag.

Eid, Klaus/ Ruprecht, Hakon (1989). Collage und Collagieren. Anregungen für Schule und Freizeit. 3. Auflage. München: Don-Bosco-Verlag.

Einsiedler, Wolfgang/ Hardy, Ilonca (2010). Kognitive Strukturierung im Unterricht: Einführung und Begriffsklärung. In: Unterrichtswissenschaft 38(3), S. 194–209.

Engels, Sidonie (2017). Inklusion und Kunstunterricht. Perspektiven und Ansätze künstlerischer Bildung. Oberhausen: ATHENA.

Engels, Sidonie (2022). Vielfältig und unvorhersehbar: Kunstunterricht. In: Brenne, Andreas/ Kaiser, Michaela (Hrsg.). «Die Bildung Aller». Inklusive Kunstpädagogik. Hannover: fabrico Verlag, S. 103–114.

Fatke, Reinhard (2010). Fallstudien in der Erziehungswissenschaft. In: Friebertshäuser, Barbara/ Langer, Antje/ Prengel, Annedore/ Boller, Heike/ Richter, Sophia (Hrsg.). Handbuch qualitative Forschungsmethoden in der Erziehungswissenschaft. 3. Auflage. Weinheim: Juventa, S. 159–172.

Faulstich, Peter/ Ludwig, Joachim (Hrsg.) (2008). Expansives Lernen. 2. Auflage. Baltmannsweiler: Schneider-Verlag Hohengehren.

Fauser, Peter (2015). «Lernen heißt erfinden». Über Kulturelle Bildung und die Bedeutung von Kunst und Imagination für Lernen und Schule. In: Kulturelle Bildung online. https://

www.kubi-online.de/artikel/lernen-heisst-erfinden-ueber-kulturelle-bildung-bedeutung-kunst-imagination-lernen-schule.

Fauser, Peter (2022). Wohin mit der Leistungsbeurteilung? Ein pädagogischer Weckruf. In: Friedrich Jahresheft (40), S. 32–33.

Fauser, Peter/ Irmert-Müller, Gundela (1996). Vorstellungen bilden. Zum Verhältnis von Imagination und Lernen. In: Fauser, Peter/ Madelung, Eva/ Irmert-Müller, Gundela (Hrsg.). Vorstellungen bilden. Beiträge zum imaginativen Lernen. Seelze-Velber: Friedrich, S. 211–243.

Flick, Uwe (2008). Triangulation. Eine Einführung. Wiesbaden: VS Verlag für Sozialwissenschaften.

Flick, Uwe (2017). Qualitative Sozialforschung. Eine Einführung. 8. Auflage. Reinbek bei Hamburg: Rowohlt.

Flick, Uwe (2019). Design und Prozess qualitativer Forschung. In: Flick, Uwe/ Kardorff, Ernst von/ Steinke, Ines (Hrsg.). Qualitative Forschung. 12. Auflage. Reinbek bei Hamburg: Rowohlt, S. 252–264.

Flick, Uwe/ Kardorff, Ernst von/ Steinke, Ines (Hrsg.) (2019). Qualitative Forschung. Ein Handbuch. 12. Auflage. Reinbek bei Hamburg: Rowohlt.

Flieger, Petra (2017). Partizipation. In: Ziemen, Kerstin (Hrsg.). Lexikon Inklusion. Göttingen: Vandenhoeck & Ruprecht, S. 179–180.

Fraefel, Urban (2020). Praktiken professioneller Lehrpersonen. Mit dem Aufbau zentraler Praktiken zu erfolgreichem Handeln im Unterricht. Ein Arbeitsbuch für angehende und berufstätige Lehrpersonen. Bern: hep.

Friedt, Anton (1990). Keine Not mit der Note im Kunstunterricht. In: Kunst + Unterricht (144), S. 48–54.

Fuhs, Burkhard (2000). Qualitative Interviews mit Kindern. Überlegungen zu einer schwierigen Methode. In: Heinzel, F. (Hrsg.). Methoden der Kindheitsforschung: Ein Überblick über Forschungszugänge zur kindlichen Perspektive. Weinheim [u. a.]: Juventa, S. 87–104.

Funke, Joachim (2008). Zur Psychologie der Kreativität. In: Dresler, Martin/ Baudson, Tanja Gariele (Hrsg.). Kreativität. Stuttgart: Hirzel, S. 31–36.

Fürstenau, Sara (2009). Lernen und Lehren in heterogenen Gruppen. In: Fürstenau, Sara/ Gomolla, Mechthild (Hrsg.). Migration und schulischer Wandel: Unterricht. Wiesbaden: VS Verlag für Sozialwissenschaften, S. 61–84.

Fuß, Susanne/ Karbach, Ute (2019). Grundlagen der Transkription. Eine praktische Einführung. 2. Auflage. Opladen [u. a.]: Verlag Barbara Budrich.

Gegenfurtner, Karl R./ Walter, Sebastian/ Braun, Doris I. (2002). Visuelle Informationsverarbeitung im Gehirn. In: Huber, Hans Dieter/ Lockemann, Bettina/ Scheibel, Michael (Hrsg.). Bild, Medien, Wissen. München: Kopaed, S. 69–87.

Gerrig, Richard J. (2016). Psychologie. 20. Auflage. Hallbergmoos: Pearson.

Gerstenmaier, Jochen/ Mandl, Heinz (2001). Methodologie und Empirie zum situierten Lernen. In: Schweizerische Zeitschrift für Bildungswissenschaften 23(3), S. 453–470.

Glas, Alexander (2003). PISA und die kunstpädagogische Legitimations-Praxis. In: Kunst + Unterricht (278), S. 42–43.

Glas, Alexander (2012). Imagination, Phantasie und Darstellungsformel. Grundriss einer anthropologischen Theorie der Einbildungskraft. In: Sowa, Hubert (Hrsg.). Bildung der Imagination. Band 1. Oberhausen: ATHENA, S. 98–113.

Glas, Alexander/ Krautz, Jochen (2017). Mimesis und Schema. In: Imago. Zeitschrift für Kunstpädagogik (4), S. 27–48.

Glaser, Barney G./ Strauss, Anselm L. (2010). Grounded Theory. Strategien qualitativer Forschung. 3. Auflage. Bern: Huber.

Gläser, Jochen/ Laudel, Grit (2009). Experteninterviews und qualitative Inhaltsanalyse als Instrumente rekonstruierender Untersuchungen. 3. Auflage. Wiesbaden: VS Verlag für Sozialwissenschaften.

Glaser-Henzer, Edith (2006). Vorstellungsbildung im Unterricht. In: BDK-Mitteilungen (4), S. 22–25.

Glaser-Henzer, Edith (2010). Vorstellungsbildung im Zusammenspiel mit räumlich-visuellem Wahrnehmen und Darstellen. In: Kirchner, Constanze/ Kirschenmann, Johannes/ Miller, Monika (Hrsg.). Kinderzeichnung und jugendkultureller Ausdruck. München: Kopaed, S. 59–72.

Glaser-Henzer, Edith (2013). Einblicke in die Entwicklung der Fachdidaktik Bildnerisches Gestalten in der Lehrerinnen- und Lehrerbildung: Bezüge zum Wandel in der Kunst, im kunstpädagogischen Denken und im Fach Bildnerisches Gestalten. In: Beiträge zur Lehrerbildung 31(1), S. 53–63.

Glaser-Henzer, Edith (2016). Kompetenz. In: Blohm, Manfred (Hrsg.). Kunstpädagogische Stichworte. Hannover: fabrico Verlag, S. 71–74.

Glaser-Henzer, Edith (2017). Methoden im Wandel. Gedanken zum Entstehungsprozess der Portfolioarbeit in Kunst und Design. In: Berner, Nicole/ Rieder, Christine (Hrsg.). Fachdidaktik Kunst und Design. Bern: Haupt Verlag, S. 137–154.

Glaser-Henzer, Edith/ Diehl, Ludwig/ Diehl Ott, Luitgard/ Peez, Georg (2012). Zeichnen: Wahrnehmen, Verarbeiten, Darstellen. Empirische Untersuchungen zur Kinderzeichnung und zur Ermittlung räumlich-visueller Kompetenzen im Kunstunterricht. München: Kopaed.

Glasersfeld, Ernst von (1997/2008). Radikaler Konstruktivismus. Ideen, Ergebnisse, Probleme. 1. Auflage/Nachdruck. Frankfurt am Main: Suhrkamp.

Gläser-Zikuda, Michaela/ Seidel, Tina/ Rohlfs, Carsten/ Gröschner, Alexander/ Ziegelbauer, Sascha (Hrsg.) (2012). Mixed Methods in der empirischen Bildungsforschung. Münster: Waxmann.

Graser, Hermann/ Rieder, Christine/ Weber, Julia (2015). GestaltungsRäume. Aufgabenkultur für bildnerisches, technisches und textiles Gestalten: Sekundarstufe I. Bern: Schulverlag plus.

Greene, Jeffrey A./ Freed, Rebekah/ Sawyer, R. Keith (2019). Fostering creative performance in art and design education via self-regulated learning. In: Instructional Science 47(2), S. 127–149.

Grunder, Hans-Ulrich (2016). Das Bild der Lehrkraft und dessen Impulse für die Professionalisierung von Lehrerinnen und Lehrern. In: Zeitschrift für Pädagogik und Theologie 68(2), S. 31.

Grünewald, Dietrich (1998). Von der Idee zum Unterrichtskonzept. Planen im Fach Kunst. In: Kunst + Unterricht (223/224), S. 81–86.

Grünewald, Dietrich/ Sowa, Hubert (2006). Künstlerische Basiskompetenzen und ästhetisches Surplus. Zum Problem der Standarisierung von künstlerisch-ästhetischer Bildung. In: Kirschenmann, Johannes/ Schulz, Frank/ Sowa, Hubert (Hrsg.). Kunstpädagogik im Projekt der allgemeinen Bildung. München: Kopaed, S. 286–313.

Gudjons, Herbert (2015). Handlungsorientiert lehren und lernen. Schüleraktivierung – Selbsttätigkeit – Projektarbeit. 8. Auflage. Bad Heilbrunn: Verlag Julius Klinkhardt.

Guilford, Joy P. (1950). Creativity. In: The American Psychologist 5, S. 444–454.

Guilford, Joy P. (1957). Creative abilities in the arts. In: Psychological Review 64(2), S. 110–118.

Haag, Ludwig/ Götz, Thomas (2019). Was wissen wir über Feedback? Synopse des aktuellen Forschungsstandes. In: Friedrich Jahresheft 37, S. 14–17.

Haas, Elena (2015). Künstlerische Forschung in der Kunstpädagogik. Flensburg: fabrico Verlag.

Häberlein-Klumpner, Ramona (2009). Separation – Integration – Inklusion unter problemgeschichtlicher Perspektive. In: Thoma, Pius/ Rehle, Cornelia (Hrsg.). Inklusive Schule. Leben und Lernen mittendrin. Bad Heilbrunn: Klinkhardt, S. 35–44.

Hacker, Winfried (1986). Arbeitspsychologie. Psychische Regulation von Arbeitstätigkeiten. Bern: Huber.

Häcker, Thomas (2005). Mit der Portfoliomethode den Unterricht verändern. In: Pädagogik 57(3), S. 13–18.

Häcker, Thomas (2007). Portfolio: ein Entwicklungsinstrument für selbstbestimmtes Lernen. 2. Auflage. Wiesbaden: Schneider-Verlag Hohengehren.

Hagstedt, Herbert (2001). Die betrogene Hand. Werkstatt-Lernen ohne Perspektive? In: Kirchner, Constanze/ Peez, Georg (Hrsg.). Werkstatt: Kunst. Hannover: BDK, S. 34–45.

Hänze, Martin (1998). Denken und Gefühl. Wechselwirkung zwischen Emotion und Kognition im Unterricht. Neuwied [u. a.]: Luchterhand.

Hasselhorn, Marcus/ Gold, Andreas (2009). Pädagogische Psychologie. Erfolgreiches Lernen und Lehren. 2. Auflage. Stuttgart: Kohlhammer.

Hattie, John (2015). Lernen sichtbar machen. 3. Auflage. Baltmannsweiler: Schneider Verlag Hohengehren.

Hattie, John (2021). Lernen sichtbar machen für Lehrpersonen. 5. Auflage. Baltmannsweiler: Schneider Verlag Hohengehren.

Hattie, John/ Timperley, Helen (2007). The power of feedback. In: Review of Educational Research 77(1), S. 81–112.

Heil, Christiane (2016). Ästhetische Forschung. In: Blohm, Manfred (Hrsg.). Kunstpädagogische Stichworte. Hannover: fabrico Verlag, S. 19–22.

Heimann, Paul/ Otto, Gunter/ Schulz, Wolfgang (1965). Unterricht. Analyse und Planung. Hannover: Schroedel Schulbuchverlag.

Heinzel, Friederike (2000). Methoden und Zugänge der Kindheitsforschung im Überblick. In: Heinzel, F. (Hrsg.). Methoden der Kindheitsforschung: Ein Überblick über Forschungszugänge zur kindlichen Perspektive. Weinheim [u. a.]: Juventa, S. 21–36.

Helmke, Andreas (2015). Unterrichtsqualität und Lehrerprofessionalität: Diagnose, Evaluation und Verbesserung des Unterrichts. 6. Auflage. Seelze-Velber: Kallmeyer.

Helmke, Andreas/ Schrader, Friedrich-Wilhelm (2008). Merkmale der Unterrichtsqualität: Potenzial, Reichweite und Grenzen. In: Seminar (3), S. 17–47.

Hermann, Annette (2020). Kunst studieren, Kunst lehren? Berufsbiografische ‚Vorgeschichten' und Studienverläufe im Gymnasiallehramt an Kunstakademien in Baden-Württemberg. Dissertation. https://archiv.ub.uni-heidelberg.de/artdok/6825/1/Hermann_Kunst_studieren_Kunst_lehren_2019.pdf.

Heymann, Hans Werner (2013). Neue Anforderungen – neue Belastungen? Was Lehrer realistisch betrachtet leisten können. In: Pädagogik 65(11), S. 6–9.

Heymann, Hans Werner (2015). Selbständigkeit erwächst aus Selbsttätigkeit und Selbstvertrauen. Was Lehrer im Unterricht dafür tun können. In: Pädagogik 67(2), S. 6–9.

Hilmes, Judith/ Seydel, Fritz (2018). Differenzierungsprozesse im Kunstunterricht. In: Kunst + Unterricht (423/424), S. 4–10.

Hinzke, Jan-Hendrik (2020). Die Induktion von Schülerkrisen durch Lehrpersonen. Professionalisiertes Lehrer/innenhandeln zwischen strukturtheoretischer Anforderungslogik und praxeologisch-wissenssoziologisch fundierter Rekonstruktion. In: Zeitschrift für Bildungsforschung 10(1), S. 5–22.

Holzkamp, Klaus (1995). Lernen. Subjektwissenschaftliche Grundlegung. Frankfurt am Main: Campus-Verlag.

Hornäk, Sara/ Henning, Susanne/ Gernand, Daniela (Hrsg.) (2019). In der Praxis. Inklusive Möglichkeiten künstlerischen und kunstpädagogischen Handelns. München: Kopaed.

Hugener, Isabelle/ Rakoczy, Katrin/ Pauli, Christine/ Reusser, Kurt (2006). Videobasierte Unterrichtsforschung: Integration verschiedener Methoden der Videoanalyse für eine differenzierte Sicht auf Lehr-Lernprozesse. In: Rahm, Sibylle/ Mammes, Ingelore/ Schratz, Michael (Hrsg.). Schulpädagogische Forschung. Innsbruck: Studienverlag, S. 41–53.

Hussy, Walter/ Schreier, Margrit/ Echterhoff, Gerald (Hrsg.) (2013). Forschungsmethoden in Psychologie und Sozialwissenschaften für Bachelor. 2. Auflage. Berlin [u. a.]: Springer.

Inthoff, Christina/ Peters, Maria (2014). Impulse zur Aufzeichnung und Reflexion. Das künstlerisch-experimentelle Prozessportfolio (KEPP). In: Kunst + Unterricht (379/380), S. 60–64.

Jauss, Hans Robert (1991). Ästhetische Erfahrung und literarische Hermeneutik. Frankfurt am Main: Suhrkamp.

Junge, Jana (2016). Bewerten im Kunstunterricht. Entwicklung empirisch basierter Theorieelemente anhand zweier kontrastiv angelegter Bewertungsverfahren. München: Kopaed.

Kahrmann, Klaus-Ove (2006). Kleine Äffchen. Hartmut von Hentig, die Bielefelder Laborschule, PISA und die Misere der ästhetischen Erziehung. In: Kirschenmann, Johannes/ Schulz, Frank/ Sowa, Hubert (Hrsg.). Kunstpädagogik im Projekt der allgemeinen Bildung. München: Kopaed, S. 147–160.

Kaiser, Michaela (2019). Kunstpädagogik im Spannungsfeld von Inklusion und Exklusion. Oberhausen: ATHENA.

Kämpf-Jansen, Helga (2002). Ästhetische Forschung. Wege durch Alltag, Kunst und Wissenschaft. Zu einem innovativen Konzept ästhetischer Bildung. 2. Auflage. Köln: Salon-Verlag.

Karlen, Yves/ Hirt, Carmen/ Zimmermann, Sophie (2022). Was bedeutet selbstreguliertes Lernen? https://www.selbstreguliertes-lernen.org/sek-i-selbstreguliertes-lernen.

Kathke, Petra (2022). Anspruch Differenz. Potentiale des Kunstunterrichts für inklusionssensibles Lehren und Lernen. In: Braksiek, Michael/ Golus, Kinga/ Gröben, Bernd/ Heinrich, Martin/ Schildhauer, Peter/ Streblow, Lilian (Hrsg.). Schulische Inklusion als Phänomen – Phänomene schulischer Inklusion. Fachdidaktische Spezifika und Eigenlogiken schulischer Inklusion. Wiesbaden: Springer VS, S. 43–80.

Kettel, Joachim (Hrsg.) (2004). Künstlerische Bildung nach Pisa. Beiträge zum Internationalen Symposium Mapping Blind Spaces – Neue Wege zwischen Kunst und Bildung. Oberhausen: ATHENA.

Kettel, Joachim (2018). Künstlerische Kunstpädagogik im Kontext: «The Missing LINK 2016» – Übergangsformen von Kunst und Pädagogik in der Kulturellen Bildung. In: Kulturelle Bildung online. https://www.kubi-online.de/artikel/kuenstlerische-kunstpaedagogik-kontext-the-missing-link-2016-uebergangsformen-kunst.

Keupp, Heiner (2012). Vom Ringen um Identität in der spätmodernen Gesellschaft. In: Cebulj, Christian/ Flury, Johannes (Hrsg.). Heimat auf Zeit. Zürich: Theologischer Verlag Zürich, S. 13–40.

Kiesel, Andrea/ Koch, Iring (2012). Lernen. Grundlagen der Lernpsychologie. Wiesbaden: VS Verlag für Sozialwissenschaften.

Kirchner, Constanze (1999). Kinder und Kunst der Gegenwart. Zur Erfahrung mit zeitgenössischer Kunst in der Grundschule. Seelze-Velber: Kallmeyer.

Kirchner, Constanze (2003). Ästhetisches Verhalten im Kindes- und Jugendalter. In: Busse, Klaus-Peter (Hrsg.). Kunstdidaktisches Handeln. Norderstedt: Books on Demand, S. 76–109.

Kirchner, Constanze (2006). Kreativität, Heterogenität und Bildungserfolg. Zu den Potenzialen ästhetischer Bildung für die Identitätsentwicklung. In: Brög, Hans/ Foos, Peter/ Schulze, Constanze (Hrsg.). Korallenstock. München: Kopaed, S. 187–200.

Kirchner, Constanze (2008). Zur Rezeption zeitgenössischer Kunst von Grundschulkindern – Vermittlungsansätze und Bildungschancen. In: Lieber, Gabriele (Hrsg.). Lehren und Lernen mit Bildern. Baltmannsweiler: Schneider Verlag Hohengehren, S. 255–277.

Kirchner, Constanze (2009). Spiel und Kreativität. In: Kunst + Unterricht (331/332), S. 44–46.

Kirchner, Constanze (2013). Kunstdidaktische Methoden ästhetischer Bildung. In: Engels, Sidonie/ Preuss, Rudolf/ Schnurr, Ansgar (Hrsg.). Feldvermessung Kunstdidaktik. München: Kopaed, S. 139–148.

Kirchner, Constanze (2014). Identitätsbildung im Kunstunterricht. Selbstinszenierung, Rollenspiele und gestalterischer Ausdruck. In: Hagedorn, Jörg (Hrsg.). Jugend, Schule und Identität. Wiesbaden: Springer VS, S. 503–517.

Kirchner, Constanze (2018). Kreativität im bildnerisch-ästhetischen Verhalten von Kindern und Jugendlichen. In: Berner, Nicole (Hrsg.). Kreativität im kunstpädagogischen Diskurs. München: Kopaed, S. 33–48.

Kirchner, Constanze (2021). Diagnostische Kompetenz im Kunstunterricht. Erkennen und Fördern von bildnerischen Potenzialen. In: Kunst + Unterricht (457/458), S. 18–24.

Kirchner, Constanze/ Gotta-Leger, Tanya/ Nockmann, Marlene (2016). Lehrpläne zur Visual Literacy in Europa – Ergebnisse einer qualitativ-empirischen Expertenbefragung. In: Schönau, Diederik/ Wagner, Ernst (Hrsg.). Gemeinsamer Europäischer Referenzrahmen für Visual Literacy – Prototyp. Münster: Waxmann, S. 203–210.

Kirchner, Constanze/ Haanstra, Folkert (2016). Expertenbefragung zu Lehrplänen in Europa. In: Schönau, Diederik/ Wagner, Ernst (Hrsg.). Gemeinsamer Europäischer Referenzrahmen für Visual Literacy – Prototyp. Münster: Waxmann, S. 191–202.

Kirchner, Constanze/ Kirschenmann, Johannes (2015). Kunst unterrichten. Didaktische Grundlagen und schülerorientierte Vermittlung. Seelze-Velber: Kallmeyer.

Kirchner, Constanze/ Otto, Gunter (1998). Praxis und Konzept des Kunstunterrichts. In: Kunst + Unterricht (223/224), S. 4–11.

Kirchner, Constanze/ Peez, Georg (2001). Kunstunterricht als Werkstatt. Aspekte ästhetischer Erfahrungs- und Lernprozesse im Werkstattunterricht. In: Kirchner, Constanze/ Peez, Georg (Hrsg.). Werkstatt: Kunst. Hannover: BDK, S. 8–21.
Kirchner, Constanze/ Peez, Georg (2009a). Kreativität in der Grundschule erfolgreich fördern. Arbeitsblätter, Übungen, Unterrichtseinheiten und empirische Untersuchungsergebnisse. Braunschweig: Westermann.
Kirchner, Constanze/ Peez, Georg (2009b). Kreativität in der Schule. In: Kunst + Unterricht (331/332), S. 10–18.
Kirschenmann, Johannes (2002). Zwischen den Bildern pendeln! In: Kunst + Unterricht (268), S. 37–38.
Kirschenmann, Johannes/ Richter, C./ Spinner, K. H. (Hrsg.) (2011). Reden über Kunst. Tagungsband fachdidaktisches Forschungssymposion «Reden über Kunst». München: Kopaed.
Kirschenmann, Johannes/ Schulz, Frank/ Sowa, Hubert (Hrsg.) (2006). Kunstpädagogik im Projekt der allgemeinen Bildung. München: Kopaed.
Kirschenmann, Johannes/ Sowa, Hubert (1999). Bilder erleben und verstehen. Leipzig [u. a.]: Klett-Schulbuchverlag.
Kittelmann, Julia (2017). Fokussiertes Mapping mittels Portfolio. In: Berner, Nicole/ Rieder, Christine (Hrsg.). Fachdidaktik Kunst und Design. Bern: Haupt Verlag, S. 167–182.
Klafki, Wolfgang (1967). Probleme der Kunsterziehung in der Sicht der allgemeinen Didaktik. In: Ehmer, Hermann K. (Hrsg.). Kunstunterricht und Gegenwart. Frankfurt am Main [u. a.]: Diesterweg, S. 27–45.
Klafki, Wolfgang (1991/2007). Neue Studien zur Bildungstheorie und Didaktik. Zeitgemäße Allgemeinbildung und kritisch-konstruktive Didaktik. 2. Auflage/ 6. Auflage. Weinheim [u. a.]: Beltz.
Klee, Paul (1956/2013). Das bildnerische Denken. 6. Auflage/Nachdruck. Basel: Schwabe.
Klieme, Eckhard (2020). Guter Unterricht – auch und besonders unter Einschränkungen der Pandemie? In: Die Deutsche Schule (Beiheft 16), S. 117–135.
Klieme, Eckhard/ Schümer, Gundel/ Knoll, Steffen (2001). Mathematikunterricht in der Sekundarstufe I. «Aufgabenkultur» und Unterrichtsgestaltung. In: Klieme, Eckhard/ Baumert, J. (Hrsg.). TIMSS – Impulse für Schule und Unterricht. Forschungsbefunde, Reforminitiativen, Praxisberichte und Video-Dokumentation. Bonn: BMBF, S. 43–57.
Kobarg, Mareike/ Seidel, Tina (2007). Prozessorientierte Lernbegleitung – Videoanalysen im Physikunterricht der Sekundarstufe I. In: Unterrichtswissenschaft 35(2), S. 148–168.
Koch, Doris (2011). Über die Verbindung sozialwissenschaftlicher, künstlerischer und partizipativer Praxis in der Forschung. In: Journal für Psychologie 19(2). https://journal-fuer-psychologie.de/article/view/8.
Koch, Lutz (2011). Lernen und Erkenntnis. In: Mertens, Gerhard/ Frost, Ursula/ Böhm, Winfried/ Koch, Lutz/ Ladenthin, Volker (Hrsg.). Allgemeine Erziehungswissenschaft I. Paderborn [u. a.]: Schöningh, S. 365–370.
Köllner-Kolb, Regina (2016). Selbstorganisiertes Lernen (SOL). In: Blohm, Manfred (Hrsg.). Kunstpädagogische Stichworte. Hannover: fabrico Verlag, S. 139–142.
Krautz, Jochen (2005). Erleben – Machen – Verstehen. Praktische Kunstrezeption zwischen Kunst und Subjekt. In: BÖKWE – Fachblatt des Bundes Österreichischer Kunst- und Werkerzieher (2), S. 15–22.

Krautz, Jochen (2013). Relationalität gestalten: Persönlichkeit und Beziehung in der Kunstdidaktik. In: Krautz, Jochen/ Schieren, Jost (Hrsg.). Persönlichkeit und Beziehung als Grundlage der Pädagogik. Weinheim: Beltz Juventa, S. 143–169.

Krautz, Jochen (2014). Ware Bildung. Schule und Universität unter dem Diktat der Ökonomie. 4. Auflage. München: Diederichs.

Krautz, Jochen (2015). Lernen in der Kunstpädagogik. Systematische Überlegungen zu einem theoretischen und praktischen Desiderat. In: Imago. Zeitschrift für Kunstpädagogik 1(1), S. 7–18.

Krautz, Jochen/ Sowa, Hubert (2013). Lernen, Üben, Können und Wissen im Kunstunterricht. In: Kunst + Unterricht (369/370), S. 4–9.

Krautz, Jochen/ Sowa, Hubert (2017). Mimesis. Zur kunstpädagogischen Aktualität eines alten Prinzips. In: Imago. Zeitschrift für Kunstpädagogik (4), S. 4–13.

Krüger, Heinz-Hermann (2016). Die erziehungswissenschaftliche Perspektive: Peers, Lernen und Bildung. In: Köhler, Sina-Mareen/ Krüger, Heinz-Hermann/ Pfaff, Nicolle (Hrsg.). Handbuch Peerforschung. Opladen [u. a.]: Verlag Barbara Budrich, S. 37–53.

Kuckartz, Udo (2018). Qualitative Inhaltsanalyse. Methoden, Praxis, Computerunterstützung. 4. Auflage. Weinheim [u. a.]: Beltz Juventa.

Kunter, Mareike/ Trautwein, Ulrich (2018). Psychologie des Unterrichts. Paderborn: Schöningh.

Kunz, Hans/ Singer, Jörg (2005). Die anthropologische Deutung der Phantasie und ihre Voraussetzungen. Frauenfeld: Huber.

Kunz, Ruth (2012). Fotografie im Unterricht: der reflektierte Blick. Schroedel Kunstportal. https://www.kunstlinks.de/material/peez/2012-01-kunz.pdf.

Kunz, Ruth/ Peters, Maria (Hrsg.) (2019). Der professionalisierte Blick. Forschendes Studieren in der Kunstpädagogik. München: Kopaed.

Lederer, Bernd (2014). Kompetenz oder Bildung. Innsbruck: University press.

Legler, Wolfgang (1995). Vormachen – Nachmachen. Grundlagen und Erfahrungen. In: Kunst + Unterricht (190), S. 35–40.

Legler, Wolfgang (2011). Einführung in die Geschichte des Zeichen- und Kunstunterrichts: von der Renaissance bis zum Ende des 20. Jahrhunderts. Oberhausen: ATHENA.

Lehner, Martin (2012). Didaktische Reduktion. Bern [u. a.]: Haupt Verlag.

Lemerise, Suzanne/ Couture, Francine (1990). A social history of art and public art education in Quebec: The 1960s. In: Studies in Art Education 31(4), S. 226.

Lenk, Sabine (2019). Kunstpädagogische Beratung. In: Wetzel, Tanja/ Mügel, Rainer (Hrsg.). Ins Gespräch kommen über… Die ästhetische Praxis von Schülerinnen und Schülern. Kassel: University press, S. 16–18.

Leonhard, Tobias/ Abels, Simone (2017). Der «reflective practitioner». Leitfigur oder Kategorienfehler einer reflexiven Lehrerinnen- und Lehrerbildung? In: Berndt, Constanze/ Häcker, Thomas/ Leonhard, Tobias (Hrsg.). Reflexive Lehrerbildung revisited. Bad Heilbrunn: Klinkhardt, S. 46–55.

Leuders, Timo/ Prediger, Susanne (2017). Flexibel differenzieren erfordert fachdidaktische Kategorien. In: Leuders, Juliane/ Leuders, Timo/ Prediger, Susanne/ Ruwisch, Silke (Hrsg.). Mit Heterogenität im Mathematikunterricht umgehen lernen. Wiesbaden: Springer, S. 3–16.

Leuschner, Christina/ Knoke, Andreas (Hrsg.) (2012). Selbst entdecken ist die Kunst. Ästhetische Forschung in der Schule. München: Kopaed.

Lieber, Gabriele (Hrsg.) (2008). Lehren und Lernen mit Bildern. Ein Handbuch zur Bilddidaktik. Baltmannsweiler: Schneider Verlag Hohengehren.

Lieber, Gabriele (Hrsg.) (2009). Durch Bilder bilden. Empirische Studien zur didaktischen Verwendung von Bildern im Vor- und Grundschulalter. Baltmannsweiler: Schneider Verlag Hohengehren.

Limón, Margarita (2001). On the cognitive conflict as an instructional strategy for conceptual change: A critical appraisal. In: Learning and Instruction 11(4), S. 357–380.

Lindemann, Holger (2016). Die systemische Metaphern-Schatzkiste. Grundlagen und Methoden für die Beratungspraxis. Göttingen: Vandenhoeck & Ruprecht.

Lipowsky, Frank (2007). Was wissen wir über guten Unterricht? Im Fokus: die fachliche Lernentwicklung. In: Friedrich Jahresheft (25), S. 26–29.

Lipowsky, Frank (2015). Unterricht. In: Wild, Elke/ Möller, Jens (Hrsg.). Pädagogische Psychologie. 2. Auflage. Berlin, Heidelberg: Springer, S. 73–101.

Lipowsky, Frank/ Faust, Gabriele/ Kastens, Claudia (Hrsg.) (2013). Persönlichkeits- und Lernentwicklung an staatlichen und privaten Grundschulen. Ergebnisse der PERLE-Studie zu den ersten beiden Schuljahren. Münster: Waxmann.

Lipowsky, Frank/ Lotz, Miriam (2015). Ist Individualisierung der Königsweg zum erfolgreichen Lernen? Eine Auseinandersetzung mit Theorien, Konzepten und empirischen Befunden. In: Mehlhorn, Gerlinde/ Schöppe, Karola/ Schulz, Frank (Hrsg.). Begabungen entwickeln & Kreativität fördern. München: Kopaed, S. 155–219.

Littke, Joachim (2009). Der Qualitätsprüfer im Kunstunterricht – Zur Bedeutung der Qualitätsanalyse in Nordrhein-Westfalen für das Fach Kunst. In: Bering, Kunibert/ Niehoff, Rolf (Hrsg.). Bildkompetenz(en). Oberhausen: ATHENA, S. 181–192.

Loemke, Tobias (2019). Innehalten beim Begleiten künstlerischer Prozesse. Erlangen: FAU University Press.

Loffredo, Anna Maria (Hrsg.) (2017). Kunstunterricht und Inklusion. Eine bildungstheoretische und fachdidaktische Untersuchung gegenwärtiger Anforderungen an ausgewählten Unterrichtsbeispielen für die Primar- und Sekundarstufen. 2. Auflage. Oberhausen: ATHENA.

Lötscher, Hanni/ Naas, Marcel/ Roos, Markus (2021). Kompetenzorientiert beurteilen. Bern: hep.

Lowenfeld, Viktor (1960). Vom Wesen schöpferischen Gestaltens. Frankfurt am Main: Europäische Verlagsanstalt.

Luchte, Katja (2007). Was sind didaktische Prinzipien? In: Pädagogische Rundschau 61(3), S. 251–268.

Ludwig, Joachim (2012). Lernberatung und Diagnostik. Modelle und Handlungsempfehlungen für Grundbildung und Alphabetisierung. Bielefeld: Bertelsmann.

Luhmann, Niklas (1985). Erziehender Unterricht als Interaktionssystem. In: Diederich, Jürgen (Hrsg.). Erziehender Unterricht, Fiktion und Faktum? Frankfurt am Main: GFPF, S. 77–94.

Lutz-Sterzenbach, Barbara/ Schnurr, Ansgar/ Wagner, Ernst (Hrsg.) (2013). Bildwelten remixed. Transkultur, Globalität, Diversity in kunstpädagogischen Feldern. Bielefeld: Transcript.

Maier Reinhard, Christiane (2006). Ästhetische Bildung und individueller Eigensinn. In: Forneck, Hermann-Josef/ Gyger, Mathilde/ Maier Reinhard, Christiane (Hrsg.). Selbstlernarchitekturen und Lehrerbildung. Bern: hep, S. 165–192.

Maier Reinhard, Christiane/ Wrana, Daniel (Hrsg.) (2008). Autonomie und Struktur in Selbstlernarchitekturen. Empirische Untersuchungen zur Dynamik von Selbstlernprozessen. Opladen: Budrich.

Maria Peters (2016). Sprache in der Kunstpädagogik. In: Hausendorf, Heiko/ Müller, Marcus (Hrsg.). Handbuch Sprache in der Kunstkommunikation: Berlin (u.a.): de Gruyter, S. 287–315.

Marotzki, Winfried/ Niesyto, Horst (Hrsg.) (2006). Bildverstehen und Bildinterpretation. Methodische Ansätze aus sozialwissenschaftlicher, kunst- und medienpädagogischer Perspektive. Wiesbaden: VS Verlag für Sozialwissenschaften.

Marr, Stefanie (2014). Kunstpädagogik in der Praxis. Wie ist wirksame Kunstvermittlung möglich? Eine Einladung zum Gespräch. Bielefeld: Transcript.

Marshall, Julia (2005). Connecting Art, Learning, and Creativity: A Case for Curriculum Integration. In: Studies in Art Education 46(3), S. 227–241.

Maset, Pierangelo (1996). Aspekte einer Pädagogik der Differenz. In: Grünewald, Dietrich (Hrsg.). Kunstdidaktischer Diskurs. Seelze-Velber: Friedrich, S. 64–65.

Materna, Georg/ Lauber, Achim/ Brüggen, Niels (2021). Politisches Bildhandeln. Der Umgang Jugendlicher mit visuellen politischen, populistischen und extremistischen Inhalten in sozialen Medien. München: Kopaed.

Mayer, Richard E. (2004). Should there be a three-strikes rule against pure discovery learning? In: American Psychologist 59(1), S. 14–19.

Mayring, Philipp (2008). Qualitative Inhaltsanalyse. Grundlagen und Techniken. 10. Auflage. Weinheim [u. a.]: Beltz.

Mayring, Philipp/ Gläser-Zikuda, Michaela/ Ziegelbauer Sascha (2005). Auswertung von Videoaufnahmen mit Hilfe der Qualitativen Inhaltsanalyse – ein Beispiel aus der Unterrichtsforschung. In: Medienpädagogik (9), S. 1–17. http://www.medienpaed.com/04-1/mayring04-1.pdf.

Mersch, Dieter (2015). Epistemologien des Ästhetischen. Zürich [u. a.]: Diaphanes.

Messner, Rudolf (Hrsg.) (2009). Schule forscht. Ansätze und Methoden zum forschenden Lernen. Hamburg: edition Körber-Stiftung.

Mey, Günter/ Dietrich, Marc (2016). Vom Text zum Bild – Überlegungen zu einer visuellen Grounded-Theory-Methodologie. In: Forum: Qualitative Sozialforschung 17(2). http://doi.org/10.17169/fqs-17.2.2535.

Meyer, Hilbert (Hrsg.) (2004). Was ist guter Unterricht? Berlin: Cornelsen Verlag Scriptor.

Meyer, Hilbert (2010). Merkmale guten Unterrichts – Ein Kriterienmix. In: Jürgens, Eiko/ Standop, Jutta (Hrsg.). Was ist «guter» Unterricht? Bad Heilbrunn: Klinkhardt, S. 159–174.

Meyer, Hilbert (2016). Unterrichtsmethoden. 16. Auflage. Frankfurt am Main: Cornelsen Scriptor.

Meyer, Hilbert (2020). Leitfaden Unterrichtsvorbereitung. 10. Auflage. Berlin: Cornelsen Scriptor.

Meyer, Markus/ Meyer, Mariola/ Jansen, Christian (2018). Unterrichten mit Lernlandkarten. Weinheim [u. a.]: Beltz.

Meyer, Torsten/ Kolb, Gila (Hrsg.) (2015). What's next? Art education. Ein Reader. München: Kopaed.

Meyers, Hans (1968). Kind und bildnerisches Gestalten: Psychologische Voraussetzungen der Kunsterziehung in der Volksschule. München: Kösel-Verlag.

Michl, Thomas (2009). Die Werte-Station. In: Peez, Georg (Hrsg.). Beurteilen und Bewerten im Kunstunterricht. 2. Auflage. Seelze-Velber: Kallmeyer + Klett, S. 22–27.

Miller, Monika (2010). Videografie in der kunstpädagogischen Forschung – Methoden der Videointerpretation. In: Kirchner, Constanze/ Kirschenmann, Johannes/ Miller, Monika (Hrsg.). Kinderzeichnung und jugendkultureller Ausdruck. München: Kopaed, S. 501–520.

Mitchell, William J. Thomas (2008). Bildtheorie. Frankfurt am Main: Suhrkamp.

Moosbrugger, Helfried/ Kelava, Augustin (2020). Testtheorie und Fragebogenkonstruktion. Berlin [u. a.]: Springer.

Moritz, Christine/ Corsten, Michael (Hrsg.) (2018). Handbuch Qualitative Videoanalyse. Wiesbaden: Springer Fachmedien.

Moser, Heinz (2012). Instrumentenkoffer für die Praxisforschung. Eine Einführung. 5. Auflage. Freiburg im Breisgau: Lambertus.

Müller, Erich (1982). 200 Jahre Zeichenunterricht in Basel. Basel: Helbing & Lichtenhahn.

Müller-Oppliger, Salomè (2015). Lehrplan 21: Mit Bloom-Taxonomien Kompetenzen erreichen. In: Die neue Schulpraxis (6/7), S. 4–6.

Musenberg, Oliver/ Riegert, Judith (2015). Inklusiver Fachunterricht als didaktische Herausforderung. In: Riegert, Judith/ Musenberg, Oliver (Hrsg.). Inklusiver Fachunterricht in der Sekundarstufe. Stuttgart: Kohlhammer, S. 13–28.

Neumann, Knut (2020). Die Bedeutung instruktionaler Kohärenz für eine systematische Kompetenzentwicklung. In: Unterrichtswissenschaft 48(1), S. 1–10.

Neuß, Norbert (2009). Biographisch bedeutsames Lernen. Empirische Studien über Lerngeschichten in der Lehrerbildung. Opladen: Verlag Barbara Budrich.

Neuweg, Georg Hans (2002). Lehrerhandeln und Lehrerbildung im Lichte des Konzepts des impliziten Wissens. In: Zeitschrift für Pädagogik 48(1), S. 10–29.

Oelschlegel, Grit/ Teich, Manja/ Wachter, Steffen (2013). Gutes aus der Farbapotheke! In: Kunst + Unterricht (377/378), S. 37–39.

Oerter, Rolf (1980). Psychologie des Denkens. 6. Auflage. Donauwörth: Auer.

Orth, Sonja (2017). Über plastische Schülerarbeiten sprechen. Eine empirische Studie zu Reflexionsphasen im Kunstunterricht der Grundschule. München: Kopaed.

Oser, Fritz/ Spychiger, Maria (2005). Lernen ist schmerzhaft. Zur Theorie des negativen Wissens und zur Praxis der Fehlerkultur. Weinheim: Beltz.

Otto, Barbara/Perels, Franziska/Schmitz, Bernhard (2011). Selbstreguliertes Lernen. In: Reinders, Heinz/ Ditton, Hartmut/ Gräsel, Cornelia/ Gniewosz, Burkhard (Hrsg.). Empirische Bildungsforschung. Wiesbaden: VS Verlag für Sozialwissenschaften, S. 33–44.

Otto, Gunter (1969). Kunst als Prozess im Unterricht. 2. Auflage. Braunschweig: Westermann.

Otto, Gunter (1970). «Kunst als Struktur» und «Kunst als sozialer Prozeß»: zwei Aspekte des Kunstunterrichts. In: Breyer, Herbert/ Otto, Gunter/ Wienecke, Günter (Hrsg.). Kunstunterricht. Düsseldorf: Pädagogischer Verlag Schwann, S. 11–36.

Otto, Gunter (1974). Didaktik der ästhetischen Erziehung. Ansätze, Materialien, Verfahren. Braunschweig: Westermann.

Otto, Gunter (1980). Die Aneignung und Veränderung der Wirklichkeit auf dem Weg über die Phantasie. In: Kunst + Unterricht (60), S. 18–21.
Otto, Gunter (1991a). Ästhetische Rationalität. In: Kaiser, H. J. (Hrsg.). Ästhetik und Erkenntnis: Berichte aus den Forschungskolloquien. Hamburg: Universitätsverlag, S. 37–51.
Otto, Gunter (1991b). Ästhetisches Denken und ästhetische Rationalität. Über Wolfgang Welschs Aufsatz «Zur Aktualität Ästhetischen Denkens» (Welsch 1989). In: Kunst + Unterricht (155), S. 36–38.
Otto, Gunter (1992). Guter Unterricht muß irritieren. In: Kunst + Unterricht (161), S. 50–53.
Otto, Gunter (1994a). Das Ästhetische ist «Das Andere der Vernunft». Der Lernbereich Ästhetische Erziehung. In: Friedrich Jahresheft (12), S. 56–58.
Otto, Gunter (1994b). Projekte in der Fächerschule? Plädoyer für eine vernachlässigte Lernweise. In: Kunst + Unterricht (181), S. 35–37.
Otto, Gunter (1998a). Lernen und Lehren zwischen Didaktik und Ästhetik. Ästhetische Erfahrung und Lernen. Seelze-Velber: Kallmeyer.
Otto, Gunter (Hrsg.) (1998b). Lernen und Lehren zwischen Didaktik und Ästhetik. Didaktik und Ästhetik. Seelze-Velber: Kallmeyer.
Otto, Gunter/ Otto, Maria (1987). Auslegen. Ästhetische Erziehung als Praxis des Auslegens in Bildern und des Auslegens von Bildern. Seelze-Velber: Friedrich.
Otto, Gunter/ Wienecke, Günter (1974). Prinzip Umgestaltung. Grundriss einer Problemstellung als Material für die Weiterentwicklung der Kunstdidaktik. In: Ebert, Wilhelm (Hrsg.). Kunstpädagogik '74. Ratingen [u. a.]: Henn, S. 181–226.
Pauls, Karina (2017). Kunstpädagogische Handlungsfelder. In: Bering, Kunibert/Niehoff, Rolf/ Pauls, Karina (Hrsg.). Lexikon der Kunstpädagogik. Oberhausen: ATHENA, S. 309-312.
Peez, Georg (2001). Qualitative empirische Forschung in der Kunstpädagogik. Methodologische Analysen und praxisbezogene Konzepte zu Fallstudien über ästhetische Prozesse, biografische Aspekte und soziale Interaktion in unterschiedlichen Bereichen der Kunstpädagogik. 2. Auflage. Norderstedt: Books on Demand.
Peez, Georg (2003). Praxisforschung in der Kunstpädagogik. In: Busse, Klaus-Peter (Hrsg.). Kunstdidaktisches Handeln. Norderstedt: Books on Demand, S. 142–156.
Peez, Georg (2004a). Beurteilen und Bewerten im Kunstunterricht. In: Kunst + Unterricht (287), S. 5–11.
Peez, Georg (2004b). Methoden der Beurteilung und Bewertung im Kunstunterricht. In: Kunst + Unterricht (287), S. 24.
Peez, Georg (2004c). Mitarbeit und Engagement. Pluralität gegenwärtiger Bewertungskriterien. In: Kunst + Unterricht (187), S. 25.
Peez, Georg (2005). Kunstpädagogik jetzt. Eine aktuelle Bestandsaufnahme: Bild – Kunst – Subjekt. In: Bering, Kunibert/ Niehoff, Rolf (Hrsg.). Bilder. Oberhausen: ATHENA, S. 75–89.
Peez, Georg (2006a). Fotoanalyse nach Verfahrensprinzipien der Objektiven Hermeneutik. In: Marotzki, Winfried/ Niesyto, Horst (Hrsg.). Bildverstehen und Bildinterpretation. Wiesbaden: VS Verlag für Sozialwissenschaften, S. 121–141.
Peez, Georg (2006b). Fotografien in pädagogischen Fallstudien. Sieben qualitativ-empirische Analyseverfahren zur ästhetischen Bildung – Theorie und Forschungspraxis. München: Kopaed.

Peez, Georg (Hrsg.) (2007). Handbuch Fallforschung in der Ästhetischen Bildung/Kunstpädagogik. Qualitative Empirie für Studium, Praktikum, Referendariat und Unterricht. Baltmannsweiler: Schneider-Verlag Hohengehren.

Peez, Georg (2008). Methoden der Leistungsbewertung im Kunstunterricht. Schroedel Kunstportal. http://www.schroedel.de/kunstportal/didaktik_archiv/2008-01-peez.pdf.

Peez, Georg (Hrsg.) (2009a). Beurteilen und Bewerten im Kunstunterricht. Modelle und Unterrichtsbeispiele zur Leistungsmessung und Selbstbewertung. 2. Auflage. Seelze-Velber: Kallmeyer + Klett.

Peez, Georg (2009b). Kunstpädagogik und Biografie. München: Kopaed.

Peez, Georg (2013). Ästhetische Urteile bilden. Subjektiv, gegenstandsbezogen und diskursiv. In: Kunst + Unterricht (373), S. 4–9.

Peez, Georg (2015). Ästhetische Urteile bilden. Zu einer zentralen Kompetenz aus kunstpädagogischer Sicht. In: Peez, Georg (Hrsg.). Beurteilen lernen im Kunstunterricht. München: Kopaed, S. 11–28.

Peez, Georg (2018). Einführung in die Kunstpädagogik. 5. Auflage. Stuttgart: Kohlhammer.

Peez, Georg (2020). In unterschiedlichen Wirklichkeiten zugleich. Mixed Reality im Kunstunterricht. In: Kunst + Unterricht (439/440), S. 4–10.

Peez, Georg (2022). Einführung in die Kunstpädagogik. 6. Auflage. Stuttgart: Kohlhammer.

Peez, Georg/ Setzkorn, Sandra (2007). Jugendliche Breaker. Eine ikonologisch orientierte Fallanalyse. In: Peez, Georg (Hrsg.). Handbuch Fallforschung in der Ästhetischen Bildung/Kunstpädagogik. Baltmannsweiler: Schneider-Verlag Hohengehren, S. 175–186.

Peirce, Charles S. (1998). Phänomen und Logik der Zeichen. 3. Auflage. Frankfurt am Main: Suhrkamp.

Penzel, Joachim (2015). Integrale Kunstpädagogik. Fachziele ganzheitlich denken. http://www.integrale-kunstpaedagogik.de/assets/ikp_ikp_h1_fachziele_2015.pdf.

Perkhofer-Czapek, Monika/ Potzmann, Renate (2016). Begleiten, Beraten und Coachen. Der Lehrberuf im Wandel. Wiesbaden: Springer Fachmedien.

Peters, Maria (2017). Das künstlersiche Portfolio im Spannungsfeld zwischen Kompetenz und Performanz. In: Berner, Nicole/ Rieder, Christine (Hrsg.). Fachdidaktik Kunst und Design. Bern: Haupt Verlag, S. 37–49.

Pfab, Florian (2018). Kreativität im künstlerischen Gestaltungsprozess. Entwurf einer systemtheoretischen Definition. Bielefeld: Transcript.

Pfennig, Reinhard (1959). Bildende Kunst der Gegenwart. Analyse und Methode. Oldenburg: Isensee.

Pfennig, Reinhard (1964). Gegenwart der bildenden Kunst. Erziehung zum bildnerischen Denken. 2. Auflage. Oldenburg: Isensee.

Pfennig, Reinhard (1970). Gegenwart der bildenden Kunst. Erziehung zum bildnerischen Denken. 4. Auflage. Oldenburg: Isensee.

Piaget, Jean (2003). Meine Theorie der geistigen Entwicklung. Weinheim: Beltz.

Plaum, Goda (2010). Bildnerisches Denken. In: IMAGE – Zeitschrift für interdisziplinäre Bildwissenschaft (11), S. 11–28.

Plaum, Goda (2011). Funktionen des Bildnerischen Denkens. In: IMAGE – Zeitschrift für interdisziplinäre Bildwissenschaft (14), S. 3–12.

Polanyi, Michael (2016). Implizites Wissen. 2. Auflage. Frankfurt am Main: Suhrkamp.

Posner, George J./ Strike, Kenneth A./ Hewson, Peter W./ Gertzog, William A. (1982). Accommodation of a scientific conception: Toward a theory of conceptual change. In: Science Education 66(2), S. 211–227.

Potchul, Diethard/ Bahr, Eberhard/ Zeinert, Horst-Peter (1985). Bewertung im Kunstunterricht. Fragen – Untersuchungen – Ergebnisse auf fachspezifischer und allgemeiner Grundlage. Frankfurt am Main [u. a.]: Peter Lang.

Preiser, Siegfried (2006). Kreativität. In: Schweizer, Karl (Hrsg.). Leistung und Leistungsdiagnostik. Heidelberg: Springer Medizin, S. 51–67.

Preuß, Christine (2011). «Andere Filme – anders sehen (lernen)!» Filmästhetisches Sehen von Schülerinnen und Schülern abbilden. In: Kirschenmann, Johannes/ Richter, C./ Spinner, K. H. (Hrsg.). Reden über Kunst. München: Kopaed, S. 137–162.

Rakoczy, Katrin/ Frick, Ulrich/ Weiß-Wittstadt, Susanne/ Tallon, Miles/ Wagner, Ernst (2022). Einmal begeistert, immer begeistert? Eine Experience-Sampling Studie zur wahrgenommen Unterrichtsqualität und Motivation von Schülerinnen und Schülern im Kunstunterricht. In: Unterrichtswissenschaft 50(2), S. 211–236.

Rakoczy, Katrin/ Wagner, Ernst/ Frick, Ulrich (2021). Wie in Mathe so auch in Kunst? Zur Konzeption von Unterrichtsqualität im Kunstunterricht. In: Unterrichtswissenschaft 49(1), S. 235–241.

Read, Herbert Edward (1947). Erziehung durch Kunst. München: Droemer-Knaur.

Reckwitz, Andreas (2003). Grundelemente einer Theorie sozialer Praktiken: Eine sozialtheoretische Perspektive. In: Zeitschrift für Soziologie 32(4), S. 282–301.

Reckwitz, Andreas (2017). Subjektivierung. In: Gugutzer, Robert/ Klein, Gabriele/ Meuser, Michael (Hrsg.). Handbuch Körpersoziologie. Wiesbaden: Springer VS, S. 125–130.

Reh, Sabine (2012). Beobachtungen aufschreiben. Zwischen Beobachtungen, Notizen und «Re-writing». In: Boer, Heike de/ Reh, Sabine (Hrsg.). Beobachtung in der Schule – Beobachten lernen. Wiesbaden: VS Verlag für Sozialwissenschaften, S. 115–129.

Reich, Kersten (2010). Konstruktivistische Didaktik – oder weshalb Unterrichtsratgeber nicht reichen. In: Jürgens, Eiko/ Standop, Jutta (Hrsg.). Was ist «guter» Unterricht? Bad Heilbrunn: Klinkhardt, S. 143–157.

Reichertz, Jo/ Englert, Carina Jasmin (2011). Einführung in die qualitative Videoanalyse. Eine hermeneutisch-wissenssoziologische Fallanalyse. Wiesbaden: VS Verlag für Sozialwissenschaften.

Reinders, Heinz (2005). Qualitative Interviews mit Jugendlichen führen. Ein Leitfaden. München [u. a.]: Oldenbourg.

Reinmann-Rothmeier, Gabi/ Mandl, Heinz (1998). Wissensvermittlung. Ansätze zur Förderung des Wissenserwerbs. In: Klix, Friedhart/ Spada, Hans (Hrsg.). Enzyklopädie der Psychologie: Wissen. Göttingen: Hogrefe, S. 457–500.

Reinmann-Rothmeier, Gabi/ Mandl, Heinz (2006). Unterrichten und Lernumgebung gestalten. In: Krapp, Andreas (Hrsg.). Pädagogische Psychologie. 5. Auflage. Weinheim [u. a.]: Beltz, S. 601–646.

Reißmann, Wolfgang (2014). Bildhandeln und Bildkommunikation in Social Network Sites. Reflexionen zum Wandel jugendkultureller Vergemeinschaftung. In: Hugger, Kai-Uwe (Hrsg.). Digitale Jugendkulturen. 2. Auflage. Wiesbaden: Springer VS, S. 89–104.

Reusser, Kurt (2001). Unterricht zwischen Wissensvermittlung und Lernen lernen. Alte Sackgassen und neue Wege in der Bearbeitung eines pädagogischen Jahrhundertproblems. In: Finkbeiner, Claudia/ Schnaitmann, Gerhard W. (Hrsg.). Lehren und Lernen im Kontext empirischer Forschung und Fachdidaktik. Donauwörth: Auer, S. 106–140.

Reusser, Kurt (2005). Problemorientiertes Lernen – Tiefenstruktur, Gestaltungsformen, Wirkung. In: Beiträge zur Lehrerbildung 23(2), S. 159–182.

Reusser, Kurt (2006). Konstruktivismus – vom epistemologischen Leitbegriff zur Erneuerung der didaktischen Kultur. In: Baer, Matthias/ Fuchs, Michael/ Füglister, Peter/ Reusser, Kurz/ Wyss, Heinz (Hrsg.). Didaktik auf psychologischer Grundlage. Bern: hep, S. 151–168.

Reuter, Oliver (2007). Experimentieren. Ästhetisches Verhalten von Grundschulkindern. München: Kopaed.

Reuter, Oliver M. (2009). Mobile Bilder. Kinder und Jugendliche fotografieren und filmen mit dem Handy. München: Kopaed.

Rheinberg, Falko (2008). Bezugsnormen und die Beurteilung von Lernleistung. In: Schneider, Wolfgang/ Hasselhorn, Marcus (Hrsg.). Handbuch der pädagogischen Psychologie. Göttingen: Hogrefe, S. 178–168.

Richter-Reichenbach, Karin-Sophie (2004). Kunstpädagogik nach PISA und Erfurt. In: Peez, Georg/ Richter, Heidi (Hrsg.). Kind – Kunst – Kunstpädagogik. Norderstedt: Books on Demand, S. 59–80.

Rieder, Christine (2017). Designprozesse unterstützen mittels des Modells cognitive apprenticeship. In: Berner, Nicole/ Rieder, Christine (Hrsg.). Fachdidaktik Kunst und Design. Bern: Haupt Verlag, S. 91–106.

Rorty, Richard M. (1967). Introduction. In: Rorty, Richard M. (Hrsg.). The linguistic turn. Chicago: University of Chicago Press, S. 1–40.

Rothermund, Klaus/ Eder, Andreas B. (2011). Allgemeine Psychologie: Motivation und Emotion. Wiesbaden: VS Verlag für Sozialwissenschaften.

Runco, Mark A. (2004). Creativity. In: Annual Review of Psychology 55, S. 657–687.

Sabisch, Andrea (2007a). Brücke als Indizes. Rekonstruktion textueller und visueller Aufzeichnungen zur Reflexion ästhetischer Erfahrung. In: Peez, Georg (Hrsg.). Handbuch Fallforschung in der Ästhetischen Bildung/Kunstpädagogik. Baltmannsweiler: Schneider-Verlag Hohengehren, S. 198–213.

Sabisch, Andrea (2007b). Inszenierung der Suche: Vom Sichtbarwerden ästhetischer Erfahrung im Tagebuch. Entwurf einer wissenschaftskritischen Grafieforschung. Bielefeld: Transcript.

Sabisch, Andrea/ Seydel, Fritz (2004). Biografieren. Biografische Prozesse im Kunstunterricht. In: Kunst + Unterricht (280), S. 4–10.

Sachs-Hombach, Klaus (2021). Das Bild als kommunikatives Medium. Elemente einer allgemeinen Bildwissenschaft. 4. Auflage. Köln: Herbert von Halem Verlag.

Schacht, Michael/ Georg Peez (2004). Evaluation des eigenen Kunstunterrichts. In: Kunst + Unterricht (186), S. 36–37.

Schäfer, Gerd E. (2008). Aisthetisches Denken – Über die Bedeutung von Bildern im frühkindlichen Bildungsprozess. In: Lieber, Gabriele (Hrsg.). Lehren und Lernen mit Bildern. Baltmannsweiler: Schneider Verlag Hohengehren, S. 31–42.

Schäfer, Lutz (2006). Der Zirkel des Schaffens. Neue Deutungen von Kreativität und ihre Relevanz für den Kunstunterricht. Oberhausen: ATHENA.

Schaper, Florian (2012). Bildkompetenz. Bielefeld: Transcript.

Scherfenberg, Martin (2014). Heuristische Gestaltungskompetenz. In: Impulse Kunstdidaktik (15), S. 31–40.
Schirmer, Anna-Maria (2015). ErkenntnisGestalten. München: Kopaed.
Schirmer, Anna-Maria/ Pongratz, Patrick (2021). Differenzierung auf vielen Ebenen. In: Kunst + Unterricht (457/458), S. 52–57.
Schmidt, Annika (2016). Ästhetische Erfahrung in Gesprächen über Kunst. Eine empirische Studie mit Fünft- und Sechstklässlern. München: Kopaed.
Schmidt, Rebekka (2016). Mit Kunstwerken zum Denken anregen. München: Kopaed.
Schmidt, Robert (2012). Soziologie der Praktiken: konzeptionelle Studien und empirische Analysen: Suhrkamp Verlag.
Schmidt-Wetzel, Miriam (2017). Kollaboratives Handeln im Kunstunterricht. Eine qualitativ-empirische Untersuchung mit Praxisbeispielen. München: Kopaed.
Schmidt-Wetzel, Miriam (2018). Sprechende Bilder. Bildbasierte partizipative Praxisforschung mit Kindern und Jugendlichen. In: Loffredo, Anna Maria (Hrsg.). Causa didactica. München: Kopaed, S. 256–274.
Schnotz, Wolfgang/ Preuß, Achim (1997). Task-dependent construction of mental models as a basis for conceptual change. In: European Journal of Psychology of Education 12(2), S. 185–211.
Schnurr, Ansgar (2013). Soziale Skripte. Milieubedingte Weltsichten in der Kunstpädagogik vermessen. In: Engels, Sidonie/ Preuss, Rudolf/ Schnurr, Ansgar (Hrsg.). Feldvermessung Kunstdidaktik. München: Kopaed, S. 273–288.
Schnurr, Ansgar (2017). Beunruhigungen durch das Fremde. Zu einer politischen Dimension kunstpädagogischer Bildung. In: Fritzsche, Marc/ Schnurr, Ansgar (Hrsg.). Fokussierte Komplexität. Oberhausen: ATHENA, S. 181–191.
Schnurr, Ansgar (2021). Die bildende Seite der Ambiguität. Zum ästhetischen und demokratischen Bildungspotenzial mehrdeutiger Kunsterfahrung. In: Schnurr, Ansgar/ Dengel, Sabine/ Hagenberg, Julia/ Kelch, Linda (Hrsg.). Mehrdeutigkeit gestalten. Bielefeld: Transcript, S. 25–53.
Schön, Donald A. (1983). The reflective practitioner. How professionals think in action. New York: Basic Books.
Schönau, Diederik/ Wagner, Ernst (Hrsg.) (2016). Gemeinsamer Europäischer Referenzrahmen für Visual Literacy – Prototyp. Münster: Waxmann.
Schoppe, Andreas (2008). Kompetenzorientierter Kunstunterricht. In: BDK-Mitteilungen (2), S. 4–7.
Schoppe, Andreas (2009). Diagnose im Kunstunterricht. Von der Hilfsfunktion zum Kernanliegen. In: Schrödel Kunstportal. https://www.kunstlinks.de/material/peez/2009-04-schoppe.pdf.
Schoppe, Andreas (2013). Bildzugänge. Methodische Impulse für den Unterricht. 2. Auflage. Seelze-Velber: Kallmeyer + Klett.
Schoppe, Andreas (2016). Aufgaben im Kunstunterricht. Motoren für Lernprozesse – Werkzeuge der Diagnose – Schlüssel zum Kompetenzerwerb. In: Kunst + Unterricht (399/400), S. 6–15.
Schoppe, Andreas (2019). Schritt für Schritt zum guten Kunstunterricht. Praxisbuch für Studium, Referendariat und Berufseinstieg. Seelze-Velber: Kallmeyer + Klett.

Schoppe, Andreas/ Peez, Georg (2013). «Leserbriefe» und Blog-Kommentare. In: Kunst + Unterricht (373), S. 25.
Schoppe, Anreas/ Rompel, Judith (2017). Aufgaben im Kunstunterricht. Didaktische Grundzüge und Beispiele einer praxisorientiertern Unterrichtsplanung. Seelze-Velber: Kallmeyer + Klett.
Schrader, Friedrich-Wilhelm (2013). Diagnostische Kompetenz von Lehrpersonen. In: Beiträge zur Lehrerbildung 31(2), S. 154–165.
Schulz, Frank (1998). Über Methoden des Kunstunterrichts. In: Kunst + Unterricht (223/224), S. 87–92.
Schulz, Frank (2017). Etüden. Zwischen Übung und Kunst der kleinen Form. In: Kunst + Unterricht (409/410), S. 4–12.
Schulz von Thun, Friedemann (1981). Miteinander reden 1. Störungen und Klärungen. Reinbek bei Hamburg: Rowohlt.
Schulz von Thun, Friedemann (1996). Miteinander reden 2. Stile, Werte und Persönlichkeitsentwicklung. Reinbek bei Hamburg: Rowohlt.
Schwerdtfeger, Kurt (1953). Bildende Kunst und Schule. Berlin [u. a.]: Schroedel.
Schwerdtfeger, Kurt (1965). Bildende Kunst und Schule. 6. Auflage. Berlin [u. a.]: Schroedel.
Seidel, Tina (2011). Lehrerhandeln im Unterricht. In: Terhart, Ewald/ Bennewitz, Hedda/ Rothland, Martin (Hrsg.). Handbuch der Forschung zum Lehrerberuf. Münster [u. a.]: Waxmann, S. 605–629.
Seidel, Tina (2014). Angebots-Nutzungs-Modelle in der Unterrichtspsychologie. In: Zeitschrift für Pädagogik 60(6), S. 850–866.
Seitz, Rudolf (2005). Phantasie & Kreativität. Ein Spiel-, Nachdenk- und Anregungsbuch. 3. Auflage. München: Don Bosco.
Seitz, Simone (2012). Inklusive Didaktik. Der Reichtum geht von den Kindern aus. In: Pädagogik 64(10), S. 44–47.
Seja, Silvia (2009). Handlungstheorien des Bildes. Köln: von Halem.
Selle, Gert (1995). Kunstpädagogik jenseits ästhetischer Rationalität. Über eine vergessene Dimension der Erfahrung. In: Kunst + Unterricht (192), S. 16–21.
Selle, Gert (1988). Gebrauch der Sinne. Eine kunstpädagogische Praxis. Reinbek bei Hamburg: Rowohlt.
Selle, Gert (1990). Experiment Ästhetische Bildung. Aktuelle Beispiele für Handeln und Verstehen. Reinbek bei Hamburg: Rowohlt.
Sembill, Detlef/ Gut-Sembill, Katrin (2004). Fragen hinter Schülerfragen – Schülerfragen hinterfragen. In: Unterrichtswissenschaft 32(4), S. 321–333.
Sembill, Detlef/ Seifried, Jürgen (2014). Selbstorganisiertes Lernen und Unterrichtsqualität. In: van Buer, Jürgen/ Wagner, Cornelia (Hrsg.). Qualität von Schule. Ein kritisches Handbuch. Berlin [u. a.]: Peter Lang, S. 401–412.
Seydel, Fritz (2005). Biografische Entwürfe. Ästhetische Verfahren in der Lehrer/innenbildung. Köln: Salon-Verlag.
Seydel, Fritz (2009). In subjektiven Prozessen Beurteilen lernen. Probleme der Beurteilung – diskutiert an einem Unterrichtsbeispiel «Malen zu Musik». In: Peez, Georg (Hrsg.). Beurteilen und Bewerten im Kunstunterricht. 2. Auflage. Seelze-Velber: Kallmeyer + Klett, S. 130–133.

Seydel, Fritz (2012a). Was tun, wenn Kevin schon wieder fertig ist? In: Bohl, Piet/ Hilmes, Judith/ Seydel, Fritz (Hrsg.). Kunst bei dem Krach? Pädagogische Tipps für den Unterrichtsalltag. Ein Sammelband mit Beiträgen der Rubrik «Pädagogisch gefragt» aus der Zeitschrift Kunst 5–10. Seelze-Velber: Friedrich, S. 4–5.

Seydel, Fritz (2012b). Zwischendurch Rückmeldung geben – aber wie? In: Bohl, Piet/ Hilmes, Judith/ Seydel, Fritz (Hrsg.). Kunst bei dem Krach? Pädagogische Tipps für den Unterrichtsalltag. Ein Sammelband mit Beiträgen der Rubrik «Pädagogisch gefragt» aus der Zeitschrift Kunst 5–10. Seelze-Velber: Friedrich, S. 28–29.

Seydel, Fritz (2020). Die Schule ist aus – Ein Suchbild mit Lehrer. In: Kirschenmann, Johannes (Hrsg.). Zugänge. Welt der Bilder – Sprache der Kunst. München: Kopaed, S. 891–902.

Siebert, Horst (2005). Pädagogischer Konstruktivismus. Lernzentrierte Pädagogik in Schule und Erwachsenenbildung. 3. Auflage. Weinheim [u. a.]: Beltz.

Sievert Adelheid (2000). Kinderarbeiten bewerten – ja aber mit Sinn. In: Die Grundschulzeitschrift (135/136), S. 60–61.

Sievert-Staudte, Adelheid (1999). Kreativität und ästhetisches Lernen. In: Landesverband der Kunstschulen Niedersachsen (Hrsg.). Kunstschule im Kontext. Hannover: Landesverband der Kunstschulen Niedersachsen e.V., S. 6–17.

Simon, Toni/ Pech, Detlef (2019). Partizipation. In: Frohn, Julia/ Brodesser, Ellen/ Moser, Vera/ Pech, Detlef (Hrsg.). Inklusives Lehren und Lernen. Allgemein- und fachdidaktische Grundlagen. Bad Heilbrunn: Klinkhardt, S. 40–42.

Sindermann, Michaela (2018). Inklusive Kunstpädagogik – potenzial- und differenzaffin. In: Zeitschrift für Inklusion (1). https://inklusion-online.net/index.php/inklusion-online/article/view/428/356.

Sonntag, Karlheinz/ Stegmaier, Ralf (2007). Arbeitsorientiertes Lernen. Zur Psychologie der Integration von Lernen und Arbeit. Stuttgart: Kohlhammer.

Sonntag, Monika/ Rueß, Julia/ Ebert, Carola/ Friederici, Kathrin/ Deicke, Wolfgang (2016). Forschendes Lernen im Seminar. Ein Leitfaden für Lehrende. Berlin: Humboldt-Universität zu Berlin. https://edoc.hu-berlin.de/handle/18452/22764.

Sowa, Hubert (2004). Mehrdeutige Imperative. Kritisch-hermeneutische Überlegungen zur Werteorientierung in der Kunstpädagogik und Ästhetischen Bildung. In: Matthes, Eva (Hrsg.). Werteorientierter Unterricht – eine Herausforderung für die Schulfächer. Donauwörth: Auer, S. 114–136.

Sowa, Hubert (2009). Wie vermittelt das «Neben»fach Kunst relevante Kompetenzen? Der Kompetenzbegriff ist im Fach Kunst hilfreich – als kritische Instanz. In: Pädagogik 61(9), S. 42–45.

Sowa, Hubert (2010). Kompetenzorientierte Aufgabenstellungen. In: Kunst + Unterricht (341), S. 2–3.

Sowa, Hubert (2012). Imagination im Bildungsprozess. Der sensus communis zwischen Aisthesis und Vernunft. In: Sowa, Hubert (Hrsg.). Bildung der Imagination. Band 1. Oberhausen: ATHENA, S. 19–73.

Sowa, Hubert (2015). Gemeinsam vorstellen lernen. Theorie und Didaktik der kooperativen Verstellungsbildung. München: Kopaed.

Sowa, Hubert/ Glas, Alexander/ Miller, Monika (Hrsg.) (2014). Bildung der Imagination. Band 2. Oberhausen: ATHENA.

Stadler-Altmann, Ulrike/ Zeinz, Horst/ Scheunpflug, Annette/ Dresel, Markus (2010). Wie kann Stärkenorientierung im Schulunterricht gelingen? Anregungen aus einem Modellversuch. In: Warwas, Julia/ Sembill, Detlef (Hrsg.). Schule zwischen Effizienzkriterien und Sinnfragen. Baltmannsweiler: Schneider Verlag Hohengehren, S. 125–136.

Standop, Jutta/ Jürgens, Eiko (2015). Unterricht planen, gestalten und evaluieren. Bad Heilbrunn: Klinkhardt.

Stankiewicz, Mary Ann (2007). Capitalizing art education: Mapping international histories. In: Bresler, Liora (Hrsg.). International Handbook of Research in Arts Education. Dordrecht: Springer, S. 7–30.

Staudte, Adelheid (1977). Ästhetisches Verhalten von Vorschulkindern. Eine empirische Untersuchung zur Ausgangslage für ästhetische Erziehung. Weinheim [u. a.]: Beltz.

Staudte, Adelheid (1982). Subjektivität als Problem oder Chance – Leistungsbeurteilung in der Ästhetischen Erziehung. In: Kunst + Unterricht/ Sonderheft, S. 137–144.

Staudte, Adelheid (1984). Mit allen Sinnen lernen... In: Kunst + Unterricht (87), S. 8–15.

Stefanou, Candice R./ Perencevich, Kathleen C./ DiCintio, Matthew/ Turner, Julianne C. (2004). Supporting autonomy in the classroom: Ways teachers encourage student decision making and ownership. In: Educational Psychologist 39(2), S. 97–110.

Strijbos, J.-W./ Müller, A. (2014). Personale Faktoren im Feedbackprozess. In: Ditton, Hartmut/ Müller, Andreas (Hrsg.). Feedback und Rückmeldungen. Münster [u. a.]: Waxmann, S. 83–134.

Sucker, Carina (2012). Vorstellungsbild und Darstellungsbild. Imagination und zeichnerische Transformierung eines Gegentandes. In: Sowa, Hubert (Hrsg.). Bildung der Imagination. Band 1. Oberhausen: ATHENA, S. 252–263.

swissuniversities (2015). Professionalisierung in den Fachdidaktiken. Dokumentation der Tagung Fachdidaktiken vom 22. Januar 2015. https://www.swissuniversities.ch/fileadmin/swissuniversities/Dokumente/Forschung/Fachdidaktik/TagungFD2015_Dokumentation.pdf.

Textor, Annette (2018). Einführung in die Inklusionspädagogik. 2. Auflage. Bad Heilbrunn: Klinkhardt.

Theunissen, Georg (Hrsg.) (2013). Kunst als Ressource in der Behindertenarbeit. Schulische und außerschulische Ermöglichungsräume für Menschen mit Lernschwierigkeiten und komplexer Behinderung. Marburg: Bundesvereinigung Lebenshilfe.

Theurer, Caroline (2015). Kreativitätsförderndes Klassenklima als Determinante der Kreativitätsentwicklung im Grundschulalter. München: Kopaed.

Theurer, Caroline (2018). Kreativitätsförderung im Kunstunterricht. Ein Automatismus? In: Berner, Nicole (Hrsg.). Kreativität im kunstpädagogischen Diskurs. München: Kopaed, S. 235–252.

Theurer, Caroline (2021). Kreativität? Auch das noch! In: Grundschule 53(5), S. 6–10.

Thorntone, Chris (2002). Creativity and runway learning. In: Dartnall, Terry (Hrsg.). Creativity, cognition, and knowledge. London: Praeger, S. 239–249.

Trautmann, Matthias/ Wischer, Beate (2008). Das Konzept der Inneren Differenzierung — eine vergleichende Analyse der Diskussion der 1970er Jahre mit dem aktuellen Heterogenitätsdiskurs. In: Meyer, Meinert A./ Hellekamps, Stephanie/ Prenzel, Manfred (Hrsg.). Perspektiven der Didaktik. Wiesbaden: VS Verlag für Sozialwissenschaften, S. 159–172.

Trilling, Bernie/ Fadel, Charles (2012). 21st century skills. Learning for life in our times. San Francisco: Jossey-Bass.

Truniger, Peter (2019). Die Lehrperson als Coach. Beratung in kreativen und künstlerischen Prozessen. München: Kopaed.

Tulodziecki, Gerhard/ Herzig, Bardo/ Blömeke, Sigrid (2017). Gestaltung von Unterricht. Eine Einführung in die Didaktik. 3. Auflage. Bad Heilbrunn: Klinkhardt.

Uhlig, Bettina (2017). Eisschollen und andere Surfbretter. Die Grounded Theory als Methode zur Erforschung kultureller Bildungsprozesse bei Kindern. In: Elberfeld, Rolf/ Krankenhagen, Stefan (Hrsg.). Ästhetische Praxis als Gegenstand und Methode kulturwissenschaftlicher Forschung. Paderborn: Wilhelm Fink, S. 89–110.

Uhlig, Bettina/ Fortuna, Florentine/ Gonser, Lisa/ Graham, Sarah/ Leibbrand, Michael (2017). Kunstunterricht planen. München: Kopaed.

Urban, Klaus K. (2004). Kreativität. Herausforderung für Schule, Wissenschaft und Gesellschaft. Münster: LIT Verlag.

Urlaß, Mario (2014). Kunst des Anfangs. Einstiegsszenarien künstlerischer Projektarbeit in Schule und Hochschule. In: zaeb.net 6(2). http://archiv.zaeb.net/index.php/zaeb/article/download/91/88.

van Beek, J. A./ Jong, F.P.C.M. de/ Minnaert, A.E.M.G./ Wubbels, Th. (2014). Teacher practice in secondary vocational education: Between teacher-regulated activities of student learning and student self-regulation. In: Teaching and Teacher Education 40, S. 1–9.

van Ophuysen, Stefanie/ Behrmann, Lars (2015). Die Qualität pädagogischer Diagnostik im Lehrerberuf-Anmerkungen zum Themenheft «Diagnostische Kompetenzen von Lehrkräften und ihre Handlungsrelevanz». In: Journal for Educational Research Online/Journal für Bildungsforschung Online 7(2), S. 82–98.

Vereinte Nationen (2009). Die UN-Behindertenrechtskonvention. Übereinkommen über die Rechte von Menschen mit Behinderungen. https://www.behindertenbeauftragter.de/SharedDocs/Downloads/DE/AS/PublikationenErklaerungen/Broschuere_UNKonvention_KK.pdf;jsessionid=4149F98A5751FB1F3486BA7C304B3CA7.intranet212?__blob=publicationFile&v=7.

Vetter, Norbert R. (2010). Emotion zwischen Affekt und Kognition. München: Kopaed.

Vygotskij, Lev Semenovič (1986). Denken und Sprechen. Psychologische Untersuchungen. Frankfurt am Main: Fischer.

Vygotsky, Lev Semenovič (1990). Imagination and creativity in childhood. In: Journal of Russian and East European Psychology 28(1), S. 84–96.

Wachter, Steffen (2018). Malerei zu Beginn des Jugendalters. Kreative Aspekte des Problemlöseverhaltens beim bildnerischen Gestalten im Kunstunterricht. München: Kopaed.

Waffner, Annika/ Schmidt, Rebekka (2021). Kunstunterricht planen, analysieren und reflektieren. Verknüpfung von Theorie und Praxis im Fach Kunst an der Universität Paderborn am Beispiel des Praxissemesters. In: Caruso, Carina/ Harteis, Christian/ Gröschner, Alexander (Hrsg.). Theorie und Praxis in der Lehrerbildung. Wiesbaden: Springer VS, S. 165–182.

Wagner, Christian (2016). Künstlerisch denkende Hauptschüler. Kunstunterricht als künstlerisches Projekt. Oberhausen: ATHENA.

Wagner, Ernst/ Schuster, Ulrich (2010). Operatoren für kompetenzorientierte (Prüfungs-) Aufgaben. In: Kunst + Unterricht (341), S. 2–5.

Wagner, Manfred (2003). Kunst und Kreativität. In: Berka, Walter (Hrsg.). Woher kommt das Neue? Wien: Böhlau, S. 51–84.
Wallas, Graham (1927). The art of thought. London: Cape.
Wehren, Anne (2017). Gelebte Fehlerkultur. In: Werkspuren (4), S. 38–39.
Weidenmann, Bernd (1990). Muß man Bilder lesen lernen? Empirische Untersuchungen zur Visual-Literacy-Kontroverse. In: Neumann, Klaus/ Charlton, Michael (Hrsg.). Spracherwerb und Mediengebrauch. Tübingen: G. Narr, S. 133–147.
Weinert, Franz E. (Hrsg.) (2001). Leistungsmessungen in Schulen. Weinheim: Beltz.
Weinert, Franz E. (1997). Unterschiedliche Lernfähigkeiten erfordern variable Unterrichtsmethoden. In: Friedrich Jahresheft 15, S. 50–52.
Welsch, Wolfgang (1990/2003). Ästhetisches Denken. 1. Auflage/ 6. Auflage. Ditzingen: Reclam.
Welsch, Wolfgang (1991). Über Wahrnehmung – sich inmitten der Pluralität richtig bewegen. In: Kunst + Unterricht (156), S. 2–3.
Wiater, Werner (2005). Unterrichtsprinzipien. 2. Auflage. Donauwörth: Auer.
Wichelhaus, Barbara (1992). Bedingungen zur Qualifizierung von Unterricht. In: Kunst + Unterricht (161), S. 48–49.
Wichelhaus, Barbara (2004). Sonderpädagogische Aspekte der Kunstpädagogik – Normalisierung Integration und Differenz. Hamburg: Hamburg University Press. http://hup.sub.uni-hamburg.de/volltexte/2008/4/pdf/HamburgUP_KPP04_Wichelhaus.pdf.
Wichelhaus, Barbara (2006). Diagnostizieren. In: Kunst + Unterricht (Exkurs 307/308), S. 2–11.
Wienecke, Günter (1975). Lernorganisation im Kunstunterricht. München: Kösel.
Wiesing, Lambert (2004). Pragmatismus und Performativität des Bildes. In: Krämer, Sybille (Hrsg.). Performativität und Medialität. München: Fink, S. 115–128.
Wigfield, Allan/ Eccles, Jacquelynne S. (1992). The development of achievement task values: A theoretical analysis. In: Developmental Review 12(3), S. 265–310.
Wilsmann, Stefan (2016). Natur, abstrakt gedacht. Abstraktiv orientierte Aufgabenstellungen. In: Kunst + Unterricht (399/400), S. 54–57.
Wilsmann, Stefan (2019). Individuelle Förderung im Kunstunterricht. Anregungen zum Umgang mit Heterogenität und Vielfalt. Seelze-Velber: Kallmeyer + Klett.
Winter, Felix (2016). Formative Leistungsbeurteilung – Wie geht das? Mit den Lernenden über Qualität und Ergebnisse des Lernens sprechen. In: gemeinsam lernen (2), S. 8–14.
Wirth, Ingo (Hrsg.) (2009). Kunst-Methodik. Handbuch für die Sekundarstufe I und II. Berlin: Cornelsen Scriptor.
Zirfas, Jörg/ Burghardt, Daniel (2015). Ästhetische Anthropologie. Ein erziehungswissenschaftlicher Problemaufriss. In: Zeitschrift für Erziehungswissenschaft 18(1), S. 27–49.
Zlatkin-Troitschanskaia, Olga/ Seidel, Jana (2011). Kompetenz und ihre Erfassung – das neue «Theorie-Empirie-Problem» der empirischen Bildungsforschung? In: Zlatkin-Troitschanskaia, Olga (Hrsg.). Stationen Empirischer Bildungsforschung: Traditionslinien und Perspektiven. Wiesbaden: VS Verlag für Sozialwissenschaften, S. 218–233.
Zumsteg, Barbara/ Fraefel, Urban/ Berner, Hans/ Holinger, Elisabeth/ Lieger, Catherine/ Scshmidt, Christoph/ Zellweger, Katharina (2018). Unterricht kompetent planen. Vom didaktischen Denken zum professionellen Handeln. Zürich: Pestalozzianum.

Autorinnen und Autoren der Exkursbeiträge

Nadia Bader, Jun.-Prof. Dr., ist Juniorprofessorin für Kunst und ihre Didaktik an der Pädagogischen Hochschule Freiburg i. Br. Sie hat 2010 den Master of Arts in Art Education (mit Lehrbefähigung Sekundarstufe II) in Bern und 2018 ihre Promotion mit Titel «Zeichnen – Reden – Zeigen» in Hamburg abgeschlossen. Von 2010 bis 2021 war sie als freischaffende Gestalterin, Lehrende und Forschende in der Schweiz und in Deutschland tätig. Von 2018 bis 2021 war sie Dozentin für Fachdidaktik Bildnerisches Gestalten / Kunstdidaktik an der Professur für Didaktik in Kunst & Design am Institut Sekundarstufe I und II der Pädagogischen Hochschule der Fachhochschule Nordwestschweiz (PH FHNW).

Edith Glaser-Henzer, Prof. em., ist seit 2001 Leiterin der Arbeitsgruppe Kunst & Bild der Schweizerischen Gesellschaft für Lehrerinnen- und Lehrerbildung (SGL). 1972 erlangte sie das Diplom «Lehramt für Bildende Kunst an mittleren und höheren Schulen» an der Hochschule für Kunst und Gestaltung Basel. Von 1972 bis 1976 berufsbegleitendes Studium der Ethnologie und Kunstgeschichte an der Universität Basel bis zur Geburt der beiden Töchter (1977 und 1979). Von1976 bis 2008 war sie als Fachdidaktikerin (Didaktik der Kunst und Fachwissenschaft) an der Pädagogischen Hochschule der Fachhochschule Nordwestschweiz (PH FHNW) tätig. Ihre Lehrtätigkeit ist auf allen Schulstufen, in der Erwachsenenbildung sowie in der Lehrerweiterbildung. Ihr Forschungsinteresse gilt Fragen zu Vorstellungsbildung und zu räumlich-visuellen Kompetenzen von Kindern und Jugendlichen (u. a. Leitung des Forschungsprojekts «raviko» von 2007 bis 2010).

Michaela Götsch ist seit 2018 Dozentin für Fachdidaktik Textiles und Technisches Gestalten (TTG) an der Professur für Didaktik in Kunst & Design am Institut Sekundarstufe I und II der Pädagogischen Hochschule der Fachhochschule Nordwestschweiz. Nach dem Studium für künstlerisches Lehramt in Wien, arbeitete sie als Lehrerin für Technisches Werken, Textiles Werken und Bildnerische Erziehung auf der Sekundarstufe I und II, als Lehrbeauftragte für Fachdidaktik an der Akademie der Bildenden Künste Wien sowie als wissenschaftliche Mitarbeiterin an der Universität für Angewandte Kunst Wien mit Fokus auf personaler und medialer Kunst- und Kulturvermittlung.

Christine Rieder, Prof., ist ausgebildete Fachlehrperson für die Schulfächer Design & Technik sowie Bild & Kunst. An der Universität Bern absolvierte sie das Studium «Fachdidaktik Kunst & Gestaltung». Seit 1994 arbeitet sie an der Pädagogischen Hochschule der Fachhochschule Nordwestschweiz (PH FHNW) am Institut Sekundarstufe I und II als Dozentin für Fachwissenschaft und Fachdidaktik in Design & Technik und im Studienbereich Berufspraktische Studien sowie am Institut für Weiterbildung und Beratung. Die Schwerpunkte ihrer Laufbahn fokussieren insbesondere die Themen Aufgaben- und Beurteilungskultur sowie Lehrmittelentwicklung.

Annette Rhiner ist seit 2020 als Dozentin für Fachdidaktik Bildnerisches Gestalten an der Professur für Didaktik in Kunst und Design am Institut Sekundarstufe I und II der Pädagogischen Hochschule, Fachhochschule Nordwestschweiz tätig. Ein Master in Vermittlung von Kunst und Design an der Hochschule für Gestaltung und Kunst in Basel baut auf dem Studium von Gestaltung und Kunst an der Hochschule der Künste Bern sowie Kunstgeschichte an der Universität Bern auf. Von 2007 bis 2016 arbeitete sie als Lehrperson für Bildnerisches Gestalten an verschiedenen Gymnasien. Während der Lehrtätigkeit an der Berufs-, Fach- und Fortbildungsschule Bern von 2017 bis 2020 sind überfachliche Kompetenzen in den Fokus gerückt. Ihr aktuelles Forschungsinteresse bezieht sich darauf, wie Resilienz aus kunstpädagogischer Perspektive zur Krisenbewältigung beiträgt.

Rebekka Schmidt, Prof. Dr., absolvierte das Lehramtsstudium mit Hauptfach Kunst an der Otto-Friedrich-Universität Bamberg und war nach dem Referendariat zunächst als Lehrerin tätig. Von 2014 bis 2015 übernahm sie die Juniorprofessor für Grundschuldidaktik Kunst an der Technischen Universität Chemnitz. Seit 2015 ist sie Professorin für Kunstdidaktik mit besonderer Berücksichtigung von Inklusion an der Universität Paderborn. Ihre Arbeits- und Forschungsschwerpunkte liegen neben fachspezifischen Aspekten von Inklusion in den Bereichen Kunstunterricht, Hochschullehre und Lehrkräftebildung in und für eine digital geprägte Welt.

Stefan Wilsmann, Dr. phil., studierte an der Universität Siegen Kunst und Sozialwissenschaften auf Lehramt am Gymnasium. Neben seiner Tätigkeit als Lehrer u. a. an einer Gesamtschule in Bonn war er zwischen 2010 und 2018 in der Lehrerfortbildung tätig und arbeitet gegenwärtig in der zweiten Phase der Lehrerbildung in Nordrhein-Westfalen als Kunstfachleiter und Kernseminarleiter am Zentrum für schulpraktische Lehrerausbildung in Bonn. Er war Moderator des Projekts Vielfalt fördern und ist Autor von verschiedenen Fachbüchern und Fachaufsätzen im Bereich der Kunstpädagogik, u. a. zur individuellen Förderung sowie Kreativität im Kunstunterricht.

Stichwortverzeichnis